2024-25年版

イチから身につく

FP 2級 AFP 合格のトリセツ 速習問題集

LEC「CBTプログラム」による

「CBT体験模試」

全16回 LEC専任講師が丁寧に解説！

「無料解説動画」

『書籍購入者限定特典』の専用サイト

https://lec.jp/fp/book/member/PD09785.html

はじめに

この度は『FP２級・AFP　合格のトリセツ　速習問題集　2024-25年版』をご購入いただき、ありがとうございます。

本書は同時に発刊のテキスト『FP２級・AFP　合格のトリセツ　速習テキスト　2024-25年版』の姉妹本で、２冊を併読してもらうことで、より効果的な学習ができるよう、配慮してあります。

各問題には、テキストの該当ページが出ていますから、わからない部分を確認するときや復習するときには、すぐ必要なページにアクセスできます。

本書は、問題集ということもあり、「読む」というよりは「使う」ことに重点を置いています。このため、１ページあたりの見やすさを考え、適度に空白をあけた作りになっています。何度も見て、何度も解くことで理解を深め、余白に書き込みやチェックを入れていくことで自分の到達度を確認できるようにしてあります。解答がどうしても目に入ってしまう場合は、「解答かくしシート」を使いましょう。

各問題には３つのチェックボックスがあります。
これは「最低でも３回は解いてくださいね」という意味です。
このチェックボックスは、解いた回数を確認するだけでなく、苦手な問題や、わからなかった問題などを見つけるのにも役立ちます。

使っていくうちに「自分だけの問題集」になっていくはず。苦手な問題を一つずつ潰して、合格を手にしてもらえればこれに勝る喜びはありません！

2025年度より、FP２級はすべて「CBT方式」の試験となり、2024年度も2025年４月より「CBT試験」が実施されます。本書は購入者の方への特典として「CBT体験模試」を準備しています（2025年２月上旬搭載予定）。CBT試験は、当日に合否が判明します。

見事にFP２級を合格された後、FP最上位資格の１級にチャレンジする気持ちが生まれますことを願っています。

2024年・初夏
レック先生

こと、LEC東京リーガルマインドFP講座講師陣

本書を使った勉強の仕方

本書は『FP2級・AFP　合格のトリセツ　速習テキスト　2024-25年版』に準拠した問題集です。テキストの該当ページへのリンクなど、2冊を併読することで効果的に学習できるようになっています。

チェックボックス

何度も解くことが、効果的な学習方法です。そのため、ここでは、解いた回数をチェックする□を付けてあります。回数が多いほど苦手な問題のはず。最低でも3回は解いてみましょう。

重要度

A～Cまで、出題数による重要度を付けてあります。

●分析対象
2019年1月～2024年1月
（15回の試験）

A：8回以上出題
（5割超）

B：4～7回出題
（5割以下）

C：3回以下の出題
（2割以下）

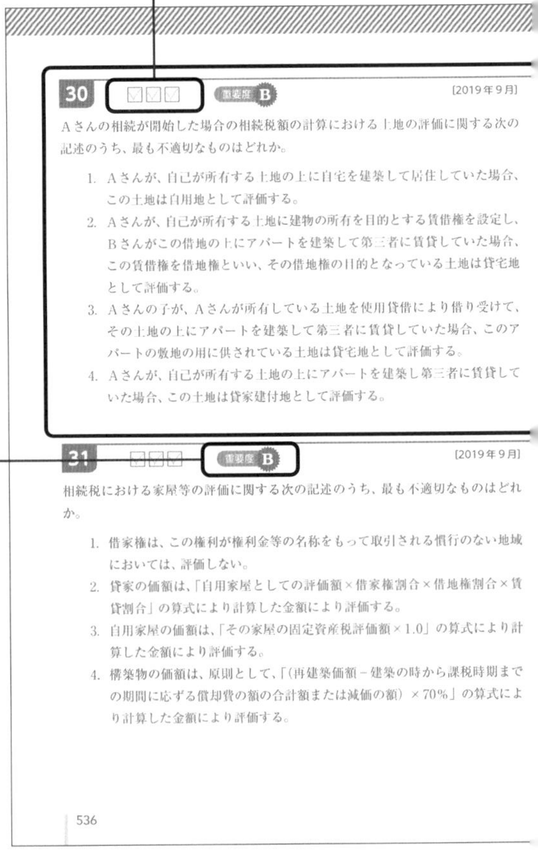

30 ☑☑☑ 重要度 B　[2019年9月]

Aさんの相続が開始した場合の相続税額の計算における土地の評価に関する次の記述のうち、最も不適切なものはどれか。

1. Aさんが、自己が所有する土地の上に自宅を建築して居住していた場合、この土地は自用地として評価する。
2. Aさんが、自己が所有する土地に建物の所有を目的とする賃借権を設定し、Bさんがこの借地の上にアパートを建築して第三者に賃貸していた場合、この賃借権を借地権といい、その借地権の目的となっている土地は貸宅地として評価する。
3. Aさんの子が、Aさんが所有している土地を使用貸借により借り受けて、その土地の上にアパートを建築して第三者に賃貸していた場合、このアパートの敷地の用に供されている土地は貸宅地として評価する。
4. Aさんが、自己が所有する土地の上にアパートを建築し第三者に賃貸していた場合、この土地は貸家建付地として評価する。

31 □□□ 重要度 B　[2019年9月]

相続税における家屋等の評価に関する次の記述のうち、最も不適切なものはどれか。

1. 借家権は、この権利が権利金等の名称をもって取引される慣行のない地域においては、評価しない。
2. 貸家の価額は、「自用家屋としての評価額×借家権割合×借地権割合×賃貸割合」の算式により計算した金額により評価する。
3. 自用家屋の価額は、「その家屋の固定資産税評価額×1.0」の算式により計算した金額により評価する。
4. 構築物の価額は、原則として、「(再建築価額－建築の時から課税時期までの期間に応ずる償却費の額の合計額または減価の額)×70%」の算式により計算した金額により評価する。

536

問題と解答がひと目でわかる！

ページをめくる必要はなく、わからなければパッと横を見るだけ。
すぐに解答がわかります。
「解答かくしシート」も有効に使いましょう。

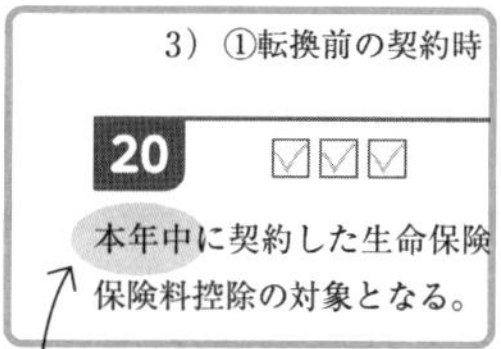
3）①転換前の契約時

20

本年中に契約した生命保険
保険料控除の対象となる。

本書では、
「本年」とは2024年、
「本年度」とは2024年度のことを指します。

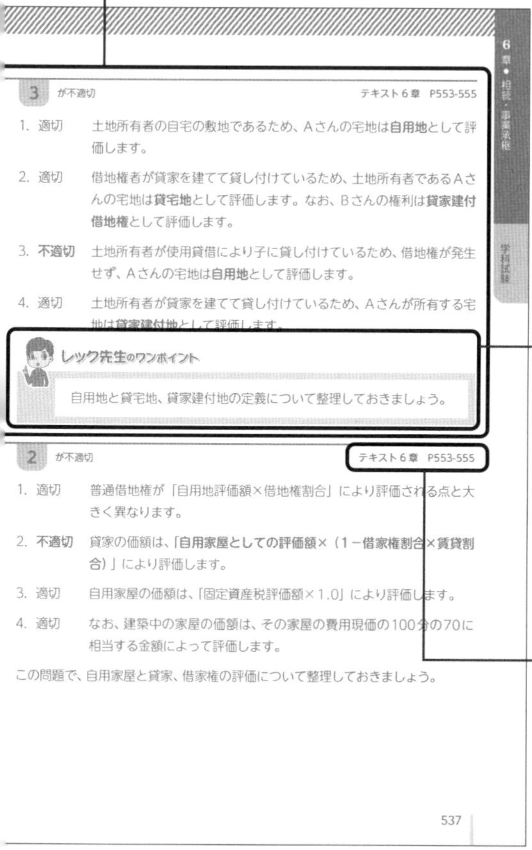
6章●相続・事業承継

学科試験

3 が不適切　テキスト6章 P553-555

1. 適切　土地所有者の自宅の敷地であるため、Aさんの宅地は**自用地**として評価します。

2. 適切　借地権者が貸家を建てて貸し付けているため、土地所有者であるAさんの宅地は**貸宅地**として評価します。なお、Bさんの権利は**貸家建付借地権**として評価します。

3. **不適切**　土地所有者が使用貸借により子に貸し付けているため、借地権が発生せず、Aさんの宅地は**自用地**として評価します。

4. 適切　土地所有者が貸家を建てて貸し付けているため、Aさんが所有する宅地は**貸家建付地**として評価します。

レック先生のワンポイント

自用地と貸宅地、貸家建付地の定義について整理しておきましょう。

2 が不適切　テキスト6章 P553-555

1. 適切　普通借地権が「自用地評価額×借地権割合」により評価される点と大きく異なります。

2. **不適切**　貸家の価額は、「**自用家屋としての評価額×（1－借家権割合×賃貸割合）**」により評価します。

3. 適切　自用家屋の価額は、「固定資産税評価額×1.0」により評価します。

4. 適切　なお、建築中の家屋の価額は、その家屋の費用現価の100分の70に相当する金額によって評価します。

この問題で、自用家屋と貸家、借家権の評価について整理しておきましょう。

537

レック先生のワンポイント

さらにもう一押し、覚えておいたほうがいいこと、出題されるポイントは、コラムで補足してあります。
ここもあわせて頭に入れておきましょう。

テキストへのリンク

問題を解いてみて、さらに詳しく調べてみたいと思ったら、テキストの該当ページへすぐにアクセスできます。

アプリの利用方法

本書に収載されている「学科問題」全問題については、
アプリと併せて学習ができます。
スマートフォンで問題演習が可能です。

利用期間

利用開始日　2024 年 6 月 1 日
登 録 期 限　2025 年 5 月 31 日
利 用 期 限　2025 年 5 月 31 日

動作環境　(2024 年 3 月現在)

【スマートフォン】
●Android 8 以降
●iOS 14.0以降
※ご利用の端末の状況により、動作しない場合があります。
OS のバージョンアップをされることで正常にご利用いただけるものもあります。

利用方法

1 スマートフォンからGoogle Play または App Store にアクセスし、**「FPトリセツ合格アプリ」**と検索し、アプリをダウンロードしてください。

Google Play で手に入れよう　App Store からダウンロード

「FPトリセツ合格アプリ」

2 アプリをダウンロードしたら、問題集の選択画面から購入された問題集を選択してください。
次に「アクセスコード入力」画面に進み、「アクセスコード」入力欄にアクセスコードを入力します。
記載事項に同意した上で「上記に同意してはじめる」ボタンをクリックします。

アクセスコード

LECt2425fp2X

3 「問題集を選択」の画面に進んだら、本書「FP2級・AFP合格のトリセツ 速習問題集 2024-25年版」をクリックすると、アプリが利用できるようになります。

※画像はイメージです。

○「FPトリセツ合格アプリ」お問い合わせ方法のご案内

ログインやアプリの操作方法のお問い合わせ、内容の正誤についての確認方法は、こちらの専用ページからご確認ください。
https://lec.jp/fp/info/torisetsu.html
お電話でのお問い合わせはお受けしておりませんので、予めご了承ください。

FP2級資格試験について

学科試験	共通	
実技試験	日本FP協会	資産設計提案業務
	金財	個人資産相談業務 生保顧客資産相談業務　等

金財で受検する場合、４つの実技試験がありますが、いずれかを選択することになるので受検する実技試験は１つだけです。
このうち「生保顧客資産相談業務」の試験は、生命保険に特化したもので、保険業に携わっている方が受検することが多いです。このため、「金融資産運用」と「不動産」の分野からは出題されないという特徴がありますが、その分、年金や保険、相続という分野の連携した知識を求められます。

試験は、学科と実技の両方に合格しなければなりません。

学科試験 〈午前〉 試験時間 120分	**学科試験は、実施団体である金財・日本FP協会とも共通です** **出題形式：**マークシート方式（ペーパー試験）　４択式60問 **合格基準：**６割以上（計60点満点で36点以上）	
実技試験 〈午後〉 試験時間 共通／90分	**実施団体である金財と日本FP協会で試験内容が異なります**	
	金財	**出題形式：**事例形式５題 **出題科目：**個人資産相談業務、生保顧客資産相談業務等から１つを選択 **合格基準：**６割以上（50点満点で30点以上）
	日本FP協会	**出題形式：**記述式40問 **出題科目：**資産設計提案業務 **合格基準：**６割以上（100点満点で60点以上）

※金財の実技試験では、上記のほかにもそれぞれに特化した「中小事業主資産相談業務」「損保顧客資産相談業務」があります

<一斉方式のペーパー試験>

	2024年 9月	2025年 1月	2025年 5月 (金財のみ実施予定)
試験日	2024年 9月8日(日)	2025年 1月26日(日)	2025年 5月下旬(予定)
受検申請書 請求期間	2024年 6月3日(月)～ 7月16日(火)	2024年 10月1日(火)～ 11月26日(火)	2025年 2月上旬～3月下旬 (予定)
受検申請 受付期間	2024年 7月2日(火)～ 7月23日(火)	2024年 11月13日(水)～ 12月3日(火)	2025年 3月中旬～4月上旬 (予定)
受検票発送日	2024年 8月22日(木)	2025年 1月8日(水)	2025年 5月上旬(予定)
合格発表日	2024年 10月21日(月) (予定)	2025年 3月7日(金) (予定)	2025年 6月下旬～7月上旬 (予定)

<CBT方式試験>

試験日	2025年4月1日(火) より通年実施 ※年末年始・3月1カ月間・5月下旬の休止期間は除く
試験会場	全国約360のテストセンターから、希望するテストセンターで受検
受検申請 受付期間	Web申請：受検する実技科目により、金財または日本FP協会ホームページより申請 2025年2月3日(月) 午前10時より申請開始。試験日は(4月1日以降の) 申請日より最短3日後～最長3カ月後の末日までで選択可能。 ※テストセンターにより選択不可期間あり
合格発表	試験日翌月中旬にWebサイトで行う(合格者には後日別途発送で通知)

〈法令基準日〉
試験問題は、年に1回の法令基準日に施行（法令の効力発効）されている法令に基づいて出題されます。今年度（2024年6月～2025年5月）の法令基準日及び実施試験日は下記の通り。
●法令基準日：2024年4月1日（2024年6月以降は年1回になります）
●実施試験日：一斉方式のペーパー試験　2024年9月、2025年1月・5月（金財のみ実施予定）
随時受検のCBT試験　2025年4月1日～5月下旬（休止期間を除く）

＜2025年2月3日(月) 受検申請開始＞

FP2級 CBT試験 受検の流れ

1 事前準備

本試験は各試験団体のホームページから受検申請します。
スムーズに手続きできるよう以下の点を準備・確認しておきましょう。

- □ **試験科目（実技試験の受検科目）を決める**
- □ **受検場所と受検日・時間帯を決める**
  →学科と実技は別日でも受検できます
- □ **連絡用メールアドレスを準備**
  →「受検予約完了のお知らせ」メールなどが届きます
- □ **受検手数料の決済方法を確認**
  →クレジットカード払い、コンビニ払い、Pay-easy決済などの場合は、手元にカードや収納機関番号などを準備しましょう

2 受検申請

① 試験団体のホームページにアクセスし、受検申請画面を開く

▶一般社団法人金融財政事情研究会
https://www.kinzai.or.jp/fp

▶NPO法人日本ファイナンシャル・プランナーズ協会
https://www.jafp.or.jp/exam/

② 受検者情報を登録（氏名や生年月日、メールアドレスなど）
③ 受検会場（テストセンター）、受検日時を指定し予約
④ 決済方法を選択

受検手数料の支払いが完了すると、登録した
メールアドレス宛てに予約完了のメールが届きます

3 試験当日

① 試験当日は、予約した時間の30分～15分前には試験会場に到着する

試験当日の持ち物　　**□ 顔写真入り本人確認書**

※メモ用紙・筆記用具はテストセンターで貸し出されます。
計算問題は試験画面上に表示される電卓を使用します。

② 試験会場に入室し、指定されたパソコンで受検

携帯電話、筆記用具、電卓、参考書などの私物の持込は認められていません。私物はテストセンターに設置されている鍵付きのロッカー等に保管します。

③ 試験終了後、受付にてスコアレポートを受け取る

試験終了後、受付にて得点状況がわかるスコアレポートが配付されるので、受検当日に試験結果がわかります。

試験当日に得点状況がわかれば、合格発表日を待たずに次の試験の勉強をスタートできますね！

4 合格書の受け取り

合格発表日に、合格者には試験団体より合格証書、学科試験と実技試験の一部合格者には一部合格証が発送されます。

受検の流れはつかめましたか？

次は、CBT試験を体験してみましょう！

購入者特典

CBT試験を体験する

本書では、CBT試験対策として「CBT体験模試」を、2025年2月上旬より学科試験及び実技試験（3種）について購入者特典として用意しています。
自宅のパソコンで実際の画面に近いイメージで試験を体験できます。
解答操作や画面に表示される電卓の使い方などを
本試験前に確認しておきましょう！

① 購入者特設ページにアクセス

https://lec.jp/fp/book/member/PD09785.html

※体験模試のご利用には、購入者様確認画面が表示されますので、手元に購入書籍をご用意ください。

CBT体験模試　提供期限：2025年5月31日

② 問題を解答する

CBT体験模試画面 イメージと主な機能

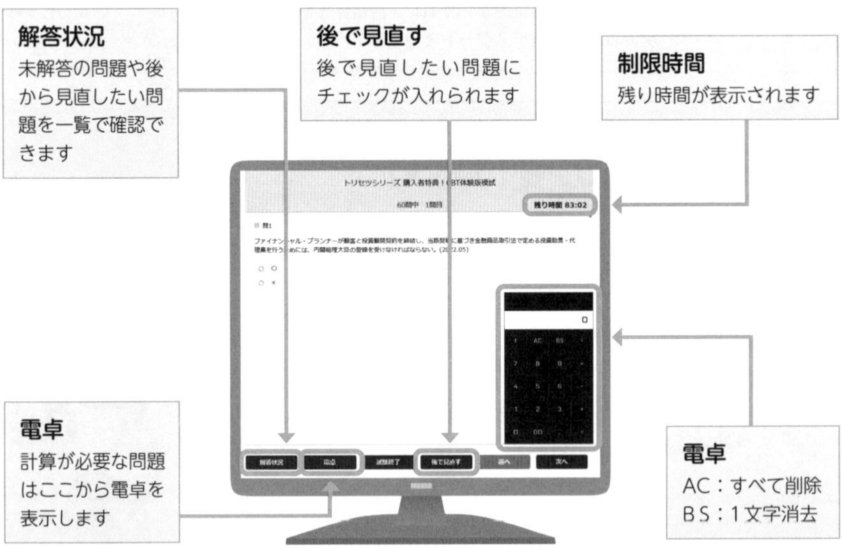
解答状況
未解答の問題や後から見直したい問題を一覧で確認できます
後で見直す
後で見直したい問題にチェックが入れられます
制限時間
残り時間が表示されます
残り時間 83:02
解答状況
電卓
試験終了
後で見直す
前へ
次へ
AC
BS
電卓
計算が必要な問題はここから電卓を表示します
電卓
AC：すべて削除
BS：1文字消去

ここが出る？

学科試験の重要ポイント

FP2級で出題される6つの分野の出題傾向を事前に知っておくことで、効率よく勉強を進めましょう。重要ポイントを絞り、集中して勉強に取り組めば合格への道がグッと近づくはずです。

1．ライフプランニングと資金計画……10問

コンプライアンス／雇用保険／公的医療保険／公的年金／確定拠出年金／国の教育ローンと奨学金／損益計算書と貸借対照表／財務分析

2．リスク管理……10問

生命保険（死亡保障）／個人年金保険／第三分野の保険／傷害保険／自動車保険／生命保険料控除／個人契約の生命保険金等の税金／法人契約の生命保険料、保険金等の経理処理／個人・法人契約の損害保険金等の税金

3．金融資産運用……10問

経済指標／預貯金／株式の投資尺度／新NISA、金融商品の税金／投資信託／外貨建て金融商品／デリバティブ／ポートフォリオ／セーフティネット／金融商品の取引に関する法律

4．タックスプランニング……10問

所得税の概要／10種類の所得／損益通算／所得控除／住宅ローン控除／青色申告／法人税の概要／法人税の損金／会社・役員間の取引／消費税／決算書類

5．不動産……10問

不動産登記／不動産の価格／不動産の売買契約／借地借家法／建物区分所有法／都市計画法／建築基準法／不動産の取得と税金／不動産の保有と税金／不動産の譲渡所得／居住用財産の譲渡の特例／土地の有効活用／投資判断

6．相続・事業承継……10問

相続人、法定相続分／遺言／相続税の計算／贈与契約／贈与税の課税財産・非課税財産／贈与税の基礎控除、配偶者控除／相続時精算課税制度／宅地の評価

早わかり！　2024-2025年版　２級実技試験(日本FP協会)

資産設計提案業務の重要ポイント

「資産設計提案業務」とはどんな試験？

「ライフプランニングと資金計画」の項目をベースに、幅広い出題がなされます。実技試験ですので、資料として記載されている不動産登記や保険証券の内容を読み解いたり、総合問題では、実務で直面しそうな相談内容の設定から各問に答えていく構成になっています。

出題傾向と対策は？

「ライフプランニングと資金計画」以外の５分野からもそれぞれ複数問、出題されます。金融、不動産、リスク、タックス、相続の問題について右の出題傾向の表に記載されている過去問題を重点的に取り組みましょう。これで十分合格に手が届くはずです。

この試験の特徴は？

必ず出題される問題がたくさんあります。具体的には、コンプライアンス、キャッシュフロー表の計算、建築基準法、保険証券の分析、相続人・相続分、個人バランスシート、6つの係数など。右のページの「ここもチェック！」までやると、学科試験の得点力も大幅にアップします。

出題分野	問題数	この項目を押さえよう！
第１問 コンプライアンス	2	コンプライアンス（各業法） ここもチェック！ 業務の６ステップ、消費者契約法など
第２問 金融	3～4	株式等の税金（購入単価、譲渡所得）、株式の投資尺度、投資信託（手数料、分配金、税金）、債券の利回り ここもチェック！ 預金保険、外貨預金の利回り、財形貯蓄
第３問 不動産	3～4	建築基準法、不動産登記、不動産の譲渡所得 ここもチェック！ ４つの価格、不動産所得・利回り、固定資産税
第４問 リスク	3～4	生命保険の証券分析、生命保険料控除、個人の生命保険契約の保険金等の税金 ここもチェック！ 自動車保険、地震保険、火災保険
第５問 タックス	3～4	総所得金額、損益通算、所得控除、減価償却費 ここもチェック！ 所得税のしくみ
第６問 相続	3～4	法定相続分・遺留分、贈与税の計算（基礎控除、配偶者控除、相続時精算課税）、路線価方式による評価額の計算、小規模宅地等の特例、相続税の課税価格 ここもチェック！ 相続開始後の手続き
第７問 キャッシュフロー表	3	○年度の金額、金融資産残高
第８問 係数計算	3	６つの係数を使った計算
第９問 総合問題	６前後	住宅ローン（繰上げ返済、ペアローン、収入合算）、遺族年金、消費税の計算、失業等給付 ここもチェック！ 社会保険料、健康保険の傷病手当金、収入保障保険、教育資金（奨学金と教育ローン）、新NISAつみたて投資枠とiDeCo
第10問 総合問題	６前後	バランスシート、退職所得、老後の年金、公的医療保険 ここもチェック！ 事業所得、高額医療費、相続後の金融資産の計算

早わかり！　2024-2025年版　2級実技試験(金財)

個人資産相談業務の重要ポイント

「個人資産相談業務」とはどんな試験？

よく覚えてね！

学科試験で出題される6分野のうち、「リスク管理」を除く5分野から出題されます。社会保険は年金の計算、タックスは所得や所得税の計算、不動産は建蔽率や容積率の計算、相続は相続税の基礎控除や、相続税の総額の計算など、計算問題を確実に得点できるように学習しましょう。

ここが大事！

出題傾向と対策は？

上記の計算以外にも知識とその応用を問う問題が出題されます。正誤問題や穴埋め問題もありますが、正確な知識がなければ解答できません。実技試験の問題に取り組むことで、学科試験の得点力もアップさせましょう。

この試験の特徴は？

がんばろっと！

右の出題傾向の表のように、よく出題される問題には、一定の傾向があります。例えば金融では、株式の問題が多く出題されています。まずは、よく出る問題を取り組み、自信がついたら「ここもチェック！」まで取り組みましょう。なお、この実技試験では「リスク管理」からの出題は基本的にありません。

出題分野	問題数	この項目を押さえよう！
第１問 社会保険	3	老齢基礎年金、老齢厚生年金の計算、受給要件 繰上げ支給、繰下げ支給 ここもチェック！ 遺族基礎年金、遺族厚生年金、国民年金の被保険者の種別、保険料等、老後資金を増やす方法（付加年金、国民年金基金、小規模企業共済、確定拠出年金）
第２問 金融	3	株式の投資尺度（PER、PBR、ROE、配当利回り等） 株式の譲渡所得・配当所得、新NISA ここもチェック！ 株式の売買のルール（受渡し、手数料、権利付最終日）、債券（利回り、税金、リスク）、外貨預金
第３問 タックス	3	総所得金額（給与所得、一時所得、雑所得等） 所得控除（基礎控除、配偶者控除、扶養控除、医療費控除等） 損益通算、繰越控除 ここもチェック！ 退職所得、住宅ローン控除、青色申告
第４問 不動産	3	建築基準法 土地の有効活用 ここもチェック！ 譲渡所得（自己居住用、空き家）
第５問 相続	3	遺留分 遺言 相続税の計算（基礎控除、相続税の総額） 宅地の評価、小規模宅地等の特例 ここもチェック！ 生命保険金の非課税、配偶者の税額軽減、相続後の手続き、贈与税の基礎控除・非課税財産、相続時精算課税制度

早わかり！　2024-2025年版　２級実技試験(金財)

生保顧客資産相談業務の重要ポイント

「生保顧客資産相談業務」とはどんな試験？

金財には４つの実技試験があり、そのうち保険業に携わっている方や、就職・転職などで保険に関わる方が受検することが多い試験です。その名のとおり、生命保険に関する比重が高く、「リスク管理」からの出題は必須ですから、ここを重点的にマスターしましょう。

出題傾向と対策は？

この試験の性格上、「リスク管理」は最重要項目です。全15問中6問程度がリスク管理として出題されます。「個人に関する生命保険（公的医療保険や公的介護保険・生命保険の税務など）」と「法人に関する生命保険（終身保険や養老保険、定期保険などの保険料の経理処理、保険金や解約返戻金の経理処理や退職所得）」が頻出論点です。

この試験の勉強法は？

保険に特化した試験なので、「金融資産運用」「不動産」からの出題が基本的にありません。4分野を集中して勉強すればいいということになりますが、その分、保険に関する広い知識が必要になります。

出題分野	問題数	この項目を押さえよう！
第１問 社会保険	3	老齢基礎年金、老齢厚生年金の計算、受給要件 繰上げ支給、繰下げ支給、老後の資金を増やす方法（付加年金、国民年金基金、小規模企業共済、確定拠出年金等） ここもチェック！ 国民年金の被保険者の種別、保険料等
第２問 保険・個人	3	公的介護保険（加入者、自己負担割合、給付要件） 生命保険料控除、生命保険金等の税金 生命保険・第三分野の商品の特徴、証券分析、必要保障額 ここもチェック！ 遺族年金、公的医療保険（高額療養費、傷病手当金等、任意継続被保険者）、約款
第３問 保険・法人	3	退職所得、法人契約の経理処理 法人向け生命保険の特徴・活用法 ここもチェック！ 中小企業退職金共済制度
第４問 タックス	3	総所得金額（給与所得、一時所得、雑所得等） 所得控除（配偶者控除、扶養控除、基礎控除等） 所得税額 ここもチェック！ 所得控除（医療費控除、寄附金控除等）、確定申告、青色申告
第５問 相続	3	生命保険金の非課税、相続税の基礎控除 相続税の総額、小規模宅地等の特例 相続税の申告、遺言 ここもチェック！ 遺留分、非上場株式の評価、納税猶予・免除、被相続人の居住用財産（空き家）の譲渡所得の特別控除、贈与税の基礎控除、相続時精算課税制度、非課税財産、相続後の手続き

Contents

第1章　ライフプランニングと資金計画

第2章　リスク管理

第3章　金融資産運用

第4章 タックスプランニング

第5章 不動産

第6章　相続・事業承継

特別編　総合問題Ⅰ・Ⅱ

第１章　傾向と対策

ライフプランニングと資金計画の出題範囲は、FPの基礎から社会保険、公的年金などです。出題範囲が広く、FPの基本的な知識が詰まっている分野なので、様々なカテゴリーに関連しているのが特徴になります。

頻出問題のキーワード

＜学科試験＞
コンプライアンス、雇用保険、公的医療保険、公的年金、国民年金基金、小規模企業共済、中小企業退職金共済、確定拠出年金、国の教育ローンと奨学金、損益計算書と貸借対照表・財務分析、資金調達、年代別のライフプラン、ライフプランの作成、住宅ローンの返済額の計算

＜実技試験＞
【日本FP協会】コンプライアンス（各業法、個人情報保護法、著作権法等）、６ステップ、金融サービス提供法・消費者契約法

【金財】●個人資産相談業務：老齢基礎年金、老齢厚生年金の計算、受給要件、繰上げ支給、繰下げ支給、遺族基礎年金、遺族厚生年金、国民年金の被保険者の種別、保険料等、公的医療保険（高額療養費、傷病手当金等、任意継続被保険者）、老後資金を増やす方法（付加年金、国民年金基金、小規模企業共済、確定拠出年金）、雇用保険の給付
●生保顧客資産相談業務：老齢基礎年金、老齢厚生年金の計算、受給要件、繰上げ支給、繰下げ支給、老後の収入を増やす方法（付加年金、国民年金基金、小規模企業共済、確定拠出年金等）、国民年金の被保険者の種別、保険料等

第1章

ライフプランニングと資金計画

学科試験問題＆解答

FPの仕事とコンプライアンス

資産計算で使う6つの係数

教育資金

住宅資金

老後資金

社会保険の基本

公的年金の基本

企業・個人事業主の年金

中小法人の資金計画

クレジットカード

実技試験問題＆解答

［日本FP協会］資産設計提案業務

［金財］個人資産相談業務・生保顧客資産相談業務

※金財の実技試験は、「個人資産相談業務」「生保顧客資産相談業務」など4つがありますが、共通する科目での出題傾向は似ています。
本書では効率よくかつ幅広く論点を学習するため、試験問題を分けず、横断式で出題しています。

※解説は特に断りがない限り、所得税の税率には復興特別所得税を含めて表記しています。

FPの仕事とコンプライアンス

1 ☑☑☑ 重要度 A [2022年9月]

ファイナンシャル・プランナー(以下「FP」という)の顧客に対する行為に関する次の記述のうち、関連法規に照らし、最も不適切なものはどれか。

1. 社会保険労務士の登録を受けていないFPのAさんは、ライフプランの相談に来た顧客に対して、老齢基礎年金や老齢厚生年金の受給要件や請求方法の概要を有償で説明した。
2. 弁護士の登録を受けていないFPのBさんは、資産管理の相談に来た顧客の求めに応じ、有償で、当該顧客を委任者とする任意後見契約の受任者となった。
3. 金融商品取引業の登録を受けていないFPのCさんは、金融資産運用に関心のある不特定多数の者に対して、有価証券の価値の分析に基づき、インターネットを利用して個別・相対性の高い投資情報を有償で提供した。
4. 生命保険募集人の登録を受けていないFPのDさんは、ライフプランの相談に来た顧客に対して、生命保険の一般的な商品性や活用方法を有償で説明した。

2 ☑☑☑ 重要度 C [2022年1月]

「個人情報の保護に関する法律」(以下「個人情報保護法」という)に関する次の記述のうち、最も不適切なものはどれか。

1. 個人情報保護法に定める個人識別符号には、指紋認証データや顔認証データといった個人の身体の一部の特徴をデータに変換した符号が含まれる。
2. 個人情報取扱事業者は、個人情報データベース等を事業の用に供している者のうち、5,000件超の個人データを取り扱う事業者に限られる。
3. 個人情報取扱事業者が、本人との契約を通じて契約者本人の個人情報を取得する場合、原則として、契約締結前に、本人に対し、その利用目的を明示しなければならない。
4. 個人情報取扱事業者が、人の生命、身体または財産の保護のために、本人の病歴や犯罪の経歴などの要配慮個人情報を取得する場合、取得に当たって本人の同意を得ることが困難であるときは、あらかじめ本人の同意を得る必要がない。

3 が不適切　　テキスト１章　P4-7

1. 適切　なお、労働社会保険諸法令に基づき行政機関等に提出する書類の作成や提出の代行は社会保険労務士の独占業務とされます。
2. 適切　任意後見受任者となるために、特段、資格を必要としません。
3. 不適切　金融商品取引業の登録を受けていない者が、有償で有価証券の価値の分析に基づき、個別・相対性の高い投資情報を提供すると、金融商品取引法に抵触します。
4. 適切　なお、生命保険募集人、保険仲立人、金融サービス仲介業の登録を受けていない者は、生命保険の募集・勧誘はできません。

2 が不適切　　テキスト１章　P4

1. 適切
2. 不適切　件数を問わず、個人情報取扱事業者となります。
3. 適切
4. 適切

3 ☑☑☑ 重要度 C [2019年1月]

ライフプランニングにおけるライフステージ別の一般的な資金の活用に関する次の記述のうち、最も不適切なものはどれか。

1. Aさん(22歳)は、将来のために、受け取った初任給に銀行からの借入金を加えた資金を元手として、高い収益が見込める金融商品による積極的な運用を図ることにした。
2. Bさん(30歳)は、将来のために、新NISA(少額投資非課税制度)を利用して余裕資金を運用することにした。
3. Cさん(40歳)は、マイホーム購入を念頭に貯蓄を続けてきたが、預貯金の残高が増えてきたので、その一部を頭金として、住宅ローンを利用し、新築マンションを取得することにした。
4. Dさん(63歳)は、勤務先を退職後、収入が公的年金のみとなる見込みなので、資産運用についてはリスクを避け、元本が確保された金融商品を中心とした安定的な運用を図ることにした。

4 ☑☑☑ 重要度 B [2019年5月]

ファイナンシャル・プランナーがライフプランニングに当たって作成する各種の表の一般的な作成方法に関する次の記述のうち、最も不適切なものはどれか。

1. 個人の資産や負債の状況を表すバランスシートの作成において、株式等の金融資産や不動産の価額は、取得時点の価額ではなく作成時点の時価で計上する。
2. キャッシュフロー表の作成において、可処分所得は、「年間の収入金額－(所得税＋住民税)」で計算された金額を計上する。
3. キャッシュフロー表の作成において、各年次の金融資産残高は、「前年末の金融資産残高×(1＋運用利率)±当年の年間収支」で計算された金額を計上する。
4. ライフイベントごとの予算額は現在価値で見積もり、キャッシュフロー表の作成においてはその価額を将来価値で計上する。

1 が不適切　　テキスト１章　P8

1. 不適切
2. 適切
3. 適切
4. 適切

この種の問題は明らかに「リスクが高い」選択肢がありますので、問題文をよく読みましょう。

選択肢「1」は、初任給に借入金を加えて、高い収益が見込める金融商品に投資すると、予想が外れた場合には、損失を被るだけでなく、借入金の返済に困ってしまいます。

過去には「退職後に、退職金を積極的に高い収益性が見込めるリスクの高い金融商品で運用することにした」とする選択肢も出題されています。

2 が不適切　　テキスト１章　P9-13

1. 適切　バランスシートの作成において、資産は時価、借入額は借入残高で計上します。
2. 不適切　可処分所得は、自分が自由に使うことができる収入をいい、「年間の収入金額－所得税・住民税、社会保険料」により求めます。社会保険料も控除する必要があります。
3. 適切　各年次の金融資産残高は、「前年末の金融資産残高×（１＋運用利率）±当年の年間収支」で計算された金額を計上します。
4. 適切　一般に、ライフイベント表には現在価値で記入しますが、キャッシュフロー表には、物価変動等を考慮した将来価値を計上します。

資産計算で使う6つの係数

5 ☑☑☑ 重要度 B [2020年9月]

ライフプランの作成の際に活用される下記＜資料＞の各種係数に関する次の記述のうち、最も不適切なものはどれか。

＜資料＞年率2％・期間5年の各種係数

終価係数	1.1041
現価係数	0.9057
年金終価係数	5.2040
減債基金係数	0.1922
年金現価係数	4.7135
資本回収係数	0.2122

1. 現在保有する100万円を5年間、年率2％で複利運用した場合の元利合計額は、「100万円×1.1041」で求められる。
2. 年率2％で複利運用しながら5年後に100万円を得るために必要な毎年の積立額は、「100万円×0.1922」で求められる。
3. 年率2％で複利運用しながら5年間、毎年100万円を受け取るために必要な元本は、「100万円×5.2040」で求められる。
4. 年率2％で複利運用しながら5年後に100万円を得るために必要な元本は、「100万円×0.9057」で求められる。

アドバイス！

ポイント1：6つの係数は3つに分類できます。保険商品に例えると（　　）のイメージになります。

現価係数	(ゲ) ⇔ 終価係数	(シ)（一時払の養老保険をイメージ）
減債基金係数	(ゲ) ⇔ 年金終価係数	(シ)（積立型の養老保険をイメージ）
年金現価係数	(ゲ) ⇔ 資本回収係数	(シ)（一時払の個人年金保険をイメージ）

ポイント2：過去・現在の一時金・積立額を求める係数は「ゲ」がつき、将来の一時金・年金を求める係数は「シ」がつきます。ゲ⇔シ

ポイント3：過去・現在の金額（一時金）を求める場合は「現価係数」、将来の金額（一時金）を求める場合は「終価係数」、コツコツ貯める場合の将来の金額、コツコツ崩す場合の必要な元本を求める場合は「年金○○係数」と覚えましょう。後は、問題を解いて慣れるだけです。

3 が不適切　　テキスト1章　P16-19

使うべき係数を暗記すればベストですが、この問題は、分かっている金額を「1」、求めたい金額を表した数値を「係数」と考えると答えが導けます。

1. 適切　現在保有する金額を一定期間にわたり一定の利率で複利運用した場合の将来の金額は「**終価係数**」を乗じて求めます。

   なお、現在保有する100万円を「1」、5年間、年率2%で複利運用すると約10%（約0.1）増えますので、約1.10となり、「1.1041」を使うと考えます。

2. 適切　将来準備したい金額を一定期間にわたり一定の利率で複利運用しながら一定金額を積み立てて準備する場合の毎年の積立額は「**減債基金係数**」を乗じて求めます。

   5年後の100万円を「1」と考えて、5年間で積み立てて準備する場合、必要な毎年の積立額は「1÷5＝0.2」、利息が助けてくれる分、0.2よりやや少なくてよいため、「0.1922」を使うと考えます。

3. **不適切**　一定期間にわたり一定の利率で複利運用しながら一定金額を受け取る場合の当初の必要額は「**年金現価係数**」を乗じて求めます。

   毎年受け取る100万円を「1」と考えて、5年間受け取る場合の必要原資は「1×5＝5」となり、利息が助けてくれる分、5よりやや少なくてよいため、「4.7135」を使うと考えます。

4. 適切　将来準備した金額を一定期間にわたり一定の利率で複利運用して準備する場合の現在の必要額は「**現価係数**」を乗じて求めます。

   5年後の100万円を「1」と考えて、年率2%で5年複利運用すると、約10%（約0.1）利息が付くため、必要な元本は「1－約0.1＝約0.9」となるため、「0.9057」を使うと考えます。

教育資金

6　☑☑☑　重要度 A　[2021年1月]

日本学生支援機構の貸与型奨学金および日本政策金融公庫の教育一般貸付（以下「国の教育ローン」という）に関する次の記述のうち、最も不適切なものはどれか。

1. 貸与型奨学金の一つである第一種奨学金の貸与を受けられるのは、国内の大学等に在学する特に優れた学生等であって、経済的理由により著しく修学に困難がある者とされている。
2. 国の教育ローンを利用するためには、世帯年収（所得）が申込人の世帯で扶養している子の人数に応じて定められた額以下でなければならない 。
3. 国の教育ローンの融資金利は固定金利であり、返済期間は、18年以内とされている 。
4. 国の教育ローンの資金使途は、受験にかかった費用（受験料、受験時の交通費・宿泊費など）と学校納付金（入学金、授業料、施設設備費など）に限定されている。

住宅資金

7　☑☑☑　重要度 C　[2023年5月]

住宅金融支援機構と金融機関が提携した住宅ローンであるフラット35（買取型）に関する次の記述のうち、最も不適切なものはどれか。

1. フラット35Sは、省エネルギー性、耐震性など一定の技術基準を満たした住宅を取得する場合に、借入金利を一定期間引き下げる制度である。
2. フラット35の利用者向けインターネットサービスである「住・My Note」を利用して繰上げ返済する場合、一部繰上げ返済の最低返済額は100万円である。
3. 店舗付き住宅などの併用住宅を建築する際にフラット35を利用する場合、住宅部分の床面積が非住宅部分の床面積以上である必要がある。
4. 住宅金融支援機構は、融資を実行する金融機関から住宅ローン債権を買い取り、対象となる住宅の第1順位の抵当権者となる。

4 が不適切　　テキスト1章　P22-24

1. 適切　なお、日本学生支援機構の貸与型奨学金については、**無利息**で貸与を受けられる第一種奨学金と**利息付**（在学中は**無利息**）の第二種奨学金があります。
2. 適切　日本政策金融公庫の国の教育ローン（教育一般貸付）は、**子の数に応じて、世帯所得（収入）の制限**が設けられています。
3. 適切　「**固定**金利」「**18年**以内」はよく出題されます。
4. **不適切**　日本政策金融公庫の国の教育ローン（教育一般貸付）は、**下宿費用や国民年金保険料等に充てることもできます**。

2 が不適切　　テキスト1章　P30-31

1. 適切　ポイントに応じて一定期間、金利の引き下げがあります。
2. **不適切**　「住・My Note」を利用して繰上げ返済する場合の一部繰上げ返済の最低返済額は**10万円**、店頭で手続きする場合の一部繰上げ返済の最低返済額は**100万円**です。
3. 適切　なお、フラット35は投資用物件等は融資対象外ですし、店舗併用住宅の場合、**床面積の半分以上が住宅部分**であることが要件となっています。
4. 適切　融資窓口となる金融機関は抵当権者にならず、融資窓口となった金融機関から住宅ローン債権を買い取った住宅金融支援機構が抵当権者となります。

老後資金

8 ☑☑☑ 重要度 C [2023年9月]

リタイアメントプランニング等に関する次の記述のうち、最も不適切なものはどれか。

1. 金融機関のリバースモーゲージには、一般に、利用者が死亡し、担保物件の売却代金により借入金を返済した後も債務が残った場合に、利用者の相続人がその返済義務を負う「リコース型」と、返済義務を負わない「ノンリコース型」がある。
2. 高齢者の居住の安定確保に関する法律に定める「サービス付き高齢者向け住宅」に入居した者は、「状況把握サービス」や「生活相談サービス」を受けることができる。
3. 将来、本人の判断能力が不十分になった場合に備えて、あらかじめ本人が選任した者と締結する任意後見契約は、公正証書によらない場合であっても有効である。
4. 確定拠出年金の加入者が、老齢給付金を60歳から受給するためには、通算加入者等期間が10年以上なければならない。

社会保険の基本

9 ☑☑☑ 重要度 A [2019年5月]

公的医療保険に関する次の記述のうち、最も適切なものはどれか。

1. 健康保険の適用事業所に常時使用される75歳未満の者は、原則として、全国健康保険協会管掌健康保険（協会けんぽ）または組合管掌健康保険に加入することになる。
2. 全国健康保険協会管掌健康保険（協会けんぽ）の介護保険料率は、都道府県ごとに定められており、都道府県によって保険料率が異なる。
3. 健康保険の任意継続被保険者となるためには、健康保険の被保険者資格を喪失した日の前日まで継続して6ヵ月以上の被保険者期間がなければならない。
4. 個人事業主や農林漁業者などが被保険者となる国民健康保険は、国が保険者として運営している。

3 が不適切　　テキスト1章　P34-35、P87

1. 適切　記述のとおりです。
2. 適切　記述のとおりです。
3. 不適切　任意後見契約は、**公正証書で契約**をしなければなりません。
4. 適切　なお、確定拠出年金の老齢給付金は遅くとも**75歳**に達する日の属する月までに受給を開始しなければなりません。

1 が適切　　テキスト1章　P37-38、43-47

1. 適切　なお、**75歳以上**の人は、後期高齢者医療制度に加入します。
2. 不適切　健康保険の介護保険料率（40歳以上65歳未満）は**全国一律**です。一般保険料率は、**都道府県ごと**に定められています。
3. 不適切　健康保険の被保険者期間が継続して**2カ月**以上ある者が、資格喪失日から**20日**以内に手続きをすることで、最長**2年間**、任意継続被保険者となることができます。任意継続被保険者のキーナンバーは「2」です。
4. 不適切　国民健康保険の保険者は、**都道府県と市町村（特別区を含む）または国民健康保険組合**です。国民健康保険には、健康保険とは異なり、被扶養者という制度はなく、**全員が被保険者**となります。

10 ☑☑☑ 重要度 C [2023年5月]

全国健康保険協会管掌健康保険（協会けんぽ）の保険給付に関する次の記述のうち、最も適切なものはどれか。

1. 傷病手当金は、同一の疾病または負傷およびこれにより発した疾病に関して、その支給を始めた日から通算して最長2年支給される。
2. 夫婦がともに被保険者である場合において、妻が出産したときは、所定の手続きにより、夫婦に対して出産育児一時金および家族出産育児一時金が支給される。
3. 被保険者が業務災害および通勤災害以外の事由で死亡した場合、所定の手続きにより、その者により生計を維持されていた者であって、埋葬を行うものに対し、埋葬料として5万円が支給される。
4. 被保険者が同一月内に同一の医療機関等で支払った医療費の一部負担金等の額が、その者に係る自己負担限度額を超えた場合、所定の手続きにより、支払った一部負担金等の全額が高額療養費として支給される。

11 ☑☑☑ 重要度 C [2020年1月]

公的介護保険に関する次の記述のうち、最も不適切なものはどれか。

1. 公的介護保険の保険給付は、保険者から要介護状態または要支援状態にある旨の認定を受けた被保険者に対して行われるが、第1号被保険者については、要介護状態または要支援状態となった原因は問われない。
2. 公的介護保険の第2号被保険者のうち、前年の合計所得金額が220万円以上の者が介護サービスを利用した場合の自己負担割合は、原則として3割である。
3. 要介護認定を受けた被保険者の介護サービス計画（ケアプラン）は、一般に、被保険者の依頼に基づき、介護支援専門員（ケアマネジャー）が作成するが、所定の手続きにより、被保険者本人が作成することもできる。
4. 同一月内の介護サービス利用者負担額が、所得状況等に応じて定められている上限額を超えた場合、所定の手続きにより、その上限額を超えた額が高額介護サービス費として支給される。

3 が適切　　テキスト１章　P37-43、P50

1. 不適切　傷病手当金は、連続した３日間の休業（待期期間）経過後、休業４日目から通算１年６カ月を限度に支給されます。
2. 不適切　選択肢の場合は、妻の健康保険から出産育児一時金が支給されます。
3. 適切　なお、被保険者が業務災害および通勤災害の事由で死亡した場合、労働者災害補償保険から、葬祭料（通勤災害の場合は葬祭給付）が支給されます。
4. 不適切　被保険者が同一月内に同一の医療機関等で支払った医療費の一部負担金等の額が、その者に係る自己負担限度額を超えた場合、所定の手続きにより、自己負担限度額を超える金額が高額療養費として支給されます。

2 が不適切　　テキスト１章　P47-48

1. 適切　なお、第２号被保険者は特定疾病により要介護状態または要支援状態になった場合に限り、公的介護保険の給付を受けられます。
2. 不適切　第２号被保険者の自己負担割合は、要介護度に応じた支給限度額の範囲内で一律１割です。なお、第１号被保険者の自己負担割合は、要介護度に応じた支給限度額の範囲内で、原則１割ですが、一定以上の所得がある人の自己負担割合は２割または３割となります。
3. 適切　なお、ケアプランを作成してもらう場合、自己負担はありません。
4. 適切　介護保険の高額介護サービス費に似ている制度として、公的医療保険の高額療養費制度があります。

12 ☑☑☑ 重要度 B

[2021年9月]

労働者災害補償保険（以下「労災保険」という）に関する次の記述のうち、最も適切なものはどれか。

1. 労災保険の適用を受ける労働者には、雇用形態がアルバイトやパートタイマーである者は含まれない。
2. 業務上の負傷または疾病が治癒したときに身体に一定の障害が残り、その障害の程度が労働者災害補償保険法に規定する障害等級に該当する場合、障害補償給付が受けられる。
3. 労災保険の適用事業所の事業主は、その営む事業において使用する労働者数の多寡にかかわらず、労災保険の特別加入の対象となる。
4. 労災保険の保険料を計算する際に用いる保険料率は、適用事業所の事業の種類による差異はない。

13 ☑☑☑ 重要度 B

[2023年5月]

労働者災害補償保険の保険給付に関する次の記述のうち、最も不適切なものはどれか。

1. 労働者災害補償保険の適用を受ける労働者には、雇用形態がアルバイトやパートタイマーである者も含まれる。
2. 労働者が業務上の負傷または疾病による療養のため労働することができず、賃金を受けられない場合、賃金を受けない日の第３日目から休業補償給付が支給される。
3. 労働者が業務災害により死亡したときに支払われる遺族補償年金の年金額は、受給権者および受給権者と生計を同じくしている受給資格者の人数により異なる。
4. 労働者が通勤災害により死亡した場合、所定の手続きにより、葬祭を行う者に対し葬祭給付が支給される。

2 が適切　テキスト1章　P49-50

1. 不適切　労災保険の適用を受ける労働者にアルバイトやパートタイマーも含まれます。
2. 適切　なお、要件を満たせば、障害基礎年金、障害厚生年金と併給できますが、障害補償給付は一定の割合で減額されます。
3. 不適切　特別加入の対象となるのは、一定の人数以下の労働者を使用する中小事業主に限られます。
4. 不適切　労災保険の保険料率は、事業の種類により異なります。

2 が不適切　テキスト1章　P49-50

1. 適切　なお、雇用保険の一般被保険者となる者は、1週間の所定労働時間が20時間以上であり、31日以上雇用見込みの者に限られます。
2. 不適切　労働者が業務上の負傷または疾病による療養のため労働することができず、賃金を受けられない場合、賃金を受けない日の第4日目から休業補償給付（給付基礎日額の60％）が支給されます。
3. 適切　なお、労働者が業務災害により死亡し、遺族が遺族補償年金と遺族基礎年金、遺族厚生年金を受給する場合、遺族基礎年金、遺族厚生年金は全額支給されますが、遺族補償年金は減額されます。
4. 適切　なお、労働者が業務災害により死亡した場合は、葬祭料が支給されます。

14 ☑☑☑ 重要度A [2023年9月]

雇用保険の失業等給付に関する次の記述のうち、最も不適切なものはどれか。

1. 雇用保険の一般被保険者が失業した場合、基本手当を受給するためには、原則として、離職の日以前2年間に被保険者期間が通算して12ヵ月以上あること等の要件を満たす必要がある。
2. 正当な理由がなく自己都合により退職し、基本手当の受給を申請した場合、7日間の待期期間経過後、4ヵ月間は給付制限期間として基本手当を受給することができない。
3. 基本手当の受給期間内に、出産、疾病等の理由で引き続き30日以上職業に就くことができない場合、所定の申出により、受給期間を離職日の翌日から最長4年まで延長することができる。
4. 雇用保険の高年齢被保険者が失業した場合、高年齢求職者給付金を受給するためには、原則として、離職の日以前1年間に被保険者期間が通算して6ヵ月以上あること等の要件を満たす必要がある。

15 ☑☑☑ 重要度A [2022年5月]

雇用保険に関する次の記述のうち、最も不適切なものはどれか。

1. 雇用保険の保険料のうち、失業等給付・育児休業給付の保険料は、事業主と労働者で折半して負担するのに対し、雇用保険二事業の保険料は、事業主が全額を負担する。
2. 特定受給資格者等を除く一般の受給資格者に支給される基本手当の所定給付日数は、算定基礎期間が20年以上の場合、150日である。
3. 育児休業給付金は、期間を定めずに雇用される一般被保険者が、原則として、その1歳に満たない子を養育するための休業をした場合において、その休業開始日前1年間に賃金支払いの基礎日数が11日以上ある月（みなし被保険者期間）が6ヵ月以上あるときに支給される。
4. 高年齢雇用継続基本給付金の額は、一支給対象月に支払われた賃金の額が、みなし賃金日額に30を乗じて得た額の61％未満である場合、原則として、当該支給対象月に支払われた賃金の額の15％相当額である。

2 が不適切　　テキスト1章　P53-54

1. 適切　なお、**倒産・会社都合解雇**の場合の基本手当は、原則として、離職の日以前1年間に被保険者期間が通算して**6カ月**以上あること等の要件を満たす必要があります。

2. **不適切**　正当な理由がなく自己都合により退職した場合の基本手当には、申請から7日間の待期期間経過後、原則として、**2カ月**間の給付制限期間があります。

3. 適切　なお、基本手当の受給資格期間は、原則として離職日の翌日から**1年間**です。

4. 適切　なお、基本手当は**65歳未満**の求職者給付、高年齢求職者給付金は**65歳以上**の求職者給付です。

3 が不適切　　テキスト1章　P52-57

1. 適切　全体で見れば、労働者の負担は一部負担となります。

2. 適切　特定受給資格者等を除く一般の受給資格者に支給される基本手当の所定給付日数は、算定基礎期間によって異なります。

3. **不適切**　育児休業給付金は、期間を定めずに雇用される一般被保険者が、原則として、その1歳に満たない子を養育するための休業をした場合において、その休業開始日前2年間に賃金支払いの基礎日数が11日以上等ある月（みなし被保険者期間）が12カ月以上あるときに支給されます。

4. 適切　なお、支給要件は、60歳到達時賃金に対して支給対象月の賃金が75％未満であることとされます。2025年度以降に60歳に到達する者の給付率は最高10％となる予定です。

16 ☑☑☑ 重要度 B [2022年1月]

雇用保険法に基づく育児休業給付および介護休業給付に関する次の記述のうち、最も不適切なものはどれか。なお、記載されたもの以外の要件はすべて満たしているものとする。

1. 一般被保険者や高年齢被保険者が、1歳に満たない子を養育するために休業する場合、育児休業給付金が支給される。
2. 育児休業給付金に係る支給単位期間において、一般被保険者や高年齢被保険者に対して支払われた賃金額が、休業開始時賃金日額に支給日数を乗じて得た額の60％相当額以上である場合、当該支給単位期間について育児休業給付金は支給されない。
3. 一般被保険者や高年齢被保険者が、一定の状態にある家族を介護するために休業する場合、同一の対象家族について、通算3回かつ93日の介護休業を限度とし、介護休業給付金が支給される。
4. 一般被保険者や高年齢被保険者の父母および配偶者の父母は、介護休業給付金の支給対象となる家族に該当する。

2 が不適切 テキスト1章 P56

1. 適切　なお、最長2歳に達するまでの子が育児休業給付の対象となります。

2. 不適切　育児休業給付金および介護休業給付の支給単位期間において、支払われた賃金額が、休業開始時賃金日額に支給日数を乗じて得た額の80%相当額以上である場合、当該支給単位期間について育児休業給付金および介護休業給付金は支給されません。

3. 適切　記述のとおりです。

4. 適切　介護休業給付金の対象となるのは、配偶者、子、父母、配偶者の父母、祖父母・兄弟姉妹・孫です。

公的年金の基本

17 ☑☑☑ 重要度 A [2020年9月]

国民年金の保険料に関する次の記述のうち、最も不適切なものはどれか。

1. 第1号被保険者で障害基礎年金または障害等級1級もしくは2級の障害厚生年金を受給している者は、原則として、所定の届出により、保険料の納付が免除される。
2. 第1号被保険者が出産する場合、所定の届出により、出産予定月の前月から4ヵ月間（多胎妊娠の場合は出産予定月の3ヵ月前から6ヵ月間）、保険料の納付が免除される。
3. 第1号被保険者である大学生は、本人の所得金額の多寡にかかわらず、所定の申請により、学生納付特例制度の適用を受けることができる。
4. 学生を除く50歳未満の第1号被保険者は、本人および配偶者の前年の所得（1月から6月までの月分の保険料については前々年の所得）がそれぞれ一定金額以下の場合、所定の申請により、保険料納付猶予制度の適用を受けることができる。

18 ☑☑☑ 重要度 A [2020年1月]

公的年金に関する次の記述のうち、最も不適切なものはどれか。

1. 産前産後休業を取得している厚生年金保険の被保険者の厚生年金保険料は、所定の手続きにより、被保険者負担分と事業主負担分がいずれも免除される。
2. 厚生年金保険の適用事業所に常時使用される者のうち、65歳以上の者は、厚生年金保険の被保険者とならない。
3. 国民年金の保険料免除期間に係る保険料のうち、追納することができる保険料は、追納に係る厚生労働大臣の承認を受けた日の属する月前10年以内の期間に係るものに限られる。
4. 日本国籍を有するが日本国内に住所を有しない20歳以上65歳未満の者は、国民年金の第2号被保険者および第3号被保険者に該当しない場合、原則として、国民年金の任意加入被保険者となることができる。

3 が不適切　　テキスト１章　P60-61

1. 適切　なお、法定免除の期間について保険料を追納しない場合、**保険料免除期間**として扱います。

2. 適切　なお、第１号被保険者の産前産後保険料免除の期間は、**保険料納付済期間**として扱います。

3. 不適切　第１号被保険者で一定の大学等の学生である者は、**学生本人の所得が一定金額以下**の場合、学生納付特例制度の適用を受けることができます。

なお、申請免除は「**本人および世帯主、配偶者**」、50歳未満の納付猶予は「**本人と配偶者**」の所得で判定され、それぞれ「誰」の所得で判定するかが異なります。

4. 適切　3.の解説参照。

2 が不適切　　テキスト１章　P58-61

1. 適切　なお、育児休業を取得している厚生年金保険の被保険者の厚生年金保険料も、所定の手続きにより、**被保険者負担分および事業主負担分がともに免除**されます。健康保険も同様です。

2. 不適切　**70歳以上**の者は、厚生年金保険の適用事業所に勤務していても、原則として厚生年金保険の被保険者となりません。ただし、在職老齢年金制度は適用されます。

3. 適切　**免除・猶予**を受けた保険料は、**10年**前の分まで追納できます。滞納保険料の納付期限が「2年」なので、違いに注意しましょう。

4. 適切　また、国内に住所を有する者も、**満額の老齢基礎年金を受給できない場合は65歳に達するまで**、65歳時点で受給資格を満たさない者は、受給資格を満たすまで（最長70歳まで）任意加入できます。

19 ☑☑☑ 重要度 C

[2021年9月]

年金生活者支援給付金制度に関する次の記述のうち、最も適切なものはどれか。

1. 一定の所得基準以下等の要件を満たす65歳以上の老齢基礎年金の受給者には、受給者の保険料納付済期間等の長短にかかわらず、老齢年金生活者支援給付金として月額5,310円（本年度価額）が支給される。
2. 一定の所得基準以下にある障害基礎年金の受給者には、受給者の障害の程度にかかわらず、障害年金生活者支援給付金として月額5,310円（本年度価額）が支給される。
3. 一定の所得基準以下にある遺族基礎年金の受給者には、月額5,310円（本年度価額）に受給者の扶養親族の人数に応じた額を加算した額が遺族年金生活者支援給付金として支給される。
4. 年金生活者支援給付金は、原則として、毎年2月、4月、6月、8月、10月および12月に、それぞれの前月までの2ヵ月分が支給される。

20 ☑☑☑ 重要度 A

[2019年9月]

公的年金に関する次の記述のうち、最も不適切なものはどれか。

1. 国民年金の保険料納付済期間が10年以上あり、厚生年金保険の被保険者期間を有する者は、原則として、65歳から老齢基礎年金および老齢厚生年金を受給することができる。
2. 65歳到達時に老齢厚生年金の受給権を取得した者が、厚生年金保険の被保険者期間を20年以上有し、かつ、所定の要件を満たす配偶者がいる場合、当該受給権者に支給される老齢厚生年金に加給年金額が加算される。
3. 夫の死亡当時に60歳未満の妻が寡婦年金の受給権を取得した場合、寡婦年金は、原則として、妻の60歳到達月の翌月から65歳到達月まで支給される。
4. 老齢厚生年金を受給している者が死亡し、死亡した者によって生計を維持されていた配偶者がいる場合、配偶者は、死亡した者の厚生年金保険の被保険者期間が10年以上あれば、遺族厚生年金を受給することができる。

4 が適切　　テキスト1章　P62-63

1. 不適切　一定の所得基準以下等の要件を満たす65歳以上の老齢基礎年金の受給者には、受給者の保険料納付済期間等の長短に応じて、**月額5,310円（本年度価額）を基準に調整**された老齢年金生活者支援給付金が支給されます。
2. 不適切　一定の所得基準以下にある障害基礎年金の受給者には、障害等級２級は月額5,310円、障害等級１級は２級の金額の**1.25倍**の障害年金生活者支援給付金が支給されます。
3. 不適切　一定の所得基準以下にある遺族基礎年金の受給者には、**月額5,310円**（本年度価額）が遺族年金生活者支援給付金として支給されます。なお、扶養家族が増えても増額はされません。
4. **適切**　公的年金と同じです。

4 が不適切　　テキスト1章　P64-65、P69-72、P78-80

1. 適切　なお、65歳に達するまでの特別支給の老齢厚生年金は、老齢基礎年金の受給資格期間が**10年**以上あり、厚生年金保険の被保険者期間が１年以上あることが要件となっています。
2. 適切　なお、老齢基礎年金（**10年**）、老齢厚生年金（老齢基礎年金の受給資格に加えて特別支給は**1年**・65歳以降は**1月**）の受給資格期間も整理しておきましょう。
3. 適切　寡婦年金は、国民年金第１号被保険者期間に係る保険料納付済期間と保険料免除期間を合算した期間が**10年以上**ある夫が障害基礎年金または老齢基礎年金の支給を受けることなく死亡し、その死亡当時、夫によって生計を維持し、かつ、夫との婚姻期間が**10年以上**継続した妻が60歳以上65歳未満の間に受給することができます。２つの10年がポイントです。
4. **不適切**　老齢厚生年金を受給している者が死亡し、死亡した者によって生計を維持されていた配偶者がいる場合、配偶者は死亡した者の受給資格期間（保険料納付済期間、保険料免除期間、合算対象期間の合計）が**25年**以上あれば、原則として遺族厚生年金を受給することができます。老齢基礎年金、老齢厚生年金、寡婦年金の受給資格期間は25年から**10年**に短縮されましたが、遺族基礎年金、遺族厚生年金は**25年のまま**変わっていません。

21 ☑☑☑ 重要度 A [2019年9月]

老齢基礎年金の繰下げ支給に関する次の記述のうち、最も適切なものはどれか。

1. 老齢基礎年金の受給権を有する65歳6ヵ月の者は、当該老齢基礎年金の繰下げ支給の申出をすることができる。
2. 付加年金を受給できる者が老齢基礎年金の繰下げ支給の申出をした場合、付加年金の額は繰下げによって増額されない。
3. 2022年4月1日以降に70歳に到達する者の老齢基礎年金の繰下げ支給による年金の増額率は、繰り下げた月数に0.7%を乗じて得た率で、最大84%となる。
4. 老齢厚生年金の受給権を有する者が老齢基礎年金の支給開始年齢を繰り下げる場合は、同時に老齢厚生年金の支給開始年齢も繰り下げなければならない。

22 ☑☑☑ 重要度 B [2023年9月]

厚生年金保険における離婚時の年金分割制度に関する次の記述のうち、最も不適切なものはどれか。なお、本問においては、「離婚等をした場合における特例」による標準報酬の改定を合意分割といい、「被扶養配偶者である期間についての特例」による標準報酬の改定を3号分割という。

1. 合意分割および3号分割の請求期限は、原則として、離婚等をした日の翌日から起算して2年以内である。
2. 合意分割は、離婚等をした当事者間において、標準報酬の改定または決定の請求をすることおよび請求すべき按分割合についての合意が得られない限り、請求することができない。
3. 3号分割の対象となるのは、2008年4月1日以降の国民年金の第3号被保険者であった期間における、当該第3号被保険者の配偶者に係る厚生年金保険の保険料納付記録（標準報酬月額・標準賞与額）である。
4. 老齢厚生年金を受給している者について、3号分割により標準報酬の改定または決定が行われた場合、3号分割の請求をした日の属する月の翌月から年金額が改定される。

3 が適切　　テキスト1章　P67-68、P73

1. 不適切　老齢基礎年金および老齢厚生年金の繰下げは66歳0カ月以降に繰下げ支給の申出をすることができます。
2. 不適切　付加年金は老齢基礎年金と同時に繰上げ・繰下げ支給となり、同じ割合で減額・増額されます。
3. 適切　なお、2022年4月1日以降に60歳に到達する者の老齢基礎年金の繰上げ支給による年金の減額率は、繰り上げた月数に0.4％を乗じて得た率で、最大24％となります。
4. 不適切　老齢基礎年金と老齢厚生年金は、同時に繰り下げる必要はなく、一方のみの繰下げ支給も選択でき、それぞれ異なる時期から繰下げ支給を選択することもできます。

2 が不適切　　テキスト1章　P74

1. 適切　記述のとおりです。
2. 不適切　合意分割は、合意できない場合は裁判によることもできます。なお、3号分割は合意は不要です。
3. 適切　なお、合意分割の対象は、婚姻期間全体の厚生年金保険の保険料納付記録（標準報酬月額・標準賞与額）です。
受給資格期間の判定は本人の履歴で判定されます。また、老齢基礎年金は分割されません。
4. 適切　合意分割も同様です。

23　☑☑☑　重要度 C　[2021年1月]

公的年金制度の障害給付に関する次の記述のうち、最も適切なものはどれか。

1. 障害等級1級に該当する程度の障害の状態にある者に支給される障害基礎年金の額は、障害等級2級に該当する程度の障害の状態にある者に支給される障害基礎年金の額の100分の150に相当する額である。
2. 障害等級2級に該当する程度の障害の状態にある障害厚生年金の受給権者が、所定の要件を満たす配偶者を有する場合、その受給権者に支給される障害厚生年金には加給年金額が加算される。
3. 障害等級3級に該当する程度の障害の状態にある者に支給される障害厚生年金の額については、障害等級2級に該当する程度の障害の状態にある者に支給される障害基礎年金の額の3分の2相当額が最低保障される。
4. 国民年金の被保険者ではない20歳未満の期間に初診日および障害認定日があり、20歳に達した日において障害等級1級または2級に該当する程度の障害の状態にある者には、その者の所得にかかわらず、障害基礎年金が支給される。

24　☑☑☑　重要度 C　[2021年9月]

公的年金制度の障害給付に関する次の記述のうち、最も適切なものはどれか。

1. 障害厚生年金の額を計算する際に、その計算の基礎となる被保険者期間の月数が300月に満たない場合、300月として計算する。
2. 国民年金の被保険者ではない20歳未満の期間に初診日および障害認定日があり、20歳に達した日において障害等級1級または2級に該当する程度の障害の状態にある者に対しては、その者の前年の所得の額にかかわらず、障害基礎年金が支給される。
3. 障害基礎年金の受給権者が、所定の要件を満たす配偶者を有する場合、その受給権者に支給される障害基礎年金には、配偶者に係る加算額が加算される。
4. 障害手当金の支給を受けようとする者が、同一の傷病により労働者災害補償保険の障害補償給付の支給を受ける場合、障害手当金と障害補償給付の支給を同時に受けることができる。

2 が適切　　テキスト1章　P75-76

1. 不適切　障害等級1級の障害基礎（厚生）年金は、障害等級2級の障害基礎（厚生）年金の**1.25倍**です。
2. 適切　**障害等級1級または2級の障害厚生年金**の受給権者には、**配偶者の加算**がありますが、**3級の障害厚生年金**には**配偶者の加算はありません**。
3. 不適切　障害等級3級の障害厚生年金は、障害基礎年金の額の**4分の3**相当額が最低保障されます。
4. 不適切　国民年金の被保険者ではない20歳未満の期間に初診日がある場合、国民年金保険料を納付していないことから、所得によっては障害基礎年金の**全額または2分の1が支給停止**されます。

1 が適切　　テキスト1章　P75-76、P50、P84

1. 適切　なお、**300月以上**加入する場合は、**そのまま計算**します。
2. 不適切　**受給者の所得**によっては障害基礎年金の**全額または一部が支給停止**されます。
3. 不適切　要件を満たす場合、障害基礎年金には子の加算、**障害厚生年金**（障害等級**1級または2級**）には**配偶者の加算**があります。
4. 不適切　障害厚生年金と障害補償給付を受給する場合、障害補償給付は減額されるものの、**両方を受給**できますが、労働者災害補償保険の障害補償給付の支給を受ける者は、障害手当金の支給を受けることができません。

25

☑☑☑ 重要度 A [2020年1月]

公的年金の遺族給付に関する次の記述のうち、最も不適切なものはどれか。

1. 遺族基礎年金を受給することができる遺族は、国民年金の被保険者等の死亡当時その者によって生計を維持し、かつ、所定の要件を満たす「子のある配偶者」または「子」である。
2. 国民年金の第1号被保険者としての保険料納付済期間が36月以上ある者が、老齢基礎年金または障害基礎年金を受けないまま死亡し、その死亡した者によって生計を同じくしていた遺族が遺族基礎年金の支給を受けられない場合は、原則として、遺族に死亡一時金が支給される。
3. 遺族厚生年金の年金額は、原則として、死亡した者の厚生年金保険の被保険者記録を基に計算された老齢厚生年金の報酬比例部分の3分の2相当額である。
4. 厚生年金保険の被保険者である夫が死亡し、子のない30歳未満の妻が遺族厚生年金の受給権を取得した場合、その妻に対する遺族厚生年金の支給期間は、最長で5年間である。

26

☑☑☑ 重要度 A [2019年9月]

遺族厚生年金に関する次の記述のうち、最も不適切なものはどれか。

1. 遺族厚生年金を受給することができる遺族の範囲は、厚生年金保険の被保険者または被保険者であった者の死亡の当時、その者によって生計を維持し、かつ、所定の要件を満たす配偶者、子、父母、孫または祖父母である。
2. 厚生年金保険の被保険者が死亡したことにより支給される遺族厚生年金の年金額は、死亡した者の厚生年金保険の被保険者期間が300月未満の場合、300月とみなして計算する。
3. 厚生年金保険の被保険者である夫が死亡し、夫の死亡当時に子のいない40歳以上65歳未満の妻が遺族厚生年金の受給権を取得した場合、妻が65歳に達するまでの間、妻に支給される遺族厚生年金に中高齢寡婦加算額が加算される。
4. 厚生年金保険の被保険者である夫が死亡し、夫の死亡当時に子のいない28歳の妻が取得した遺族厚生年金の受給権は、妻が35歳に達したときに消滅する。

3 が不適切

テキスト1章　P77-81

1. 適切　遺族基礎年金を受給できるのは、以前は「子のある妻」または「子」でしたが、現在は「子のある配偶者」または「子」です。

2. 適切　死亡一時金は、遺族基礎年金を受給できない遺族への支給です。寡婦年金とは選択受給となります。

3. 不適切　遺族厚生年金（加算部分を除く）は、原則として報酬比例部分の額の4分の3相当額です。

4. 適切　子のない妻には30歳の壁と40歳の壁があります。子のない30歳未満の妻の遺族厚生年金は最長5年間の有期給付、40歳未満の子のない妻には、遺族厚生年金の中高齢寡婦加算は支給されません。

4 が不適切

テキスト1章　P77-81

1. 適切　遺族厚生年金を受給することができる遺族の範囲に兄弟姉妹は含まれません。

2. 適切　なお、300月以上の被保険者期間がある場合は、被保険者期間に基づいた遺族厚生年金が支給されます。

3. 適切　なお、40歳未満の子のない妻には、遺族厚生年金の中高齢寡婦加算は支給されません。

4. 不適切　子のない30歳未満の妻の遺族厚生年金は最長5年間（設問の場合、33歳まで）の有期給付となります。

27 ☑☑☑ 重要度 B [2019年9月]

公的年金の併給調整等に関する次の記述のうち、最も不適切なものはどれか。

1. 障害基礎年金と老齢厚生年金の受給権を有している者は、65歳以降、障害基礎年金と老齢厚生年金を同時に受給することができる。
2. 遺族厚生年金と老齢厚生年金の受給権を有している者は、65歳以降、その者の選択によりいずれか一方の年金が支給され、他方の年金は支給停止となる。
3. 障害基礎年金と遺族厚生年金の受給権を有している者は、65歳以降、障害基礎年金と遺族厚生年金を同時に受給することができる。
4. 同一の事由により、障害厚生年金と労働者災害補償保険法に基づく障害補償年金が支給される場合、障害厚生年金は全額支給され、障害補償年金は所定の調整率により減額される。

28 ☑☑☑ 重要度 C [2023年5月]

公的年金等に係る税金に関する次の記述のうち、最も不適切なものはどれか。

1. 遺族基礎年金および遺族厚生年金は、所得税の課税対象とならない。
2. 老齢基礎年金および老齢厚生年金は、その年中に受け取る当該年金の収入金額から公的年金等控除額を控除した金額が雑所得として所得税の課税対象となる。
3. 確定拠出年金の老齢給付金は、その全部について、一時金として受給する場合は一時所得として、年金として受給する場合は雑所得として所得税の課税対象となる。
4. 老齢基礎年金および老齢厚生年金の受給者が死亡した場合において、その者に支給されるべき年金給付のうち、まだ支給されていなかったもの（未支給年金）は、当該年金を受け取った遺族の一時所得として所得税の課税対象となる。

2 が不適切

テキスト1章　P83-84

1. 適切　障害基礎年金は老齢基礎年金の満額以上となり、受給者には不利とならない（障害者の生活を支える観点で有益）ため、65歳以降、障害基礎年金と他の厚生年金（老齢厚生年金または遺族厚生年金）を同時に受給することができます。

2. 不適切　本人の老齢厚生年金を優先的に受給し、「遺族厚生年金」または「老齢厚生年金×1／2＋遺族厚生年金×2／3」の多い方と、老齢厚生年金の差額が「遺族厚生年金」として支給されます。一見、紛らわしいですが、「行政としては税収を期待したいため、課税対象となる老齢厚生年金を受給して欲しい」「ただ、老齢厚生年金が少ない場合には、少なくとも遺族厚生年金の額の支給は保証する」という背景があります。

3. 適切　1.の解説参照。

4. 適切　問題のとおりで、障害厚生年金と労働者災害補償保険法に基づく障害補償年金が支給される場合、障害厚生年金は全額支給され、障害補償年金は所定の調整率により減額されます。

3 が不適切

テキスト1章　P84-89　4章　P353

1. 適切　障害給付、遺族給付は、非課税です。老齢給付は雑所得として所得税の対象です。

2. 適切　なお、公的年金等控除額は受給者の年齢（65歳以上、65歳未満）及び公的年金の収入金額等に応じて異なります。

3. 不適切　確定拠出年金の老齢給付金は、一時金として受給する場合は退職所得、年金として受給する場合は雑所得として所得税の課税対象となります。

4. 適切　なお、受給する者の一時所得の対象となる収入金額が特別控除（50万円）の範囲内であれば、結果として一時所得はゼロとなります。

企業・個人事業主の年金

29 ☑☑☑ 重要度 A [2020年9月]

確定拠出年金に関する次の記述のうち、最も不適切なものはどれか。

1. 個人型年金の加入者が国民年金の第3号被保険者である場合、掛金の拠出限度額は年額276,000円である。
2. 企業型年金において、加入者が掛金を拠出できることを規約で定める場合、加入者掛金の額は、その加入者に係る事業主掛金の額を超える額とすることができる。
3. 企業型年金の加入者が60歳未満で退職し、国民年金の第3号被保険者となった場合、企業型年金の個人別管理資産を国民年金基金連合会に移換し、個人型年金加入者または個人型年金運用指図者になることができる。
4. 老齢給付金を年金で受け取った場合、当該給付金は雑所得として所得税の課税対象となり、雑所得の金額の計算上、公的年金等控除額を控除することができる。

30 ☑☑☑ 重要度 B [2021年9月]

中小企業退職金共済、小規模企業共済および国民年金基金に関する次の記述のうち、最も不適切なものはどれか。

1. 中小企業退職金共済の掛金は、原則として、事業主と従業員が折半して負担する。
2. 小売業を主たる事業として営む個人事業主が、小規模企業共済に加入するためには、常時使用する従業員数が5人以下でなければならない。
3. 日本国籍を有する者で、日本国内に住所を有しない20歳以上65歳未満の国民年金の任意加入被保険者は、国民年金基金に加入することができる。
4. 国民年金基金の掛金は、加入員が確定拠出年金の個人型年金に加入している場合、個人型年金加入者掛金と合わせて月額68,000円が上限となる。

2 が不適切　　テキスト１章　P87-89

1. 適切　なお、国民年金の第１号被保険者の掛金の拠出限度額（年額816,000円）もよく出題されます。
2. 不適切　２つの限度があります。企業型年金において、加入者が掛金を拠出できることを規約で定める場合、企業型年金加入者が拠出する掛金の額は、「事業主掛金と同額」が上限とされ、かつ、事業主掛金との合計額が「拠出限度額の範囲内」とされます。
3. 適切　掛金を拠出する者を加入者、運用指図のみをする者を運用指図者といいます。
4. 適切　なお、老齢給付金を一時金で受け取る場合、退職所得（退職所得控除の対象）となります。

1 が不適切　　テキスト１章　P91-93

1. 不適切　中小企業退職金共済の掛金は、事業主が全額負担します。
2. 適切　なお、小規模企業共済等は、小規模企業の役員、個人事業主（および共同経営者）が加入できます。
3. 適切　なお、第１号被保険者のほか、国内に住所を有する60歳以上65歳未満の任意加入被保険者も国民年金基金に加入できます。
4. 適切　なお、国民年金基金加入者は、付加保険料を納付できません。

31 ☑☑☑ 重要度 B [2022年5月]

中小企業退職金共済、小規模企業共済および国民年金基金に関する次の記述のうち、最も適切なものはどれか。

1. 小売業に属する事業を主たる事業として営む事業主は、常時使用する従業員の数が100人以下である場合、原則として、中小企業退職金共済法に規定される中小企業者に該当し、共済契約者になることができる。
2. 中小企業退職金共済の退職金は、被共済者が退職した日に年齢が60歳以上であるなどの要件を満たした場合、被共済者の請求により、退職金の全部または一部を分割払いにすることができる。
3. 小規模企業共済の掛金月額は、共済契約者1人につき、3万円が上限となっている。
4. 国民年金基金の給付には、老齢年金、障害年金、死亡一時金がある。

中小法人の資金計画

32 ☑☑☑ 重要度 A [2023年5月]

損益計算書、貸借対照表およびキャッシュフロー計算書の一般的な特徴に関する次の記述のうち、最も不適切なものはどれか。

1. 損益計算書において、営業利益の額は、売上総利益の額から販売費及び一般管理費の額を差し引いた額である。
2. 損益計算書において、経常利益の額は、営業利益の額に特別利益・特別損失の額を加算・減算した額である。
3. 貸借対照表において、資産の部の合計額と、負債の部および純資産の部の合計額は一致する。
4. キャッシュフロー計算書は、一会計期間における企業の資金の増減を示したものである。

2 が適切　　テキスト１章　P91-93

1. 不適切　中小企業退職金共済は、中小企業基本法に定める中小企業の定義に該当する場合に利用でき、小売業に属する事業を主たる事業として営む事業主は、常時使用する従業員の数が50人以下である場合、または資本金等の額が5,000万円以下のいずれかに該当する場合に利用できます。

2. 適切　なお、全額分割払い、一部分割払いについては、金額の要件もあります。

3. 不適切　小規模企業共済の掛金月額は、共済契約者１人につき、７万円が上限となっています。３万円が上限とされるのは中小企業退職金共済です。

4. 不適切　国民年金基金の給付は、老齢年金および遺族一時金であり、障害年金はありません。

2 が不適切　　テキスト１章　P97-99

1. 適切　売上総利益、営業利益、経常利益、税引き前当期純利益、当期純利益の違いを確認しておきましょう。

2. 不適切　経常利益の額は「営業利益＋営業外収益－営業外費用」で求めます。「経常利益＋特別利益－特別損失」で求められるのは税引き前当期純利益です。

3. 適切　「資産＝負債＋純資産」の関係にあります。

4. 適切　なお、キャッシュフロー計算書は、営業キャッシュフロー、投資キャッシュフロー、財務キャッシュフローの３つに区分されています。

33 ☑☑☑ 重要度 B [2022年5月]

決算書に基づく経営分析指標に関する次の記述のうち、最も適切なものはどれか。

1. 損益分岐点比率は、実際の売上高に対する損益分岐点売上高の割合を示したものであり、一般に、この数値が低い方が企業の収益性が高いと判断される。
2. 自己資本比率は、総資本に対する自己資本の割合を示したものであり、一般に、この数値が低い方が財務の健全性が高いと判断される。
3. 固定長期適合率は、自己資本に対する固定資産の割合を示したものであり、一般に、この数値が低い方が財務の健全性が高いと判断される。
4. ＲＯＥは、自己資本に対する当期純利益の割合を示したものであり、一般に、この数値が低い方が経営の効率性が高いと判断される。

34 ☑☑☑ 重要度 B [2023年1月]

決算書の分析に関する次の記述のうち、最も不適切なものはどれか。

1. 流動比率（%）は、「流動資産÷総資産×100」の算式で計算される。
2. 当座比率（%）は、「当座資産÷流動負債×100」の算式で計算される。
3. 固定比率（%）は、「固定資産÷自己資本×100」の算式で計算される。
4. 自己資本比率（%）は、「自己資本÷総資産×100」の算式で計算される。

1 が適切　　テキスト１章　P97-99

1. 適切　なお、損益分岐点売上高は、固定費÷限界利益率で計算されます。
2. 不適切　自己資本比率は、総資本に対する自己資本の割合を示したものであり、一般に、この数値が高い方が財務の健全性が高いと判断されます。
3. 不適切　固定長期適合率は、「固定負債と自己資本の合計額」に対する固定資産の割合を示したものであり、一般に、この数値が低い方が財務の健全性が高いと判断されます。
4. 不適切　ＲＯＥは、自己資本に対する当期純利益の割合を示したものであり、一般に、この数値が高い方が経営の効率性が高いと判断されます。

1 が不適切　　テキスト１章　P99

1. 不適切　流動比率（%）は、「流動資産÷流動負債×100」で計算されます。数値が高い方が財務の健全性が高いとされます。
2. 適切　なお、流動資産のうち、当座資産に含まれるのは、現金・預金、売掛金、受取手形等があり、棚卸資産や商品は含まれません。数値が高い方が財務の健全性が高いとされます。
3. 適切　「固定資産÷固定負債×100」で求めるわけではありませんので、流動比率との違いに気をつけましょう。数値が低い方が財務の健全性が高いとされます。
4. 適切　なお、数値が高い方が財務の健全性が高いとされます。

35 ☑☑☑ 重要度 B

[2021年5月]

中小企業による金融機関からの資金調達に関する次の記述のうち、最も不適切なものはどれか。

1. 手形貸付は、借入れについての内容や条件等を記載した金銭消費貸借契約証書によって資金を調達する方法である。
2. インパクトローンは、米ドル等の外貨によって資金を調達する方法であり、その資金使途は限定されていない。
3. ABL（動産・債権担保融資）は、企業が保有する売掛債権等の債権や在庫・機械設備等の動産を担保として資金を調達する方法である。
4. 信用保証協会保証付融資（マル保融資）の対象となる企業には、業種に応じた資本金または常時使用する従業員数の要件がある。

クレジットカード

36 ☑☑☑ 重要度 B

[2021年9月]

クレジットカード会社（貸金業者）が発行するクレジットカードの一般的な利用に関する次の記述のうち、最も不適切なものはどれか。

1. クレジットカード会員規約では、クレジットカードは他人へ貸与することが禁止されており、クレジットカード会員が生計を維持している親族に対しても貸与することはできない。
2. クレジットカードで無担保借入（キャッシング）をする行為は、貸金業法上、総量規制の対象となるが、クレジットカードで商品を購入（ショッピング）する行為は、総量規制の対象とならない。
3. クレジットカードで商品を購入（ショッピング）した場合の返済方法の一つである定額リボルビング払い方式は、カード利用時に代金の支払回数を決め、利用代金をその回数で分割して支払う方法である。
4. クレジットカード会員は、クレジットカード会社が加盟する指定信用情報機関により管理されている自己の信用情報について、所定の手続きにより開示請求することができる。

1 が不適切

テキスト1章 P95-96

1. 不適切　選択肢は証書貸付の説明です。手形貸付は約束手形を金融機関に振り出して融資を受ける資金調達手段です。
2. 適切　「使途が限定されている」とひっかける出題が想定されます。
3. 適切　ABLは「Asset Based Lending」の略称です。
4. 適切　資本金や従業員数の要件は、中小企業退職金共済にも設けられています。

3 が不適切

テキスト1章 P100-101

1. 適切　クレジットカードの所有権はクレジットカード会社にあり、会員に貸与されているものであり、他人へ貸与することはできません。
2. 適切　その他、カーローンや銀行が発行するカードによるローンも総量規制の対象となりません。
3. 不適切　選択肢は分割払いの説明です。定額リボルビング払いは、毎月の支払額を定額とする支払い方法であり、支払回数は残高に応じて決まります。
4. 適切　なお、信用情報機関に加入する事業者は、利用者の信用情報を調査することができます。

37 ☑☑☑ 重要度 C

[2023年5月]

クレジットカード会社（貸金業者）が発行するクレジットカードの一般的な利用に関する次の記述のうち、最も不適切なものはどれか。

1. クレジットカードで商品を購入（ショッピング）した場合の返済方法の１つである分割払いは、利用代金の支払回数を決め、その回数で利用代金を分割して支払う方法である。
2. クレジットカード会員の信用情報は、クレジットカード会社が加盟する指定信用情報機関により管理されており、会員は自己の信用情報について所定の手続きにより開示請求をすることができる。
3. クレジットカードは、約款上、クレジットカード会社が所有権を有しており、クレジットカード券面上に印字された会員本人以外が使用することはできないとされている。
4. クレジットカードの付帯機能であるキャッシングを利用し、返済方法として翌月一括払いを選択した場合、利息はかからない。

4 が不適切　　テキスト1章　P100-101

1. 適切　なお、3回以上の分割払いでは手数料がかかります。

2. 適切　自分の信用情報を開示請求することができます。また、クレジットカード会社は、会員の信用情報について信用情報機関で調べることができます。

3. 適切　クレジットカードは、クレジットカード会社のものであり、会員は貸与を受けている扱いとなります。

4. 不適切　ショッピングは1回、2回払いであれば手数料はかかりませんが、キャッシングで翌月一括払いを選択した場合は利息がかかります。

第1問 ☑☑☑ 重要度 C [2019年1月]

個人情報の保護に関する法律（以下「個人情報保護法」という）に関する次の記述のうち、最も不適切なものはどれか。

1. 個人事業主であるファイナンシャル・プランナーが、事業の用に供する目的で100名分の顧客名簿を作成している場合であれば、個人情報保護法の適用対象とはならない。
2. 個人番号（マイナンバー）、基礎年金番号、健康保険の被保険者証の記号番号のいずれも、個人情報として取り扱う必要がある。
3. 個人情報取扱事業者が、税務署の職員による税務調査に応じ、個人情報を提出する場合には、第三者提供に関する本人の同意は不要である。
4. 個人情報取扱事業者が、本人との契約書を通じて、契約者本人の個人情報を取得する場合、原則として、契約締結前に本人に対し、その利用目的を明示する必要がある。

正解 **1** が不適切　　テキスト１章　P4

1. 不適切　個人情報を管理する事業者は件数を問わず、個人情報保護法の適用対象となります。
2. 適切　氏名、住所、生年月日のほか、記号番号も個人を特定できる情報を含むものであれば、個人情報保護法の適用対象となります。
3. 適切　個人情報を第三者に提供する場合は、原則として本人の同意が必要となりますが、犯罪捜査等や税務調査等は、その目的を考慮して、本人の同意は必要とされません。
4. 適切　試験では「契約締結後に･･」と出題されれば、「×」となります。

第2問 ☑☑☑ 重要度 C [2018年5月]

「金融サービス提供法」に関する次の記述の空欄（ア）、（イ）にあてはまる語句の組み合わせとして、正しいものはどれか。

・金融商品販売業者等が重要事項の説明を怠り、そのために顧客に損害が生じた場合、顧客は損害賠償を請求することができ、その場合（ ア ）が損害額として推定される。
・顧客が個人であり、その顧客から重要事項の説明は不要であるという申出があった場合、金融商品販売業者等は、原則として重要事項の説明を（ イ ）。

1. （ア）元本額 （イ）省略することができる
2. （ア）元本額 （イ）省略することができない
3. （ア）元本欠損額 （イ）省略することができる
4. （ア）元本欠損額 （イ）省略することができない

正解 3 が正しい テキスト1章 P5

ポイント：金融サービス提供法・消費者契約法

	金融サービス提供法	消費者契約法
保護対象	個人、法人（機関投資家等を除く）	個人消費者
保護内容	重要事項（信用リスク、価格変動リスク等）の説明を義務づけ、重要説明義務違反があり、顧客が損失を被った場合、元本欠損額（ア）の損害賠償を請求できる（無過失責任）	消費者が事業者の行為により誤認・困惑して契約した場合には取り消すことができる 消費者に一方的に不利な契約は無効

（イ）顧客が個人であり、その顧客から重要事項の説明は不要であるという申出があった場合、金融商品販売業者等は、原則として重要事項の説明を省略することはできます。

以上より、3.が正解となります。

第3問　☑☑☑　重要度 B　[2020年9月]

「消費者契約法」に関する次の（ア）～（エ）の記述について、適切なものには○、不適切なものには×を解答欄に記入しなさい。

（ア）消費者契約法では、個人および法人を保護の対象としている。

（イ）事業者が、将来の受取額が不確実な商品について、「確実に儲かる」と断言し、消費者がそれを信じて結んだ契約は、取り消すことができる。

（ウ）消費者契約の申込み等に係る取消権は、原則として消費者が追認をすることができる時から1年間行わないとき、または契約締結の時から10年を経過したときは、時効によって消滅すると定められている。

（エ）事業者が消費者に重要事項について事実と異なることを告げ、消費者がそれを事実と信じて結んだ契約は、取り消すことができる。

正解　（ア）×　（イ）○　（ウ）×　（エ）○　テキスト1章　P5

（ア）不適切　消費者契約法は、**個人**（事業者または事業を目的とする者を除く）を**保護の対象**としており、法人は保護の対象となりません。

（イ）適切　消費者が、事業者の行為により、誤認（不実告知（エ）、断定的判断の提供（イ）、不利益事実の不告知等）、困惑（不退去、退去妨害）等したために結んだ契約は、**取り消すことができます**。

（ウ）不適切　消費者契約の申込み等に係る取消権は、原則として消費者が追認をすることができるときから**1年**間行わないとき、または契約の締結のときから**5年**を経過したときは、時効によって消滅します。

（エ）適切　（イ）の解説参照。

第4問 ☑☑☑ 重要度 C [2020年9月]

ファイナンシャル・プランナーには執筆や講演などの業務もあり、著作権についての理解が必要である。著作権法に基づく著作権の保護に関する次の記述のうち、最も適切なものはどれか。

1. 50名のファイナンシャル・プランナーが参加する勉強会において、他人の著作物をコピーして教材に使用することは私的使用目的に当たり、著作権者の許諾は必要ない。
2. 新聞記事をコピーし、生活者向け講演会の資料として配布する場合、参加費が無料であれば、当該新聞社の許諾は必要ない。
3. 官公庁の通達を自分の著作物に引用する場合、官公庁の許諾は必要ない。
4. 公表された他人の著作物を自分の著作物に引用する場合、内容的に引用部分が「主」で自ら作成する部分が「従」でなければならない。

正解 **3** が適切 テキスト1章 P6

1. 不適切 **勉強会**において、他人の著作物をコピーして教材に使用する場合、**私的使用目的に当たりません**ので、著作権者の許諾が必要となります。
2. 不適切 新聞記事をコピーし、生活者向け講演会の資料として配布する場合は、当該**新聞社の許諾が必要**です。なお、**法律、条例、通達、判決には著作権がありません**ので、自由に引用できます。
3. **適切** 2.の解説参照。
4. 不適切 選択肢の記述は逆です。公表された他人の著作物を自分の著作物に引用する場合、内容的に**引用部分が「従」**、**自ら作成する部分が「主」**でなければなりません。

第5問　☑☑☑　重要度 A　[2021年1月]

ファイナンシャル・プランナー(以下「FP」という) が、ファイナンシャル・プランニング業務を行ううえでは関連業法等を順守することが重要である。FPの行為に関する次の (ア)～(エ) の記述について、適切なものには○、不適切なものには×を解答欄に記入しなさい。

(ア) 生命保険募集人・保険仲立人の登録をしていないFPが、生命保険契約を検討している顧客のライフプランに基づき、有償で必要保障額を具体的に試算した。

(イ) 税理士資格を有していないFPが、相続対策を検討している顧客に対し、有料の相談業務において、仮定の事例に基づく一般的な解説を行った。

(ウ) 社会保険労務士資格を有していないFPが、有償で顧客である個人事業主が受ける雇用関係助成金申請の書類を作成して手続きを代行した。

(エ) 弁護士資格を有していないFP (遺言者や公証人と利害関係はない成年者) が、顧客から依頼されて公正証書遺言の証人となり、顧客から適正な報酬を受け取った。

正解　(ア) ○　(イ) ○　(ウ) ×　(エ) ○　テキスト1章　P6-7

(ア) 適切　なお、生命保険募集人・保険仲立人、金融サービス仲介業の登録をしていないFPは、生命保険の募集・勧誘はできません。

(イ) 適切　なお、税理士資格を有していないFPが、**税務代理、税務書類の作成、個別具体的な事例に基づき税務相談**を行うことは**無償であっても税理士法に抵触**します。

(ウ) 不適切　社会保険労務士資格を有していないFPは、**有償で労働社会保険関係の書類の作成や提出の代行**をすることはできません。なお、公的年金の受給見込額を試算したり、年金制度について説明することはできます。

(エ) 適切　推定相続人、受遺者、またはその配偶者、直系血族等の欠格事由に該当しなければ、公正証書遺言の証人になることができます。

第6問 ☑☑☑ 重要度 C [2022年5月]

フィデューシャリー・デューティー（受託者責任）を遂行する軸として金融庁が公表した「顧客本位の業務運営に関する原則」（以下「本原則」という）に関する次の記述のうち、最も不適切なものはどれか。

1. 本原則では、金融事業者は顧客の資産状況、取引経験、知識等を把握し、当該顧客にふさわしい金融商品の販売、推奨等を行うべきだとしている。
2. 本原則は、金融庁が原則のみを示し、金融事業者が各々の置かれた状況に応じて自主的に方針の策定に取り組むように促すものである。
3. 本原則を採択する場合、金融事業者が策定した業務運営に関する方針は、一貫して継続する必要があるため、定期的な見直しは不要である。
4. 金融事業者が、本原則を採択したうえで、自らの状況等に照らし、本原則の一部を実施しない場合は、その理由や代替策を十分に説明することが求められる。

正解 **3** が不適切 テキスト3章 P225

1. 適切　適合性の原則と同様です。
2. 適切　プリンシプルベース・アプローチといいます。
3. 不適切　**定期的な見直しが必要**です。
4. 適切　原則から外れる場合の背景や対応策を伝えることが顧客本位の業務です。

第7問　重要度B　[2019年9月]

ファイナンシャル・プランニングのプロセスに従い、次の（ア）～（カ）を6つのステップの順番に並べ替えたものとして、最も適切なものはどれか。

（ア）顧客の目標を達成するために必要なプランを作成し、顧客に提案書を提示して説明を行う。

（イ）顧客のキャッシュフロー表などを作成し、将来の財政状況の予測・分析等を行う。

（ウ）顧客の家族構成などの環境の変化、税制や法律改正の内容を考慮し、定期的にプランの見直しを行う。

（エ）作成したプランに従い、顧客が行う金融商品の購入、不動産売却等の実行を支援する。

（オ）顧客にファイナンシャル・プランニングで提供するサービス内容や報酬体系などを説明し、了解を得る。

（カ）面談やヒアリングシートにより顧客および家族の情報、財政的な情報等を収集し、顧客の財政的な目標を明確化する。

1. （オ）→（カ）→（イ）→（ア）→（エ）→（ウ）
2. （オ）→（カ）→（イ）→（エ）→（ア）→（ウ）
3. （カ）→（イ）→（オ）→（ア）→（エ）→（ウ）
4. （カ）→（イ）→（オ）→（エ）→（ア）→（ウ）

正解 **1** が適切　　テキスト1章 P8

第1ステップ

（オ）顧客との関係の確立とその明確化（信頼関係を作り上げます）

第2ステップ

（カ）顧客情報の収集と目標の明確化（お客様から情報を提供いただき、目標を定めます）

第3ステップ

（イ）顧客のファイナンス状態の分析と評価（キャッシュフロー分析、バランスシート分析、保障分析、税金分析等を行います）

第4ステップ

（ア）プランの検討・作成・提示（プランの内容（リスクを含む）をできる限り数値を使って説明します）

第5ステップ

（エ）プランの実行援助（お客様が採用したプランを実行するために必要なサポートを行います）

第6ステップ

（ウ）定期的見直し（家族の状況、経済状況、税制や法律改正に応じて、必要な見直しを行います）

以上より、1.が正解となります。

レック先生のワンポイント

「並べ替えの問題のパターン」と「○番目はどれか」という出題パターンがあります。

第8問

［2023年1月］

下記の（問1）～（問3）について解答しなさい。

＜山根家の家族データ＞

氏名	続柄	生年月日	備考
山根 耕太	本人	19xx年 8月 7日	会社員
香奈	妻	19xx年11月20日	会社員
貴典	長男	20xx年10月 2日	小学6年生
桃乃	長女	20xx年 5月 9日	小学2年生

＜山根家のキャッシュフロー表＞

（単位：万円）

経過年数			基準年	1年	2年	3年	4年
家族構成／年齢	山根 耕太	本人	39歳	40歳	41歳	42歳	43歳
	香奈	妻	40歳	41歳	42歳	43歳	44歳
	貴典	長男	12歳	13歳	14歳	15歳	16歳
	桃乃	長女	8歳	9歳	10歳	11歳	12歳
ライフイベント		変動率		貴典 中学校入学		外壁の 補修	貴典 高校入学
収入	給与収入（本人）	1%	396		404		412
	給与収入（妻）	1%	284		290		296
	収入合計	－	680		694		708
支出	基本生活費	2%	186			（ ア ）	
	住居費	－	204	204	204	204	204
	教育費	1%	64		（ イ ）		
	保険料	－	48	48	60	60	60
	一時的支出	－				100	
	その他支出	2%	50	51	52	53	54
	支出合計	－	552		686		
年間収支		－	128		8		
金融資産残高		1%	687	714	（ ウ ）		

※年齢および金融資産残高は各年12月31日現在のものとする。
※給与収入は可処分所得で記載している。
※記載されている数値は正しいものとする。
※問題作成の都合上、一部を空欄としている。

問1 ☑☑☑ 重要度 A

山根家のキャッシュフロー表の空欄（ア）に入る数値を計算しなさい。なお、計算過程においては端数処理をせず計算し、計算結果については万円未満を四捨五入すること。

正解 197（万円）

テキスト1章 P10-11

ある金額が毎年一定割合で上昇した場合における将来の金額は、
「**現在の金額×（1＋上昇率）^{年数}**」により求められます。

1,860,000円×1.02^{3}≒1,973,846.88円→197万円（万円未満四捨五入）

問2　　重要度 C

山根家の両親が考えている進学プランは下記のとおりである。下記＜条件＞および＜資料＞のデータ に基づいて、山根家のキャッシュフロー表の空欄（イ）に入る教育費の予測数値を計算しなさい。なお、計算過程においては端数処理をせずに計算し、計算結果については万円未満を四捨五入すること。

＜条件＞

［山根家の進学プラン］

貴典	公立小学校 → 私立中学校 → 私立高等学校 → 国立大学
桃乃	公立小学校 → 公立中学校 → 私立高等学校 → 私立大学

［計算に際しての留意点］

・教育費の数値は、下記＜資料：小学校・中学校の学習費総額＞を使用して計算すること。

・下記＜資料＞の結果を基準年とし、変動率を１％として計算すること。

＜資料：小学校・中学校の学習費総額（1人当たりの年間平均額）＞

	小学校		中学校	
	公立	私立	公立	私立
学習費総額	321,281円	1,598,691円	488,397円	1,406,433円

（出所：文部科学省「子供の学習費調査（結果の概要）」）

正解　**176（万円）**　　テキスト１章　P10-11

２年後の（イ）の年は、貴典さんは**私立**中学校、桃乃さんは**公立**小学校に在学中です。

私立中学校1,406,433円＋公立小学校321,281円＝1,727,714円

ある金額が毎年一定割合で上昇した場合における将来の金額は、

「**現在の金額×（１＋上昇率）^{年数}**」により求められます。

1,727,714円×1.01^2≒1,762,441.051円→176万円（万円未満四捨五入）

問3 ☑☑☑ 重要度 A

山根家のキャッシュフロー表の空欄（ウ）に入る数値を計算しなさい。なお、計算過程においては端数処理をせず計算し、計算結果については万円未満を四捨五入すること。

正解 **729（万円）** テキスト１章 P10-11

当該年の金融資産残高は「**前年の金融資産残高×（１＋運用利率）±当該年の年間収支**」により求めます。

714万円×（1＋0.01）＋8万円＝729.14万円→729万円（万円未満四捨五入）

レック先生のワンポイント

「○年後の金額」と「金融資産残高」は、片方または両方が100％出題されています。

第9問

[2023年5月]

下記の（問1）～（問3）について解答しなさい。

＜谷口家の家族データ＞

氏名	続柄	生年月日	備考
谷口 英男	本人	19xx年10月14日	会社員
美奈	妻	19xx年 8月24日	パートタイマー
憲人	長男	20xx年 5月10日	高校生
菜穂	長女	20xx年11月22日	中学生

＜谷口家のキャッシュフロー表＞ （単位：万円）

経過年数			基準年	1年	2年	3年	4年
家族構成／年齢	谷口 英男	本人	47歳	48歳	49歳	50歳	51歳
	美奈	妻	48歳	49歳	50歳	51歳	52歳
	憲人	長男	15歳	16歳	17歳	18歳	19歳
	菜穂	長女	13歳	14歳	15歳	16歳	17歳
ライフイベント		変動率	菜穂 中学校 入学	憲人 高校入学	自動車の 買替え	菜穂 高校入学	憲人 大学入学
収入	給与収入（本人）	1%	（ ア ）				
	給与収入（妻）	－	100	100	100		
	収入合計	－					
支出	基本生活費	2%	242				（ イ ）
	住居費	－	132	132	132	132	132
	教育費	－	110	140	150		
	保険料	－	57	57	62	62	62
	一時的支出	－			400		
	その他支出	2%	60	61	62		65
	支出合計	－	601	637	1,058		
年間収支		－					
金融資産残高		1%	1,163	1,207	836	831	

※年齢および金融資産残高は各年12月31日現在のものとする。
※給与収入は可処分所得で記載している。
※記載されている数値は正しいものとする。
※問題作成の都合上、一部を空欄としている。

問1 ☑☑☑ 重要度 C

谷口家のキャッシュフロー表の空欄（ア）は英男さんの可処分所得である。下表のデータに基づいて、空欄（ア）に入る数値を計算しなさい。なお、本年における英男さんの収入は給与収入のみである。

本年分の英男さんの給与収入（額面）	800万円

本年に英男さんの給与から天引きされた支出の年間合計金額					
厚生年金保険料	73万円	健康保険料・介護保険料	48万円	雇用保険料	4万円
所得税	59万円	住民税	52万円	財形貯蓄	24万円
社内預金	36万円	従業員持株会	10万円	社内あっせん販売	8万円

正解 **564（万円）**　　テキスト1章　P10-11

給与所得者の可処分所得は、
「給与収入－（所得税＋住民税＋社会保険料）」により求めます。
社会保険料は厚生年金保険料、健康保険料・介護保険料、雇用保険料です。

したがって、設問の場合の可処分所得は、
800万円－（59万円＋52万円＋73万円＋48万円＋4万円）＝564万円となります。

問2 ☑☑☑

重要度 A

谷口家のキャッシュフロー表の空欄（イ）に入る数値を計算しなさい。なお、計算に当たっては、キャッシュフロー表中に記載の整数を使用し、計算結果については万円未満を四捨五入すること。

正解 **262**（万円） テキスト１章 P10-11

ある金額が毎年一定割合で上昇した場合における将来の金額は、「現在の金額×（1＋上昇率）^{年数}」により求められます。

したがって、242万円×1.02^4≒261.9…円→262万円（万円未満四捨五入）となります。

問3 ☑☑☑

重要度 A

英男さんは、教育費の負担が心配になり、奨学金について調べることにした。日本学生支援機構の奨学金に関する次の記述として、最も適切なものはどれか。

1. 申し込みは、進学前に限られ、進学後に申し込むことはできない。
2. 貸与型奨学金の選考については、家計による基準は設けられていない。
3. 貸与型奨学金には、利息が付く「第一種」と利息が付かない「第二種」がある。
4. 奨学金は、学生・生徒本人名義の口座に振り込まれる。

正解 **4** が適切 テキスト１章 P24

1. 不適切　日本学生支援機構の奨学金は、進学前、進学後、いずれも申し込むことができます。
2. 不適切　貸与型奨学金には、家計による基準が設けられています。
3. 不適切　第一種奨学金は利息が付かないタイプ、第二種奨学金は利息が付く（在学中は無利息）タイプです。
4. 適切　なお、貸与型奨学金は、学生・生徒本人が返還義務を負います。

第10問

[2021年1月]

下記の（問1）～（問3）について解答しなさい。

下記の係数早見表を乗算で使用し、各問について計算しなさい。なお、税金は一切考慮しないこととし、解答に当たっては、解答用紙に記載されている単位に従うこと。

[係数早見表（年利1.0%）]

	終価係数	現価係数	減債基金係数	資本回収係数	年金終価係数	年金現価係数
1年	1.010	0.990	1.000	1.010	1.000	0.990
2年	1.020	0.980	0.498	0.508	2.010	1.970
3年	1.030	0.971	0.330	0.340	3.030	2.941
4年	1.041	0.961	0.246	0.256	4.060	3.902
5年	1.051	0.951	0.196	0.206	5.101	4.853
6年	1.062	0.942	0.163	0.173	6.152	5.795
7年	1.072	0.933	0.139	0.149	7.214	6.728
8年	1.083	0.923	0.121	0.131	8.286	7.652
9年	1.094	0.914	0.107	0.117	9.369	8.566
10年	1.105	0.905	0.096	0.106	10.462	9.471
15年	1.161	0.861	0.062	0.072	16.097	13.865
20年	1.220	0.820	0.045	0.055	22.019	18.046
25年	1.282	0.780	0.035	0.045	28.243	22.023
30年	1.348	0.742	0.029	0.039	34.785	25.808

※記載されている数値は正しいものとする。

問1　☑☑☑　重要度 A

岡さんは、将来の生活費の準備として新たに積立てを開始する予定である。毎年年末に40万円を積み立てるものとし、30年間、年利1.0%で複利運用しながら積み立てた場合、30年後の合計額はいくらになるか。

正解　**13,914,000（円）**　テキスト1章　P17-19

一定期間にわたり複利運用しながら、毎年一定額を積み立てた場合の将来の金額は、「毎年の積立額×年金終価係数」により求めます。

30年、年利1.0％の年金終価係数は34.785です。

40万円×34.785＝13,914,000円

レック先生のワンポイント

係数を使った計算は「分かっている金額×係数」で答えを求めます。

覚えるのが苦手な人は、分かっている金額を「1」としたとき、求めたい金額の割合を表したものが係数と考えましょう。

問題の場合は「1」を30回積み立てるので、30年後の積立額は1×30年＝30、加えて利息が付くため「30＋α」となり、30年で30より少し大きい数値を係数早見表から探すと「34.785」を使うことが分かります。

問2 ☑☑☑ 重要度 A

増田さんは、独立開業の準備資金として、５年後に１,０００万円を用意しようと考えている。年利１.０%で複利運用しながら毎年年末に一定額を積み立てる場合、毎年いくらずつ積み立てればよいか。

正解 **1,960,000（円）** テキスト１章　P17-19

将来、ある金額を貯めるために、一定期間にわたり複利運用しながら一定額を積み立てる場合、毎年の積立額は「将来必要な金額×減債基金係数」により求めます。５年、年利１.０％の減債基金係数は０.１９６です。

1,000万円×０.１９６＝1,960,000円

レック先生のワンポイント

係数を使った計算は「分かっている金額×係数」で答えを求めます。

覚えるのが苦手な人は、分かっている金額を「1」としたとき、求めたい金額の割合を表したものが係数と考えましょう。

問題の場合は５年後に貯めたい金額「1」を５回に分けて積み立てるため、毎回の積立額は１÷５年＝０.２、利息が助けてくれる分、少なくてよいため「０.２－α」となり、５年で０.２より小さい数値を係数早見表から探すと「0.196」を使うことが分かります。

問3　☑☑☑　重要度 A

大久保さんは、退職金として受け取った1,000万円を将来の有料老人ホームの入居金のために運用しようと考えている。これを20年間、年利1.0%で複利運用した場合、20年後の合計額はいくらになるか。

正解　**12,200,000（円）**　テキスト1章　P17-19

現在手元にある金額を一定期間にわたり複利運用する場合の将来の金額は「手元にある金額×終価係数」により求めます。20年、年利1.0％の終価係数は1.220です。

1,000万円×1.220＝12,200,000円

レック先生のワンポイント

係数を使った計算は「分かっている金額×係数」で答えを求めます。

覚えるのが苦手な人は、分かっている金額を「1」としたとき、求めたい金額の割合を表したものが係数と考えましょう。

今ある金額「1」を20年、1％で複利運用すると約20％（約0.2）増えますので、20年後の金額はおよそ「1.2」となり、複利で運用するため、1.2より少し多い数値を係数早見表から探すと、「1.220」を使うことが分かります。

過去・現在		将来
現価係数（ゲ）	⇔	終価係数（シ）
減債基金係数（ゲ）	⇔	年金終価係数（シ）
年金現価係数（ゲ）	⇔	資本回収係数（シ）

将来の金額を求める場合は「シ」のつく係数、
過去・現在の金額を求める場合は「ゲ」の係数を使います。

第11問

[2020年9月]

下記の（問1）～（問3）について解答しなさい。

下記の係数早見表を乗算で使用し、各問について計算しなさい。なお、税金は一切考慮しないこととし、解答に当たっては、解答用紙に記載されている単位に従うこと。

［係数早見表（年利1.0％）］

	終価係数	現価係数	減債基金係数	資本回収係数	年金終価係数	年金現価係数
1年	1.010	0.990	1.000	1.010	1.000	0.990
2年	1.020	0.980	0.498	0.508	2.010	1.970
3年	1.030	0.971	0.330	0.340	3.030	2.941
4年	1.041	0.961	0.246	0.256	4.060	3.902
5年	1.051	0.951	0.196	0.206	5.101	4.853
6年	1.062	0.942	0.163	0.173	6.152	5.795
7年	1.072	0.933	0.139	0.149	7.214	6.728
8年	1.083	0.923	0.121	0.131	8.286	7.652
9年	1.094	0.914	0.107	0.117	9.369	8.566
10年	1.105	0.905	0.096	0.106	10.462	9.471
15年	1.161	0.861	0.062	0.072	16.097	13.865
20年	1.220	0.820	0.045	0.055	22.019	18.046
25年	1.282	0.780	0.035	0.045	28.243	22.023
30年	1.348	0.742	0.029	0.039	34.785	25.808

※記載されている数値は正しいものとする。

問1 ☑☑☑ 重要度 A

広尾さんは、老後の旅行用資金として、毎年年末に100万円を受け取りたいと考えている。受取期間を15年間とし、年利1.0%で複利運用をした場合、受取り開始年の初めにいくらの資金があればよいか。

正解 **13,865,000(円)**　　テキスト1章　P17-19

一定期間にわたり複利運用しながら一定額を受け取る場合の受取り開始時点の金額は「毎年の受取額×年金現価係数」により求めます（過去・現在に遡って求めるので「ゲ」の付く係数です）。

15年、年利1.0%の年金現価係数は13.865です。

100万円×13.865＝13,865,000円

レック先生のワンポイント

係数を使った計算は「分かっている金額×係数」で答えを求めます。

覚えるのが苦手な人は、分かっている金額を「1」としたとき、求めたい金額の割合を表したものが係数と考えましょう。

15年間にわたり毎年「1」を受け取りたい場合、利息を考えない場合は、1×15＝15が必要となりますが、利息が付く分、少なくてよいため、15年で15よりやや少ない13.865を乗じると分かります。

問2 ☑☑☑ 重要度 A

杉野さんは、現在、老後の生活資金として2,000万円を保有している。これを25年間、年利1.0%で複利運用しながら毎年1回、年末に均等に取り崩すこととした場合、毎年年末に取り崩すことができる最大金額はいくらになるか。

正解 **900,000（円）** テキスト1章 P17-19

現在ある金額を一定期間にわたり年1回、均等に取り崩す場合、毎年の取崩額は「現在の金額×資本回収係数」により求めます（将来の金額を求めるので「シ」の付く係数です）。

25年、年利1.0%の資本回収係数は、0.045です。

2,000万円×0.045＝900,000円

レック先生のワンポイント

係数を使った計算は「分かっている金額×係数」で答えを求めます。

覚えるのが苦手な人は、分かっている金額を「1」としたとき、求めたい金額の割合を表したものが係数と考えましょう。

現在ある金額「1」を25年にわたり取り崩す場合、毎年の取崩額（元本）は1÷25＝0.04、利息が付くと「0.04＋α」となりますので、25年で0.04より少し多い数値を係数早見表から探すと「0.045」を使うことが分かります。

問3 ☑☑☑ 重要度 A

工藤さんは、退職後は地方でゆっくり暮らすことを希望しており、そのための資金として、10年後に2,000万円を準備したいと考えている。10年間、年利1.0%で複利運用する場合、現在いくらの資金があればよいか。

正解 **18,100,000（円）**

テキスト１章　P17-19

将来、ある金額を貯めるために、一定期間にわたり複利運用する場合に現時点で準備しておくべき金額は「将来の必要金額×現価係数」により求めます（過去・現在に遡って求めるので「ゲ」の付く係数です）。

10年、年利1.0％の現価係数は、0.905です。

2,000万円×0.905＝18,100,000円

レック先生のワンポイント

係数を使った計算は「分かっている金額×係数」で答えを求めます。

覚えるのが苦手な人は、分かっている金額を「1」としたとき、求めたい金額の割合を表したものが係数と考えましょう。

10年後の資金を「1」、10年間、年利1.0％で複利運用すると約10％（約0.1）の利息が付くため、現在の必要額はおよそ「1－約0.1＝約0.9」となります。10年でおよそ0.9の数値を係数早見表から探すと「0.905」を使うことが分かります。

第1問

［2022年9月　生保］

次の設例に基づいて、下記の各問（《問1》～《問3》）に答えなさい。

《設 例》

X株式会社（以下、「X社」という）に勤務するAさん（60歳）は、妻Bさん（60歳）との2人暮らしである。Aさんは、大学卒業後、X社に入社し、現在に至るまで同社に勤務している。Aさんは、X社の継続雇用制度を利用して65歳まで働く予定である。

Aさんは、今後の資金計画を検討するにあたり、公的年金制度から支給される老齢給付について知りたいと思っている。

そこで、Aさんは、ファイナンシャル・プランナーのMさんに相談することにした。

＜Aさん夫妻に関する資料＞

（1）Aさん（1964年6月11日生まれ・会社員）

・公的年金加入歴：下図のとおり（65歳までの見込みを含む）
20歳から大学生であった期間（34月）は国民年金に任意加入していない。

・全国健康保険協会管掌健康保険、雇用保険に加入中

20歳	22歳	65歳
国民年金 未加入期間 （34月）	厚生年金保険 192月	314月
	（2003年3月以前の平均標準報酬月額25万円）	（2003年4月以後の平均標準報酬額40万円）

（2）妻Bさん（1964年4月20日生まれ・専業主婦）

・公的年金加入歴：18歳でX社に就職してからAさんと結婚するまでの10年間（120月）、厚生年金保険に加入。結婚後は、国民年金に第3号被保険者として加入している。

・全国健康保険協会管掌健康保険の被扶養者である。

※妻Bさんは、現在および将来においても、Aさんと同居し、Aさんと生計維持関係にあるものとする。

※Aさんおよび妻Bさんは、現在および将来においても、公的年金制度における障害等級に該当する障害の状態にないものとする。

※上記以外の条件は考慮せず、各問に従うこと。

問1 ☑☑☑ 重要度 A

Mさんは、Aさんに対して、Aさんが65歳以後に受給することができる公的年金制度からの老齢給付について説明した。《設例》の＜Aさん夫妻に関する資料＞および下記の＜資料＞に基づき、次の①、②を求め、解答用紙に記入しなさい（計算過程の記載は不要）。なお、年金額は本年度価額に基づいて計算し、年金額の端数処理は円未満を四捨五入すること。

①原則として、Aさんが65歳から受給することができる老齢基礎年金の年金額
②原則として、Aさんが65歳から受給することができる老齢厚生年金の年金額

＜資料＞

○老齢基礎年金の計算式（4分の1免除月数、4分の3免除月数は省略）

$$816{,}000\text{円}\times\frac{\text{保険料納付済月数}+\text{保険料半額免除月数}\times\frac{\square}{\square}+\text{保険料全額免除月数}\times\frac{\square}{\square}}{480}$$

○老齢厚生年金の計算式（本来水準の額）

ⅰ）報酬比例部分の額（円未満四捨五入）＝ⓐ＋ⓑ

ⓐ2003年3月以前の期間分

$$\text{平均標準報酬月額}\times\frac{7.125}{1{,}000}\times\text{2003年3月以前の被保険者期間の月数}$$

ⓑ2003年4月以後の期間分

$$\text{平均標準報酬額}\times\frac{5.481}{1{,}000}\times\text{2003年4月以後の被保険者期間の月数}$$

ⅱ）経過的加算額（円未満四捨五入）＝1,701円×被保険者期間の月数

$$-816{,}000\text{円}\times\frac{\text{1961年4月以後で20歳以上60歳未満の厚生年金保険の被保険者期間の月数}}{480}$$

ⅲ）加給年金額＝408,100円（要件を満たしている場合のみ加算すること）

正解 ① 758,200（円） ② 1,088,694（円） テキスト１章 ① P64-66
② P69-72

①$816{,}000円\times\dfrac{446月}{480月}=758{,}200円$

老齢基礎年金は何らかの公的年金に10年以上加入している者に対して支給されます。

設問の場合、20歳以上60歳未満のうち、国民年金未加入期間34月は年金額に反映されません。また、厚生年金被保険者期間のうち、20歳以上60歳未満の期間は老齢基礎年金が増えますが、20歳未満60歳以降の期間は老齢基礎年金が増えません。

したがって、老齢基礎年金に反映される期間は、厚生年金保険の被保険者期間192月＋314月－60月（60歳以降65歳に達するまでの５年間）＝446月となります。

②老齢厚生年金の計算では、厚生年金保険の被保険者期間のみに着目します。

ｉ）報酬比例部分の額

2003年３月以前の期間分

$$250{,}000円\times\frac{7.125}{1{,}000}\times192月=342{,}000円$$

2003年４月以後の期間分

$$400{,}000円\times\frac{5.481}{1{,}000}\times314月=688{,}413.6円$$

342,000円＋688,413.6円＝1,030,413.6円→1,030,414円
（円未満四捨五入）

ⅱ）経過的加算額

$$1{,}701円\times480月-816{,}000円\times\frac{446月}{480月}=58{,}280円$$

ポイント１：1,701円×被保険者期間の月数
特別支給の老齢厚生年金の定額部分に該当する部分です。
従来、60歳から65歳に達するまでの期間、老齢基礎年金とほぼ同等額を支給するという位置づけで支給されていました。実際の厚生年金保険の被保険者月数は192月＋314月＝506月ありますが、老齢基礎年金とほぼ同等額を支給するという趣旨により、厚生年金被保険者月数は480月が上限となります。

ポイント２：式の後半は「厚生年金保険の被保険者期間で計算した老齢基礎年金」です。

①の解説のとおり、厚生年金保険の被保険者期間のうち20歳以上60歳未満の期間は老齢基礎年金に反映されますが、60歳以上の期間（60月）は反映されませんので、分子に入る数値は「192月＋314月－60月＝446月」となります。

ⅲ）加給年金

主な配偶者加給年金の要件

①原則として厚生年金保険の被保険者期間が20年以上あること

②老齢厚生年金の受給開始時（設問の場合は65歳時）に、生計を維持されている配偶者が65歳未満である

③加入年金の対象となる配偶者が厚生年金保険の被保険者期間が20年以上である場合は、配偶者の老齢厚生年金が支給開始年齢になると支給停止

設例の場合、Aさんが65歳に達したとき、妻Bさんは既に65歳に達しているため、加給年金は支給されません。

以上より、老齢厚生年金は、1,030,414円＋58,280円＝1,088,694円となります。

ポイント：老齢厚生年金の報酬比例部分・定額部分・経過的加算

報酬比例部分	実際の厚生年金保険の被保険者期間で計算
定額部分	実際の厚生年金保険の被保険者期間で計算（上限480月）
経過的加算	定額部分－厚生年金保険の被保険者期間で計算した老齢基礎年金

ポイント：老齢厚生年金の配偶者加給年金

厚生年金保険の被保険者期間要件	20年以上
支給時期（原則）	定額部分の支給開始または被保険者が65歳から配偶者が65歳に達するまで
主な支給されないケース （今後、65歳に達する場合）	厚生年金保険の被保険者期間が20年未満 独身 生計を維持する配偶者が年上

問2 ☑☑☑ 重要度 A

Mさんは、Aさんに対して、老齢基礎年金について説明した。Mさんが説明した以下の文章の空欄①～③に入る最も適切な語句または数値を、下記の〈語句群〉のなかから選び、その記号を解答用紙に記入しなさい。

「老齢基礎年金の支給開始年齢は原則65歳ですが、Aさんが希望すれば、60歳以上65歳未満の間に老齢基礎年金の繰上げ支給を請求することができます。ただし、繰り上げた月数に応じて年金額は減額されます。Aさんが63歳0カ月で老齢基礎年金の繰上げ支給を請求した場合、年金の減額率は（ ① ）%となります。なお、Aさんが老齢基礎年金の繰上げ支給を請求する場合、その請求と同時に老齢厚生年金の繰上げ支給の請求を（ ② ）。

また、老齢基礎年金の支給開始を繰り下げることもできます。支給開始を繰り下げた場合は、繰り下げた月数に応じて年金額が増額されます。Aさんが75歳0カ月で老齢基礎年金の繰下げ支給の申出をした場合、年金の増額率は（ ③ ）%となります」

〈語句群〉

イ．9.6　ロ．12　ハ．14.4　ニ．42　ホ．60　ヘ．84
ト．しなければなりません　チ．するかどうか選択できます

正解　①イ　②ト　③ヘ　テキスト１章　① P67、② P73、③ P67

①2022年4月1日以降に60歳に到達する者が繰上げ支給を請求した場合、１カ月につき0.4%減額されますので、63歳0カ月で繰上げ支給を請求した場合、24月×0.4%＝9.6%減額されます。

②繰上げ支給は、老齢基礎年金と老齢厚生年金を同時に請求しなければなりません。なお、繰下げ支給は、一方のみを繰り下げることも、別々の時期から繰り下げることもできます。

③繰下げ支給は支給開始を１カ月遅らせるごとに0.7%増額され、2022年4月1日以降に70歳に到達する者は75歳0カ月まで繰り下げることができますので、老齢基礎年金の繰下げ支給の申出をすると0.7%×120月＝84%増額されます。

問3 ☑☑☑ 重要度 A

Mさんは、Aさんに対して、公的年金制度からの老齢給付について説明した。Mさんが説明した次の記述①～③について、適切なものには○印を、不適切なものには×印を解答用紙に記入しなさい。

①「Aさんおよび妻Bさんには、特別支給の老齢厚生年金の支給はありません。原則として、65歳から老齢基礎年金および老齢厚生年金を受給することになります」

②「妻Bさんは、60歳以後、国民年金に任意加入し、国民年金の保険料を納付することにより、老齢基礎年金の年金額を増やすことができます」

③「Aさんが、65歳以後も引き続き厚生年金保険の被保険者としてX社に勤務し、かつ、65歳から老齢厚生年金を受給する場合、Aさんの老齢厚生年金の報酬比例部分の額に基づく基本月額と総報酬月額相当額との合計額が50万円（支給停止調整額、本年度価額）以下のときは調整が行われず、老齢厚生年金は全額支給されます」

正解 ① × ② × ③ ○ テキスト1章 ① P69-70、② P60、64、③ P73

①不適切 民間企業の会社員（厚生年金保険第1号被保険者）の年金支給開始年齢について、男性は1961年4月2日以降生まれ、女性は1966年4月2日以降生まれの者は、65歳となります。設問の場合、妻は1964年4月20日であるため、64歳から特別支給の老齢厚生年金が支給されます。

②不適切 妻Bさんは20歳から60歳に達するまで全部保険料納付済期間であるため、60歳以降に国民年金に任意加入することはできません。

③適切 なお、50万円を超える部分の2分の1の金額が支給停止となります。

第2問

[2021年9月　生保]

次の設例に基づいて、下記の各問（《問1》～《問3》）に答えなさい。

《設 例》

X株式会社（以下、「X社」という）に勤務するAさん（62歳）は、妻Bさん（62歳）との2人暮らしである。Aさんは、大学卒業後、X社に入社し、現在に至るまで同社に勤務している。

X社では、65歳定年制を導入しており、Aさんは、65歳の定年までX社で働きたいと考えている。Aさんは、今後の資金計画を検討するにあたり、公的年金制度から支給される老齢給付について知りたいと思っている。

また、Aさんは、最近、体調を崩すことが多くなったこともあり、公的医療保険についても理解を深めたいと思っている。

そこで、Aさんは、ファイナンシャル・プランナーのMさんに相談することにした。

＜Aさん夫妻に関する資料＞

（1）Aさん（1961年11月11日生まれ・会社員）

・公的年金加入歴：下図のとおり（65歳までの見込みを含む）
20歳から大学生であった期間（29月）は国民年金に任意加入していない。

・全国健康保険協会管掌健康保険、雇用保険に加入中

20歳	22歳		65歳
国民年金 未加入期間（29月）	厚生年金保険 228月	厚生年金保険 283月	
	（2003年3月以前の平均標準報酬月額25万円）	（2003年4月以後の平均標準報酬額50万円）	

（2）妻Bさん（1962年5月6日生まれ・専業主婦）

・公的年金加入歴：18歳でX社に就職してからAさんと結婚するまでの11年間（132月）、厚生年金保険に加入。結婚後は、国民年金に第3号被保険者として60歳まで加入。

・全国健康保険協会管掌健康保険の被扶養者である。

※妻Bさんは、現在および将来においても、Aさんと同居し、Aさんと生計維持関係にあるものとする。

※Aさんおよび妻Bさんは、現在および将来においても、公的年金制度における障害等級に該当する障害の状態にないものとする。

※上記以外の条件は考慮せず、各問に従うこと。

問1 ☑☑☑ 重要度 A

はじめに、Mさんは、Aさんに対して、Aさんおよび妻Bさんが65歳になるまでに受給することができる公的年金制度からの老齢給付について説明した。Mさんが説明した以下の文章の空欄①～③に入る最も適切な語句を、下記の〈語句群〉のなかから選び、その記号を解答用紙に記入しなさい。

「老齢厚生年金の支給開始年齢は原則として65歳ですが、経過措置として、老齢基礎年金に係る（ ① ）の受給資格期間を満たし、かつ、厚生年金保険の被保険者期間が（ ② ）以上あることなどの所定の要件を満たしている方は、65歳到達前に特別支給の老齢厚生年金を受給することができます。

なお、1962年5月生まれの妻Bさんは、原則として（ ③ ）から報酬比例部分のみの特別支給の老齢厚生年金を受給することができます」

〈語句群〉

イ．1カ月　ロ．1年　ハ．10年　ニ．20年　ホ．25年
ヘ．62歳　ト．63歳　チ．64歳

正解 ① ハ ② ロ ③ ト

テキスト1章 ① P64、② P69-70

①老齢基礎年金は何らかの公的年金に10年以上加入している者に対して支給されます。

②特別支給の老齢厚生年金は、老齢基礎年金の受給資格期間を満たし、厚生年金保険の被保険者期間が1年以上ある者に対して支給されます。なお、65歳以降の老齢厚生年金は、厚生年金保険の被保険者期間が「1年」ではなく「1月」以上あれば支給されます。

③1962年（昭和37年）5月6日生まれの女性は受給資格要件を満たせば、63歳から特別支給の老齢厚生年金が支給されます。

問2 ☑☑☑ 重要度 B

次に、Mさんは、Aさんに対して、公的医療保険について説明した。Mさんが説明した次の記述①～③について、適切なものには○印を、不適切なものには×印を解答用紙に記入しなさい。

①「Aさんが同一月内に同一の医療機関等に支払った医療費の一部負担金等の額が自己負担限度額を超える場合、所定の手続により、その支払った一部負担金等の全額が高額療養費として支給されます」

②「仮に、AさんがX社に引き続き勤務し、業務外の事由による負傷または疾病の療養のために労務に服することができず、連続して3日間休業し、かつ、4日目以降の休業した日について事業主から賃金の支払がなかった場合、所定の手続により、4日目以降の休業した日について、傷病手当金が支給されます」

③「傷病手当金の支給額は、休業1日につき、原則として、傷病手当金の支給を始める日の属する月以前の直近の継続した12カ月間の各月の標準報酬月額を平均した額の30分の1に相当する額の3分の2に相当する額となり、その支給を開始した日から2年を限度として支給されます」

正解 ① × ② ○ ③ × テキスト1章 ① P40-41、②③ P42

①不適切　高額療養費は、同一月の医療費の一部負担金が所得金額等に応じて定められた自己負担限度額を超える場合、自己負担限度額を超える部分の一部負担金が払い戻される（支給される）制度です。

②適切　健康保険の傷病手当金は、業務外の病気やケガにより**連続した3日間**会社を休んだ場合、休業4日目から支給されます。

③不適切　傷病手当金は、休業1日につき以下の金額が支給されます。
直近の継続した被保険者期間12カ月の標準報酬月額の平均額÷30×**2／3**。
なお、支給期間は支給開始日から通算**1年6カ月が限度**です。

問3 ☑☑☑ 重要度 A

最後に、Mさんは、Aさんに対して、Aさんが65歳以後に受給することができる公的年金制度からの老齢給付について説明した。《設例》の＜Aさん夫妻に関する資料＞ および下記の＜資料＞に基づき、次の①、②を求め、解答用紙に記入しなさい（計算過程の記載は不要）。なお、年金額は本年度価額に基づいて計算し、年金額の端数処理は円未満を四捨五入すること。

①原則として、Aさんが65歳から受給することができる老齢基礎年金の年金額
②原則として、Aさんが65歳から受給することができる老齢厚生年金の年金額

＜資料＞

○老齢基礎年金の計算式（4分の1免除月数、4分の3免除月数は省略）

$$816{,}000\text{円}\times\frac{\begin{matrix}\text{保険料}\\\text{納付済月数}\end{matrix}+\begin{matrix}\text{保険料}\\\text{半額免除月数}\end{matrix}\times\frac{\square}{\square}+\begin{matrix}\text{保険料}\\\text{全額免除月数}\end{matrix}\times\frac{\square}{\square}}{480}$$

○老齢厚生年金の計算式（本来水準の額）

ｉ）報酬比例部分の額（円未満四捨五入）＝ⓐ＋ⓑ

ⓐ2003年3月以前の期間分

$$\text{平均標準報酬月額}\times\frac{7.125}{1{,}000}\times\text{2003年3月以前の被保険者期間の月数}$$

ⓑ2003年4月以後の期間分

$$\text{平均標準報酬額}\times\frac{5.481}{1{,}000}\times\text{2003年4月以後の被保険者期間の月数}$$

ⅱ）経過的加算額（円未満四捨五入）＝1,701円×被保険者期間の月数

$$-816{,}000\text{円}\times\frac{\begin{matrix}\text{1961年4月以後で20歳以上60歳未満}\\\text{の厚生年金保険の被保険者期間の月数}\end{matrix}}{480}$$

ⅲ）加給年金額＝408,100円（要件を満たしている場合のみ加算すること）

正解　① **766,700（円）**　② **1,639,567（円）**

テキスト1章　① P64-65、② P69-72

①$816,000円 \times \frac{451月}{480月} = 766,700円$

老齢基礎年金は何らかの公的年金に10年以上加入している者に対して支給されます。

設問の場合、20歳以上60歳未満のうち、国民年金未加入期間29月は年金額に反映されません。また、厚生年金被保険者期間のうち、20歳以上60歳未満の期間は老齢基礎年金が増えますが、**20歳未満60歳以降の期間は老齢基礎年金が増えません**。

したがって、老齢基礎年金に反映される期間は、厚生年金保険の被保険者期間228月＋283月－60月（60歳以降65歳に達するまでの5年間）＝451月となります。

レック先生のワンポイント

老齢基礎年金の計算において、

・未加入期間、学生納付特例期間、50歳未満の納付猶予期間

・20歳未満、60歳以降の厚生年金被保険者期間

は1円も増えません。

②老齢厚生年金の計算では、厚生年金保険の被保険者期間のみに着目します。

ⅰ）報酬比例部分の額

2003年3月以前の期間分

$$250,000円 \times \frac{7.125}{1,000} \times 228月 = 406,125円$$

2003年4月以後の期間分

$$500,000円 \times \frac{5.481}{1,000} \times 283月 = 775,561.5円$$

$$406,125円 + 775,561.5円 = 1,181,686.5円 \rightarrow 1,181,687円$$

（円未満四捨五入）

ⅱ）経過的加算額

$$1,701円 \times 480月 - 816,000円 \times \frac{451月}{480月} = 49,780円$$

ポイント1：1,701円×被保険者期間の月数
特別支給の老齢厚生年金の定額部分に該当する部分です。
従来、60歳から65歳に達するまでの期間、老齢基礎年金とほぼ同等額を支給するという位置づけで支給されていました。実際の厚生年金保険の被保険者月数は228月＋283月＝511月ありますが、老齢基礎年金とほぼ同等額を支給するという趣旨により、厚生年金被保険者月数は**480月が上限**となります。

ポイント2：式の後半は「厚生年金保険の被保険者期間で計算した老齢基礎年金」です。
①の解説のとおり、厚生年金保険の被保険者期間のうち20歳以上60歳未満の期間は老齢基礎年金に反映されますが、**60歳以上の期間（60月）は反映されません**ので、分子に入る数値は「228月＋283月－60月＝451月」となります。

ⅲ）加給年金

主な配偶者加給年金の要件

①原則として厚生年金保険の被保険者期間が20年以上あること
②老齢厚生年金の受給開始時（**設問の場合は65歳時**）に、生計を維持されている配偶者が65歳未満である
③加入年金の対象となる配偶者が厚生年金保険の被保険者期間が20年以上である場合は、配偶者の老齢厚生年金が支給開始年齢になると支給停止

設例の場合、**Aさんが65歳に達したとき、妻Bさんは既に65歳に達していませんので**、加給年金は支給されます。

以上より、老齢厚生年金は、1,181,687円＋49,780円＋408,100円＝1,639,567円となります。

第3問

[2022年1月　個人]

次の設例に基づいて、下記の各問（《問1》～《問3》）に答えなさい。

《設 例》

Ｘ株式会社（以下、「Ｘ社」という）に勤務するＡさん（59歳）は、市役所に勤務する長女Ｃさん（29歳）との２人暮らしである。長女Ｃさんの父親Ｂさんとは、長女Ｃさんが５歳のときに離婚している。

Ａさんは、高校を卒業後、Ｘ社に入社し、現在に至るまで同社に勤務している。Ｘ社には、65歳になるまで勤務することができる継続雇用制度がある。Ａさんは、継続雇用制度を利用せず、60歳以後は仕事をしないつもりでいるが、Ｘ社の社長からは「人材の確保が難しく、Ａさんがいなくなると非常に困る。しばらくは継続して働いてもらえないだろうか」と言われている。

Ａさんは、老後の生活資金の準備にあたって、将来、どれくらいの年金額を受給することができるのか、公的年金制度について知りたいと思っている。

そこで、Ａさんは、懇意にしているファイナンシャル・プランナーのＭさんに相談することにした。

＜Ｘ社の継続雇用制度の雇用条件＞

・１年契約の嘱託雇用で、１日８時間（週40時間）勤務
・賃金月額は60歳到達時の70％（月額25万円）で賞与はなし
・厚生年金保険、全国健康保険協会管掌健康保険、雇用保険に加入

＜Ａさんとその家族に関する資料＞

（１）Ａさん（1965年４月13日生まれ、59歳、会社員）
　・公的年金加入歴：下図のとおり（60歳定年時までの見込みを含む）
　・全国健康保険協会管掌健康保険、雇用保険に加入している。

18歳	60歳
厚生年金保険	
240月	252月
（2003年３月以前の平均標準報酬月額28万円）	（2003年４月以後の平均標準報酬月額40万円）

（２）長女Ｃさん（19XX年12月27日生まれ、29歳、地方公務員）

※Ａさんは、現在および将来においても、長女Ｃさんと同居し、生計維持関係にあるものとする。
※Ａさんおよび長女Ｃさんは、現在および将来においても、公的年金制度における障害等級に該当する障害の状態にないものとする。

※上記以外の条件は考慮せず、各問に従うこと。

問1 ☑☑☑ 重要度 A

Mさんは、Aさんに対して、Aさんが65歳になるまでに受給することができる公的年金制度からの老齢給付について説明した。Mさんが説明した次の記述①～③について、適切なものには○印を、不適切なものには×印を解答用紙に記入しなさい。

①「1965年4月生まれのAさんは、63歳から報酬比例部分のみの特別支給の老齢厚生年金を受給することができます。また、仮に、X社の継続雇用制度を利用して63歳になるまで働き、同社退職後、再就職をしない場合、長期加入者の特例により、63歳から特別支給の老齢厚生年金の定額部分も受給することができます」

②「厚生年金保険の被保険者に支給される特別支給の老齢厚生年金は、当該被保険者の総報酬月額相当額と基本月額に応じて調整が行われますが、2022年4月以降、60歳台前半の在職老齢年金の仕組みが変更され、支給停止とならない範囲が拡大されました」

③「Aさんが希望すれば、60歳から老齢基礎年金の繰上げ支給を請求することができます。2022年4月以降、繰上げによる当該年金額の減額率は引き上げられ、仮に、Aさんが61歳8カ月で老齢基礎年金の繰上げ支給を請求した場合、当該年金額の減額率は28％となります」

正解 ① × ② ○ ③ × 　テキスト1章 ① P69-70、② P73、③ P67

①不適切　1965年4月生まれの女性は、報酬比例部分のみの特別支給の老齢厚生年金が64歳から支給されます。

②適切　2022年4月以降、60歳台前半の在職老齢年金による支給調整は、65歳以降と同じ仕組みとなり、総報酬月額相当額と基本月額の合計が50万円を超える場合、50万円を超える部分の2分の1が支給停止になります。

③不適切　2022年4月1日以降に60歳に到達する者が繰上げ支給を請求する場合、繰上げ月数1月につき0.4％減額されるため、61歳8カ月で老齢基礎年金の繰上げ支給を請求する場合、0.4％×40月（65歳－61歳8カ月＝3年4カ月）＝16％の減額となります。

問2 ☑☑☑ 重要度 A

Mさんは、Aさんに対して、社会保険に係る各種の取扱いについて説明した。Mさんが説明した以下の文章の空欄①～③に入る最も適切な語句または数値を、下記の〈語句群〉のなかから選び、その記号を解答用紙に記入しなさい。

Ⅰ「AさんがX社の継続雇用制度を利用し、60歳以後もX社に勤務した場合、Aさんは雇用保険の高年齢雇用継続基本給付金を受給することができます。60歳以後の各月（支給対象月）に支払われる賃金額が60歳到達時の賃金月額の（ ① ）未満となる場合、高年齢雇用継続基本給付金の額は、支給対象月ごとに、賃金額の低下率に応じて一定の方法により算定されます」

Ⅱ「Aさんが継続雇用制度を利用せず、X社を定年退職した場合、Aさんは、所定の手続を行うことにより、最長で（ ② ）年間、全国健康保険協会管掌健康保険に任意継続被保険者として加入することができます。なお、任意継続被保険者の保険料は、（ ③ ）負担します」

〈語句群〉

イ．2　ロ．3　ハ．5　ニ．75%　ホ．80%　ヘ．85%
ト．Aさんと事業主が折半で　チ．Aさんが全額を　リ．事業主が全額を

正解　①ニ　②イ　③チ　テキスト1章　①P56-57、②③P43

①高年齢雇用継続基本給付金は、雇用保険の一般被保険者期間が通算して5年以上ある者の賃金月額が、60歳時点の賃金月額に比べて75%未満に低下した場合に、最長で65歳に達する月まで支給されます。

②健康保険の被保険者期間が継続して2カ月以上ある者が、離職後20日以内に手続きをすることで、最長2年間、任意継続被保険者となることができます。

③全国健康保険協会管掌健康保険の保険料は、在職中は労使折半となりますが、任意継続被保険者となった場合は全額自己負担です。

問3 ☑☑☑ 重要度 A

Aさんが、60歳でX社を定年退職し、その後再就職をせず、また、継続雇用制度も利用しない場合、原則として65歳から受給することができる老齢基礎年金および老齢厚生年金の年金額（本年度価額）を計算した次の〈計算の手順〉の空欄①～④に入る最も適切な数値を解答用紙に記入しなさい。計算にあたっては、《設例》の＜Aさんとその家族に関する資料＞および下記の＜資料＞に基づくこと。なお、問題の性質上、明らかにできない部分は「□□□」で示してある。

〈計算の手順〉

1. 老齢基礎年金の年金額（円未満四捨五入）
　（ ① ）円
2. 老齢厚生年金の年金額
　（1）報酬比例部分の額　：（ ② ）円（円未満四捨五入）
　（2）経過的加算額　：（ ③ ）円（円未満四捨五入）
　（3）基本年金額（②＋③）　：□□□円
　（4）加給年金額（要件を満たしている場合のみ加算すること）
　（5）老齢厚生年金の年金額：（ ④ ）円

＜資料＞

○老齢基礎年金の計算式（4分の1免除月数、4分の3免除月数は省略）

$$816{,}000\text{円}\times\frac{\text{保険料納付済月数}+\text{保険料半額免除月数}\times\frac{○}{□}+\text{保険料全額免除月数}\times\frac{△}{□}}{480}$$

○老齢厚生年金の計算式（本来水準の額）

ⅰ）報酬比例部分の額（円未満四捨五入）＝ⓐ＋ⓑ

ⓐ2003年3月以前の期間分

$$\text{平均標準報酬月額}\times\frac{7.125}{1{,}000}\times\text{2003年3月以前の被保険者期間の月数}$$

ⓑ2003年4月以後の期間分

$$\text{平均標準報酬額}\times\frac{5.481}{1{,}000}\times\text{2003年4月以後の被保険者期間の月数}$$

ⅱ）経過的加算額（円未満四捨五入）＝1,701円×被保険者期間の月数

$$-816{,}000\text{円}\times\frac{\text{1961年4月以後で20歳以上60歳未満の厚生年金保険の被保険者期間の月数}}{480}$$

ⅲ）加給年金額

配偶者：408,100円（特別加算額を含む）

子：234,800円

正解　① 816,000(円)　② 1,031,285(円)　③ 480(円)　④ 1,031,765(円)

テキスト１章　① P64-65、②③④ P69-72

①$816,000円\times\frac{480月}{480月}=816,000円$

老齢基礎年金は何らかの公的年金に10年以上加入している者に対して支給されます。
設問の場合、20歳以上60歳未満の期間が全て厚生年金保険の被保険者（＝保険料納付済期間）ですので、480月分（満額）が支給されます。

②老齢厚生年金の計算では、厚生年金保険の被保険者期間のみに着目します。

報酬比例部分の額

2003年３月以前の期間分

$$280,000円\times\frac{7.125}{1,000}\times 240月=478,800円$$

2003年４月以後の期間分

$$400,000円\times\frac{5.481}{1,000}\times 252月=552,484.8円$$

$$478,800円+552,484.8円=1,031,284.8円 \rightarrow 1,031,285円$$

（円未満四捨五入）

③

経過的加算額

$$1,701円\times 480月-816,000円\times\frac{480月}{480月}=480円$$

ポイント１：1,701円×被保険者期間の月数

特別支給の老齢厚生年金の定額部分に該当する部分です。

従来、60歳から65歳に達するまでの期間、老齢基礎年金とほぼ同等額を支給するという位置づけで支給されていました。実際の厚生年金保険の被保険者月数は240月＋252月＝492月ありますが、老齢基礎年金とほぼ同等額を支給するという趣旨により、厚生年金被保険者月数は480月が上限となります。

ポイント2：式の後半は「厚生年金保険の被保険者期間で計算した老齢基礎年金」です。
①の解説のとおり、厚生年金保険の被保険者期間のうち20歳以上60歳未満の期間は老齢基礎年金に反映されますので、設問の場合、分子に入る数値は「480月」となります。

④

加給年金は、原則として厚生年金保険の被保険者期間が20年（240月）以上あることであり、この要件は満たしていますが、65歳時点で配偶者はおらず、18歳到達年度末までの子もいませんので、加給年金は支給されません。

したがって、老齢厚生年金の年金額は1,031,285円＋480円＝1,031,765円となります。

第4問

［2021年1月　個人］

次の設例に基づいて、下記の各問（《問1》～《問3》）に答えなさい。

《設 例》

会社員のAさん（46歳）は、妻Bさん（42歳）、長女Cさん（8歳）および二女Dさん（6歳）との4人暮らしである。Aさんは、住宅ローンの返済や教育資金の準備など、今後の資金計画を考えるうえで、自分が死亡した場合に公的年金制度から遺族給付がどのくらい支給されるのかを知りたいと思っている。そこで、Aさんは、懇意にしているファイナンシャル・プランナーのMさんに相談することにした。

＜Aさんとその家族に関する資料＞

（1）Aさん（19xx年11月13日生まれ・46歳・会社員）

・公的年金加入歴：下図のとおり（20xx年12月までの期間）

・全国健康保険協会管掌健康保険、雇用保険に加入中

20歳　22歳　46歳

国民年金 保険料納付済期間 （29月）	厚生年金保険	
	被保険者期間 （24月）	被保険者期間 （261月）
	（2003年3月以前の 平均標準報酬月額28万円）	（2003年4月以後の 平均標準報酬額40万円）

（2）妻Bさん（19xx年10月15日生まれ・42歳・パート従業員）

・公的年金加入歴：20歳から22歳の大学生であった期間（30月）は国民年金の第1号被保険者として保険料を納付し、22歳からAさんと結婚するまでの8年間（96月）は厚生年金保険に加入。結婚後は、国民年金に第3号被保険者として加入している。

・全国健康保険協会管掌健康保険の被扶養者である。

（3）長女Cさん（20xx年4月16日生まれ・8歳）

（4）二女Dさん（20xx年12月22日生まれ・6歳）

※妻Bさん、長女Cさんおよび二女Dさんは、現在および将来においても、Aさんと同居し、Aさんと生計維持関係にあるものとする。

※家族全員、現在および将来においても、公的年金制度における障害等級に該当する障害の状態にないものとする。

※上記以外の条件は考慮せず、各問に従うこと。

問1 ☑☑☑ 重要度 **B**

Mさんは、Aさんに対して、Aさんが本年度の現時点で死亡した場合に妻Bさんが受給することができる公的年金制度からの遺族給付について説明した。Mさんが説明した以下の文章の空欄①〜④に入る最も適切な語句または数値を、下記の〈語句群〉のなかから選び、その記号を解答用紙に記入しなさい。なお、問題の性質上、明らかにできない部分は「□□□」で示してある。

Ⅰ「Aさんが現時点において死亡した場合、妻Bさんに対して遺族基礎年金および遺族厚生年金が支給されます。遺族基礎年金を受けられる遺族の範囲は、死亡した被保険者によって生計を維持されていた『子のある（ ① ）』または『子』です。『子』とは、18歳到達年度の末日までの間にあるか、20歳未満で障害等級1級または2級に該当する障害の状態にあり、かつ、現に婚姻していない子を指します。妻Bさんが受給することができる遺族基礎年金の額は（ ② ）円（本年度価額）となり、長女Cさんの18歳到達年度の末日終了後は（ ③ ）円（本年度価額）となります」

Ⅱ「遺族厚生年金の額は、Aさんの厚生年金保険の被保険者記録を基礎として計算した老齢厚生年金の報酬比例部分の額の（ ④ ）相当額になります。ただし、その計算の基礎となる被保険者期間の月数が□□□月に満たないときは、□□□月とみなして年金額が計算されます」

〈語句群〉

イ．816,000	ロ．1,050,800	ハ．1,129,100	ニ．1,285,600	ホ．妻
ヘ．配偶者	ト．2分の1	チ．3分の2	リ．4分の3	

正解　①ヘ　②ニ　③ロ　④リ　　テキスト１章　①②③ P77-79、④ 79-80

レック先生のワンポイント

ポイント：遺族基礎年金

支給対象遺族	死亡した者に生計を維持されていた子のある配偶者（ ① ）または子 子＝18歳到達年度末まで、または20歳未満で障害等級1級または2級に該当する状態にある未婚の子
支給期間	子が18歳到達年度末（1級、2級障害の場合は20歳）まで
支給額（新規裁定）	配偶者が受給する場合 ②③816,000円＋234,800円／人（子2人目まで）＋78,300円／人（子3人目以降）

①子のある配偶者が受給できます。「子のある妻」に限らず「子のある夫」にも支給されます。

②Aさん死亡後、長女Cさん18歳到達年度末まで
816,000円＋234,800円×2＝1,285,600円

③長女Cさん18歳到達年度末の後、二女Dさんが18歳到達年度末まで
816,000円＋234,800円＝1,050,800円

レック先生のワンポイント

ポイント：遺族厚生年金

支給額	死亡時点で計算した報酬比例部分の4分の3相当額（ ④ ） 短期要件に該当し、厚生年金加入期間が300月未満の場合は300月分を保障

問2 ☑☑☑ 重要度 B

Aさんが本年度の現時点で死亡した場合、《設例》の<Aさんとその家族に関する資料>および下記の<資料>に基づき、妻Bさんが受給することができる遺族厚生年金の年金額を求め、解答用紙に記入しなさい（計算過程の記載は不要）。なお、年金額は本年度価額に基づいて計算し、年金額の端数処理は円未満を四捨五入すること。

<資料>

遺族厚生年金の年金額（本来水準の額）＝（ⓐ＋ⓑ）×$\frac{□□□月}{□□□月}$×$\frac{△}{○}$

ⓐ 2003年3月以前の期間分

平均標準報酬月額×$\frac{7.125}{1,000}$×2003年3月以前の被保険者期間の月数

ⓑ 2003年4月以後の期間分

平均標準報酬額×$\frac{5.481}{1,000}$×2003年4月以後の被保険者期間の月数

※問題の性質上、明らかにできない部分は「□□□」「○」「△」で示してある。

正解 **489,550（円）** テキスト1章 P79-80

前問のポイントのとおり、遺族厚生年金は、死亡時点で計算した報酬比例部分の**4分の3**相当額となります。なお、厚生年金被保険者が死亡した場合、厚生年金保険の被保険者月数が300月未満の場合は**300月分が保障**されます。

2003年3月以前の期間分

280,000円×$\frac{7.125}{1,000}$×24月＝47,880円

2003年4月以後の期間分

400,000円×$\frac{5.481}{1,000}$×261月＝572,216.4円

遺族厚生年金の年金額（本来水準の額。円未満四捨五入）

（47,880円＋572,216.4円）×$\frac{300月}{285月}$×$\frac{3}{4}$≒489,549.7・・→489,550円

問3 ☑☑☑ 重要度 B

Mさんは、Aさんに対して、妻Bさんに係る遺族給付の各種取扱い等について説明した。Mさんが説明した次の記述①～③について、適切なものには○印を、不適切なものには×印を解答用紙に記入しなさい。なお、各選択肢において、ほかに必要とされる要件等はすべて満たしているものとする。

①「Aさんの死亡後、妻Bさんが厚生年金保険の被保険者として働くことは可能性として考えられると思います。遺族厚生年金の年金額は、妻Bさんの総報酬月額相当額と基本月額との合計額が50万円（本年度価額）を超えなければ、全額支給されますので、支給停止となるケースを過度に心配されることはないと思います」

②「二女Dさんの18歳到達年度の末日が終了し、妻Bさんの有する遺族基礎年金の受給権が消滅したときは、妻Bさんが65歳に達するまでの間、妻Bさんに支給される遺族厚生年金の額に中高齢寡婦加算が加算されます」

③「妻Bさんが受け取る遺族基礎年金および遺族厚生年金の年金額は、所得税法上、非課税所得となります」

正解　①×　②○　③○　テキスト1章　①P73、②P81、③P84

①不適切　給与（総報酬月額相当額）を受け取りながら、老齢厚生年金（基本月額）を受給する場合には、在職老齢年金制度により、年金額の一部または全部が支給停止となることがありますが、遺族厚生年金を受け取りながら給与を受け取っても、在職老齢年金制度による支給調整はありません。

②適切　遺族厚生年金の中高齢寡婦加算は、遺族厚生年金を受給できる妻が
- ・夫の死亡当時、40歳以上65歳未満で子がいない
- ・夫の死亡後、40歳に達した当時、18歳到達年度末までの未婚の子（または障害等級1級または2級の状態にある20歳未満の未婚の子）がいる

のいずれかである場合に、妻が65歳に達するまで支給されます。
なお、遺族基礎年金の受給中は遺族厚生年金の中高齢寡婦加算は支給停止となります。

③適切　老齢給付は雑所得として課税されますが、遺族年金、障害年金は非課税です。

第5問

[2023年5月　個人]

次の設例に基づいて、下記の各問（《問1》～《問3》）に答えなさい。

《設例》

会社員のAさん（46歳）は、妻Bさん（45歳）、長男Cさん（11歳）および長女Dさん（9歳）との4人暮らしである。Aさんは、住宅ローンの返済や教育資金の準備など、今後の資金計画を再検討したいと考えており、その前提として、公的年金制度から支給される遺族給付や障害給付について知りたいと思っている。

そこで、Aさんは、懇意にしているファイナンシャル・プランナーのMさんに相談することにした。

Aさんとその家族に関する資料は、以下のとおりである。

＜Aさんとその家族に関する資料＞

（1）Aさん（1978年1月12日生まれ・会社員）

・公的年金加入歴：下図のとおり（本年4月までの期間）

・全国健康保険協会管掌健康保険、雇用保険に加入中

20歳	22歳		46歳
国民年金 保険料納付済期間 （27月）	厚生年金保険 被保険者期間 （36月）	厚生年金保険 被保険者期間 （253月）	
	（2003年3月以前の 平均標準報酬月額25万円）	（2003年4月以後の 平均標準報酬額38万円）	

（2）妻Bさん（1978年11月22日生まれ・パート従業員）

・公的年金加入歴：20歳から22歳までの大学生であった期間（29月）は国民年金の第1号被保険者として保険料を納付し、22歳からAさんと結婚するまでの10年間（120月）は厚生年金保険に加入。結婚後は、国民年金に第3号被保険者として加入している。

・全国健康保険協会管掌健康保険の被扶養者である。

（3）長男Cさん（20xx年6月6日生まれ）

（4）長女Dさん（20xx年6月21日生まれ）

※妻Bさん、長男Cさんおよび長女Dさんは、現在および将来においても、Aさんと同居し、Aさんと生計維持関係にあるものとする。

※妻Bさん、長男Cさんおよび長女Dさんは、現在および将来においても、公的年金制度における障害等級に該当する障害の状態にないものとする。

※上記以外の条件は考慮せず、各問に従うこと。

問1 ☑☑☑ 重要度 A

Mさんは、Aさんに対して、公的年金制度の遺族給付および遺族年金生活者支援給付金について説明した。Mさんが説明した以下の文章の空欄①～④に入る最も適切な語句または数値を、下記の〈語句群〉のなかから選び、その記号を解答用紙に記入しなさい。なお、問題の性質上、明らかにできない部分は「□□□」で示してある。

Ⅰ「Aさんが本年度現時点において死亡した場合、妻Bさんは遺族基礎年金および遺族厚生年金を受給することができます。遺族基礎年金を受給することができる遺族の範囲は、国民年金の被保険者等の死亡の当時その者によって生計を維持されていた『子のある配偶者』または『子』です。『子』とは、18歳到達年度の末日までの間にあるか、20歳未満で障害等級（ ① ）に該当する障害の状態にあり、かつ、現に婚姻していない子を指します。子のある配偶者の遺族基礎年金の年金額（本年度価額）は、『816,000円＋子の加算額』の算式により算出され、子の加算額は、第1子・第2子までは1人につき□□□円、第3子以降は1人につき□□□円となります。仮に、Aさんが本年度現時点で死亡した場合、妻Bさんが受給することができる遺族基礎年金の年金額は、（ ② ）円（本年度価額）となります。また、妻Bさんは遺族年金生活者支援給付金も受給することができます。その年額は（ ③ ）円（本年度価額）となります」

Ⅱ「Aさんが厚生年金保険の被保険者期間中に死亡した場合、遺族厚生年金の年金額は、原則として、Aさんの厚生年金保険の被保険者記録を基礎として計算した老齢厚生年金の報酬比例部分の額の（ ④ ）相当額になります。ただし、その計算の基礎となる被保険者期間の月数が300月に満たないときは、300月とみなして年金額が計算されます」

〈語句群〉

イ．1級、2級または3級　ロ．1級または2級　ハ．3級
ニ．60,240　ホ．63,720　ヘ．61,680　ト．1,050,800　チ．1,129,100
リ．1,285,600　ヌ．3分の2　ル．4分の3　ヲ．5分の4

正解 ①ロ ②リ ③ホ ④ル　テキスト1章 ①P77、②P78、③P63、④P80

ポイント：遺族基礎年金

支給対象遺族	死亡した者に生計を維持されていた子のある配偶者または子 子：18歳到達年度末まで、または20歳未満で障害等級1級または2級（①）に該当する状態にある未婚の子
支給期間	子が18歳到達年度末（20歳未満で1級、2級障害に該当する状態にある子の場合は20歳）まで
支給額	配偶者が受給する場合 816,000円＋234,800円／人（子2人目まで）＋ 78,300円／人（子3人目以降）

ポイント：遺族厚生年金

支給額	死亡時点で計算した報酬比例部分の4分の3（④）相当額 短期要件に該当し、厚生年金加入期間が300月未満の場合は300月とみなして計算

②18歳到達年度末までの子が2人いるため、816,000円＋234,800円×2＝1,285,600円が支給されます。

参考：長男Cさん18歳到達年度末の後は子が1人となるため、816,000円＋234,800円＝1,050,800円が支給されます。

③遺族年金生活者支援給付金は、所得要件を満たす遺族基礎年金の受給者に支給されます。

月額5,310円ですので、年額は5,310円×12＝63,720円が支給されます。

問2 ☑☑☑ 重要度 A

Mさんは、Aさんが本年度現時点で死亡した場合に妻Bさんが受給することができる遺族厚生年金の年金額（本年度価額）を試算した。妻Bさんが受給することができる遺族厚生年金の年金額を求める下記の＜計算式＞の空欄①～③に入る最も適切な数値を、解答用紙に記入しなさい。計算にあたっては、《設例》の＜Aさんとその家族に関する資料＞に基づくこととし、年金額の端数処理は円未満を四捨五入すること。なお、問題の性質上、明らかにできない部分は「□□□」で示してある。

＜計算式＞

遺族厚生年金の年金額

$$\left((\ ①\ )円 \times \frac{7.125}{1,000} \times □□□月 + □□□円 \times \frac{5.481}{1,000} \times □□□月 \right) \times \frac{300月}{(\ ②\ )月} \times □□□ = (\ ③\ )円（円未満四捨五入）$$

正解 ① 250,000（円） ② 289（月） ③ 460,174（円）

テキスト1章　P72、P80

遺族厚生年金は、死亡時点で計算した報酬比例部分の4分の3相当額となります。なお、厚生年金被保険者が死亡した場合、厚生年金保険の被保険者月数が300月未満の場合は300月分が保障されます。

2003年3月以前の期間分

$$250,000円 \times \frac{7.125}{1,000} \times 36月 = 64,125円$$

2003年4月以後の期間分

$$380,000円 \times \frac{5.481}{1,000} \times 253月 = 526,943.34円$$

遺族厚生年金の年金額（本来水準の額。円未満四捨五入）

$$(64,125円 + 526,943.34円) \times \frac{300月}{289月} \times \frac{3}{4} \fallingdotseq 460,174.3\cdot\cdot \rightarrow 460,174円$$

問3　☑☑☑　重要度 A

Mさんは、Aさんに対して、公的年金制度の遺族給付や障害給付について説明した。Mさんが説明した次の記述①～③について、適切なものには○印を、不適切なものには×印を解答用紙に記入しなさい。なお、各記述において、ほかに必要とされる要件等はすべて満たしているものとする。

①「仮に、Aさんが本年度現時点において死亡した後、長女Dさんの18歳到達年度の末日が終了し、妻Bさんの有する遺族基礎年金の受給権が消滅した場合、妻Bさんが65歳に達するまでの間、寡婦年金が支給されます」

②「仮に、Aさんが障害を負い、その障害の程度が公的年金制度における障害等級1級と認定されて障害基礎年金を受給することになった場合、その障害基礎年金の年金額（本年度価額）は、『816,000円×1.5＋子の加算額』の算式により算出されます」

③「仮に、Aさんが障害を負い、その障害の程度が公的年金制度における障害等級3級と認定されて障害厚生年金を受給することになった場合、その障害厚生年金の年金額に配偶者の加給年金額は加算されません」

正解　①×　②×　③○　テキスト１章　①P78-81、②③P75-76

①不適切　選択肢において、支給されるのは寡婦年金ではなく、中高齢寡婦加算です。
遺族厚生年金の中高齢寡婦加算は、遺族厚生年金を受給できる妻が
・夫の死亡当時、40歳以上65歳未満で子がいない
・夫の死亡後、40歳に達した当時、18歳到達年度末までの未婚の子（または障害等級１級または２級の状態にある20歳未満の未婚の子）がいる
のいずれかである場合に、妻が65歳に達するまで支給されます。
なお、遺族基礎年金の受給中は、遺族厚生年金の中高齢寡婦加算は支給停止となります。

②不適切　障害基礎年金、障害厚生年金（加算部分を除く）について、１級障害は２級障害の年金額の1.25倍となります。

③適切　障害基礎年金では子の加算、障害厚生年金（１級、２級に限る）は配偶者の加算がありますが、障害等級３級の場合、障害厚生年金の配偶者の加算はありません。

第２章　傾向と対策

生命保険や損害保険の商品の特徴、法人向け保険の特徴や税務の出題が大半を占めます。また、保険証券の読み解き方も必須です。
金財の個人資産相談業務では出題されません。

頻出問題のキーワード

＜学科試験＞
生命保険（死亡保障）、個人年金保険、第三分野の保険、生命保険料控除、個人契約の生命保険金等の税金、法人契約の生命保険料、保険金等の経理処理、法人向け団体生命保険等、傷害保険、自動車保険、火災保険、法人向け損害保険、賠償責任保険、地震保険料控除、個人契約の損害保険金等の税金、個人事業主・法人契約の損害保険料・保険金等の経理

＜実技試験＞
【日本FP協会】生命保険の証券分析、生命保険料控除、個人の生命保険契約の保険金等の税金、自動車保険、地震保険、火災保険

【金財】●個人向け保険：公的医療保険、公的介護保険（加入者、自己負担割合、給付要件）、証券分析、必要保障額、生命保険の商品の特徴、約款、生命保険料控除、生命保険金等の税金
●法人向け保険：退職所得、法人契約の経理処理、法人向け生命保険の特徴・活用法、中小企業退職金共済制度

第2章

リスク管理

学科試験問題＆解答

- 保険の基本
- 生命保険のしくみと保険の契約
- 生命保険の種類と契約
- 個人契約の生命保険と税金の関係
- 法人契約の生命保険の経理処理
- 損害保険の種類と契約～税金
- 第三分野の保険

実技試験問題＆解答

- ［日本FP協会］資産設計提案業務
- ［金財］生保顧客資産相談業務（個人向け保険）
- ［金財］生保顧客資産相談業務（法人向け保険）

※解説は特に断りがない限り、所得税の税率には復興特別所得税を含めて表記しています。

保険の基本

1　☑☑☑　重要度 B　［2021年1月］

わが国の保険制度に関する次の記述のうち、最も不適切なものはどれか。

1. 保険業法上、保険期間が1年以内の保険契約の申込みをした者は、契約の申込日から8日以内であれば、書面（電磁的記録を含む）により申込みの撤回等をすることができる。
2. 保険業法で定められた保険会社の健全性を示すソルベンシー・マージン比率が200％を下回った場合、監督当局による業務改善命令などの早期是正措置の対象となる。
3. 保険法は、生命保険契約、損害保険契約だけでなく、保険契約と同等の内容を有する共済契約も適用対象となる。
4. 日本国内で事業を行う生命保険会社が破綻した場合、生命保険契約者保護機構による補償の対象となる保険契約については、高予定利率契約を除き、原則として、破綻時点の責任準備金等の90％まで補償される。

2　☑☑☑　重要度 B　［2018年5月］

保険法に関する次の記述のうち、最も不適切なものはどれか。

1. 保険法では、保険金等の支払時期に関する規定が設けられており、同法の施行日後に締結された保険契約に限って適用される。
2. 保険法では、告知義務に関して、同法の規定よりも保険契約者、被保険者にとって不利な内容である約款の定めは、適用除外となる一部の保険契約を除き、無効となる旨が定められている。
3. 保険法は、保険契約と同等の内容を有する共済契約についても適用対象となる。
4. 保険契約者と被保険者が異なる死亡保険契約は、その加入に当たって、被保険者の同意が必要である。

1 が不適切　　　テキスト2章　P115-119

1. **不適切**　保険期間**1年以内**の保険契約は、クーリング・オフ（申込みの撤回等）をすることはできません。なお、クーリング・オフをする場合、契約の申込日、申込みの撤回に関する事項を記載した書面を交付された日のいずれか遅い日から起算して**8日以内**に、**書面**（電磁的記録を含む）を発することが必要となります。
2. 適切　ソルベンシー・マージン比率とは、保険会社が将来の保険金等の支払いのために積み立てている責任準備金を超えて保有する支払い余力を指標としたものです。
3. 適切　共済は保険法は適用されます。なお、**保険契約者保護機構は適用されません。**
4. 適切　生命保険契約者保護機構は、**国内で事業を行う生命保険会社**（**外資系も含む**）**が加入**します。

1 が不適切　　　テキスト2章　P118-119

1. **不適切**　保険法の規定は**原則として、施行日以後に締結された保険契約等に適用**されますが、保険金等の支払時期等の**一部の規定は、施行日前に締結された保険契約等にも適用**されます。
2. 適切　このような規定を片面的強行規定といいます。なお、事業リスクのための契約等は除外されます。
3. 適切　共済は、保険法は適用されますが、保険契約者保護機構に加入しません。
4. 適切　この規定は、総合福祉団体定期保険でもよく出題されます。

3 ☑☑☑ 重要度 B [2022年1月]

少額短期保険に関する次の記述のうち、最も適切なものはどれか。

1. 少額短期保険業者と締結した保険契約は保険法の適用対象となるが、少額短期保険業者は保険業法の適用対象とならない。
2. 少額短期保険業者が同一の被保険者から引き受けることができる保険金額の合計額は、原則として、1,500万円が上限となる。
3. 少額短期保険業者と締結する保険契約は、生命保険契約者保護機構または損害保険契約者保護機構による保護の対象となる。
4. 保険契約者（＝保険料負担者）および被保険者を被相続人、保険金受取人を相続人とする少額短期保険において、相続人が受け取った死亡保険金は、相続税法における死亡保険金の非課税金額の規定の適用対象となる。

生命保険のしくみと保険の契約

4 ☑☑☑ 重要度 A [2022年9月]

生命保険の保険料等の一般的な仕組みに関する次の記述のうち、最も不適切なものはどれか。

1. 保険料は、大数の法則および収支相等の原則に基づき、予定死亡率、予定利率および予定事業費率の3つの予定基礎率を用いて算定される。
2. 保険料は、将来の保険金・給付金等の支払い財源となる純保険料と、保険会社が保険契約を維持・管理していくために必要な経費等の財源となる付加保険料で構成される。
3. 所定の利率による運用収益をあらかじめ見込んで保険料を割り引く際に使用する予定利率を低く設定した場合、新規契約の保険料は高くなる。
4. 保険会社が実際に要した事業費が、保険料を算定する際に見込んでいた事業費よりも多かった場合、費差益が生じる。

4 が適切　　テキスト2章　P117、P119

1. 不適切　少額短期保険業者と締結した保険契約は保険法の適用対象となり、少額短期保険業者は保険業法の適用対象にもなります。

2. 不適切　少額短期保険業者が同一の被保険者から引き受けることができる保険金額の合計額は、原則として、1,000万円が上限となります。

3. 不適切　少額短期保険業者と締結する保険契約は、生命保険契約者保護機構または損害保険契約者保護機構による保護の対象となりません。

4. **適切**　なお、少額短期保険の掛金は、生命保険料控除の対象となりません。

4 が不適切　　テキスト2章　P123-125

1. 適切　保険料は、**予定死亡率**、**予定利率**および**予定事業費率**の3つの予定基礎率を用いて算定されます。

2. 適切　**純保険料**は**予定死亡率**、**予定利率**を、**付加保険料**は**予定事業費率**を用いて算定されます。

3. 適切　**予定利率を低く設定**した場合、**運用益見込みが少ない**分、新規契約の**保険料は高く**なります。

4. **不適切**　費差益は、保険会社が実際に要した事業費が見込んでいた事業費よりも少ない場合に生じます。

生命保険の種類と契約

5 ☑☑☑ 重要度 A [2020年1月]

生命保険の一般的な商品性に関する次の記述のうち、最も不適切なものはどれか。

1. 低解約返戻金型終身保険は、他の契約条件が同じで低解約返戻金型ではない終身保険と比較して、保険料払込期間中の解約返戻金が低く抑えられており、割安な保険料が設定されている。
2. 養老保険は、被保険者に高度障害保険金が支払われた場合、保険期間満了時に満期保険金から高度障害保険金相当額が控除された金額が支払われる。
3. 収入保障保険の死亡保険金を年金形式で受け取る場合の受取総額は、一時金で受け取る場合の受取額よりも多くなる。
4. 定期保険特約付終身保険（更新型）では、定期保険特約を同額の保険金額で自動更新すると、更新後の保険料は、通常、更新前よりも高くなる。

6 ☑☑☑ 重要度 A [2019年5月]

死亡保障を目的とする生命保険の一般的な商品性に関する次の記述のうち、最も適切なものはどれか。なお、特約については考慮しないものとする。

1. 逓減定期保険は、保険期間の経過に伴い所定の割合で保険料が逓減するが、保険金額は一定である。
2. 特定疾病保障定期保険は、被保険者がガン、急性心筋梗塞、脳卒中以外で死亡した場合には、死亡保険金は支払われない。
3. 終身保険の保険料は、被保険者の年齢、死亡保険金額、保険料払込期間など契約内容が同一の場合、一般に、被保険者が女性である方が男性であるよりも高くなる。
4. 変額保険（終身型）は、一般に、契約時に定めた保険金額（基本保険金額）が保証されている。

2 が不適切　　テキスト2章　1）4）P135、2）P137、3）P133

1. 適切　なお、低解約返戻金型終身保険においても、**保険料払込期間満了後の解約返戻金は、通常の終身保険と同程度**となります。

2. **不適切**　養老保険は、死亡・高度障害保険金が支払われると契約は終了します。高度障害保険金が支払われた場合、被保険者が保険期間満了時まで生存していても満期保険金は支払われません。

3. 適切　一時金で受け取る場合は、年金で受け取るはずの部分を一括前倒しで受給するため、**一時金の方が少なく、年金で受け取る方が多く**なります。

4. 適切　更新後の更新部分の保険料は、**更新時点**の年齢・保険料率で再計算されますので、契約時よりも、年齢が上がっているため、通常、高くなります。

4 が適切　　テキスト2章　1）P133、2）P149、3）P134、4）P139-140

1. 不適切　逓減定期保険は、保険期間の経過に伴い**保険金額は逓減**しますが、**保険料は一定**です。

2. 不適切　特定疾病保険金を受け取ることなく、保険期間中に被保険者が死亡した場合、**死亡事由が特定疾病でなくても、死亡保険金が支払われます**。なお、ガン、急性心筋梗塞、脳卒中に罹患し、所定の状態に該当すると特定疾病保険金が支払われ、契約は**消滅**します。

3. 不適切　**女性の方が長生き**です（予定死亡率が低い）ので、他の条件が同一である場合、終身保険の保険料は、被保険者が女性である方が安くなります。

4. **適切**　なお、運用実績による保険金額（死亡・高度障害保険金額）が、契約時に定めた保険金額を上回る場合には、運用実績による保険金額が支払われます。

7 ☑☑☑ 重要度 A [2023年5月]

外貨建て生命保険の一般的な商品性に関する次の記述のうち、最も適切なものはどれか。なお、記載のない特約については考慮しないものとする。

1. 外貨建て生命保険は、米ドル・豪ドル・ユーロなどの外貨で保険料を払い込んで円貨で保険金等を受け取る保険であり、終身保険のほか、養老保険や個人年金保険などがある。
2. 外貨建て終身保険は、円貨建ての終身保険と異なり、支払った保険料が生命保険料控除の対象とならない。
3. 外貨建て終身保険は、契約時に円換算支払特約を付加すれば、契約時の為替相場で円換算した死亡保険金を受け取ることができる。
4. MVA（市場価格調整）機能を有する外貨建て生命保険は、市場金利に応じた運用資産の価格変動に伴い、解約時の解約返戻金額が増減する。

8 ☑☑☑ 重要度 A [2023年1月]

個人年金保険の一般的な商品性に関する次の記述のうち、最も適切なものはどれか。なお、いずれも契約者（＝保険料負担者）、被保険者および年金受取人は同一人とする。

1. 確定年金では、年金受取期間中に被保険者が死亡した場合、死亡給付金受取人が既払込保険料相当額から被保険者に支払われた年金額を差し引いた金額を死亡給付金として受け取ることができる。
2. 10年保証期間付終身年金において、被保険者の性別以外の契約条件が同一である場合、保険料は男性の方が女性よりも高くなる。
3. 変額個人年金保険では、特別勘定における運用実績によって、将来受け取る年金額等が変動するが、年金受取開始前に被保険者が死亡した場合に支払われる死亡給付金については、基本保険金額が最低保証されている。
4. 生存保障重視型の個人年金保険（いわゆるトンチン年金保険）では、年金受取開始前に被保険者が死亡した場合に支払われる死亡給付金は、既払込保険料相当額を超える金額に設定されている。

4 が適切　テキスト2章　P145

1. 不適切　外貨建て生命保険は、通常、外貨で保険料を払い込んで外貨で保険金等を受け取る保険です。

2. 不適切　外貨建て終身保険も、要件を満たせば、**生命保険料控除の対象**となります。なお、相続税の対象となる死亡保険金を相続人が受け取る場合は、500万円×法定相続人の数の金額が非課税となります。

3. 不適切　外貨建て終身保険は、契約時に円換算支払特約を付加した場合でも、**受取り時点**の為替レートで計算した保険金を円で受け取ることになります。

4. **適切**　MVA（市場価格調整）機能を有する外貨建て生命保険の解約返戻金は、**市場金利が上昇すると減少**し、**市場金利が低下すると増加**します。

3 が適切　テキスト2章　P143-145

1. 不適切　確定年金では、年金受取期間中に被保険者が死亡した場合、**残りの期間の年金（または年金現価相当額）**が支払われます。

2. 不適切　終身年金等では、**男性の方が女性よりも平均余命が短い**ため、**保険料は男性の方が女性よりも安く**なります。

3. **適切**　変額個人年金保険の**解約返戻金、年金額等は払込保険料よりも少なくなる場合**があります。

4. 不適切　生存保障重視型の個人年金保険（いわゆるトンチン年金保険）では、**年金額を多く**する分、年金受取開始前に被保険者が死亡した場合の**死亡給付金**は、**既払込保険料よりも低く設定**されます。

9 ☑☑☑ 重要度 B 【2020年9月】

総合福祉団体定期保険の一般的な商品性に関する次の記述のうち、最も不適切なものはどれか。

1. 総合福祉団体定期保険は、原則として、企業（団体）が保険料を負担し、役員・従業員を被保険者とする定期保険である。
2. 総合福祉団体定期保険は、被保険者の死亡または所定の高度障害に対して保険金が支払われるため、被保険者が定年退職した場合に支払う退職金の準備としては適さない。
3. 総合福祉団体定期保険の保険期間は、1年から10年の範囲内で、被保険者ごとに設定することができる。
4. 総合福祉団体定期保険のヒューマン・ヴァリュー特約は、被保険者の死亡等による企業（団体）の経済的損失に備えるものであり、その特約死亡保険金等の受取人は、企業（団体）となる。

10 ☑☑☑ 重要度 B 【2022年9月】

団体生命保険等の一般的な商品性に関する次の記述のうち、最も適切なものはどれか。

1. 団体定期保険（Bグループ保険）は、従業員等が任意に加入する1年更新の保険であり、毎年、保険金額を所定の範囲内で見直すことができる。
2. 総合福祉団体定期保険では、ヒューマン・ヴァリュー特約を付加した場合、当該特約の死亡保険金受取人は被保険者の遺族となる。
3. 住宅ローンの利用に伴い加入する団体信用生命保険では、被保険者が住宅ローン利用者（債務者）、死亡保険金受取人が住宅ローン利用者の遺族となる。
4. 勤労者財産形成貯蓄積立保険（一般財形）には、払込保険料の累計額385万円までにかかる利子差益が非課税となる税制上の優遇措置がある。

3 が不適切　　テキスト2章　P141-142

1. 適切　総合福祉団体定期保険は、企業が保険料を負担し、原則として役員・従業員を被保険者とする**1年更新の定期保険**です。企業が負担した保険料は、その全額を損金に算入することができます。

2. 適切　1.の解説のとおり1年更新の定期保険ですので、**貯蓄性はなく**、定年退職の退職金準備には適しません。

3. **不適切**　1.の解説のとおり**1年更新**の定期保険です。

4. 適切　ヒューマン・ヴァリュー特約の保険金の受取人は契約者である**企業（団体）**となります。なお、死亡保険金の保険金受取人は、通常、被保険者の遺族となりますが、契約者である企業（団体）とすることもできます。

1 が適切　　テキスト2章　P141-142

1. **適切**　団体定期保険（Bグループ保険）の**保険料は従業員等が負担**します。

2. 不適切　ヒューマン・ヴァリュー特約は死亡した被保険者の代替雇用者の採用・育成費用を目的とした特約ですので、**受取人は企業**となります。

3. 不適切　団体信用生命保険の被保険者は住宅ローン利用者（債務者）、**契約者および死亡保険金受取人は金融機関等**となります。したがって、生命保険料控除の対象となりません。

4. 不適切　**財形住宅、財形年金には非課税制度がありますが、一般財形には非課税制度はありません。**選択肢は財形年金（保険型）の説明です。

11 ☑☑☑ 重要度 C [2019年9月]

生命保険の保険料の払込みが困難になった場合に、保険契約を有効に継続するための方法に関する次の記述のうち、最も不適切なものはどれか。

1. 保険金額を減額することにより、保険料の負担を軽減する方法がある。
2. 保険料を払い込まずに保険料払込猶予期間が経過した場合、保険会社が解約返戻金の範囲内で保険料を自動的に立て替えて、契約を有効に継続する自動振替貸付制度がある。
3. 保険料の払込みを中止して、その時点での解約返戻金相当額を基に、元の契約の保険金額を変えずに一時払定期保険に変更する延長保険がある。
4. 保険料の払込みを中止して、その時点での解約返戻金相当額を基に、元の契約よりも保険金額が少なくなる保険（元の主契約と同じ保険または養老保険）に変更する払済保険があり、特約はすべて継続される。

4 が不適切　　テキスト2章　P150-152

1. 適切　なお、反対に、保険金額を増額する場合、告知・診査が必要となり、増額部分の保険料は増額時の年齢・保険料率で計算されます。

2. 適切　自動振替貸付を受けた保険料は**生命保険料控除の対象**となります。保険料を払い込まずに保険料払込猶予期間が経過した場合、保険会社が解約返戻金の範囲内で保険料を立て替えて、契約を有効に継続します。

3. 適切　保険料の払込みを中止して、その時点の解約返戻金相当額を基に、元の**保険金額を変えずに**一時払の定期保険に変更する方法を延長保険といいます。延長保険に変更した場合、元の保険契約に付保されている特約は**消滅**します。

4. **不適切**　保険料の払込みを中止して、その時点の解約返戻金相当額を基に、元の**保険期間を変えずに**、元の主契約と同じ保険または養老保険や終身保険に変更する方法を払済保険といい、特約は**リビング・ニーズ特約等を除き消滅**します。

個人契約の生命保険と税金の関係

12 ☑☑☑ 重要度 A [2022年1月]

生命保険料控除に関する次の記述のうち、最も適切なものはどれか。なお、各選択肢において、ほかに必要とされる要件等はすべて満たしているものとする。

1. 養老保険の月払保険料について、保険料の支払いがなかったため、自動振替貸付により保険料の払込みに充当された金額は、生命保険料控除の対象となる。
2. 終身保険の月払保険料のうち、本年1月に払い込まれた昨年12月分の保険料は、昨年分の生命保険料控除の対象となる。
3. 本年に加入した特定（三大）疾病保障定期保険の保険料は、介護医療保険料控除の対象となる。
4. 本年に加入した一時払定額個人年金保険の保険料は、個人年金保険料控除の対象となる。

13 ☑☑☑ 重要度 A [2020年1月]

生命保険料控除に関する次の記述のうち、最も適切なものはどれか。

1. 終身保険の保険料の払込みがないために自動振替貸付となった場合、それによって立て替えられた金額は、生命保険料控除の対象とならない。
2. 2011年12月31日以前に締結した医療保険契約を2012年1月1日以後に更新した場合、更新後の保険料は介護医療保険料控除の対象とならず、一般の生命保険料控除の対象となる。
3. 2012年1月1日以後に締結した生命保険契約に付加された傷害特約の保険料は、一般の生命保険料控除の対象となる。
4. 変額個人年金保険の保険料は、個人年金保険料控除の対象とならず、一般の生命保険料控除の対象となる。

1 が適切　　テキスト2章　P154-156

1. **適切**　**自動振替貸付**により保険料の払込みに充当された金額は、**生命保険料控除の対象**となります。

2. 不適切　**支払った年の生命保険料控除**の対象となりますので、**本年分**の生命保険料控除の対象となります。

3. 不適切　特定疾病保障保険は**死亡・高度障害保険金と特定疾病保険金が同額**ですので、**一般の生命保険料控除**の対象となります。

4. 不適切　個人年金保険料控除の要件の1つに「**保険料払込期間が10年以上**であること」があるため、一時払定額個人年金保険の保険料は、個人年金保険料控除の対象とならず、**一般の生命保険料控除**の対象となります。

4 が適切　　テキスト2章　P154-156

1. 不適切　生命保険料控除の要件を満たせば、**自動振替貸付**を受けて、立て替えられた金額も生命保険料控除の対象となります。誰から借りても、保険料を支払ったことに変わりはないからです。

2. 不適切　更新後は**その月から契約全体が新制度**の対象となるため、介護医療保険料控除の対象となります。その他、疾病入院特約、成人病（生活習慣病）入院特約、先進医療特約等も同様です。

3. 不適切　**傷害特約、災害割増特約、災害入院特約は、通常の病気を保障しない**ため、旧契約では一般の生命保険料控除でしたが、新制度（2012年1月1日以後）では、生命保険料控除の対象外となります。

4. **適切**　なお、外貨建ての定額個人年金保険の保険料は、所定の要件を満たせば個人年金保険料控除の対象となります。

14 ☑☑☑ 重要度A [2021年1月]

生命保険の税金に関する次の記述のうち、最も適切なものはどれか。なお、いずれも契約者（＝保険料負担者）および保険金・給付金等の受取人は個人であるものとする。

1. 契約者と被保険者が同一人である終身保険において、被保険者がリビング・ニーズ特約に基づいて受け取った特約保険金は、一時所得として課税の対象となる。
2. 一時払終身保険を保険期間の初日から4年10ヵ月で解約して契約者が受け取った解約返戻金は、一時所得として課税の対象となる。
3. 契約者と被保険者が同一人である養老保険において、被保険者の相続人ではない者が受け取った死亡保険金は、贈与税の課税対象となる。
4. 契約者と被保険者が同一人である医療保険において、被保険者が疾病の治療のために入院したことにより受け取った入院給付金は、一時所得として課税の対象となる。

法人契約の生命保険の経理処理

15 ☑☑☑ 重要度A [2021年1月]

契約者（＝保険料負担者）を法人、被保険者を役員とする生命保険に係る保険料等の経理処理に関する次の記述のうち、最も不適切なものはどれか。なお、いずれの保険契約も新たに締結し、他に加入している保険契約はなく、保険料は年払いであるものとする。

1. 法人が受け取った医療保険の入院給付金は、その全額を益金の額に算入する。
2. 死亡保険金受取人が法人である終身保険の支払保険料は、その全額を資産に計上する。
3. 給付金受取人が法人で、解約返戻金相当額のない短期払いの医療保険の支払保険料は、その事業年度に支払った保険料の額が被保険者1人当たり30万円以下の場合、その支払った日の属する事業年度の損金の額に算入することができる。
4. 死亡保険金受取人が法人で、最高解約返戻率が65％である定期保険（保険期間20年）の支払保険料は、保険期間の前半4割相当期間においては、その60％相当額を資産に計上し、残額を損金の額に算入することができる。

2 が適切　　テキスト2章　P158、P160-162

1. 不適切　被保険者や指定代理請求人が受け取るリビング・ニーズ特約保険金、特定疾病保険金等の生前給付保険金は、**非課税**となります。

2. **適切**　一時払**終身**保険、一時払**終身**年金保険の解約返戻金は、解約時期を問わず、源泉分離課税の対象とならず、**一時所得として総合課税**の対象となります。

3. 不適切　契約者と被保険者が同一人である生命保険から支払われる死亡保険金は、**受取人が相続人であるか否かにかかわらず相続税**の課税対象となります。なお、相続人が受け取る場合には「500万円×法定相続人の数」の金額が非課税となります。

4. 不適切　被保険者、配偶者、直系血族、その他生計を一にする親族が受け取る医療保険の入院（手術・通院）給付金は**非課税**となります。

4 が不適切　　テキスト2章　P164、P167-171

1. 適切　給付金受取人が法人である医療保険の**保険料は、全額を損金に算入**するため、法人が受け取る入院給付金は**全額を益金に算入**します。

2. 適切　死亡保険金受取人が法人である終身保険の保険料は、**全額を資産（保険料積立金）**に計上します。

3. 適切　2019年7月8日以降に契約した定期保険等の保険料の経理処理の改正点からの出題です。

4. **不適切**　2019年7月8日以降に契約した定期保険等の保険料の経理処理の改正点からの出題です。死亡保険金受取人が法人、最高解約返戻率が50%超70%以下（年換算保険料が30万円超）である定期保険（保険期間20年）の保険料は、**前半4割**期間は、支払保険料の**40%を前払保険料として資産**計上し、**60%を損金に算入**します。なお、最高解約返戻率70%超85%以下である定期保険の保険料は、前半4割期間は、支払保険料の60%を前払保険料として資産計上し、40%を損金に算入します。

16 ☑☑☑ 重要度 A [2020年9月]

法人を契約者（＝保険料負担者）とする生命保険に係る保険料の経理処理に関する次の記述のうち、最も不適切なものはどれか。なお、いずれも保険料は年払いで、いずれの保険契約も新たに締結したものとする。

1. 被保険者が役員・従業員全員、死亡保険金受取人が被保険者の遺族、満期保険金受取人が法人である養老保険の支払保険料は、その2分の1相当額を資産に計上し、残額を損金の額に算入することができる。
2. 被保険者が役員、死亡保険金受取人が法人である終身保険の支払保険料は、その全額を資産に計上する。
3. 被保険者が役員、死亡保険金受取人が法人で、最高解約返戻率が80％である定期保険（保険期間10年）の支払保険料は、保険期間の前半4割相当期間においては、その40％相当額を資産に計上し、残額を損金の額に算入することができる。
4. 被保険者が役員、給付金受取人が法人である解約返戻金のない医療保険の支払保険料は、損金の額に算入することができる。

17 ☑☑☑ 重要度 A [2019年5月]

契約者（＝保険料負担者）を法人とする生命保険契約の保険料や給付金等の経理処理に関する次の記述のうち、最も不適切なものはどれか。なお、特約については考慮しないものとし、いずれも保険料は毎月平準払いで支払われているものとする。

1. 被保険者が役員、死亡保険金受取人および満期保険金受取人が法人である養老保険の支払保険料は、その2分の1相当額を資産に計上し、残額を損金の額に算入することができる。
2. 被保険者が役員、死亡保険金受取人が法人である終身保険を解約して受け取った解約返戻金は、資産に計上していた保険料積立金との差額を雑収入または雑損失として計上する。
3. 被保険者が役員・従業員全員、死亡給付金受取人が被保険者の遺族、年金受取人が法人である個人年金保険の支払保険料は、その10分の9相当額を資産に計上し、残額を損金の額に算入することができる。
4. 給付金受取人である法人が受け取った医療保険の入院給付金は、全額を雑収入として益金の額に算入する。

3 が不適切　テキスト2章　P164-168

1. 適切　被保険者が役員・従業員**全員**、死亡保険金受取人が被保険者の遺族、満期保険金受取人が法人である養老保険の保険料は、**2分の1**相当額を**保険料積立金**として資産に計上し、**2分の1**を**福利厚生費**として損金に算入します。なお、被保険者が役員のみなど、福利厚生目的といえない場合は、「福利厚生費」の部分が「**給与**」となります。

2. 適切　被保険者が役員、死亡保険金受取人が法人である終身保険の保険料は、**全額を資産**に計上します。

3. **不適切**　最高解約返戻率70％超85％以下である定期保険の保険料は、**前半4割期間**は、支払保険料の**60％**を**前払保険料として資産**計上し、**40％を損金**に算入します。

4. 適切　給付金受取人が法人である医療保険の保険料（解約返戻金はない）は、掛捨てとなるので、全額を損金に算入します。

1 が不適切　テキスト2章　P164-171

1. **不適切**　被保険者が役員、死亡保険金および満期保険金の受取人が法人である養老保険の保険料は、**全額を保険料積立金として資産**に計上します。2分の1を保険料積立金として資産に計上し、2分の1を福利厚生費として損金に算入するのは、被保険者が役員・従業員全員、死亡保険金受取人が被保険者の遺族、満期保険金受取人が法人である養老保険の保険料です。

2. 適切　死亡保険金受取人が法人である終身保険の保険料は全額を保険料積立金として資産に計上するため、中途解約により法人が受け取る**解約返戻金は、資産計上額を差し引いた差額がプラスであれば雑収入（マイナスであれば雑損失）**として益金（マイナスであれば損金）に算入されます。

3. 適切　被保険者が役員・従業員全員、**死亡給付金受取人が被保険者の遺族、年金受取人が法人**である個人年金保険の保険料は、**10分の9を保険料積立金として資産**に計上し、**10分の1を福利厚生費として損金**に算入します。

4. 適切　給付金受取人が法人である医療保険の保険料は、**全額を損金**に算入しますので、資産計上額はありません。そのため、法人が受け取る**入院給付金は、全額を雑収入として益金**の額に算入します。

損害保険の種類と契約～税金

18 ☑☑☑ 重要度 C [2022年5月]

損害保険による損害賠償等に関する次の記述のうち、最も不適切なものはどれか。

1. 政府の自動車損害賠償保障事業による損害の塡補は、自動車損害賠償責任保険と同様に、人身事故による損害が対象となり、物損事故による損害は対象とならない。
2. 自動車保険の対人賠償保険では、被保険者が被保険自動車の運転中に起こした事故が原因で、兄弟姉妹がケガをしたことにより法律上の損害賠償責任を負った場合、補償の対象となる。
3. 失火の責任に関する法律によれば、失火により他人に損害を与えた場合、その失火者に重大な過失がなかったときは、民法第709条（不法行為による損害賠償）の規定が適用される。
4. 生産物賠償責任保険（PL保険）では、被保険者が製造した商品の欠陥が原因で、商品を使用した者がケガをしたことにより法律上の損害賠償責任を負った場合、補償の対象となる。

19 ☑☑☑ 重要度 C [2018年9月]

住宅用建物および家財を保険の対象とする火災保険の一般的な商品性に関する次の記述のうち、最も適切なものはどれか。なお、特約については考慮しないものとする。

1. 家財を保険の対象として契約した場合、自宅で飼っている犬や猫などのペットも補償の対象となる。
2. 家財を保険の対象として契約した場合、同一敷地内の車庫にある自動車が火災により被った損害は補償の対象となる。
3. 住宅用建物を保険の対象として契約した場合、急激な気象変化により生じた竜巻による損害は補償の対象となる。
4. 住宅用建物を保険の対象として契約した場合、時間の経過によりその建物の壁に発生したカビによる損害は補償の対象となる。

3 が不適切　　テキスト2章　P179、P182-183、P187

1. 適切　自賠責保険および政府の自動車損害賠償保障事業による損害の塡補は、**人身事故**による損害が対象となります。

2. 適切　自動車保険の対人賠償保険および対物賠償保険は、**本人、配偶者、父母、子**の身体、生命、財産に損害を与えた場合は、**補償の対象となりません**が、**兄弟姉妹**は**補償の対象となります。**

3. **不適切**　**軽過失**（重過失ではない）の**失火**により、他人（**隣家**）に損害を与えた場合には、民法第709条の不法行為による損害賠償の規定は適用されず、**失火責任法が適用**され、**損害賠償責任を負いません。**

4. 適切　生産物賠償責任保険（PL保険）では、被保険者が**製造・販売**した生産物の欠陥が原因で、身体・生命・財産に対して損害を与え、法律上の損害賠償責任を負った場合、補償の対象となります。

3 が適切　　テキスト2章　P177-178

1. 不適切　家財を保険の対象として契約しても、自宅で飼っている犬や猫等の**ペット**（選択肢1）、**自動車**（選択肢2）は補償の対象となりません。

2. 不適切　1.の解説参照。

3. **適切**　4.の解説参照。

4. 不適切　損害保険の補償の基本は「急激・偶然・外来」の3要素ですので、選択肢3.の「**急激な気象変化**」による損害（選択肢3）は補償されますが、「**時間の経過**」**による損害**（選択肢4）は補償対象外となります。

20 ☑☑☑ 重要度 C [2022年9月]

住宅用建物および家財を保険の対象とする火災保険の一般的な商品性に関する次の記述のうち、最も不適切なものはどれか。なお、特約については考慮しないものとする。

1. 火災保険の保険料は、対象となる住宅用建物の構造により、M構造、T構造、H構造の3つに区分されて算定される。
2. 保険金額が2,000万円（保険価額と同額）の火災保険に加入した後、火災により住宅用建物が損害を被り、損害保険金1,000万円が支払われた場合、保険契約は継続するが、保険期間満了日までの保険金額が1,000万円に減額される。
3. 火災保険では、隣家の火災の消火活動により住宅用建物に収容されている家財が損壊した場合、補償の対象となる。
4. 火災保険では、雪災により住宅用建物の屋根が損壊して100万円の損害が発生した場合、補償の対象となる。

21 ☑☑☑ 重要度 B [2020年1月]

地震保険に関する次の記述のうち、最も適切なものはどれか。

1. 地震保険は、火災保険の加入時に付帯する必要があり、火災保険の保険期間の中途では付帯することはできない。
2. 地震保険には、「建築年割引」「耐震等級割引」「免震建築物割引」「耐震診断割引」の4種類の保険料割引制度があり、重複して適用を受けることができる。
3. 地震保険では、地震が発生した日の翌日から10日以上経過した後に生じた損害は、補償の対象とならない。
4. 地震保険では、保険の対象である居住用建物が大半損に該当する損害を受けた場合、保険金額の75％を限度（時価額の75％を限度）として保険金が支払われる。

2 が不適切　テキスト2章　P177-179

1. 適切　3つの構造のうち、**保険料はM構造が最も安く**、次いでT構造、**最も高いのがH構造**です。

2. **不適切**　一定程度（例：80%、全損）に至らない保険金が支払われても、**保険金額は元通り自動回復**します。

3. 適切　記述のとおりです。

4. 適切　台風・竜巻による損壊も補償の対象ですが、地震による損壊は補償されません。

3 が適切　テキスト2章　P180-181

1. 不適切　地震保険は、**火災保険に付帯**して申し込みます。なお、火災保険の保険期間の中途で付帯することもできます。

2. 不適切　地震保険の複数の割引要件を満たす場合、**いずれか1つのみ**を適用することができます。

3. **適切**　なお、地震を原因とする火災、損壊、埋没、流失が補償対象ですが、地震発生の翌日から10日以上経過した後の損害は補償対象外となります。

4. 不適切　地震保険では**大半損**に該当する損害を受けた場合、保険金額の**60%**（時価額の60%を限度）の保険金が支払われます。なお、全損は**100%、小半損は30%、一部損は5%**（いずれも保険金額に対する割合で、時価額の100%、30%、5%を限度とする）です。

22 ☑☑☑ 重要度 A

[2023年5月]

任意加入の自動車保険の一般的な商品性に関する次の記述のうち、最も不適切なものはどれか。なお、特約については考慮しないものとする。

1. 駐車中の被保険自動車が当て逃げにより損害を被った場合、当て逃げの相手が判明しなくても、その損害は一般条件の車両保険の補償の対象となる。
2. 被保険自動車が地震を原因とする津波により水没した場合、その損害は一般条件の車両保険の補償の対象となる。
3. 被保険自動車を運転中に、誤って店舗建物に衝突して損壊させ、当該建物自体の損害に加え、建物の修理期間中の休業により発生した損害（休業損害）について法律上の損害賠償責任を負った場合、それらの損害は対物賠償保険の補償の対象となる。
4. 被保険自動車の運転中に、誤って兄の所有する自宅の車庫に衝突して損壊させ、法律上の損害賠償責任を負った場合、その損害は対物賠償保険の補償の対象となる。

23 ☑☑☑ 重要度 A

[2019年5月]

任意加入の自動車保険の一般的な商品性に関する次の記述のうち、最も適切なものはどれか。

1. 自動車を被保険者の父の家の車庫に入れるとき、誤って門柱を損傷した場合、その損害は対物賠償保険の補償の対象となる。
2. 自動車を運転中に交通事故で被保険者が重傷を負った場合、その損害のうち被保険者自身の過失割合に相当する部分を差し引いたものが人身傷害補償保険の補償の対象となる。
3. 運転免許失効中の被保険者が自動車を運転中に交通事故で他人を死傷させてしまった場合、その損害は対人賠償保険の補償の対象となる。
4. 車両保険を契約した場合、他に特約を付帯していなくても地震・噴火およびそれらに起因する津波による車両の損害は補償の対象となる。

2 が不適切　　テキスト2章　P182-183

1. **適切**　なお、**単独事故**の場合、**一般**条件の車両保険は補償の対象となりますが、**エコノミータイプ**の車両保険は補償の**対象外**となります。

2. **不適切**　特約を付保しない車両保険では、**地震・噴火・津波による損害は、補償されません。**

3. **適切**　選択肢の場合、第三者の財産に対する損害として**対物賠償保険の補償の対象**となります。

4. **適切**　対人賠償保険、対物賠償保険は、被保険者**本人**、**配偶者**、**父母**、**子**およびその者が所有、使用、管理する財産に対する損害は**補償されません**が、**兄弟姉妹**および兄弟姉妹が所有、使用、管理する財産に対する損害は**補償の対象**となります。

3 が適切　　テキスト2章　P183

1. 不適切　対人賠償保険、対物賠償保険では、被保険者が被保険自動車の運転中の事故により、被保険者の**配偶者**、**父母**、**子**の身体、財産に損害を与えた場合、**補償対象外**となります。

2. 不適切　相手がある事故の場合、通常は自己の過失割合に応じて保険金が減額されますが、人身傷害補償保険は**自己の過失があっても**、保険金額の範囲内であれば、**損害額の全額が補償**されます。

3. **適切**　**無免許運転（運転免許失効中を含みます）**や**酒酔い運転**をした被保険者が起こした対人賠償事故、対物賠償事故は、被害者救済の見地から、対人賠償保険、対物賠償保険の**補償の対象**となります。

4. 不適切　車両保険では、**地震・噴火**またはこれらによる**津波**により損害を被った場合、特約を付帯しない限り、**補償対象外**となります。

24 ☑☑☑ 重要度 A

[2019年9月]

傷害保険の一般的な商品性に関する次の記述のうち、最も適切なものはどれか。

1. 家族傷害保険の被保険者は、被保険者本人、配偶者、被保険者本人または配偶者と生計を共にする同居の親族および別居の未婚の子であり、その続柄は保険契約時におけるものによる。
2. 国内旅行傷害保険では、国内旅行中にかかった細菌性食中毒は補償の対象とならない。
3. 普通傷害保険では、日本国外における業務中の事故によるケガも補償の対象となる。
4. 海外旅行傷害保険では、日本を出国してから帰国するまでの間の事故によって被った損害を補償の対象としており、国内移動中の事故によって被った損害は補償の対象とならない。

25 ☑☑☑ 重要度 A

[2018年9月]

傷害保険の一般的な商品性に関する次の記述のうち、最も不適切なものはどれか。なお、特約については考慮しないものとする。

1. 普通傷害保険では、細菌性食中毒は補償の対象となる。
2. 家族傷害保険では、被保険者本人または配偶者と生計を共にする別居の未婚の子は補償の対象となる。
3. 交通事故傷害保険では、道路通行中または交通乗用具に搭乗中の交通事故および交通乗用具の火災によるケガを補償の対象としており、エレベーターも交通乗用具に含まれる。
4. 海外旅行傷害保険では、海外旅行中の地震によるケガは補償の対象となる。

3 が適切　　テキスト2章　P184-185

1. 不適切　家族傷害保険の被保険者は、被保険者本人、**傷害発生時**の配偶者、本人または配偶者と生計を一にする同居の親族および別居の未婚の子となります。契約時ではありません。

2. 不適切　普通傷害保険では**細菌性食中毒、ウイルス性食中毒は補償対象外**となりますが、国内（海外）旅行傷害保険では、**細菌性食中毒、ウイルス性食中毒は補償の対象**となります。

3. 適切　**国内外を問わず、日常生活・業務中を問わず**、傷害を補償対象とします。なお、地震・噴火・津波による傷害は、特約を付保しない限り補償の対象となりません。

4. 不適切　海外旅行傷害保険では、**自宅を出発してから、自宅に帰宅するまで**が保険期間となりますので、国内移動中の傷害等の損害も補償対象となります。

1 が不適切　　テキスト2章　P184-185

1. **不適切**　**普通**傷害保険は細菌性食中毒は**補償しません**。なお、**国内（海外）**旅行傷害保険では、細菌性食中毒は**補償対象となります**。

2. 適切　家族傷害保険の被保険者は、被保険者本人、傷害発生時の配偶者、本人または配偶者と生計を一にする同居の親族および別居の未婚の子となります。**契約時ではありません**。

3. 適切　交通事故傷害保険は、被保険者の交通事故等によるケガは補償対象となります。交通乗用具には、電車・自動車・航空機等のほか、エレベーター、エスカレーター等も含まれます。

4. 適切　**地震・噴火・津波による傷害**について、**普通**傷害保険、**国内旅行**傷害保険は、原則**補償対象外**となりますが、**海外旅行**傷害保険は**基本契約で補償対象**となります。

26 ☑☑☑ 重要度 A [2018年5月]

損害保険を活用した家庭のリスク管理に関する次の記述のうち、最も不適切なものはどれか。

1. 子が自転車を運転中の事故により他人にケガをさせて法律上の損害賠償責任を負うリスクに備え、家族傷害保険に個人賠償責任補償特約を付帯して契約した。
2. 国内旅行中の飲食による細菌性食中毒で入院や通院をするリスクに備え、国内旅行傷害保険を契約した。
3. 勤めている会社が倒産することにより、失業して所得を失うリスクに備えて、所得補償保険を契約した。
4. 海岸近くに自宅を新築したので、地震による津波で自宅が損壊するリスクに備えて、火災保険に地震保険を付帯して契約した。

27 ☑☑☑ 重要度 B [2020年1月]

損害保険を利用した事業活動のリスク管理に関する次の記述のうち、最も不適切なものはどれか。なお、特約については考慮しないものとする。

1. 仕出し弁当を調理して提供する事業者が、食中毒を発生させて法律上の損害賠償責任を負うことによる損害に備えて、生産物賠償責任保険（PL保険）を契約した。
2. 製造業を営む事業者が、業務中の災害により従業員やパート従業員がケガを負う場合に備えて、労働者災害補償保険（政府労災保険）の上乗せ補償を目的として労働災害総合保険を契約した。
3. 建設業を営む事業者が、請け負った建築工事中に誤って器具を落とし第三者にケガを負わせて法律上の損害賠償責任を負うことによる損害に備えて、請負業者賠償責任保険を契約した。
4. 貸しビル業を営む事業者が、火災により所有するビル内に設置した機械が損害を被る場合に備えて、機械保険を契約した。

3 が不適切　　テキスト2章　P180、P185、P187、P194

1. 適切　個人賠償責任補償特約は、本人、配偶者、生計を一にする同居親族、別居の未婚の子が被保険者となります。**自転車**の運転による賠償事故は補償対象となりますが、**自動車、原動機付自転車**の運転による賠償事故は補償対象外となります。

2. 適切　**国内（海外）旅行傷害**保険は、細菌性食中毒、ウイルス性食中毒は**補償の対象**となります。なお、**普通**傷害保険では、細菌性食中毒、ウイルス性食中毒は**補償対象外**です。

3. **不適切**　所得補償保険は、**病気やケガ**により働くことができない期間の所得を補償する保険であり、**出産、育児、失業**等により働くことができない期間の所得は補償されません。

4. 適切　地震保険は、自宅建物および家財が、地震・噴火・津波を直接または間接の原因として火災・損壊・埋没・流失等の損害を受けた場合に補償する保険であり、**火災保険に付帯**して申し込みます。

4 が不適切　　テキスト2章　P187-189

1. 適切　なお、生産物賠償責任保険は、**製造・販売**した家電が発火して身体、財産に損害を与えた場合にも補償します。

2. 適切　労働災害総合保険は、政府労災の上乗せ補償、**従業員**に対する使用者賠償責任の補償を目的とした保険です。

3. 適切　建設業を営む事業者が、請け負った**建設工事中**の**第三者**に対する損害賠償責任に備えるには**請負業者賠償責任保険**、建設工事の**目的物**に損害を与えた場合に備えるには**建設工事保険**が適しています。

4. **不適切**　機械保険は、**火災による損害は補償対象外**です。機械保険は、電気的現象、設計・製作の欠陥、折損・亀裂等の機械的現象、物理的原因による破裂・爆発等の偶発的な事故により、機械設備が被る損害に対して保険金が支払われます。
過去問題の多くは「火災は補償対象外」に関する出題です。

28 ☑☑☑ 重要度 B
[2019年9月]

地震保険料控除に関する次の記述のうち、最も適切なものはどれか。

1. 居住用家屋を保険の対象とする地震保険の保険料は、その家屋の所有者と契約者（＝保険料負担者）が同一人である場合に限り、地震保険料控除の対象となる。
2. 店舗併用住宅の所有者が、当該家屋を保険の対象とする火災保険に地震保険を付帯して契約した場合、当該家屋全体の50％以上を居住の用に供しているときは、支払った地震保険料の全額が地震保険料控除の対象となる。
3. 地震保険の保険期間が1年を超える長期契約で、地震保険料を一括で支払った場合、その全額が支払った年分の地震保険料控除の対象となる。
4. 地震保険料控除の控除限度額は、所得税では50,000円、住民税では25,000円である。

29 ☑☑☑ 重要度 A
[2021年1月]

個人を契約者（＝保険料負担者）とする損害保険の税金に関する次の記述のうち、最も不適切なものはどれか。

1. 新たに加入した所得補償保険の保険料は、介護医療保険料控除の対象となる。
2. 新たに住宅用建物および家財を保険の対象とする火災保険に地震保険を付帯して加入した場合、地震保険に係る保険料のみが地震保険料控除の対象となる。
3. 契約者と被保険者が同一人である自動車保険の人身傷害（補償）保険において、被保険者が自動車事故で死亡した場合、その遺族が受け取った死亡保険金は、過失割合にかかわらず、その全額が非課税となる。
4. 契約者の配偶者が不慮の事故で死亡したことにより、契約者が受け取った家族傷害保険の死亡保険金は、一時所得として課税の対象となる。

4 が適切　　テキスト2章　P190

1. 不適切　地震保険料控除は、**契約者**（＝保険料負担者）または本人と生計を一にする**配偶者、その他親族**が所有する**居住用家屋、生活用動産**（家財）が対象となります。

2. 不適切　店舗併用住宅は、原則として**住宅に使用している面積割合の部分**の地震保険料が地震保険料控除の対象となりますが、当該家屋の90％以上が居住用である場合は、支払った地震保険料の全額が地震保険料控除の対象となります。

3. 不適切　地震保険の保険期間が1年を超える長期契約で、地震保険料を一括で支払った場合、支払保険料を保険期間で除した各年分の支払保険料相当額が**毎年、地震保険料控除の対象**となります。

4. **適切**　地震保険料控除の控除限度額は、所得税では支払った全額（最高**5万円**）、住民税では支払った保険料の2分の1（最高**25,000円**）です。

3 が不適切　　テキスト2章　P155、P190

1. 適切　損害保険会社との契約ですが、**病気も保障対象**ですので、新たに契約した所得補償保険の保険料は生命保険料控除のうち、**介護医療**保険料控除の対象となります。

2. 適切　新たに住宅用建物および家財を保険の対象とする火災保険に地震保険を付帯して加入した場合、**火災保険部分は地震保険料控除の対象となりません。**

3. **不適切**　契約者と被保険者が同一人である自動車保険の人身傷害（補償）保険において、被保険者が自動車事故で死亡した場合、その遺族が受け取った死亡保険金は、**相手の過失相当部分**は損害賠償金としての性格を有するため**非課税、自分の過失相当部分**は**課税**対象（設問の場合は契約者保険料・保険料負担者＝被保険者であるため、相続税）となります。死亡保険金、満期保険（返戻）金、解約返戻金、老後の年金は原則課税されますが、正確に理解していないと間違える出題です。

4. 適切　死亡保険金であり、契約者（保険料負担者）＝受取人ですので、一時所得として**所得税**の課税対象となります。

30 ☑☑☑ 重要度 A

[2020年1月]

個人を契約者（＝保険料負担者）とする損害保険の課税関係に関する次の記述のうち、最も適切なものはどれか。

1. 自動車の運転中の交通事故により契約者が入院したことで家族傷害保険から受け取る保険金は、非課税となる。
2. 配偶者が不慮の事故で死亡したことにより契約者が家族傷害保険から受け取る死亡保険金は、相続税の課税対象となる。
3. 契約者が年金払積立傷害保険から毎年受け取る給付金（年金）は、一時所得として課税対象となる。
4. 個人事業主が一部を事業の用に供している自宅を保険の対象として契約した火災保険の保険料は、事業所得の金額の計算上、その全額を必要経費に算入することができる。

31 ☑☑☑ 重要度 B

[2021年1月]

契約者（＝保険料負担者）を法人とする損害保険に係る保険料等の経理処理に関する次の記述のうち、最も不適切なものはどれか。

1. 法人が所有する建物を対象とする長期の火災保険に加入し、保険料を一括で支払った場合、支払った保険料のうち当該事業年度に係る部分を損金の額に算入することができる。
2. 法人が所有する業務用自動車が交通事故で全損となり、受け取った自動車保険の車両保険の保険金で同一事業年度内に代替車両を取得した場合、所定の要件に基づき圧縮記帳が認められる。
3. 業務中の事故で従業員が死亡し、普通傷害保険の死亡保険金が保険会社から従業員の遺族へ直接支払われた場合、法人は死亡保険金相当額を死亡退職金として損金の額に算入することができる。
4. 積立普通傷害保険の満期返戻金と契約者配当金を法人が受け取った場合、いずれも全額を益金の額に算入し、それまで資産計上していた積立保険料の累計額を取り崩して損金の額に算入することができる。

1 が適切　　テキスト2章　P190

1. **適切**　個人としての損害保険の契約において、死亡保険金、満期返戻金、解約返戻金、老後の年金以外の保険金（例：入院保険金、火災保険金、車両保険金）は、**非課税**となります。

2. 不適切　死亡保険金であり、契約者・保険料負担者＝受取人ですので、**一時所得**として所得税の課税対象となります。

3. 不適切　契約者（＝保険料負担者）が受け取る年金払積立傷害保険の年金は**雑所得**として所得税の課税対象となります。一時所得となるのは契約者（＝保険料負担者）が一時金で受け取る死亡保険金、満期返戻金、解約返戻金等です。

4. 不適切　事業に供している部分の火災保険料は必要経費に算入できますが、その他部分は、**必要経費にも所得控除の対象にもなりません。**

3 が不適切　　テキスト2章　P191

1. 適切　法人が一括で支払った火災保険料のうち、**当該事業年度の部分は損金**に算入し、**その他の部分は前払保険料として資産**に計上します。

2. 適切　圧縮記帳（保険差益の課税繰延べ）は、法人が事業の用に供する**建物や自動車、機械設備**等に損害を受け、一定期間内に代替資産を取得した場合に適用できます。なお、個人事業主は適用できず、法人が所有する販売用資産、棚卸資産に損害を被った場合にも適用できません。

3. **不適切**　**普通傷害保険の保険料は、支払った全額を損金**に算入しているため、普通傷害保険の死亡保険金が遺族に直接支払われた場合、保険料（資産）の取り崩しもなく、**死亡保険金の経理処理も不要**となります。

4. 適切　積立普通傷害保険の満期返戻金と契約者配当金を法人が受け取った場合、受け取った全額を益金の額に算入し、それまで資産計上していた積立保険料の累計額を損金に算入します。なお、満期返戻金のある積立型の損害保険（保険期間3年以上）の保険料は、貯蓄性の高い生命保険とは少し異なり、**積立保険料は資産**に計上し、**その他の部分は損金**に算入します。

32 ☑☑☑ 重要度 C [2023年1月]

法人が所有する建物等を対象とした火災保険から受け取る保険金と圧縮記帳に関する次の記述のうち、最も適切なものはどれか。なお、契約している火災保険の契約者（＝保険料負担者）および保険金受取人は法人であるものとする。

1. 工場建物および建物内に収容されている機械が全焼し、同一事業年度中に受け取った火災保険金で、焼失前と同様の工場建物および同一の機械を新たに取得した場合、当該工場建物・機械ともに圧縮記帳の対象となる。
2. 工場建物が全焼し、同一事業年度中に受け取った火災保険金で、その滅失した工場建物と同一種類に区分される倉庫建物を新築した場合、当該倉庫建物は圧縮記帳の対象とならない。
3. 工場建物が全焼し、同一事業年度中に受け取った火災保険金で、当該工場建物が滅失等をしたときにおいて現に建設中であった他の工場建物を完成させた場合、完成後の工場建物は圧縮記帳の対象となる。
4. 保険金で取得した代替資産の圧縮限度額を算出する際、「所有固定資産の滅失または損壊により支出する経費」には、ケガ人に対する見舞金を含めることができる。

1 が適切　　テキスト1章　P191

圧縮記帳は、保険差益のうち、一定の割合の課税を繰り延べる制度です。
圧縮限度額＝保険差益×（代替資産の取得価額（分母が限度）／保険金ー支出経費）
保険差益＝保険金ー帳簿価額ー支出経費

1. **適切**　圧縮記帳とは、要件を満たす代替資産を取得した場合、**保険差益**について、**課税を繰り延べる**制度です。なお、**棚卸資産**の損害は対象外です。
2. 不適切　選択肢1の記述のように、**事業用の建物、機械、車両等**に損害を受けて、保険金を受け取った場合の保険差益が対象となります。
3. 不適切　代替資産は、保険**事故発生後に発注、取得**することが要件となります。
4. 不適切　片付け費用等は含めることができますが、被害者に対する**損害賠償金や見舞金は含めることができません。**

第三分野の保険

33 ☑☑☑ 重要度 A [2020年1月]

第三分野の保険や特約の一般的な商品性に関する次の記述のうち、最も適切なものはどれか。

1. ガン保険の入院給付金には、1回の入院での支払限度日数や保険期間を通じて累計した支払限度日数が定められている。
2. 所得補償保険では、ケガや病気によって就業不能となった場合であっても、所定の医療機関に入院しなければ、補償の対象とならない。
3. 医療保険では、退院後に入院給付金を受け取り、その退院日の翌日から180日を超えた後に前回と同一の疾病により再入院した場合、1回の入院での支払日数は前回の入院での支払日数と合算されない。
4. 先進医療特約では、契約時点において厚生労働大臣により定められていた先進医療が給付の対象となり、契約後に定められた先進医療は、給付の対象とならない。

34 ☑☑☑ 重要度 A [2019年9月]

第三分野の保険の一般的な商品性に関する次の記述のうち、最も適切なものはどれか。

1. 特定疾病保障保険は、ガンに罹患して特定疾病保険金が支払われた後も契約が存続し、ガンが再発した場合には、特定疾病保険金が再度支払われる。
2. 所得補償保険は、被保険者が保険会社所定の病気により就業不能になった場合には補償の対象となるが、ケガにより就業不能になった場合には補償の対象とならない。
3. 医療保険（更新型）は、所定の年齢の範囲内であれば、保険期間中に入院給付金を受け取ったとしても、契約を更新することができる。
4. ガン保険は、契約日の翌日に被保険者がガンと診断された場合、診断給付金が支払われる。

3 が適切　テキスト2章　P193-194

1. 不適切　ガン保険の**入院給付金の支払日数、手術給付金の回数に限度はありません**。医療保険の入院給付金は一般に1入院および通算の入院給付金の支払日数に限度が設けられています（一部、限度がない商品もあります）。

2. 不適切　所得補償保険は、**病気**やケガにより就業不能となった場合、**自宅療養も含めて補償の対象**となります。

3. **適切**　言い換えると、医療保険では、入院給付金の対象となる入院をし、退院日の翌日から180日以内に前回と同一の疾病等により再入院をした場合、1入院の支払日数は前回の入院の支払日数と合算されます。なお、180日以内の再入院であっても、異なる原因による場合は、前回の入院の支払日数と合算されません。

4. 不適切　先進医療特約は、**療養**時点で厚生労働大臣により定められている先進医療が給付の対象となり、契約後に新たに指定された先進医療も給付の対象となります。

3 が適切　テキスト2章　P149、P193-194

1. 不適切　特定疾病保障保険は、ガン、急性心筋梗塞、脳卒中に罹患し、所定の状態に該当すると特定疾病保険金が支払われ、契約は**消滅**します。

2. 不適切　所得補償保険は、**病気やケガ**により就業不能となった場合、自宅療養も含めて、就業不能期間の所得を補償します。なお、**出産、育児、失業は補償対象外**です。

3. **適切**　医療保険（更新型）では、所定の年齢の範囲内であれば、保険期間中に**入院給付金を受け取っていても、新規契約できない健康状態であっても、更新できます。**

4. 不適切　ガン保険には、契約後責任開始日まで**3カ月または90日程度の免責期間**がありますので、契約日の翌日にガンと診断されても診断給付金は支払われません。

第1問　重要度A　［2023年1月］

荒木陽介さん（48歳）が加入の提案を受け、加入することにした生命保険の保障内容は下記＜資料＞のとおりである。次の記述の空欄（ア）～（ウ）にあてはまる数値を解答欄に記入しなさい。なお、保険契約は有効に継続し、かつ特約は自動更新しているものとし、荒木さんはこれまでに＜資料＞の保険から、保険金・給付金を一度も受け取っていないものとする。また、各々の記述はそれぞれ独立した問題であり、相互に影響を与えないものとする。

＜資料／生命保険提案書＞

ご提案書
保険種類：利率変動型積立保険

（ご契約者）　荒木　陽介　様
（被保険者）　荒木　陽介　様
（年齢・性別）　48歳・男性

予定契約日：20xx年2月1日
払込保険料合計：××,×××円
支払方法：月払い、口座振替

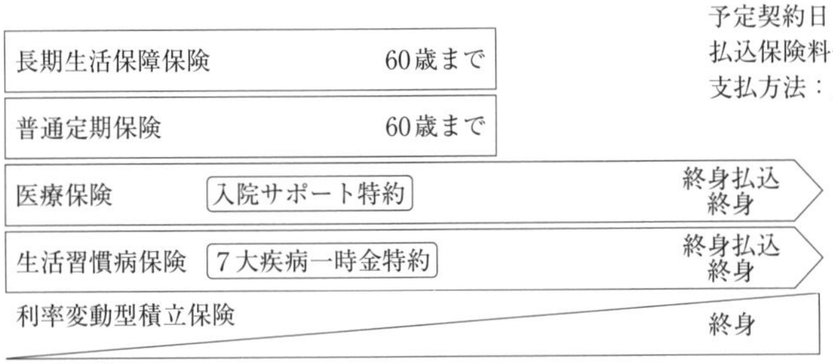

▲48歳契約

◇ご提案内容

ご契約内容	保険期間	保険金・給付金名称	主なお支払事由など	保険金額・給付金額
利率変動型積立保険	終身	死亡給付金 災害死亡給付金	死亡のとき（※1） 事故などで死亡のとき	積立金額 積立金額の1.5倍
長期生活保障保険	60歳まで	死亡・高度障害年金	死亡・高度障害のとき	毎年120万円×10年間
普通定期保険	60歳まで	死亡・高度障害保険金	死亡・高度障害のとき	300万円
医療保険	終身払込 終身	入院給付金 手術給付金	入院のとき1日目から （1入院120日限度） （イ）入院中に所定の手術のとき （ロ）外来で所定の手術のとき （ハ）がん・脳・心臓に対する所定の手術のとき	日額10,000円 20万円 5万円 （イ）または（ロ）にプラス20万円
入院サポート特約	終身払込 終身	入院準備費用給付金	1日以上の入院のとき	10万円
生活習慣病保険	終身払込 終身	生活習慣病入院給付金	所定の生活習慣病（※2）で1日以上入院のとき（1入院120日限度）	日額10,000円
リビング・ニーズ特約	－	特約保険金	余命6ヵ月以内と判断されるとき	死亡保険金の範囲内（通算3,000万円限度）
7大疾病一時金特約	終身払込 終身	7大疾病一時金	7大疾病で所定の診断・入院・手術（※2）のとき	複数回支払（※2） 300万円

（※1）災害死亡給付金が支払われるときは、死亡給付金は支払いません。
（※2）生活習慣病入院給付金、7大疾病一時金特約の支払対象となる生活習慣病は、以下のとおりです。
がん／心臓病／脳血管疾患／腎疾患／肝疾患／糖尿病／高血圧性疾患
7大疾病一時金を複数回お支払いするときは、その原因が新たに生じていることが要件となります。ただし、7大疾病一時金が支払われた最後の支払事由該当日からその日を含めて1年以内に支払事由に該当したときは、お支払いしません。なお、拡張型心筋症や慢性腎臓病・肝硬変・糖尿病性網膜症・（解離性）大動脈瘤と診断されたことによるお支払いは、それぞれ1回限りとなります。

- 本年3月に、荒木さんが交通事故で死亡(入院・手術なし)した場合、保険会社から支払われる保険金・給付金の合計は(ア)万円である。なお、死亡時の利率変動型積立保険の積立金額は4万円とする。
- 本年5月に、荒木さんが余命6ヵ月以内と判断された場合、リビング・ニーズ特約の請求において指定できる最大金額は(イ)万円である。なお、利率変動型積立保険と長期生活保障保険のリビング・ニーズ特約の請求はしないものとし、指定保険金額に対する6ヵ月分の利息と保険料相当額は考慮しないものとする。
- 本年6月に、荒木さんが初めてがん(悪性新生物)と診断され、治療のため20日間入院し、その間に約款所定の手術を1回受けた場合、保険会社から支払われる保険金・給付金の合計は(ウ)万円である。なお、上記内容は、がんに対する所定の手術、所定の生活習慣病、7大疾病で所定の診断に該当するものとする。

正解 **（ア）1,506（万円）** **（イ）300（万円）** **（ウ）390（万円）**

テキスト２章　P132-133、P148-149、P196-198

（ア）交通事故で死亡した場合、支払われる保険金・給付金は以下のとおりです。

積立保険　4万円×1.5＝6万円－①

通常の死亡の場合は積立金額ですが、**事故で死亡**した場合は**積立金の1.5倍**が支払われます。

長期生活保障保険　120万円×10年＝1,200万円－②

普通定期保険　300万円－③

①＋②＋③＝1,506万円

（イ）普通定期保険の死亡保険金300万円がリビング・ニーズ特約保険金の対象となります

参考：**利率変動型積立保険と長期生活保障保険では請求しない**と問題文に記述があります。

（ウ）初めてがん（**疾病、生活習慣病**）と診断されて20日間入院し、その間に約款所定の手術を１回受けた場合、支払われる保険金・給付金は以下のとおりです。

入院給付金　10,000円×20日＝20万円－①

入院中の手術　20万円－②

がんの手術　　20万円－③

入院サポート特約　10万円－④

生活習慣病保険　10,000円×20日＝20万円－⑤

７大疾病一時金特約　300万円－⑥

①＋②＋③＋④＋⑤＋⑥＝390万円

レック先生のワンポイント

「何で」「どうした」をしっかり読みましょう。

「何で」

<table>
<tr><td>何で</td><td colspan="2">保険金・給付金が支払われる例</td></tr>
<tr><td>病気
突発性
難聴</td><td rowspan="5">医療保険の入院給付金
約款で定める手術給付金
通院特約の通院給付金
（入院給付金が支払われる入院の退院後の約款所定の期間内の通院特約の通院給付金）</td><td>疾病入院特約</td></tr>
<tr><td>がん</td><td>疾病入院特約、特定疾病保障保険、がん保険、生活習慣病（成人病）入院特約</td></tr>
<tr><td>乳がん</td><td>疾病入院特約、女性疾病特約、がん保険、生活習慣病（成人病）入院特約</td></tr>
<tr><td>糖尿病</td><td>疾病入院特約、生活習慣病（成人病）入院特約</td></tr>
<tr><td>交通事故
骨折</td><td>災害入院特約</td></tr>
</table>

「どうした」

入院	入院給付金
通院	通院給付金
手術	手術給付金
がんと診断	診断給付金、特定疾病保険金
死亡	終身保険、定期保険特約、特定疾病保障定期保険特約、医療保険 がん保険（がん死亡、がん以外の死亡で金額が異なる場合がある） 傷害特約、災害割増特約（事故死亡の場合）

第2問　☑☑☑　重要度 A　[2023年5月]

馬場和彰さん（51歳）が加入の提案を受けた生命保険の保障内容は下記<資料>のとおりである。この生命保険に加入した場合、次の記述の空欄（ア）～（ウ）にあてはまる数値を解答欄に記入しなさい。なお、各々の記述はそれぞれ独立した問題であり、相互に影響を与えないものとする。

<資料／生命保険提案書>

保険提案書　無解約返戻金型医療総合保険

保険契約者：馬場和彰　様　　被保険者：馬場和彰　様　　年齢・性別：51歳・男性

先進医療特約	付加
通院特約	6,000円
がん診断特約	100万円
5疾病就業不能特約	100万円
主契約	10,000円

51歳契約　　保険期間10年

予定契約日：20xx年6月1日

保険料：××,×××円
（月払い、口座振替）

【ご提案内容】

主契約・特約の内容	主なお支払事由など	給付金額
医療総合保険	① 病気で所定の入院をしたとき、入院1日目より疾病入院給付金を支払います。 ※支払限度は、1回の入院で60日、通算1,095日となります。 ② 不慮の事故によるケガで、事故の日からその日を含めて180日以内に所定の入院をしたとき、入院1日目より災害入院給付金を支払います。 ※支払限度は、1回の入院で60日、通算1,095日となります。 ③ 病気やケガで公的医療保険制度の給付対象である所定の手術を受けたとき、手術給付金を支払います。 ※手術の種類に応じて入院給付金日額の5倍・10倍・20倍・40倍をお支払いします。 ④ 病気やケガで公的医療保険制度の給付対象である所定の放射線治療を受けたとき、放射線治療給付金を支払います。 ※入院給付金日額の10倍をお支払いします。	日額 10,000円
5疾病就業不能特約	① 5疾病で所定の入院をしたとき、または5疾病による就業不能状態が30日を超えて継続したと診断されたとき、第1回就業不能給付金を支払います。 ※5疾病とは、悪性新生物、急性心筋梗塞、脳卒中、肝硬変、慢性腎不全をいいます。 ※就業不能状態とは、5疾病の治療を目的として所定の入院をしている状態、5疾病により医師の指示を受けて自宅等で療養し、職種を問わずすべての業務に従事できない状態、5疾病により生じた所定の高度障害状態をいいます。ただし、死亡した後や5疾病が治癒した後は、就業不能状態とはいいません。	100万円

	※支払限度は、疾病の種類にかかわらず保険期間を通じて1回となります。 ② 前回の就業不能給付金のお支払事由に該当した日の1年後の応当日以後に、5疾病による就業不能状態が30日を超えて継続したと診断されたとき、第2回以後就業不能給付金を支払います。 ※支払限度は、1年に1回となります。	
がん診断特約	① 悪性新生物と診断確定された場合で、以下のいずれかに該当したとき、診断給付金を支払います。 ・初めて悪性新生物と診断確定されたとき ・悪性新生物が治癒または寛解状態となった後、再発したと診断確定されたとき ・悪性新生物が他の臓器に転移したと診断確定されたとき ・悪性新生物が新たに生じたと診断確定されたとき ② 初めて上皮内新生物と診断確定されたとき、診断給付金を支払います。 ※支払限度は、2年に1回となります。ただし、上皮内新生物に対する診断給付金は保険期間を通じて1回となります。	100万円
通院特約	主契約の入院給付金が支払われる入院をし、かつ、入院の原因となった病気やケガにより以下のいずれかの期間内に所定の通院をしたとき、通院給付金を支払います。 ・入院日の前日からその日を含めて遡及して60日以内 ・退院日の翌日からその日を含めて180日以内（入院の原因となった疾病ががん、心疾患、脳血管疾患の場合、730日以内） ※支払限度は、1回の入院で30日、通算1,095日となります。	日額 6,000円
先進医療特約	公的医療保険制度における所定の先進医療を受けたとき、先進医療給付金を支払います。 ※先進医療にかかわる技術料と同額をお支払いします。	通算 2,000万円

・馬場さんが、交通事故により事故当日から継続して9日間入院し、その間に約款に定められた所定の手術（公的医療保険制度の給付対象、給付倍率20倍）を受けたが死亡した場合、保険会社から支払われる給付金の合計は（ ア ）万円である。

・馬場さんが急性心筋梗塞で継続して31日間入院し、その間に約款所定の手術（公的医療保険制度の給付対象、給付倍率10倍）と公的医療保険制度における先進医療に該当する治療（技術料5万円）を受け、検査等のため退院後3ヵ月間で10日間通院して治癒した場合、保険会社から支払われる給付金の合計は（ イ ）万円である。なお、「5疾病で所定の入院をしたとき」、「公的医療保険制度における所定の先進医療を受けたとき」に該当するものとする。

・馬場さんが初めてがん（悪性新生物）と診断され、治療のため継続して22日間入院し、その間に約款に定められた所定の手術（公的医療保険制度の給付対象、給付倍率40倍）を受けた後に死亡した場合、保険会社から支払われる給付金の合計は（ ウ ）万円である。なお、「5疾病で所定の入院をしたとき」、「初めて悪性新生物と診断確定されたとき」に該当するものとし、放射線治療は受けていないものとする。

正解 （ア）29（万円） （イ）152（万円） （ウ）262（万円）

テキスト2章　P132-133、P148-149、P196-198

（ア）入院給付金　10,000円×9日＝9万円―①
手術給付金　10,000円×20＝20万円―②
死亡給付金の保障はありません。
①＋②＝29万円

（イ）入院給付金　10,000円×31日＝31万円―①
手術給付金　10,000円×10＝10万円―②
先進医療特約　5万円―③
通院給付金　6,000円×10日＝6万円―④
5疾病就業不能特約　100万円―⑤
①＋②＋③＋④＋⑤＝152万円

（ウ）入院給付金　1万円×22日＝22万円―①
手術給付金　1万円×40＝40万円―②
5疾病就業不能特約　100万円―③
がん診断特約　100万円―④
死亡給付金の保障はありません。
①＋②＋③＋④＝262万円

第3問 ☑☑☑ 重要度C [2022年1月]

高倉邦治さんが契約している第三分野の保険（下記＜資料＞参照）の契約に関する次の（ア）～（エ）の記述について、適切なものには○、不適切なものには×を解答欄に記入しなさい。なお、保険契約は有効に成立しており、記載のない事項については一切考慮しないこととする。

＜資料1：保険証券（一部抜粋）＞

［特定（三大）疾病保障保険A］ 契約日：20xx年9月1日 保険契約者：高倉　邦治 被保険者：高倉　邦治 死亡保険金受取人：高倉　千鶴子（妻） 特定疾病保険金または死亡・高度障害保険金：1,000万円	［介護保障保険B］ 契約日：20xx年3月1日 保険契約者：高倉　邦治 被保険者：高倉　邦治 死亡保険金受取人：高倉　千鶴子（妻） 介護保険金・死亡保険金：500万円 特約等：リビングニーズ特約

＜資料2：介護保障保険B約款（一部抜粋）＞

名称	支払事由
介護保険金	保険期間中に次のいずれかに該当したとき ①公的介護保険制度に定める要介護2以上の状態 ②会社の定める要介護状態 次の（1）および（2）をともに満たすことが、医師によって診断確定されたこと （1）被保険者が、責任開始時以後の傷害または疾病を原因として、要介護状態（別表1）に該当したこと （2）被保険者が、（1）の要介護状態（別表1）に該当した日からその日を含めて180日以上要介護状態が継続したこと

別表1

要介護状態	次のいずれかに該当したとき 1）常時寝たきり状態で、下表の（a）に該当し、かつ、下表の（b）～（e）のうち2項目以上に該当して他人の介護を要する状態 2）器質性認知症と診断確定され、意識障害のない状態において見当識障害があり、かつ、他人の介護を要する状態
（a）ベッド周辺の歩行が自分ではできない （b）衣服の着脱が自分ではできない （c）入浴が自分ではできない （d）食物の摂取が自分ではできない （e）大小便の排泄後の拭き取り始末が自分ではできない	

（ア）邦治さんが、がん（悪性新生物）と診断され、特定疾病保障保険Ａから特定疾病保険金が支払われた場合、特定疾病保障保険Ａの契約は終了となる。

（イ）邦治さんが、疾病により余命1年以内と診断された場合、介護保障保険Ｂから死亡保険金の一部または全部を受け取ることができる。

（ウ）邦治さんが、公的介護保険制度の要介護3に認定された場合、介護保障保険Ｂから介護保険金を受け取ることができる。

（エ）邦治さんが、常時寝たきり状態で、ベッド周辺の歩行、入浴および大小便の排泄後の拭き取り始末が自分ではできなくなり、他人の介護を要する状態が180日以上継続した場合、介護保障保険Ｂから介護保険金を受け取ることができる。

正解　(ア) ○　(イ) ×　(ウ) ○　(エ) ○

テキスト２章　P149、P194、P196-198

(ア) 適切　特定疾病保障保険は、特定疾病保険金、死亡保険金、高度障害保険金が支払われると契約は**終了**します。

(イ) 不適切　リビング・ニーズ特約は余命**6カ月**以内と診断された場合に、リビング・ニーズ特約保険金が支払われます。

(ウ) 適切　介護保障保険Ｂは、公的介護保険制度の要介護２以上に認定された場合、介護保険金が支払われます。

(エ) 適切　<資料２>の支払事由②（2)、別表1の1）が定める（a）に該当し、かつ（c）（e）に該当します。

第4問 ☑☑☑ 重要度 C [2019年9月]

荒木さんは、疾病Xおよび疾病Y（前後に入院した疾病Xとは無関係）により入院をした。下記＜資料＞に基づき、荒木さんが契約している医療保険の入院給付金の日数に関する次の記述の空欄（ア）、（イ）に入る数値を解答欄に記入しなさい。なお、荒木さんは、入院Aについてはこの医療保険から所定の入院給付金を受け取っているが、それ以外にこの医療保険から一度も給付金を受け取っていないものとする。

＜資料＞

［荒木さんの入院日数］

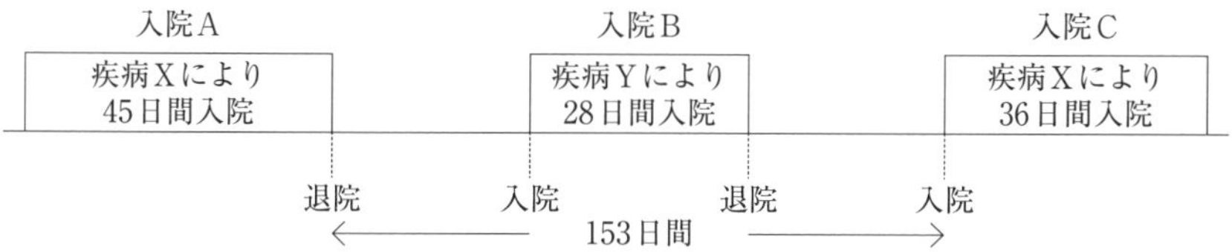

［荒木さんの医療保険の入院給付金（日額）の給付概要］
・給付金の支払い条件　：入院1日目から（日帰り入院含む）支払う。
・1入院限度日数　：60日
・通算限度日数　：1,095日
・180日以内に同じ疾病で再入院した場合には、1回の入院とみなす。

荒木さんが請求することができる入院給付金の日数は、入院Bについては（ ア ）日分であり、入院Cについては（ イ ）日分である。

正解 **（ア）28（日分）** **（イ）15（日分）** テキスト2章 P193

（ア）入院Bは、**入院Aとは別の原因の入院**であり、入院日数28日は1入院限度日数60日の範囲内ですので、28日分の入院給付金が支払われます。

（イ）入院Cは、**入院Aと同じ疾病での再入院**であり、180日以内の再入院ですので、1回の入院とみなされ、入院給付金は入院Aと合わせて60日分までとなります。入院Aは入院1日目から45日分の入院給付金が支払われていますので、入院Cは60日－45日＝15日分の入院給付金が支払われます。

第5問 ☑☑☑ 重要度A

[2021年1月]

杉山英雄さんが本年中に支払った生命保険の保険料は下記<資料>のとおりである。この場合における英雄さんの本年分の所得税における生命保険料控除の金額として、正しいものはどれか。なお、下記<資料>の保険について、これまでに契約内容の変更は行われていないものとする。また、本年分の生命保険料控除額が最も多くなるように計算すること。

<資料>

[終身保険（無配当）]
契約日：2010年1月12日
保険契約者：杉山　英雄
被保険者：杉山　英雄
死亡保険金受取人：杉山　香織（妻）
本年の年間支払保険料：94,800円

[医療保険（介護医療保険契約）]
契約日：2017年9月14日
保険契約者：杉山　英雄
被保険者：杉山　英雄
死亡保険金受取人：杉山　香織（妻）
本年の年間支払保険料：32,400円

<所得税の生命保険料控除額の速算表>

（1）2011年12月31日以前に締結した保険契約（旧契約）等に係る控除額

○一般生命保険料控除、個人年金保険料控除

年間の支払保険料の合計		控除額
	25,000円 以下	支払金額
25,000円 超	50,000円 以下	支払金額×1／2＋12,500円
50,000円 超	100,000円 以下	支払金額×1／4＋25,000円
100,000円 超		50,000円

（2）2012年1月1日以後に締結した保険契約（新契約）等に係る控除額

○一般生命保険料控除、個人年金保険料控除、介護医療保険料控除

年間の支払保険料の合計		控除額
	20,000円 以下	支払金額
20,000円 超	40,000円 以下	支払金額×1／2＋10,000円
40,000円 超	80,000円 以下	支払金額×1／4＋20,000円
80,000円 超		40,000円

（注）支払保険料とは、その年に支払った金額から、その年に受けた剰余金や割戻金を差し引いた残りの金額をいう。

1. 28,700円
2. 50,000円
3. 68,700円
4. 74,900円

正解 **4** が正しい　　テキスト２章　P154-155

終身保険は**旧契約**（**一般**生命保険料控除）に係る控除額となり、控除額は94,800円×１／４＋25,000円＝48,700円となります。

医療保険は**新契約**（**介護医療**保険料控除）に係る控除額となり、32,400円×１／２＋10,000円＝26,200円となります。

一般生命保険料控除と介護医療保険料控除は別枠であるため、生命保険料控除額は、48,700円＋26,200円＝74,900円となります。

レック先生のワンポイント

実技試験の生命保険料控除の計算問題は、保険証券が２つ出題されます。
・契約時期や更新の有無等から「旧契約」「新契約」を判定する
・「一般」「個人年金」「介護医療」の保険料控除の種類を判定する
の２つがポイントです。

ポイント：所得税の生命保険料控除の限度額

適用制度	旧制度のみ（2011年までの契約）	新制度のみで控除（2012年以降）	新旧双方の契約で控除
一般生命保険料控除	5万円	4万円	4万円
介護医療保険料控除	−	4万円	−
個人年金保険料控除	5万円	4万円	4万円
新旧通算控除限度額	12万円		

ポイント：生命保険料控除の種類

	旧制度	新制度
終身保険、定期保険等	一般	
要件を満たす個人年金保険	個人年金	
変額個人年金保険	一般	
災害割増特約、傷害特約、災害入院特約	一般	対象外
医療保険、がん保険、疾病入院特約、先進医療特約、所得補償保険、就業不能保障保険	一般	介護医療

第6問 ☑☑☑ 重要度 A [2021年1月]

平尾良治さんが契約している生命保険（下記＜資料＞参照）に関する次の（ア）〜（エ）の記述について、適切なものには○を、不適切なものには×を解答欄に記入しなさい。

＜資料：平尾良治さんが契約している生命保険契約の一覧＞

	保険契約者（保険料負担者）	被保険者	死亡保険金受取人	満期保険金受取人
終身保険A	平尾　良治	平尾　良治	平尾　咲子	－
特定疾病保障保険B	平尾　良治	平尾　咲子	平尾　良治	－
定期保険C	平尾　良治	平尾　咲子	平尾　太一	－
養老保険D	平尾　良治	平尾　良治	平尾　咲子	平尾　良治

※平尾咲子さんは平尾良治さんの妻であり、平尾太一さんは平尾良治さんと平尾咲子さんの子である。
※養老保険Dの保険期間は20年である。

（ア）終身保険Aから平尾咲子さんが受け取る死亡保険金は、相続税の課税対象となる。

（イ）特定疾病保障保険Bから平尾良治さんが受け取る死亡保険金は、相続税の課税対象となる。

（ウ）定期保険Cから平尾太一さんが受け取る死亡保険金は、相続税の課税対象となる。

（エ）養老保険Dから平尾良治さんが一時金として受け取る満期保険金は、一時所得として所得税の課税対象となる。

正解 (ア)○ (イ)× (ウ)× (エ)○ テキスト2章 P158-159

ポイント：死亡保険金

契約者	被保険者	受取人	課税
A	A	相続人	相続税（非課税あり）（ア）
A	A	相続人以外	相続税（非課税なし）
A	B	A	所得税（イ）
A	B	C	贈与税（ウ）

ポイント：満期保険金・解約返戻金

契約者＝受取人	一時所得（エ） 一時払い等＆5年以内受取り＆終身タイプ以外（養老保険、確定年金等）：20.315％源泉分離課税 上記以外（平準払い、5年経過後受取り、終身タイプ）：一時所得として総合課税
契約者≠受取人	贈与税

レック先生のワンポイント

生命保険の死亡保険金、満期保険金、解約返戻金、（老後の個人）年金は課税されます。

契約者、被保険者、受取人の関係により、課税方法が異なりますので、整理しましょう。

なお、死亡保険金、満期保険金、解約返戻金、（老後の個人）年金以外の保険金・給付金（入院給付金・通院給付金・手術給付金、がん診断給付金、特定疾病保険金、リビング・ニーズ特約保険金、高度障害保険金、介護一時金、介護年金等）を被保険者等が受け取ると非課税となります。

第7問　重要度A　[2022年9月]

下記＜資料＞の個人年金保険に関する次の（ア）～（エ）に関する記述について、適切なものには○、不適切なものには×を解答欄に記入しなさい。なお、青山和也さんが加入している個人年金保険は下記＜資料＞の契約のみとし、契約は有効に継続しており、これまでに契約内容の変更はないものとする。また、保険料はすべて和也さんが負担しており（本年１２月分まで支払い済みとする）、本年中の配当はないものとする。また、生命保険料控除の金額については、その年分の生命保険料控除額が最も多くなるように計算すること。

＜資料＞

［個人年金保険　保険証券（一部抜粋）］

保険契約者：青山　和也　様
被保険者：青山　和也　様（契約年齢：35歳）
年金受取人：青山　和也　様
死亡給付金受取人：青山　佐織　様（妻）

契約日：2019年9月1日
保険料払込期間：60歳払込満了
保険料：8,600円（月払い）
＊税制適格特約付加

◆ご契約内容
基本年金額：30万円（60歳年金支払開始・10年確定年金）

＜所得税の生命保険料控除額（速算表）＞

（1）2011年12月31日以前に締結した保険契約（旧契約）等に係る控除額

年間の支払保険料の合計		控除額
	25,000円 以下	支払保険料の全額
25,000円 超	50,000円 以下	支払金額×１／２+12,500円
50,000円 超	100,000円 以下	支払金額×１／４+25,000円
100,000円 超		50,000円

（2）2012年1月1日以後に締結した保険契約（新契約）等に係る控除額

年間の支払保険料の合計		控除額
	20,000円 以下	支払保険料の全額
20,000円 超	40,000円 以下	支払金額×１／２+10,000円
40,000円 超	80,000円 以下	支払金額×１／４+20,000円
80,000円 超		40,000円

（注）支払保険料とは、その年に支払った金額から、その年に受けた剰余金や割戻金を差し引いた残りの金額をいう。

（ア）和也さんの本年分の所得税の個人年金保険料控除額は、40,000円である。
（イ）和也さんが契約日から6年後に解約して一時金で受け取る解約返戻金による所得は、雑所得として課税の対象となる。
（ウ）和也さんが年金受取り開始前に死亡した場合、佐織さんが受け取る死亡給付金は、相続税の課税対象となる。
（エ）和也さんが毎年受け取る年金による所得は、一時所得として課税の対象となる。

正解　（ア）○　（イ）×　（ウ）○　（エ）×　テキスト2章　P155-156、P158-161、P196-198

（ア）適切　**2019年に契約**した税制適格特約付の個人年金保険で、**年間正味払込保険料は8万円以上**（8,600円×12）ですので、所得税の生命保険料控除額は**40,000円**となります。
（イ）不適切　契約から**6年後に解約**する場合の解約返戻金は、**一時所得**として総合課税の対象となります。
（ウ）適切　**契約者（保険料負担者）**、**被保険者が同一**である場合の、**死亡保険金**は**相続税**の課税対象となります。
（エ）不適切　契約者（保険料負担者）が受け取る個人年金は、**雑所得**として総合課税の対象となります。

第8問 ☑☑☑ 重要度B [2018年5月]

皆川敏夫さんが契約している火災保険（下記<資料>参照）に関する次の（ア）～（エ）の記述について、適切なものには○、不適切なものには×を解答欄に記入しなさい。なお、超過保険や一部保険には該当しないものとし、<資料>に記載のない特約については付帯がないものとする。また、保険契約は有効に継続しているものとする。

<資料>

火災保険証券

保険契約者	記名被保険者
住所　○○市△△町◇－◇－◇ 氏名　皆川　敏夫　様	保険契約者に同じ

証券番号　第××－×××××

保険期間　201x年4月10日　午後4時から 202x年4月10日　午後4時まで 10年間	火災保険料　△△,△△△円 地震保険料　円 保険料払込方法　年払い
地震保険期間　－	

保険の対象等	
保険の対象	火災保険：建物、家財 地震保険：なし
所在地	保険契約者住所に同じ
構造級別	H構造（非耐火）
面積	86.70m²
建物建築年月	201x年4月

建物・家財等に関する補償

事故の種類	補償の有無	建物保険金額	補償の有無	家財保険金額
① 火災、落雷、破裂・爆発	○	1,380万円 （免責金額　0円）	○	700万円 （免責金額　0円）
② 風災、ひょう災、雪災	○	1,380万円 （免責金額　0円）	○	700万円 （免責金額　0円）
③ 盗難	○	1,380万円 （免責金額　0円）	○	700万円 （免責金額　0円）
④ 水災	×	－	×	－
⑤ 破損、汚損等	○	1,380万円 （免責金額　0円）	○	100万円 （免責金額　0円）
⑥ 地震、噴火、津波	×	－	×	－

その他の補償・付帯している特約

個人賠償責任特約	○	日常生活での賠償事故の補償 保険金額：1億円（免責金額　0円）

※「補償の有無」について、○は有、×は無を示すものとする。

（ア）火災による損害の補償に関する建物の保険金額は、1,380万円（免責金額0円）で契約している。

（イ）竜巻が原因で建物と家財が全損となった場合、合計で2,080万円の保険金が支払われる。

（ウ）洪水が原因で建物と家財が全損となった場合、合計で2,080万円の保険金が支払われる。

（エ）休日に敏夫さんが自転車で走行中、誤って他人にケガを負わせた場合の損害賠償責任についても、保険金が支払われる。

正解　（ア）○　（イ）○　（ウ）×　（エ）○

テキスト２章　P196-198、（ア）（イ）（ウ）P177、（エ）P187

（ア）適切　①火災、建物保険金額に「1,380万円」とあります。

（イ）適切　②風災、建物保険金額に「1,380万円」、家財保険金額に「700万円」とありますので、全損の場合、建物と家財の保険を合わせて、1,380万円＋700万円＝2,080万円が支払われます。

（ウ）不適切　④水災は建物、家財ともに「×」が付されており、補償対象外となっています。

（エ）適切　個人賠償責任特約が付保されており、被保険者が**日常生活**において、**自転車**で走行中、誤って他人にケガを負わせた場合の損害賠償責任についても保険金が支払われます。なお、業務中の自転車事故による賠償責任は対象外となります。

レック先生のワンポイント

保険証券を見れば、正解できる問題もありますので、まず保険証券に慣れましょう。

第9問　☑☑☑　重要度B　[2021年9月]

哲也さんは、相次ぐ地震報道を受けて地震保険に関心を持った。下記＜資料＞を基に計算した哲也さんの自宅に係る年間の地震保険料を計算しなさい。なお、哲也さんの自宅は埼玉県にあるイ構造のマンションで、火災保険の保険金額は1,200万円であり、地震保険は火災保険の保険金額の50％相当額で、本年9月に契約し、建築年割引10％が適用されるものとする。また、解答に当たっては、解答用紙に記載されている単位に従うこと。

＜資料：年間保険料例の抜粋（地震保険金額100万円当たり、割引適用なしの場合）＞

建物の所在地（都道府県）	建物の構造区分	
	イ構造※	ロ構造※
茨城県	2,300円	4,110円
埼玉県	2,650円	4,110円
徳島県・高知県	2,300円	4,110円
千葉県・東京都・神奈川県・静岡県	2,750円	4,110円

※イ構造：主として鉄骨・コンクリート造の建物、ロ構造：主として木造の建物

正解　**14,310（円）**　テキスト2章　P180－181

埼玉県のイ構造の保険金額100万円あたりの保険料は2,650円、建築年割引により10％の割引となりますので、1,200万円×50％＝600万円の地震保険の保険金額に対する年間保険料は、
2,650円×（600万円／100万円）×（1－10％）＝14,310円となります。

レック先生のワンポイント

一瞬、戸惑いますが、落ち着いて表と設問を読めば、必ず解けます。

第10問 ☑☑☑ 重要度 B [2023年9月]

川野さん（43歳）が自身を記名被保険者として契約している自動車保険の下記<資料>の契約更新案内に関する次の（ア）～（エ）の記述について、適切なものには○、不適切なものには×を解答欄に記入しなさい。なお、<資料>に記載のない特約については考慮しないものとする。

<資料>

	前年同等プラン	おすすめプランA	おすすめプランB
保険料（月払い）	×,×××円	×,×××円	×,×××円
運転者年齢条件	35歳以上補償	35歳以上補償	年齢条件なし
運転者限定の有無	家族限定	限定なし	限定なし
対人賠償保険（1名につき）	無制限	無制限	無制限
対物賠償保険	無制限	無制限	無制限
人身傷害保険（1名につき）	付帯なし	3,000万円	5,000万円
車両保険	エコノミー型（車対車＋A） 保険金額：130万円 免責金額 1回目の事故 0円 2回目の事故 10万円	一般型 保険金額：130万円 免責金額 1回目の事故 0円 2回目の事故 10万円	一般型 保険金額：130万円 免責金額 1回目の事故 0円 2回目の事故 10万円
その他の特約	－	弁護士特約	弁護士特約 ファミリーバイク特約

（ア）どのプランでも、川野さんが被保険自動車を運転中の事故により負傷した場合、川野さんの過失割合にかかわらず、ケガの治療費の補償を受けることができる。

（イ）前年同等プランでは、被保険自動車が盗難による損害を受けた場合、補償の対象となる。

（ウ）おすすめプランAでは、川野さんの友人（33歳）が被保険自動車を運転中に対人事故を起こした場合、補償の対象とならない。

（エ）おすすめプランBでは、川野さんが所有する原動機付自転車を運転中に対物事故を起こした場合、補償の対象となる。

正解 （ア）× （イ）〇 （ウ）× （エ）〇 テキスト2章 P183

（ア）不適切 **人身傷害補償保険**では、被保険者が被保険自動車を運転中の事故により負傷した場合、**被保険者の過失割合にかかわらず**、ケガの治療費の補償を受けることができますが、前年同等プランは人身傷害補償保険ではないため、過失割合に応じて補償が減額されます。

（イ）適切 車両の**盗難**による損害は、**エコノミー型、一般型いずれも補償の対象**となります。

（ウ）不適切 **運転者限定**がない場合、運転者**年齢条件は配偶者や同居等の一定の範囲に限られて**おり、**友人は年齢を問わず、補償の対象**となります。

（エ）適切 原動機付自転車の運転中に起こした対人事故、対物事故は、**ファミリーバイク特約**で補償されます。

第11問 ☑☑☑ 重要度C [2019年1月]

下記＜資料＞に基づき、井川さんが契約している普通傷害保険について、FPの天野さんの次の説明の空欄（ア）～（エ）に入る適切な語句を語群の中から選び、その番号のみを解答欄に記入しなさい。なお、同じ語句を何度選んでもよいこととし、保険金の支払い要件はすべて満たしているものとする。

＜資料＞

普通傷害保険証券

証券番号　××－×××××

ご契約者	被保険者（保険の対象となる方）
井川　勝　様	井川　勝　様

保険期間（保険のご契約期間）
202x年11月15日　午後4時から
202y年11月15日　午後4時まで1年

保険料　△△,△△△円
保険料払込方法　月払い（12回払い）

◆ご契約内容

給付項目	保険金額
傷害死亡保険金額	10,000,000円
傷害後遺障害保険金額 （後遺障害の程度により保険金額の4％～100％）	10,000,000円
傷害入院保険金日額	1日につき　5,000円 （入院1日目から補償）
傷害手術保険金額	入院中は入院保険金日額の10倍、入院中以外は入院保険金日額の5倍
傷害通院保険金日額	1日につき　2,000円

◆適用特約

天災危険担保特約（地震・噴火・津波危険を補償します）

◆その他の補償

個人賠償責任特約	補償されます　支払限度額：（1事故）1億円

◆傷害後遺障害の各等級ごとの保険金額表

等級	保険金	等級	保険金	等級	保険金
第1級	10,000,000円	第6級	5,000,000円	第11級	1,500,000円
第2級	10,000,000円	第7級	4,200,000円	第12級	1,000,000円
第3級	10,000,000円	第8級	3,400,000円	第13級	700,000円
第4級	6,900,000円	第9級	2,600,000円	第14級	400,000円
第5級	5,900,000円	第10級	2,000,000円		

「井川さんが仕事中のケガで5日間病院に通院した場合、受け取れる保険金は（ ア ）。」
「井川さんが地震によるケガで6日間病院に入院した場合（手術は受けていない）、受け取れる保険金は（ イ ）。」
「井川さんが交通事故により傷害後遺障害第6級に該当した場合、受け取れる傷害後遺障害保険金は（ ウ ）。」
「井川さんの中学生の息子が自転車で誤って他人にケガを負わせた場合、相手への賠償責任に関する補償は最高（ エ ）。」

<語群>

1. ありません	2. 1万円です	3. 2万円です
4. 3万円です	5. 4万円です	6. 420万円です
7. 500万円です	8. 590万円です	9. 690万円です
10. 1,000万円です	11. 1億円です	

正解 （ア）2 （イ）4 （ウ）7 （エ）11

テキスト2章　P184-185、P187、P196-198

（ア）仕事中のケガによる通院は通院保険金の支払い対象となります。
通院保険金日額　2,000円×5日＝10,000円

（イ）通常、普通傷害保険では、地震・噴火・津波による傷害は補償対象外となりますが、**天災危険担保特約を付保**しているため、地震によるケガの入院は入院保険金の支払い対象となります。
入院保険金日額　5,000円×6日＝30,000円

（ウ）交通事故による傷害後遺障害は支払い対象となります。
傷害後遺障害等級第6級の欄を見ると、500万円とあります。

（エ）個人賠償責任特約は、**被保険者本人のほか、配偶者、生計を一にする同居の親族、別居の未婚の子**を被保険者とします。被保険者の**自転車**の運転による**賠償事故**は個人賠償責任特約の**補償対象**となります。
その他の補償の個人賠償責任特約に、支払限度額1億円とあります。

第12問 重要度 C [2021年9月]

下記（ア）～（ウ）は、終身保険について、従来の保険料を払い続けることが困難になった場合に、解約をせずに保険契約を継続する方法の仕組みを図で表したものである。（ア）～（ウ）の仕組み図と契約継続方法の組み合わせとして、正しいものはどれか。

（ア）

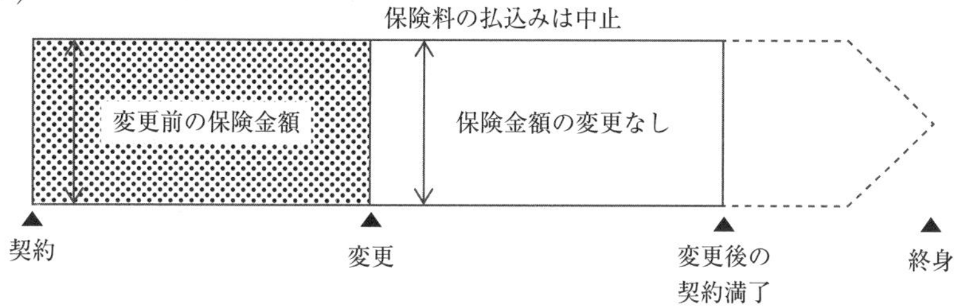

（イ）

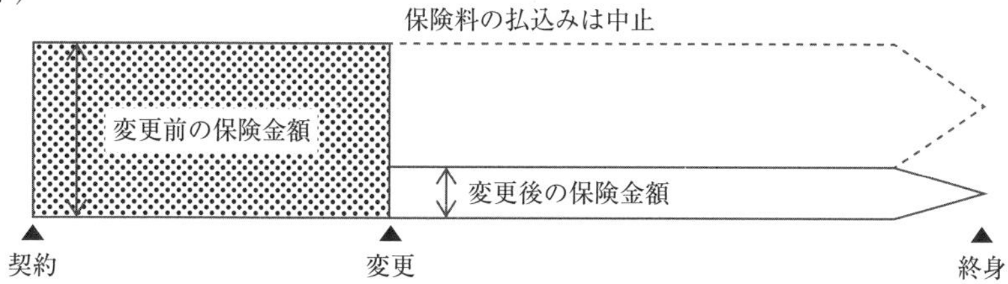

（ウ）

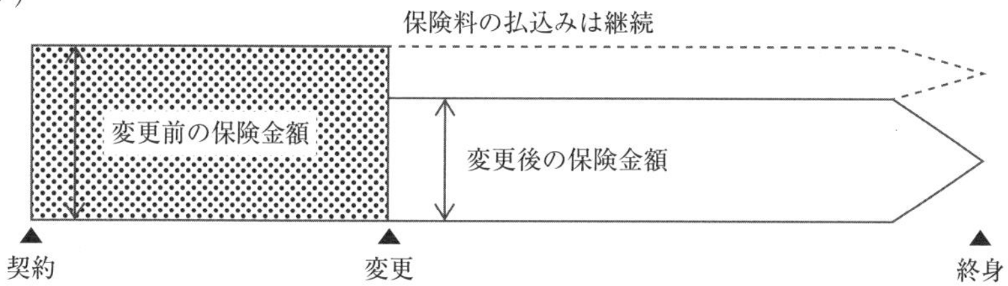

1. （ア）延長（定期）保険　（イ）払済保険　（ウ）自動振替貸付
2. （ア）払済保険　（イ）延長（定期）保険　（ウ）自動振替貸付
3. （ア）払済保険　（イ）延長（定期）保険　（ウ）減額
4. （ア）延長（定期）保険　（イ）払済保険　（ウ）減額

正解 **4** が正しい　　テキスト２章　P150-152

（ア）**保険料の払込みを中止した後も、保険金額が同額ですので**、「延長（定期）保険」の説明です。

（イ）**保険料の払込みを中止した後も、保険期間が変わっていませんので**、「払済保険」の説明です。

（ウ）**保険料の払込みを継続し、保険金額が小さく**なっていますので、「減額」の説明です。

以上より、正解は４.となります。

レック先生のワンポイント

「保険料の払込みを継続するか否か」「保険金額が変わらないか、小さくなるか」に着目しましょう。

第13問 ☑☑☑ 重要度 C [2021年9月]

FPの増田さんが行ったリビングニーズ特約の一般的な説明に関する以下の記述について、空欄（ア）～（エ）に入る語句の組み合わせとして、最も適切なものはどれか。

・リビングニーズ特約は、（ ア ）被保険者の余命が（ イ ）以内と医師により診断されたときに、死亡保険金の一部または全部を保険金として受け取ることができる特約です。
・請求できる金額は、保険金額の範囲内で１被保険者当たり（ ウ ）が限度となります。
・リビングニーズ特約の請求により被保険者が受け取った保険金は（ エ ）となります。

1. （ア）原因にかかわらず　（イ）3ヵ月　（ウ）1,000万円　（エ）所得税の課税対象
2. （ア）原因にかかわらず　（イ）6ヵ月　（ウ）3,000万円　（エ）非課税
3. （ア）疾病により　（イ）3ヵ月　（ウ）1,000万円　（エ）非課税
4. （ア）疾病により　（イ）6ヵ月　（ウ）3,000万円　（エ）所得税の課税対象

正解 **2** が適切　テキスト2章　P149、P161

保険金の支払事由	（ア　**原因にかかわらず**）被保険者の余命が（イ　**6カ月**）以内と医師により診断された場合
支払額	リビング・ニーズ特約による請求額は、保険金額の範囲内で一被保険者当たり（ウ　3,000万円）を限度。なお、死亡保険金額の範囲内で請求保険金額に対する6カ月分の**保険料相当額および利息相当額**を差し引いた金額が支払われる
受取人	原則として**被保険者**（**指定代理請求人**も請求できる）
課税関係	（エ　**非課税**）

第14問　☑☑☑　重要度 C　[2023年5月]

株式会社QSの代表取締役の川久保さんが任期満了で退任した場合、同社の役員退職慰労金規程に基づき、川久保さんが受け取ることができる役員退職慰労金の金額を計算しなさい。なお、解答は以下の<前提条件>および<資料>に基づくものとし、記載のない事項については一切考慮しないものとする。また、解答に当たっては、解答用紙に記載されている単位に従うこと。

＜前提条件＞

- 入社時年齢：45歳
- 退任時年齢：70歳（役員在任年数25年間）
- 退任時の最終報酬月額：80万円
- 入社から退任までの役位は継続して代表取締役

＜資料：株式会社QSの役員退職慰労金規程＞

［役員退職慰労金規程］（抜粋）

第1条（総則）

この規程は退任した取締役または監査役（以下「役員」という）の役員退職慰労金および弔慰金について定めるものである。

第2条（退任の定義）

退任の時期は以下の各号に定めるときとする。

①辞任　②任期満了　③解任　④死亡

第3条（金額の算定）

役員退職慰労金の算定は、役位別の最終報酬月額に役位ごとの在任期間の年数を乗じ、役位別係数を乗じて算出した額（以下の式）の合計額とする。

最終報酬月額×役員在任年数×功績倍率（役位別係数）＝役員退職慰労金

功績倍率（役位別係数）

代表取締役	3.0
専務取締役	2.4
常務取締役	2.2
取締役	2.0
監査役	1.5

－以下省略－

正解 **6,000（万円）** テキスト2章　P170

任期満了での退任であるため、役員退職金慰労金規程の定めにより支払われます。

役員退職慰労金は、**最終報酬月額×役員在任年数×功績倍率（役位別係数）**で求めますので、

80万円×25年×3.0＝6,000万円となります。

第1問

[2021年1月]

次の設例に基づいて、下記の各問（《問１》～《問３》）に答えなさい。

《設 例》

Ｘ株式会社に勤務するＡさん（35歳）は、専業主婦である妻Ｂさん（30歳）および長女Ｃさん（0歳）との3人暮らしである。Ａさんは、長女Ｃさんが誕生したことを機に、死亡保障や就業不能時の保障の必要性を感じていたところ、生命保険会社の営業担当者から下記の生命保険の提案を受け、加入を検討している。

Ａさんは、現在、医療保険には加入しているが、死亡保険には加入しておらず、どのくらいの死亡保障の額を準備すべきなのかよくわからないでいる。

また、Ａさんは、自分が就業できない状態になった場合に健康保険からどのような保険給付を受けることができるのかについても理解を深めたいと思っている。

そこで、Ａさんは、ファイナンシャル・プランナーのＭさんに相談することにした。

＜Ａさんが提案を受けた生命保険に関する資料＞

保険の種類　：　5年ごと配当付終身保険

月払保険料　：　16,800円（保険料払込期間：65歳満了）

契約者（＝保険料負担者）・被保険者　：　Ａさん

死亡保険金受取人　：　妻Ｂさん

主契約および特約の内容	保障金額	保険期間
終身保険	200万円	終身
定期保険特約	300万円	20年
逓減定期保険特約（注1）	2,500万円	20年
傷害特約	500万円	10年
災害割増特約	500万円	10年
就業不能サポート特約（注2）	月額20万円×所定の回数	10年
リビング・ニーズ特約	—	—
指定代理請求特約	—	—

（注1）加入後の死亡保険金額は、毎年所定の割合で逓減する。

（注2）病気やケガ等により入院または在宅療養が30日間継続した場合に6カ月分の給付金が支払われ、その後6カ月ごとに所定の就業不能状態が継続した場合に最大24カ月分の就業不能給付金が支払われる（死亡保険金の支払はない）。

※Ａさんは、全国健康保険協会管掌健康保険の被保険者である。

※上記以外の条件は考慮せず、各問に従うこと。

問1 ☑☑☑ 重要度 A

はじめに、Mさんは、Aさんに対して、必要保障額およびAさんが提案を受けた生命保険の死亡保障の額等について説明した。Mさんが説明した以下の文章の空欄①～③に入る最も適切な数値を、下記の〈数値群〉のなかから選び、その記号を解答用紙に記入しなさい。なお、問題の性質上、明らかにできない部分は「□□□」で示してある。

「提案を受けた生命保険に加入する前に、現時点での必要保障額を算出し、準備すべき死亡保障の額を把握しましょう。下記の<算式>および<条件>を参考にすれば、Aさんが現時点で死亡した場合の遺族に必要な生活資金等の総額は□□□万円となり、必要保障額は（ ① ）万円となります。

仮に、提案を受けた生命保険に加入し、加入した年中にAさんが死亡（不慮の事故や所定の感染症以外）した場合、妻Bさんに支払われる死亡保険金額は□□□万円となります。他方、加入した年中にAさんが不慮の事故で180日以内に死亡した場合の死亡保険金額は（ ② ）万円となります。

また、提案を受けた生命保険にはリビング・ニーズ特約が付加されているため、加入後にAさんが重い病気等で余命（ ③ ）カ月以内と判断された場合、所定の範囲内で死亡保険金の全部または一部を生前に受け取ることができます」

<算式>

必要保障額＝遺族に必要な生活資金等の総額－遺族の収入見込金額

<条件>

1.	長女Cさんが独立する年齢は、22歳（大学卒業時）とする。
2.	Aさんの死亡後から長女Cさんが独立するまで（22年間）の生活費は、現在の日常生活費（月額25万円）の70％とし、長女Cさんが独立した後の妻Bさんの生活費は、現在の日常生活費（月額25万円）の50％とする。
3.	長女Cさん独立時の妻Bさんの平均余命は、35年とする。
4.	Aさんの死亡整理資金（葬儀費用等）は、300万円とする。
5.	長女Cさんの教育費の総額は、1,000万円とする。
6.	長女Cさんの結婚援助費の総額は、200万円とする。
7.	住宅ローン（団体信用生命保険に加入）の残高は、2,000万円とする。
8.	死亡退職金見込額とその他金融資産の合計額は、1,200万円とする。
9.	Aさん死亡後に妻Bさんが受け取る公的年金等の総額は、7,500万円とする。
10.	現在加入している医療保険の死亡給付金額は考慮しなくてよい。

〈数値群〉

イ．6　ロ．10　ハ．12　ニ．2,670　ホ．3,000　ヘ．3,500
ト．4,000　チ．4,670　リ．9,870

正解　①ニ　②ト　③イ

テキスト2章　①P129-130
② P196-198、③ P149

①遺族に必要な日常生活費（条件1～3を見て計算します）

長女Cさんが独立するまでの生活費＝月額25万円×0.7×12月×22年＝4,620万円

長女Cさんが独立した後の妻Bさんの生活費＝月額25万円×0.5×12月×35年＝5,250万円

日常生活費＝4,620万円＋5,250万円＝9,870万円

その他（条件4～7を見ます）

死亡整理資金、教育費、結婚援助費は遺族に必要な生活資金等に含めますが、**住宅ローン2,000万円は団体信用生命保険が付保されているため、遺族に必要な生活資金等に含めません。**

以上より、遺族に必要な生活資金等＝9,870万円＋300万円＋1,000万円＋200万円＝11,370万円となります。

遺族の収入見込額（条件8、9を見て計算します）
死亡退職金見込額とその他金融資産1,200万円＋公的年金等の総額7,500万円＝8,700万円

以上より、必要保障額＝11,370万円－8,700万円＝2,670万円となります。

②200万円＋300万円＋2,500万円＋500万円＋500万円＝4,000万円

終身保険：被保険者が死亡すると、いつでも死亡保険金が支払われます。

定期保険（特約）：保険期間中に被保険者が死亡した場合には死亡保険金が支払われます。

逓減定期保険特約：死亡保険金は毎年所定の割合で減額しますが、加入した年に被保険者が死亡した場合には、当初の保険金額の死亡保険金が支払われます。

傷害特約・災害割増特約：**不慮の事故**で180日以内に死亡した場合には、死亡保険金が支払われます。なお、不慮の事故や特定感染症以外で死亡した場合には死亡保険金は支払われません。

③リビング・ニーズ特約は、被保険者の余命が6カ月以内と診断された場合に効力を生じます。

問2 ☑☑☑ 重要度 A

次に、Mさんは、Aさんに対して、Aさんが提案を受けた生命保険の就業不能サポート特約等について説明した。Mさんが説明した次の記述①～③について、適切なものには○印を、不適切なものには×印を解答用紙に記入しなさい。

①「Aさんが病気やケガ等で就業不能状態となった場合、通常の生活費に加え、療養費等の出費もかさみ、支出が収入を上回る可能性があります。提案を受けている就業不能サポート特約など、就業不能時に備えることができる保険に加入することは検討に値します」

②「最近では、所定の精神・神経疾患による就業不能状態を保障の対象とする保険商品も販売されています。複数の保険商品の保障内容や保険料水準を確認したうえで、加入される保険を検討することをお勧めします」

③「Aさんが所定の就業不能状態となり、就業不能サポート特約から就業不能給付金を受け取る場合、当該給付金は雑所得として総合課税の対象となります」

正解 ① ○ ② ○ ③ ×

テキスト2章 ①②P149、③P161

①適切

②適切

③不適切 被保険者が受け取る就業不能給付金は、入院（手術、通院）給付金と同様に**非課税**となります。

問3

重要度 B

最後に、Mさんは、Aさんに対して、健康保険の傷病手当金について説明した。Mさんが説明した以下の文章の空欄①～③に入る最も適切な語句または数値を、下記の〈語句群〉のなかから選び、その記号を解答用紙に記入しなさい。

「Aさんが業務外の事由による負傷または疾病の療養のために労務に服することができず、連続して一定期間以上休業し、かつ、（ ① ）日目以降の休業した日について事業主から賃金の支払がない場合、所定の手続により、（ ① ）日目以降の休業した日について、傷病手当金が支給されます。

傷病手当金の支給額は、休業1日につき、原則として、傷病手当金の支給を始める日の属する月以前の直近の継続した12カ月間の各月の標準報酬月額を平均した額の30分の1に相当する額の（ ② ）に相当する額となります。

傷病手当金の支給期間は、同一の疾病または負傷およびこれにより発した疾病に関しては、その支給を始めた日から起算して通算（ ③ ）が限度です」

〈語句群〉

イ．2　ロ．3　ハ．4　ニ．3分の1　ホ．2分の1
ヘ．3分の2　ト．1年　チ．1年6カ月　リ．2年

正解　① ハ　② ヘ　③ チ

テキスト1章　P42

ポイント：健康保険の傷病手当金

支給期間	連続した3日間の欠勤の後、**4**（①）**日目**から通算**1年6カ月**（③）が限度
支給額	直近の継続した12カ月の被保険者期間の標準報酬月額の平均額の30分の1×**2／3**（②） なお、3分の2よりも少ない報酬が支給されている場合、差額が支給される

第2問

[2020年1月]

次の設例に基づいて、下記の各問（《問１》～《問３》）に答えなさい。

《設 例》

会社員のＡさん（59歳）は、専業主婦である妻Ｂさん（57歳）との2人暮らしである。2人の子は既に結婚し、それぞれの家族と暮らしている。Ａさんは、現在加入している定期保険特約付終身保険を、医療保障が充実したプランに見直したいと考えている。また、公的医療保険制度（Ａさんは全国健康保険協会管掌健康保険に加入）についても理解しておきたいと考えている。先日、Ａさんが生命保険会社の営業担当者に保障の見直しの相談をしたところ、Ａさんは終身医療保険の提案を受けた。

そこで、Ａさんは、ファイナンシャル・プランナーのＭさんに相談することにした。

＜Ａさんが提案を受けた終身医療保険に関する資料＞

保険の種類　：　5年ごと配当付終身医療保険

月払保険料　：　8,000円（保険料払込期間：95歳満了）

契約者（＝保険料負担者）・被保険者　：　Ａさん

死亡給付金受取人　：　妻Ｂさん

保障内容	保障金額	保険期間
入院給付金（注1）	入院1回当たり　10万円	終身
手術給付金	手術1回当たり　10万円	終身
死亡給付金（注2）	10万円	終身
先進医療特約	先進医療の技術費用と同額	10年

（注1）1日以上の1回の入院（30日ごと）につき10万円が支払われる。30日以内に再び入院した場合は、支払われない。

（注2）保険料払込満了後に死亡した場合に支払われる。

<Aさんが現在加入している定期保険特約付終身保険>

契約年月日　：　20XX年4月1日
月払保険料（口座振替）　：　27,437円（65歳払込満了）
契約者（＝保険料負担者）・被保険者　：　Aさん
死亡保険金受取人　：　妻Bさん

主契約および特約の内容	保障金額	保険期間
終身保険	200万円	終身
定期保険特約	2,000万円	10年
特定疾病保障定期保険特約	300万円	10年
傷害特約	500万円	10年
入院特約	1日目から日額5,000円	10年

※上記以外の条件は考慮せず、各問に従うこと。

問1 ☑☑☑ 重要度 A

はじめに、Mさんは、Aさんに対して、必要保障額と現在加入している定期保険特約付終身保険の保障金額について説明した。Mさんが説明した以下の文章の空欄①～③に入る最も適切な数値を解答用紙に記入しなさい。なお、空欄①の金額がマイナスになる場合は、金額の前に「▲」を記載し、マイナスであることを示すこと。

「医療保障を充実させる前に、現時点での必要保障額を算出し、準備すべき死亡保障の額を把握しましょう。下記＜条件＞を参考にすれば、Aさんが現時点で死亡した場合の必要保障額は（ ① ）万円となります。

Aさんが現時点で死亡（不慮の事故や所定の感染症以外）した場合、定期保険特約付終身保険から妻Bさんに支払われる死亡保険金額は（ ② ）万円となります。他方、Aさんが不慮の事故で180日以内に死亡した場合の死亡保険金額は（ ③ ）万円となります。

死亡整理資金等の一時的に必要となる金額を生命保険でどの程度確保するか、保険金額の減額や払済終身保険への変更等、解約以外の選択肢も含めて検討することをお勧めします」

＜条件＞

1. 現在の毎月の日常生活費は35万円であり、Aさん死亡後の妻Bさんの生活費は、現在の日常生活費の50％とする。
2. 現時点の妻Bさんの年齢における平均余命は、32年とする。
3. Aさんの死亡整理資金（葬儀費用等）・緊急予備資金は、500万円とする。
4. 死亡退職金見込額とその他金融資産の合計額は、2,000万円とする。
5. Aさん死亡後に妻Bさんが受け取る公的年金等の総額は、5,500万円とする。
6. 現在加入している生命保険の死亡保険金額は考慮しなくてよい。

正解　① ▲**280**（万円）　② **2,500**（万円）　③ **3,000**（万円）

テキスト2章　① P129-130、②③ P132-136、P148-149、P196-198

①遺族に必要な日常生活費（条件1、2を見て計算します）

妻Bさんの生活費＝月額35万円×0.5×12月×32年＝6,720万円

その他（条件3を見ます）

死亡整理資金・緊急予備資金　500万円

以上より、遺族に必要な生活資金等＝6,720万円＋500万円＝7,220万円となります。

遺族の収入見込額（条件4、5見て計算します）

死亡退職金見込額とその他金融資産2,000万円＋公的年金等の総額5,500万円＝7,500万円

以上より、必要保障額＝7,220万円－7,500万円＝▲280万円となります。

②③

終身保険：被保険者が死亡すると、いつでも死亡保険金が支払われます。

定期保険：保険期間中に被保険者が死亡した場合には死亡保険金が支払われます。

特定疾病保障定期保険：死亡した場合は、**三大疾病に限らず**（不慮の事故でも）死亡保険金が支払われます。なお、死亡前に特定疾病保険金が支払われると契約は消滅します。

傷害特約：**不慮の事故**や特定感染症**以外で死亡**した場合（②）には死亡保険金は**支払われません**が、**不慮の事故**で180日以内に**死亡**した場合（③）には、死亡保険金が**支払われます**。

以上より、

②＝200万円＋2,000万円＋300万円＝2,500万円

③＝200万円＋2,000万円＋300万円＋500万円＝3,000万円となります。

レック先生のワンポイント

不慮の事故による死亡、不慮の事故・特定感染症以外の死亡の違いが問われます。

問2　☑☑☑　重要度B

次に、Mさんは、Aさんに対して、公的医療保険制度について説明した。Mさんが説明した次の記述①～③について、適切なものには○印を、不適切なものには×印を解答用紙に記入しなさい。

①「Aさんが病気などで医師の診察を受けた場合、医療費の一部負担金の割合は、原則3割となります。ただし、高額療養費制度により、一医療機関の窓口で支払う同一月内の一部負担金を、所定の自己負担限度額までとすることができます」

②「高額療養費制度における自己負担限度額は、年齢および所得状況等に応じて決められています。同じ所得金額であっても、65歳未満の者と65歳以上70歳未満の者とで自己負担限度額の計算の区分は異なります」

③「Aさんが定年退職により健康保険の被保険者資格を喪失した場合、一定期間、任意継続被保険者として加入することができます。任意継続被保険者となった場合は、原則として、在職中と同様の給付を受けられますが、高額療養費の支給は受けられません」

正解　① ○　② ×　③ ×　テキスト1章　①② P40-41、③ P43

①適切　70歳未満の被保険者の自己負担割合は**3割**です。なお、保険適用部分の医療費は、所得区分に応じて定められた高額療養費制度により自己負担限度額があります。

②不適切　高額療養費は、**70歳以上**75歳未満と**70歳未満**とで、所得区分や自己負担限度額などが異なります。

③不適切　任意継続被保険者も在職中と同様に高額療養費の支給を受けることができます。

問3 ☑☑☑ 重要度A

最後に、Mさんは、Aさんに対して、Aさんが現在加入している生命保険の見直しの方法やAさんが提案を受けた終身医療保険の特徴等についてアドバイスした。Mさんがアドバイスした次の記述①～③について、適切なものには○印を、不適切なものには×印を解答用紙に記入しなさい。

①「現在加入している定期保険特約付終身保険を払済終身保険に変更した場合、付加されている特定疾病保障定期保険特約は消滅します。そのため、特定疾病などの重度の疾病に備える保障をどのように確保するか、検討事項の1つとなります」

②「先進医療特約は、療養を受けた時点ではなく、当該特約に加入した時点で先進医療と定められていれば支払対象となります。一部の先進医療については費用が高額となるケースもありますので、先進医療特約の付加をご検討ください」

③「保険会社各社は、入院給付金や手術給付金が定額で受け取れるタイプの医療保険や通院保障が手厚いものなど、最近の医療事情に合わせて、さまざまなタイプの医療保険を取り扱っています。保障内容や保障範囲をしっかりと確認したうえで、加入を検討されることをお勧めします」

正解　① ○　② ×　③ ○　テキスト2章　① P151、② P149、③ P193

①適切　払済保険に変更すると、リビング・ニーズ特約等を除き特約は**消滅**します。なお、延長保険に変更した場合も、特約は消滅します。

②不適切　先進医療特約は**療養時点**で、先進医療と定められているものについて給付金が支払われます。「加入時点、契約時点」でひっかけ問題がよく出題されます。

③適切　記述のとおりです。

第3問

[2019年9月]

次の設例に基づいて、下記の各問（《問1》～《問3》）に答えなさい。

《設 例》

会社員のAさん（35歳）は、母Bさん（64歳）との2人暮らしである。Aさんは、先日、生命保険会社の営業担当者から、Aさんの就業不能時の保障の準備として<資料1>の生命保険、母Bさんの介護保障の準備として<資料2>の生命保険の提案を受けたため、ファイナンシャル・プランナーのMさんに相談することにした。

<資料1>
保険の種類：5年ごと配当付終身保険（65歳払込満了）
月払保険料：10,220円
契約者（＝保険料負担者）・被保険者：Aさん／死亡保険金受取人：母Bさん

主契約および特約の内容	保障金額	保険期間
終身保険	200万円	終身
就業不能サポート特約（注1）	月額20万円×所定の回数	10年
総合医療特約（180日型）	1日目から日額10,000円	10年
先進医療特約	先進医療の技術費用と同額	10年
リビング・ニーズ特約	―	―

（注1）入院または在宅療養が30日間継続した場合に6カ月分の給付金が支払われ、その後6カ月ごとに所定の就業不能状態が継続した場合に最大2年間（24カ月間）の給付金が支払われる（死亡保険金の支払はない）。

<資料2>
保険の種類：無配当終身介護保障保険（終身払込（注2））
月払保険料：15,750円
契約者（＝保険料負担者）・被保険者・受取人：母Bさん
指定代理請求人：Aさん

主契約および特約の内容	保障金額	保険期間
終身介護保障保険（注3）	介護終身年金　年額30万円	終身
認知症一時金特約（注4）	一時金　300万円	終身
指定代理請求特約	―	―

（注2）保険料払込期間は、契約時に有期払込を選択することができる。
（注3）公的介護保険制度の要介護2以上と認定された場合、または保険会社所定の要介護状態になった場合に支払われる（死亡保険金の支払はない）。
（注4）公的介護保険制度の要介護1以上と認定され、保険会社所定の認知症状態になった場合に支払われる（死亡保険金の支払はない）。
※上記以外の条件は考慮せず、各問に従うこと。

問1 ☑☑☑ 重要度A

はじめに、Mさんは、《設例》の<資料１>および<資料２>の生命保険の保障内容等について説明した。Mさんが説明した次の記述①～③について、適切なものには○印を、不適切なものには×印を解答用紙に記入しなさい。

①「Ａさんが病気やケガ等で重度の障害状態となって働けなくなった場合、通常の生活費に加え、療養費等の出費もかさみ、支出が収入を上回る可能性があります。提案を受けている就業不能サポート特約など、就業不能時に備えることができる保険に加入することは検討に値します」

②「先進医療特約では、療養を受けた時点において厚生労働大臣により定められている先進医療が給付の対象となります」

③「提案を受けている無配当終身介護保障保険の保険料払込期間を有期払込にすることで、毎月の保険料負担は減少し、保険料の払込総額も少なくなります。保険料負担を軽減するために有期払込を選択することをお勧めします」

正解　① ○　② ○　③ ×

テキスト２章　①P149、P155、②P149
③P134

①適切　なお、死亡保険金の支払いのない就業不能サポート特約の保険料は、**介護医療保険料控除**の対象となります。

②適切　先進医療特約は**療養時点**で、先進医療と定められているものについて給付金が支払われます。「加入時点、契約時点」でひっかけ問題がよく出題されます。

③不適切　他の条件を同一とした場合、終身払込よりも有期払込の方が「短い期間で一生分の保険料を支払う」ことになりますので、毎月の保険料負担は**増加**します。「有期払込」を「短期払込」と考えるとわかりやすいですね。

問2 ☑☑☑ 重要度 A

次に、Mさんは、Aさんに対して、公的介護保険（以下、「介護保険」という）について説明した。Mさんが説明した次の記述①～④について、適切なものには○印を、不適切なものには×印を解答用紙に記入しなさい。

①「介護保険の被保険者は、65歳以上の第1号被保険者と40歳以上65歳未満の医療保険加入者である第2号被保険者に区分されます。保険給付を受けるためには、市町村（特別区を含む）から要介護認定または要支援認定を受ける必要があります」

②「介護保険の第1号被保険者は、要介護状態または要支援状態となった原因が特定疾病である場合に限り、介護給付または予防給付を受けることができます」

③「介護保険の第1号被保険者が、保険給付を受けた場合の自己負担割合は、合計所得金額の多寡にかかわらず、実際にかかった費用（食費、居住費等を除く）の1割となります」

④「介護保険の第1号被保険者が、公的年金制度から年額18万円以上の老齢年金を受給している場合、介護保険料は原則として公的年金から特別徴収されます」

正解　①○　②×　③×　④○　テキスト1章　P47

①適切　介護保険の保険者は、**市町村および特別区**です。

②不適切　介護保険の給付は、**第1号被保険者**は**原因を問いません**が、**第2号被保険者**は**特定疾病**に限られます。

③不適切　自己負担割合（保険給付限度額の範囲内）は、**第2号被保険者**は**一律1割**ですが、**第1号被保険者**は**原則1割**、一定の高所得者は**2割または3割**となります。

④適切　なお、**第2号被保険者**の保険料は、**公的医療保険**（健康保険、国民健康保険等）の保険料と**同時に徴収**されます。

レック先生のワンポイント

介護保険

	第1号被保険者	第2号被保険者
保険者・手続先	市町村（特別区を含む）	
対象年齢	65歳以上	40歳以上65歳未満の公的医療保険加入者
給付事由	理由は問わない 要支援1～2 要介護1～5	左記のうち、特定疾病が原因である場合 （事故が原因の場合は対象外）
自己負担	自己負担割合は、利用限度額の範囲内で1割 第1号被保険者のうち、一定の高所得者は2割または3割 ケアプラン作成は無料 施設における食費、水道光熱費は原則、全額自己負担	

問3 ☑☑☑ 重要度 A

最後に、Mさんは、《設例》の<資料1>および<資料2>の生命保険の課税関係について説明した。Mさんが説明した以下の文章の空欄①～③に入る最も適切な語句または数値を、下記の〈語句群〉のイ～チのなかから選び、その記号を解答用紙に記入しなさい。

Ⅰ「<資料1>の5年ごと配当付終身保険の支払保険料のうち、終身保険に係る保険料は一般の生命保険料控除の対象となり、就業不能サポート特約、総合医療特約および先進医療特約に係る保険料は介護医療保険料控除の対象となります。それぞれの控除限度額は、所得税で（ ① ）円、住民税で（ ② ）円です」

Ⅱ「<資料2>の無配当終身介護保障保険の被保険者である母Bさんが介護終身年金を請求できない特別な事情がある場合には、Aさんが母Bさんに代わって請求することができ、当該年金は（ ③ ）となります」

〈語句群〉

イ．25,000	ロ．28,000	ハ．35,000	ニ．40,000	ホ．50,000
ヘ．非課税	ト．雑所得	チ．一時所得		

正解 ① ニ ② ロ ③ ヘ

テキスト2章 ①② P155、③ P161

①②新たに契約する場合、一般生命保険料控除、個人年金保険料控除、介護医療保険料控除の控除限度額は、それぞれ所得税では**4万円**（①）、住民税では**2.8万円**（②）です。

③指定代理請求人が受け取る生前給付保険金（特定疾病保険金、リビング・ニーズ特約保険金）も被保険者が受け取る場合と同様に**非課税**となります。

第4問

［2022年9月］

次の設例に基づいて、下記の各問（《問1》～《問3》）に答えなさい。

《設 例》

会社員であるAさん（31歳）は、先日、職場で生命保険会社の営業担当者から生命保険の提案を受けた。Aさんは、これまで独身である自分に生命保険は必要ないと考えていたが、提案を受けたことを機に、病気になった場合の保障の必要性を感じ、加入を検討するようになった。なお、Aさんは全国健康保険協会管掌健康保険の被保険者である。

そこで、Aさんは、懇意にしているファイナンシャル・プランナーのMさんに相談することにした。

＜Aさんが提案を受けた終身医療保険に関する資料＞

保険の種類：無配当終身医療保険

月払保険料：6,100円（全額が介護医療保険料控除の対象）

保険料払込期間：終身払込（注1）

契約者（＝保険料負担者）・被保険者：Aさん

主契約の内容	保障金額	保険期間
入院給付金	日額10,000円	終身
手術給付金	一時金　5万円または20万円	終身

特約の内容	保障金額	保険期間
入院一時金特約（注2）	一時金　10万円	終身
三大疾病一時金特約（注3）	一時金　100万円	終身
先進医療特約	先進医療の技術費用と同額	10年

（注1）保険料払込期間は、契約時に有期払込を選択することができる。
（注2）1日以上の入院の場合に支払われる。
（注3）がん（悪性新生物）と診断確定された場合、または急性心筋梗塞・脳卒中で所定の状態に該当した場合に一時金が支払われる（死亡保険金の支払はない）。

※上記以外の条件は考慮せず、各問に従うこと。

問1 ☑☑☑ 重要度 B

Mさんは、Aさんに対して、全国健康保険協会管掌健康保険の高額療養費制度について説明した。Mさんが説明した以下の文章の空欄①～④に入る最も適切な数値を、下記の〈数値群〉のなかから選び、その記号を解答用紙に記入しなさい。

「Aさんに係る医療費の一部負担金の割合は、（ ① ）割となりますが、同一月内に、医療機関等に支払った医療費の一部負担金の額が自己負担限度額を超えた場合、所定の手続により、自己負担限度額を超えた額が高額療養費として支給されます。この一部負担金の合計には、差額ベッド代、食事代、保険適用となっていない医療行為等は含まれません。また、過去12カ月以内に複数回高額療養費が支給されると、（ ② ）回目から自己負担限度額が軽減される仕組みがあります。

なお、事前に保険者から健康保険限度額適用認定証の交付を受け、医療機関の窓口に当該認定証と健康保険被保険者証を提示すると、一医療機関の窓口で支払う同一月内の一部負担金を自己負担限度額までとすることができます。

仮に、Aさんが病気により下記の＜条件＞で入院し、事前に健康保険限度額適用認定証の交付を受け、所定の手続をした場合、Aさんは、医療機関に一部負担金のうち（ ③ ）円を支払えばよく、実際の一部負担金との差額（ ④ ）円が現物給付されることになります」

＜条件＞

・Aさんの標準報酬月額は30万円である。
・入院は１カ所の病院で、期間は本年10月３日～12日までの10日間である。
・総医療費（すべて全国健康保険協会管掌健康保険の保険給付の対象となるもの）は60万円である。
・他に医療費はない。

＜資料＞医療費の自己負担限度額（月額）

自己負担限度額
80,100円＋（総医療費－267,000円）×1％

〈語句群〉

イ．1　ロ．1.5　ハ．2　ニ．3　ホ．4　ヘ．80,100
ト．83,430　チ．96,570　リ．180,000　ヌ．516,570

正解 ① ニ ② ホ ③ ト ④ チ　　テキスト1章　P40-41

①Aさんは小学校就学後70歳未満ですので、自己負担割合は**3割**となります。

②過去12カ月以内に3回該当すると、4回目から減額されます。**要件は「3回以上」、軽減は「4回目から」**です。

③④

3割負担とした場合の**自己負担額**＝600,000円×30％＝180,000円

高額療養費適用時の**自己負担限度額**

＝80,100円＋（600,000円－267,000円）×1％＝83,430円→③

高額療養費の**支給額**（現物給付）

＝180,000円－83,430円＝96,570円→④

問2 ☑☑☑ 重要度 A

Mさんは、Aさんが提案を受けた終身医療保険の保障内容について説明した。Mさんが説明した次の記述①～③について、適切なものには○印を、不適切なものには×印を解答用紙に記入しなさい。

①「Aさんが生まれて初めてがん（悪性新生物）に罹患したと医師によって診断確定され、10日間入院（手術なし）した場合、提案を受けた終身医療保険から支払われる給付金および一時金の合計額は110万円です」

②「先進医療の治療を受けた場合、診察料や投薬料等に係る費用は公的医療保険の対象となりますが、技術料に係る費用は全額自己負担となりますので、先進医療特約の付加をお勧めします」

③「提案を受けた終身医療保険の保険料払込期間を有期払込にすることで、毎月の保険料負担は減少し、保険料の払込総額も少なくなります。保険料負担を軽減するために有期払込を選択することをお勧めします」

正解　① ×　② ○　③ ×　　テキスト2章　①③P134、②P149

①不適切　入院給付金＝10,000円×10日＝10万円
入院一時金＝10万円
三大疾病一時金＝100万円
以上より、給付金および一時金の合計額は120万円となります。

②適切　先進医療の技術料は全額自己負担となります。先進医療特約は**療養時**における先進医療を保障対象とする特約です。

③不適切　他の条件を同一とした場合、終身払込よりも有期払込の方が「**短い期間で一生分の保険料を支払う**」ことになりますので、毎月の保険料負担は**増加**します。「有期払込」を「短期払込」と考えると分かりやすいです。

問3 ☑☑☑ 重要度 A

Mさんは、Aさんに対して、生命保険の加入等について説明した。Mさんが説明した次の記述①～③について、適切なものには○印を、不適切なものには×印を解答用紙に記入しなさい。

①「生命保険の契約の際には、傷病歴や現在の健康状態などについて、事実をありのままに正しく告知してください。告知受領権は生命保険募集人が有していますので、当該募集人に対して口頭で告知してください」

②「Aさんが提案を受けた終身医療保険の保険料は、介護医療保険料控除の対象となります。介護医療保険料控除の控除限度額は、所得税で50,000円、住民税で25,000円です」

③「医療技術の進歩や社会保険制度の改正等に合わせ、今後も生命保険の商品改定が行われていくと思います。保険料が割安なうちに終身医療保険に加入し、一生の保障を確保することもよいですが、一度加入して終わりにするのではなく、ライフステージの変化等に伴い、定期的に保障内容を見直すことをお勧めします」

正解 ① × ② × ③ ○ テキスト2章 ①P126、②P155、③P134

①不適切 **生命保険募集人は告知受領権を有していません**ので、保険会社に対して正しく伝わるよう、告知書に記入します。

②不適切 終身医療保険の保険料は介護医療保険料控除の対象となり、**控除限度額は所得税では4万円、住民税では28,000円**です。なお、Aさんの年間払込保険料は8万円（6,100円×12＝73,200円）に満たないため、控除限度額まで控除できません。

③適切 医療保険について、終身タイプには一生の保障の安心がありますし、ライフステージの変化や医療技術の進歩や社会保険制度の改正に合わせて改定された保障に見直すことも有益です。

第5問 [2023年9月]

次の設例に基づいて、下記の各問（《問1》～《問3》）に答えなさい。

《設 例》

会社員のＡさん（35歳）は、会社員の妻Ｂさん（32歳）および長男Ｃさん（０歳）との３人で、賃貸マンションで暮らしている。Ａさんが、長男Ｃさんの誕生を機に、生命保険の新規加入を検討していたところ、生命保険会社の営業担当者から下記の生命保険の提案を受けた。そこで、Ａさんは、その提案内容についてファイナンシャル・プランナーのＭさんに相談することにした。

Ｍさんは、死亡保障の検討にあたって、必要保障額を正しく把握する必要があると考え、Ａさんから必要な情報をヒアリングした。現時点でＡさんが死亡した場合の必要保障額を下記の＜算式＞を基に試算した結果、その額は3,000万円であった。

＜算式＞

必要保障額＝遺族に必要な生活資金等の支出の総額－遺族の収入見込金額

＜Ａさんが提案を受けた生命保険に関する資料＞

保険の種類 ：５年ごと配当付特約組立型総合保険（注１）
月払保険料 ：13,800円
保険料払込期間（更新限度） ：90歳満了
契約者（＝保険料負担者）・被保険者：Ａさん
死亡保険金受取人 ：妻Ｂさん
指定代理請求人 ：妻Ｂさん

特約の内容	保障金額	保険期間
終身保険特約	100万円	終身
定期保険特約	1,000万円	10年
収入保障特約（注２）	年額60万円×65歳まで	10年
三大疾病一時金特約（注３）	200万円	10年
総合医療特約（180日型）	１日目から日額10,000円	10年
先進医療特約	先進医療の技術費用と同額	10年
指定代理請求特約	－	－
リビング・ニーズ特約	－	－

（注１）複数の特約を組み合わせて加入することができる保険
（注２）最低支払保証期間は５年（最低５回保証）。年金支払期間は、１年刻みで設定することができる。
（注３）がん（悪性新生物）と診断確定された場合、または急性心筋梗塞・脳卒中で所定の状態に該当した場合に一時金が支払われる（死亡保険金の支払はない）。

※上記以外の条件は考慮せず、各問に従うこと。

問1 ☑☑☑ 重要度 B

Mさんは、Aさんに対して、下記の＜前提＞においてAさんが死亡した場合、妻Bさんが受給することができる公的年金制度からの遺族給付について説明した。Mさんが説明した以下の文章の空欄①～④に入る最も適切な語句または数値を、下記の〈語句群〉のなかから選び、その記号を解答用紙に記入しなさい。

＜前提＞
・妻Bさんは、遺族基礎年金および遺族厚生年金の受給権を取得する。
・妻Bさんおよび長男Cさんは、現在および将来においても、公的年金制度における障害等級に該当する障害の状態にないものとする。

「現時点においてAさんが死亡した場合、妻Bさんに対して遺族基礎年金および遺族厚生年金が支給されます。遺族基礎年金を受けられる遺族の範囲は、死亡した者によって生計を維持されていた『子のある配偶者』または『子』です。『子』とは、原則として、18歳到達年度の末日までの間にあり、かつ、現に婚姻していない子等を指します。妻Bさんが受け取る遺族基礎年金の額は、『子』が1人のため、（ ① ）円（本年度価額）になります。

遺族厚生年金の額は、原則として、Aさんの厚生年金保険の被保険者記録を基礎として計算した老齢厚生年金の報酬比例部分の額の（ ② ）相当額になります。ただし、その計算の基礎となる被保険者期間の月数が（ ③ ）月に満たない場合、（ ③ ）月とみなして年金額が計算されます。

また、長男Cさんについて18歳到達年度の末日が終了し、妻Bさんの有する遺族基礎年金の受給権が消滅したときは、妻Bさんが65歳に達するまでの間、妻Bさんに支給される遺族厚生年金の額に（ ④ ）が加算されます」

〈語句群〉

イ．240　ロ．300　ハ．480　ニ．894,300　ホ．1,050,800
ヘ．1,632,000　ト．3分の2　チ．4分の3　リ．5分の4
ヌ．振替加算　ル．中高齢寡婦加算　ヲ．経過的寡婦加算

正解　① ホ　② チ　③ ロ　④ ル　　テキスト1章　①P77-78、②③P79-80、④P81

①ポイント：遺族基礎年金

支給対象遺族	死亡した者に生計を維持されていた子のある配偶者または子 子：**18歳**到達年度末まで、または20歳未満で障害等級1級または2級に該当する状態にある未婚の子
支給期間	子が18歳到達年度末（20歳未満で1級、2級障害に該当する状態にある子の場合は20歳）まで
支給額	配偶者が受給する場合 816,000円＋**234,800円**／人（子2人目まで）＋78,300円／人（子3人目以降）

Aさん死亡時、子は長男Cさん1人（0歳）ですので、妻Bさんが受給できる遺族基礎年金は、

816,000円＋234,800円＝1,050,800円となります。

②③

ポイント：遺族厚生年金

支給額	死亡時点で計算した報酬比例部分の**4分の3**（②）相当額 短期要件に該当し、厚生年金加入期間が300月未満の場合は**300月**（③）とみなして計算

④なお、中高齢寡婦加算の額は、老齢基礎年金の**4分の3**相当額となります（816,000円×3／4）。

問2 ☑☑☑ 重要度 C

Mさんは、Aさんに対して、Aさんが提案を受けている生命保険の保障内容等について説明した。Mさんが説明した次の記述①～③について、適切なものには○印を、不適切なものには×印を解答用紙に記入しなさい。

①「妻Bさんが収入保障特約から受け取る年金受取総額は、Aさんが40歳（年金支払期間満了となる65歳まで25年0カ月）で死亡した場合は、1,500万円となり、Aさんが62歳（年金支払期間満了となる65歳まで3年0カ月）で死亡した場合は、300万円となります」

②「Aさんが死亡した場合、妻Bさんが収入保障特約から毎年受け取る年金は、所得税額の計算上、非課税となりますので、その全額を遺族の生活費や教育資金に活用することができます」

③「先進医療特約では、契約日時点で先進医療と定められていれば給付の対象となります。一部の先進医療については費用が高額となるケースもありますので、先進医療特約の付加をご検討ください」

正解 ① ○　② ×　③ ×　テキスト2章　①②P133、③P149

①適切　収入保障特約は、年額60万円、**65歳まで、最低保証期間は5年**ですので、40歳時に死亡した場合は60万円×25年＝1,500万円、62歳時に死亡した場合は60万円×5年（最低保証期間）＝300万円が支払われます。

②不適切　契約者（保険料負担者）と被保険者が同じ場合の収入保障特約の年金は、相続開始時に**年金受給権が相続税**の対象となり、**2年目以降**は、課税部分と非課税部分に振り分けられ、**課税部分は雑所得**として所得税の対象となります。

③不適切　先進医療特約は、**療養時**に先進医療に該当する場合に給付の対象となります。

問3 ☑☑☑ 重要度 **B**

Mさんは、Aさんに対して、生命保険の見直しについてアドバイスをした。Mさんがアドバイスした次の記述①～③について、適切なものには○印を、不適切なものには×印を解答用紙に記入しなさい。

①「必要保障額は、通常、子どもの成長とともに逓減していきますので、保険期間の経過とともに年金受取総額が逓減していく収入保障特約を付加することは検討に値します。年金支払期間は、妻Bさんや長男Cさんの年齢など、ご家族の状況に合わせてご検討ください」

②「Aさんが将来、住宅ローン（団体信用生命保険に加入）を利用して自宅を購入した場合、必要保障額の計算上、住宅ローンの残債務を遺族に必要な生活資金等の支出の総額に含める必要がありますので、必要保障額は増加します。自宅を購入した際は、改めて生命保険の見直しをすることをお勧めします」

③「妻Bさんが死亡あるいはケガや病気で働けなくなった場合、世帯収入が減少するだけでなく、それまで夫婦が行ってきた家事や育児等を、少なからず家事代行業者等に頼ることも考えられます。Aさんの保障内容と同時に、妻Bさんの保障内容も検討する必要があると思います」

正解　① ○　② ×　③ ○

テキスト2章　①P129-130、②P130、P142
③P112、P129

①適切　死亡した場合の必要保障額は、**末子誕生時に最も多く必要**となり、その後、時間の経過に伴い逓減していきます。

②不適切　団体信用生命保険に加入した場合、**債務者が死亡した場合の住宅ローンは保険金で弁済されます**ので、遺族に必要な生活資金等の支出の総額に含める必要はありません。

③適切　記述のとおりです。

第1問

［2021年1月］

次の設例に基づいて、下記の各問（《問1》～《問3》）に答えなさい。

《設 例》

Aさん（43歳）は、X株式会社（以下、「X社」という）の創業社長である。Aさんは、先日、生命保険会社の営業担当者から、下記の＜資料1＞および＜資料2＞の生命保険の提案を受けた。

そこで、Aさんは、ファイナンシャル・プランナーのMさんに相談することにした。

＜資料1＞

保険の種類	無配当総合医療保険（無解約返戻金型）
契約者（＝保険料負担者）	X社
被保険者	Aさん
給付金受取人	X社
入院給付金（日額）	2万円
保険期間・保険料払込期間	10年（自動更新タイプ）
年払保険料	14万円

※入院中に公的医療保険制度の手術料の算定対象となる所定の手術を受けた場合は入院日額の20倍、所定の外来手術を受けた場合は入院日額の5倍が手術給付金として支払われる。
※所定の放射線治療を受けた場合は入院日額の10倍が放射線治療給付金として支払われる。

＜資料2＞

保険の種類	無配当低解約返戻金型終身保険（特約付加なし）
契約者（＝保険料負担者）	X社
被保険者	Aさん
死亡保険金受取人	X社
死亡保険金額	4,000万円
保険料払込期間	65歳満了
年払保険料	150万円
65歳までの払込保険料累計額①	3,300万円
65歳満了時の解約返戻金額②	3,400万円（低解約返戻金期間満了直後）
受取率（②÷①）	103.0％（小数点第2位以下切捨て）

※解約返戻金額の80％の範囲内で、契約者貸付制度を利用することができる。

※上記以外の条件は考慮せず、各問に従うこと。

問1 ☑☑☑ 重要度 **A**

仮に、将来、X社がAさんに役員退職金4,000万円を支給した場合について、次の①、②を求め、解答用紙に記入しなさい（計算過程の記載は不要）。なお、Aさんの役員在任期間（勤続年数）を35年4カ月とし、これ以外に退職手当等の収入はなく、障害者になったことが退職の直接の原因ではないものとする。

① 退職所得控除額
② 退職所得の金額

正解 **① 1,920（万円）** **② 1,040（万円）** テキスト4章 P348

①退職所得控除額は、勤続年数により異なります。

勤続年数1年未満の端数は1年に切り上げますので、設問の場合は36年として計算します。

20年以下の部分は1年あたり**40万円**、**20年超**の部分は1年あたり**70万円**ですので、

800万円（40万円×20年）＋70万円×（36年－20年）＝1,920万円となります。

②在任5年超の役員の退職所得は「**(収入金額－退職所得控除額）×1／2**」により求めます。

（4,000万円－1,920万円）×1／2＝1,040万円

問2 ☑☑☑ 重要度 A

Mさんは、Aさんに対して、《設例》の<資料1>の医療保険について説明した。Mさんが説明した次の記述①～③について、適切なものには○印を、不適切なものには×印を解答用紙に記入しなさい。

①「当該生命保険の支払保険料は、その全額を損金の額に算入することができます」

②「Aさんが入院し、X社が入院給付金を受け取った場合、法人税法上、当該給付金については非課税所得となりますので、益金に計上する必要はありません」

③「Aさんが入院し、X社が入院給付金を受け取った場合、当該給付金をAさんへの見舞金の原資として活用することができます」

正解 ① ○ ② × ③ ○ テキスト2章 ①P164-165、②③P169、P171

①適切 法人が受取人、保険期間・保険料払込期間が10年である医療保険の保険料は支払った**全額を損金算入**できます。

②不適切 法人が受け取る入院保険金は、**雑収入**に計上します。
個人契約の場合、被保険者が受け取る入院給付金は非課税となりますが、法人が受け取る生命保険金は、以下のとおり、経理処理を行います。
・保険が終了する場合（死亡保険金、満期保険金、解約返戻金等）「受取額－資産計上額」がプラスであれば差額を雑収入、マイナスであれば差額を雑損失
・医療保険の場合、給付金支払い後も継続されるため、受取額を雑収入として益金に計上

③適切 法人が受け取る生命保険の**入院給付金の使途に制限はありません**。

問3 ☑☑☑ 重要度 C

Mさんは、Aさんに対して、《設例》の<資料２>の終身保険について説明した。Mさんが説明した次の記述①～④について、適切なものには○印を、不適切なものには×印を解答用紙に記入しなさい。

①「当該生命保険は、低解約返戻金型ではない終身保険に比べて保険料払込期間中の解約返戻金の水準が低く設定されています。そのため、保険料払込期間の途中で解約とならないよう、継続的な支払が可能な保険料であるかをご確認ください」

②「当該生命保険の支払保険料は、その全額を資産に計上します。仮に、保険料払込期間満了時にＡさんが死亡した場合、Ｘ社は、それまで資産計上していた保険料積立金3,300万円を取り崩し、死亡保険金4,000万円との差額700万円を雑収入として経理処理します」

③「Ａさんが勇退する際に、契約者をＡさん、死亡保険金受取人をＡさんの相続人に名義変更することで、当該保険契約を役員退職金の一部または全部として支給することができます。Ａさん個人の保険として継続することにより、納税資金の確保や死亡保険金の非課税金額の規定の適用など、相続対策として活用することができます」

④「Ｘ社が保険期間中に資金を必要とした場合、契約者貸付制度を利用することにより、当該生命保険を解約することなく、資金を調達することができます。Ｘ社が契約者貸付金を受け取った場合、当該保険契約は継続しているため、経理処理は必要ありません」

正解　①〇　②〇　③〇　④×

テキスト2章　①P135、②P164-165、P171、③P158、P170、④P128

①適切　低解約返戻金型終身保険は、保険料払込期間中の解約返戻金を低く抑える分、保険料も割安となっています。つまり、**払込期間中に解約すると、解約返戻金が払込保険料よりも少なくなる**可能性が高くなります。なお、保険料払込満了後の解約返戻金は、通常の終身保険と同じ水準となります。

②適切　死亡保険金受取人が法人である終身保険の保険料は、**支払った全額を保険料積立金**として資産に計上します。保険料払込終了時の保険料積立金は3,300万円ですので、その時点で被保険者が死亡した場合、死亡保険金4,000万円との差額700万円は**雑収入**として益金に算入します。

レック先生のワンポイント

法人が死亡・満期保険金、解約返戻金を受け取った場合
　受取額＞帳簿上の資産計上額　差額を雑収入
　受取額＜帳簿上の資産計上額　差額を雑損失

③適切　法人契約の終身保険を、契約者を役員、死亡保険金受取人を相続人に変更することで、役員退職金の一部または全部として支給する場合、解約返戻金相当額を退職所得の収入金額とします。終身保険はいつ死亡しても保険金が支払われるため、**相続税納税資金**の準備にも活用できます。また、退職後、契約者・被保険者が（元）役員、死亡保険金受取人が相続人となる場合、死亡保険金は相続税の対象となり、「500万円×法定相続人の数」の金額が非課税となります。

④不適切　契約者貸付を利用した場合、「**（借方）現金／（貸方）借入金**」のように経理処理を行います。返済時も他の借入金と同様の経理処理を行います。

第2問

［2020年9月］

次の設例に基づいて、下記の各問（《問1》～《問3》）に答えなさい。

《設 例》

Aさん（40歳）は、X株式会社（以下、「X社」という）の代表取締役社長である。Aさんは、現在、従業員および自身の退職金準備の方法について検討している。Aさんは、先日、生命保険会社の営業担当者であるファイナンシャル・プランナーのMさんに相談したところ、従業員の退職金準備として中小企業退職金共済制度を紹介された。また、自身の退職金準備を目的とした下記＜資料＞の終身保険の提案を受けた。

＜資料＞

保険の種類	無配当低解約返戻金型終身保険（特約付加なし）
契約者（＝保険料負担者）	X社
被保険者	Aさん
死亡保険金受取人	X社
保険料払込期間	65歳満了
死亡・高度障害保険金額	5,000万円
年払保険料	180万円
65歳までの払込保険料累計額	4,500万円
65歳満了時の解約返戻金額	4,650万円（低解約返戻金期間満了時）

※上記以外の条件は考慮せず、各問に従うこと。

問1 ☑☑☑ 重要度 A

仮に、Aさんが役員在任期間（勤続年数）31年3カ月でX社を退任し、X社が役員退職金として5,000万円を支給した場合、Aさんが受け取る役員退職金に係る退職所得の金額を計算した下記の計算式の空欄①～③に入る最も適切な数値を、解答用紙に記入しなさい。なお、Aさんは、これ以外に退職手当等の収入はなく、障害者になったことが退職の直接の原因ではないものとする。また、問題の性質上、明らかにできない部分は「□□□」で示してある。

＜退職所得控除額＞

800万円＋（①）万円×（□□□年－20年）＝（②）万円

＜退職所得の金額＞

（5,000万円－（②）万円）×□□□＝（③）万円

正解　① **70**（万円）　② **1,640**（万円）　③ **1,680**（万円）

テキスト4章　P348

①②退職所得控除額は、勤続年数により異なります。

勤続年数1年未満の端数は1年に切り上げますので、設問の場合は32年として計算します。

20年以下の部分は1年あたり**40万円**（20年以下の部分は40万円×20年＝800万円）、**20年超**の部分は1年あたり**70万円**ですので、

800万円＋70万円×（32年－20年）＝1,640万円となります。

③在任5年超の役員の退職所得は「**(収入金額－退職所得控除額）×1／2**」により求めます。

（5,000万円－1,640万円）×1／2＝1,680万円

問2 ☑☑☑ 重要度 **B**

Mさんは、Aさんに対して、中小企業退職金共済制度（以下、「中退共」という）について説明した。Mさんが説明した以下の文章の空欄①～④に入る最も適切な語句または数値を、下記の〈語句群〉のなかから選び、その記号を解答用紙に記入しなさい。

「中退共は、中小企業の事業主が独立行政法人勤労者退職金共済機構と雇用者（従業員）を被共済者とする退職金共済契約を締結して、退職金を社外に積み立てる共済制度です。

掛金は、被共済者（従業員）1人につき月額5,000円から3万円までの範囲から選択し、（ ① ）負担します。また、中退共に新たに加入する事業主に対して、原則として、掛金月額の（ ② ）（被共済者1人ごとに5,000円が上限）を加入後4カ月目から（ ③ ）年間、国が助成する制度があります。

被共済者（従業員）が定年退職したときは、勤労者退職金共済機構から退職金が（ ④ ）支給されます。退職金は、退職時に一括して受け取る一時払いのほか、退職金が所定の金額以上であることなどの要件を満たした場合は、退職金の全部または一部を分割払いにすることもできます」

〈語句群〉

イ．1　ロ．2　ハ．3　ニ．2分の1　ホ．3分の2
ヘ．4分の3　ト．事業主が全額を　チ．事業主と被共済者が折半して
リ．被共済者が全額を　ヌ．従業員に直接　ル．事業主を経由して従業員に

正解　① ト　② ニ　③ イ　④ ヌ　　テキスト1章　P91

ポイント：中小企業退職金共済

加入対象者	原則、中小企業の従業員全員
掛金の負担	事業主が**全額**負担（①）
助成制度	新規加入時　加入**4カ月目**から**1年間**（③）、掛金月額の**2分の1**（②）（上限5,000円） 増額時　増額月から**1年間**、増額分の**3分の1**（上限あり）
退職金の支給	従業員に**直接**支給（④）

レック先生のワンポイント

生保の実技試験では、第1問では、確定拠出年金、小規模企業共済、国民年金基金、付加年金、第3問では中小企業退職金共済が出題されることが多くなっています。

問3　☑☑☑　　重要度 A

Mさんは、Aさんに対して、《設例》の＜資料＞の終身保険について説明した。Mさんが説明した次の記述①～③について、適切なものには○印を、不適切なものには×印を解答用紙に記入しなさい。

①「Aさんが勇退する際に、契約者をAさん、死亡保険金受取人をAさんの相続人に名義変更することで、当該保険契約を役員退職金の一部として支給し、個人の保険として継続することができます」

②「当該生命保険の保険料は、支払保険料の全額を資産に計上します。65歳満了時に解約した場合、X社はそれまで資産計上していた保険料積立金を取り崩し、解約返戻金との差額150万円を雑損失として経理処理します」

③「Aさんが高度障害状態となり、X社が高度障害保険金を受け取った場合、法人税法上、当該保険金については非課税所得となりますので、益金に計上する必要はありません」

正解　①○　②×　③×

テキスト2章　①P170、②P164、P169、③P171

①適切　法人契約の終身保険を、契約者を役員、死亡保険金受取人を相続人に変更することで、役員退職金の一部または全部として支給することができ、この場合、解約返戻金相当額を退職所得の収入金額とします。

②不適切　死亡保険金受取人が法人である終身保険の保険料は、支払った**全額を保険料積立金**として資産に計上します。65歳の保険料払込終了時の保険料積立金は4,500万円、解約返戻金は4,650万円であり、帳簿上の金額よりも150万円多く受け取ることができるため、**差額150万円は雑収入**と扱います。

レック先生のワンポイント

法人が死亡・満期保険金、解約返戻金を受け取った場合
　受取額＞帳簿上の資産計上額　差額を雑収入
　受取額＜帳簿上の資産計上額　差額を雑損失

③不適切　法人が受け取る高度障害保険金から資産計上されている保険料積立金を差し引いた差額が**プラス**の場合は**雑収入**として益金（仮に、差額が**マイナス**の場合は**雑損失**として損金）に計上します。

第3問

[2022年1月]

次の設例に基づいて、下記の各問(《問1》~《問3》)に答えなさい。

《設 例》

Aさん(71歳)は、X株式会社(以下、「X社」という)の創業社長である。Aさんは、今期限りで専務取締役の長男Bさん(47歳)に社長の座を譲り、勇退することを決意している。X社は、現在、下記の<資料1>の生命保険に加入している。

また、長男Bさんは、生命保険会社の営業担当者であるファイナンシャル・プランナーのMさんから、事業保障資金の確保を目的とした下記の<資料2>の生命保険の提案を受け、加入を検討している。

<資料1>X社が現在加入している生命保険の契約内容

保険の種類:5年ごと利差配当付長期平準定期保険(特約付加なし)	
契約年月日	: 2005年4月1日
契約者(=保険料負担者)	: X社
被保険者	: Aさん
死亡保険金受取人	: X社
保険期間・保険料払込期間	: 95歳満了
死亡・高度障害保険金額	: 1億円
年払保険料	: 300万円
現時点の解約返戻金額	: 4,800万円
現時点の払込保険料累計額	: 6,000万円

※解約返戻金額の80%の範囲内で、契約者貸付制度を利用することができる。
※保険料の払込みを中止し、払済終身保険に変更することができる。

<資料2>長男Bさんが提案を受けた生命保険の内容

保険の種類	: 無配当定期保険(特約付加なし)
契約者(=保険料負担者)	: X社
被保険者	: 長男Bさん
死亡保険金受取人	: X社
保険期間・保険料払込期間	: 95歳満了
死亡・高度障害保険金額	: 1億円
年払保険料	: 180万円
最高解約返戻率	: 83%

※上記以外の条件は考慮せず、各問に従うこと。

問1 ☑☑☑ 重要度 A

仮に、X社がAさんに役員退職金4,000万円を支給した場合、Aさんが受け取る役員退職金について、次の①、②を求め、解答用紙に記入しなさい（計算過程の記載は不要）。〈答〉は万円単位とすること。なお、Aさんの役員在任期間（勤続年数）を34年3カ月とし、これ以外に退職手当等の収入はなく、障害者になったことが退職の直接の原因ではないものとする。

① 退職所得控除額

② 退職所得の金額

正解 ① **1,850**（万円） ② **1,075**（万円）

テキスト4章 P348

①退職所得控除額は、勤続年数により異なります。
勤続年数1年未満の端数は**1年に切り上げ**ますので、設問の場合は35年として計算します。
20年以下の部分は1年あたり**40万円**、**20年超**の部分は1年あたり**70万円**ですので、
800万円（40万円×20年）＋70万円×（35年－20年）＝1,850万円となります。

②在任5年超の役員の退職所得は「**（収入金額－退職所得控除額）×1／2**」により求めます。
（4,000万円－1,850万円）×1／2＝1,075万円

問2 ☑☑☑ 重要度 A

Mさんは、Aさんに対して、<資料１>の長期平準定期保険について説明した。Mさんが説明した次の記述①～③について、適切なものには○印を、不適切なものには×印を解答用紙に記入しなさい。

①「当該生命保険を現時点で解約した場合、X社が受け取る解約返戻金は、Aさんに支給する役員退職金の原資として活用することができます」

②「当該生命保険を現時点で解約した場合、X社はそれまで資産計上していた前払保険料3,000万円を取り崩して、解約返戻金4,800万円との差額1,800万円を雑損失として経理処理します」

③「当該生命保険を現時点で払済終身保険に変更した場合、変更した事業年度において雑損失が計上されます。したがって、変更した事業年度の利益を減少させる効果があります」

正解 ① ○ ② × ③ × テキスト2章 P168-171

①適切 解約返戻金の使途に制限はありません。

②不適切 2019年7月7日までに締結された長期平準定期保険ですので、保険期間の**前半6割**は支払った保険料のうち**2分の1**を前払保険料として**資産**に計上、2分の1を支払保険料として損金に算入します。
現時点は前半6割期間に該当するため、払込保険料の2分の1を前払保険料として資産に計上しますので、設問の場合、払込保険料6,000万円の2分の1である**3,000万円**が**資産**計上されています。
解約返戻金は4,800万円であり、帳簿上の価値（前払保険料）よりも1,800万円多く受け取ることができるため、1,800万円を**雑収入**として経理処理します。

③不適切 払済終身保険に変更する場合、**解約返戻金が資産計上額よりも多い場合には差額を雑収入**に計上し、**少ない場合には差額を雑損失**に計上します。②の解説のとおり、**雑収入**が計上されます。

問3 ☑☑☑ 重要度A

Mさんは、長男Bさんに対して、＜資料２＞の定期保険の支払保険料の経理処理について説明した。Mさんが説明した以下の文章の空欄①～④に入る最も適切な数値を、下記の〈数値群〉のなかから選び、その記号を解答用紙に記入しなさい。

「法人を契約者（＝保険料負担者）および死亡保険金受取人とし、役員または従業員を被保険者とする保険期間が3年以上の定期保険で、最高解約返戻率が（ ① ）％を超えるものの支払保険料の経理処理については、最高解約返戻率が『（ ① ）％超70％以下』『70％超（ ② ）％以下』『（ ② ）％超』である場合の3つの区分に応じて取り扱います。

＜資料2＞の定期保険の最高解約返戻率は『70％超（ ② ）％以下』であるため、保険期間開始日から保険期間の（ ③ ）割に相当する期間を経過する日までは、当期分支払保険料の（ ④ ）％相当額を前払保険料として資産に計上し、残額は損金の額に算入します。（ ③ ）割に相当する期間経過後は、当期分支払保険料の全額を損金の額に算入するとともに、資産に計上した金額については、保険期間の7.5割に相当する期間経過後から保険期間終了日までにおいて均等に取り崩し、損金の額に算入します」

〈語句群〉

イ．4　ロ．5　ハ．6　ニ．30　ホ．40　ヘ．50　ト．60
チ．75　リ．85　ヌ．90　ル．105

レック先生のワンポイント

前半40％期間について
最高解約返戻率50％超70％以下　40％前払保険料
最高解約返戻率70％超85％以下　40％損金
40％（4割）を軸に覚えましょう。

正解 ①ヘ ②リ ③イ ④ト テキスト2章 P167-169

従来の長期平準定期保険、逓増定期保険、終身がん保険の経理処理に代わり、2019年7月8日（一部は2019年10月8日）以降の契約から、最高解約返戻率に応じて、経理処理が異なります。

最高解約返戻率が一定以上ある法人向け定期保険等の前半４（③）割期間の経理処理（原則・抜粋）

最高解約返戻率	前半４（③）割期間の経理処理
50%（①）超**70%以下**	**40%　前払保険料** 60%　損金
70%超85%（②）以下	**60%**（④）**前払保険料** 40%　損金

第4問

［2021年9月］

次の設例に基づいて、下記の各問（《問1》～《問3》）に答えなさい。

《設 例》

Aさん（69歳）は、X株式会社（以下、「X社」という）の創業社長である。Aさんは、今期限りで専務取締役の長男Bさん（44歳）に社長の座を譲り、勇退することを決意している。X社は、Aさんに支給する役員退職金の原資として、下記の＜資料＞の生命保険の解約返戻金の活用を検討している。

また、Aさんは、従業員の死亡退職金について、具体的な準備は行っていなかったため、生命保険会社の営業担当者であるファイナンシャル・プランナーのMさんに相談したところ、総合福祉団体定期保険の説明を受けた。

＜資料＞X社が現在加入している生命保険の契約内容

保険の種類	無配当逓増定期保険（特約付加なし）
契約年月日	2017年7月1日
契約形態	契約者（＝保険料負担者）・死亡保険金受取人＝X社 被保険者＝Aさん
保険期間・保険料払込期間	77歳満了
基本保険金額	5,000万円
逓増率変更年度	第9保険年度
年払保険料	350万円
現時点の払込保険料累計額	2,800万円
現時点の解約返戻金額	2,500万円

※保険料の払込みを中止し、払済終身保険に変更することができる。
※所定の範囲内で、契約者貸付制度を利用することができる。

※上記以外の条件は考慮せず、各問に従うこと。

問1　☑☑☑　重要度 A

仮に、X社がAさんに役員退職金4,000万円を支給した場合、Aさんが受け取る役員退職金について、次の①、②を求め、解答用紙に記入しなさい（計算過程の記載は不要）。〈答〉は万円単位とすること。なお、Aさんの役員在任期間（勤続年数）を33年3カ月とし、これ以外に退職手当等の収入はなく、障害者になったことが退職の直接の原因ではないものとする。

①退職所得控除額
②退職所得の金額

正解　① **1,780**（万円）　② **1,110**（万円）　テキスト4章　P348

①退職所得控除額は、勤続年数により異なります。
勤続年数1年未満の端数は**1年に切り上げ**ますので、設問の場合は34年として計算します。
20年以下の部分は1年あたり**40万円**、**20年超**の部分は1年あたり**70万円**ですので、
800万円（40万円×20年）＋70万円×（34年－20年）＝1,780万円となります。

②在任5年超の役員の退職所得は「**（収入金額－退職所得控除額）×1／2**」により求めます。
（4,000万円－1,780万円）×1／2＝1,110万円

問2 ☑☑☑ 重要度 A

Mさんは、Aさんに対して、《設例》の逓増定期保険について説明した。Mさんが説明した次の記述①～④について、適切なものには○印を、不適切なものには×印を解答用紙に記入しなさい。

①「当該生命保険の単純返戻率（解約返戻金額÷払込保険料累計額）は、逓増率変更年度の前後でピークを迎え、その後、単純返戻率は低下し、保険期間満了時には0（ゼロ）になります。現在のキャッシュバリューを確保するには、解約あるいは払済終身保険への変更を検討してください」

②「現時点で当該生命保険を解約した場合、解約時の資産計上額である1,400万円との差額である1,100万円を雑収入として経理処理します」

③「現時点で当該生命保険を払済終身保険に変更する場合、契約は継続するため、経理処理は必要ありません」

④「現時点で当該生命保険を払済終身保険に変更する場合、Aさんは改めて健康状態等についての告知または医師の診査を受ける必要があるため、変更時の健康状態によっては、払済終身保険に変更することができない場合があります」

正解　①○　②○　③×　④×　テキスト2章　①P134-135、②P167-170、③④P171

①適切　解約返戻金が多い時期に解約または払済終身保険に変更するとキャッシュバリューを確保できます。

②適切　2019年7月7日までに締結された逓増定期保険について
「保険期間満了時の被保険者の年齢77歳」
「契約時の被保険者の年齢61＋保険期間（16×2）＝93」であるため、下記表の「1」に該当します。
(払込保険料累計額2,800万円÷年払保険料350万円＝8年であることから8年前の契約であることがわかり、現時点の年齢が69歳ですので、契約時年齢は69歳－8年＝61歳、保険期間は77歳－61歳＝16年と分かります)

この法人契約の逓増定期保険の保険料は、
保険期間の**前半6割**は支払った保険料のうち**2分の1**を前払保険料として**資産**に計上、2分の1を支払保険料として損金に算入します。
16年×0.6＝9.6年であり、9年目までは前半6割期間に該当するため、払込保険料の2分の1を前払保険料として資産に計上しますので、設問の場合、払込保険料2,800万円の2分の1である**1,400万円**が**資産**計上されています。

解約返戻金は2,500万円であるため、帳簿上の価値（前払保険料）よりも1,100万円多く受け取ることができるため、**雑収入**は1,100万円となります。

2019年7月7日までに契約された逓増定期保険の保険料の経理処理

被保険者要件	保険期間終了時年齢		契約時年齢＋保険期間×2	保険期間前半6割期間の経理処理	後半4割期間
1	45歳超		－	**2分の1資産計上** **2分の1損金算入**	支払保険料を全額損金算入 資産計上されている保険料を均等に取り崩して損金算入
2	70歳超	かつ	95年超	3分の2資産計上 3分の1損金算入	
3	80歳超	かつ	120年超	4分の3資産計上 4分の1損金算入	

前半6割期間の判定：保険期間×60％の1年未満の端数は切捨て

③不適切　払済終身保険に変更する場合、**解約返戻金が資産計上額よりも多い場合には差額を雑収入に計上し、少ない場合には差額を雑損失に計上します。**

④不適切　**払済保険に変更する場合**、健康状態についての**告知・診査は必要ありません。**

問3 ☑☑☑ 重要度 C

Mさんは、Aさんに対して、総合福祉団体定期保険の一般的な商品内容等について説明した。Mさんが説明した次の記述①～③について、適切なものには○印を、不適切なものには×印を解答用紙に記入しなさい。

①「総合福祉団体定期保険は、一般に、従業員の遺族の生活保障を主たる目的としており、法人の役員を被保険者とすることはできません」

②「総合福祉団体定期保険の加入の申込みに際して、一般に、加入予定者の告知や医師による診査が必要となります」

③「総合福祉団体定期保険の保険期間は、一般に、1年から10年の範囲内で、被保険者ごとに設定することができます」

正解 ① × ② × ③ ×

テキスト2章 P141

①不適切 総合福祉団体定期保険は、従業員のほか、**役員も被保険者に含めることができます。**

②不適切 総合福祉団体定期保険は、加入に際して、**告知は必要ですが、診査は不要**です。

③不適切 総合福祉団体定期保険は**1年更新**の定期保険です。

第5問

[2023年1月]

次の設例に基づいて、下記の各問（《問1》～《問3》）に答えなさい。

《設 例》

Aさん（72歳）は、X株式会社（以下、「X社」という）の創業社長である。Aさんは、今期限りで専務取締役の長男Bさん（40歳）に社長の座を譲り、勇退することを決意している。X社は、現在、下記の＜資料＞の生命保険に加入している。

そこで、Aさんは、生命保険会社の営業担当者であるファイナンシャル・プランナーのMさんに相談することにした。

＜資料＞X社が現在加入している生命保険の契約内容

保険の種類：5年ごと利差配当付長期平準定期保険（特約付加なし）	
契約年月日	：2005年6月1日
契約者（＝保険料負担者）	：X社
被保険者	：Aさん
死亡保険金受取人	：X社
保険期間・保険料払込期間	：95歳満了
死亡・高度障害保険金額	：1億円
年払保険料	：330万円
現時点の解約返戻金額	：5,200万円
現時点の払込保険料累計額	：6,600万円
※解約返戻金額の80％の範囲内で、契約者貸付制度を利用することができる。	
※保険料の払込みを中止し、払済終身保険に変更することができる。	

※上記以外の条件は考慮せず、各問に従うこと。

問1 ☑☑☑ 重要度 A

仮に、X社がAさんに役員退職金6,000万円を支給した場合、Aさんが受け取る役員退職金について、次の①、②を求め、解答用紙に記入しなさい（計算過程の記載は不要）。〈答〉は万円単位とすること。なお、Aさんの役員在任期間（勤続年数）を36年9カ月とし、これ以外に退職手当等の収入はなく、障害者になったことが退職の直接の原因ではないものとする。

① 退職所得控除額

② 退職所得の金額

正解 **① 1,990（万円）** **② 2,005（万円）** テキスト4章 P348

①退職所得控除額は、勤続年数により異なります。
勤続年数1年未満の端数は**1年に切り上げ**ますので、設問の場合は37年として計算します。
20年以下の部分は1年あたり**40万円**（20年以下の部分は40万円×20年＝800万円）、
20年超の部分は1年あたり**70万円**ですので、
800万円＋70万円×（37年－20年）＝1,990万円となります。

②在任5年超の役員の退職所得は「**（収入金額－退職所得控除額）×1／2**」により求めます。
（6,000万円－1,990万円）×1／2＝2,005万円

問2　☑☑☑　重要度 C

Mさんは、Aさんに対して、<資料>の長期平準定期保険について説明した。Mさんが説明した次の記述①～④について、適切なものには○印を、不適切なものには×印を解答用紙に記入しなさい。

①「当該生命保険を現時点で解約した場合、X社はそれまで資産計上していた前払保険料6,600万円を取り崩して、解約返戻金5,200万円との差額1,400万円を雑損失として経理処理します」

②「Aさんの勇退時に当該生命保険を払済終身保険に変更し、契約者をAさん、死亡保険金受取人をAさんの相続人に名義を変更することで、X社は終身保険契約を役員退職金の一部としてAさんに現物支給することができます」

③「当該生命保険を現時点で払済終身保険に変更した場合、変更した事業年度において雑損失が計上されます。したがって、変更した事業年度の利益を減少させる効果があります」

④「X社が契約者貸付制度を利用し、契約者貸付金を受け取った場合、その全額を雑収入として益金の額に算入します」

正解　① ×　② ○　③ ×　④ ×　テキスト2章　①P167-169、②③P170、④P164

①不適切　2019年7月7日までに締結された長期平準定期保険ですので、保険期間の**前半6割**は支払った保険料のうち**2分の1**を前払保険料として**資産**に計上、2分の1を支払保険料として損金に算入します。

現時点は前半6割期間に該当するため、払込保険料の2分の1を前払保険料として資産に計上しますので、設問の場合、払込保険料6,600万円の2分の1である**3,300万円**が**資産**計上されています。

解約返戻金は5,200万円であり、帳簿上の価値（前払保険料）よりも1,900万円多く受け取ることができるため、1,900万円を**雑収入**として経理処理します。

②適切　法人契約の終身保険を、契約者を役員、死亡保険金受取人を相続人に変更することで、役員退職金の一部または全部として支給することができ、この場合、**解約返戻金相当額を退職所得の収入**金額とします。

③不適切　払済保険に変更する場合も①と同様に、1,900万円が雑収入となります。

なお、**払済保険**に変更した場合、解約返戻金を**保険料積立金**として資産に計上します。

④不適切　契約者貸付金を利用した場合、「（借方）現金／（貸方）借入金」のように経理処理を行います。**返済時**も他の**借入金と同様の経理処理**を行います。

問3 ☑☑☑ 重要度 A

Mさんは、長男Bさんに対して、生命保険の活用方法について説明した。Mさんが説明した次の記述①～③について、適切なものには○印を、不適切なものには×印を解答用紙に記入しなさい。

①「経営者が要介護状態あるいは重度の疾患等で長期間不在となった場合、業績が悪化してしまう可能性も考えられます。そのため、長男Ｂさんが重い病気等になった場合にＸ社が一時金を受け取ることができる生前給付タイプの生命保険に加入されることも検討事項の１つとなります」

②「保険期間10年の定期保険は、長期平準定期保険に比べて保険料が割安なうえ、保険期間の途中で解約することで、多額の解約返戻金を受け取ることができるため、長男Ｂさんの役員（生存）退職金を準備する方法として適しています」

③「役員・従業員の退職金準備のために、養老保険の福利厚生プランを活用する方法があります。契約者をＸ社、被保険者を役員・従業員全員、死亡保険金受取人を役員・従業員の遺族、満期保険金受取人をＸ社とする養老保険に加入することにより、支払保険料の全額を福利厚生費として損金の額に算入することができます」

正解　①○　②×　③×　テキスト2章　①P149、②P167-168、③P166

①適切　記述のとおりです。

②不適切　保険期間が短い定期保険の保険料は、長期平準定期保険に比べて安く、解約返戻金も貯まりにくい特徴があります。

③不適切　被保険者が役員・従業員全員（普遍的加入）、死亡保険金受取人を被保険者の遺族、満期保険金受取人を契約者である法人とする養老保険の保険料は、２分の１を保険料積立金として資産計上、２分の１を福利厚生費として損金に算入できます。
なお、被保険者が役員のみ、部課長以上のみであるなど、普遍的加入でない場合は、２分の１資産計上、２分の１は給与と扱います。

第3章　傾向と対策

株式や債券、投資信託など様々な金融商品の特徴が問われます。また、用語、リスク、税務も出題されますから、金融商品ごとに体系的にマスターしましょう。

※金財の実技試験の生保顧客資産相談業務では出題されません。

頻出問題のキーワード

＜学科試験＞

経済指標、株式の信用取引、株価指数、投資尺度、NISA、金融商品の税金、投資信託の種類・タイプ、ETF、外貨建て金融商品、デリバティブ、ポートフォリオ、セーフティネット、金融商品の取引に関する法律、預貯金、債券の利回り計算とリスク

＜実技試験＞

【日本FP協会】株式等の税金（購入単価、譲渡所得、新NISA等）、株式の投資尺度、投資信託（手数料、分配金、税金）、外貨預金の利回り、預金保険、債券の利回り、財形貯蓄

【金財】株式の投資尺度（PER、PBR、ROE、配当利回り等）、株式の譲渡所得、配当所得・NISA、株式の売買のルール（受渡し、手数料、権利付最終日）、株価指数、債券（利回り、税金、リスク）、外貨預金

第3章

金融資産運用

学科試験問題＆解答

- 経済・金融市場の基礎
- 金融資産・顧客の保護と法律
- 貯蓄型金融商品
- 債券
- 株式
- 投資信託
- 外貨建て金融商品・金
- 金融商品と税金
- ポートフォリオ理論
- デリバティブ取引

実技試験問題＆解答

- ［日本FP協会］資産設計提案業務
- ［金財］個人資産相談業務

※解説は特に断りがない限り、所得税の税率には復興特別所得税を含めて表記しています。

経済・金融市場の基礎

1 ☑☑☑ 重要度 C ［2021年9月］

国内総生産（GDP）と経済成長率に関する次の記述のうち、最も不適切なものはどれか。

1. 支出面からみた国内総生産（GDP）を構成する需要項目のうち、例年の実質値において、民間企業設備投資、公共事業、民間最終消費支出のうち、最も高い割合を占めているのは、民間最終消費支出である。
2. 国内総生産（GDP）には名目値と実質値があり、経済環境が、物価が持続的に低下する状態（デフレーション）にある場合、一般に、名目値が実質値を下回る。
3. 経済成長率は、国内総生産（GDP）がどれだけ変化したかを数値で表したものであり、内閣府が1年間および四半期ごとの経済成長率を公表している。
4. 経済成長率には名目値と実質値があり、名目経済成長率は実質経済成長率から物価の上昇・下落分を取り除いた値となる。

2 ☑☑☑ 重要度 B ［2020年9月］

内閣府が公表する景気動向指数に採用されている経済指標に関する次の記述のうち、最も適切なものはどれか。

1. 消費者物価指数は、全国の世帯が購入する家計に係る財およびサービスの価格等を総合した物価の変動を時系列的に測定した指標であり、そのうち生鮮食品を除く総合指数は、景気動向指数の遅行系列に採用されている。
2. 消費者態度指数は、現在の景気動向に対する消費者の意識を調査して数値化した指標であり、景気動向指数の一致系列に採用されている。
3. 東証株価指数（TOPIX）は、景気動向指数の一致系列に採用されている。
4. 有効求人倍率（除学卒）は、月間有効求人数を月間有効求職者数で除して求められる指標であり、景気動向指数の遅行系列に採用されている。

4 が不適切　　テキスト 3章　P208

1. 適切　例年、GDPに占める民間最終消費支出の割合は50%台を占めています。

2. 適切　**名目値をGDPデフレーターにより物価変動分を調整した数値が実質値**であり、物価が持続的に低下する状態にある場合、一般に、名目値が実質値を下回ります。

3. 適切　経済成長率は、国内総生産（GDP）の変化率であり、**内閣府**が1年間および四半期ごとの経済成長率を公表しています。

4. **不適切**　選択肢の記述は逆です。実質経済成長率は名目経済成長率から物価の上昇・下落分を取り除いた値となります。

1 が適切　　テキスト 3章　P209、P211、P264

1. **適切**　消費者物価指数は遅行系列です。

2. 不適切　消費者態度指数は先行系列です。

3. 不適切　東証株価指数（TOPIX）は先行系列です。

4. 不適切　有効求人倍率（除学卒）は一致系列です。

先行系列の例：新規求人数、**東証株価指数**（TOPIX）、**消費者態度指数**等
一致系列の例：**有効求人倍率**、鉱工業生産指数等
遅行系列の例：完全失業率、**消費者物価指数**、法人税収入等

3 ☑☑☑ 重要度 C [2023年5月]

為替相場や金利の変動要因等に関する次の記述のうち、最も不適切なものはどれか。

1. 日本の物価が米国と比較して相対的に上昇することは、一般に円高米ドル安の要因となる。
2. 米国が政策金利を引き上げ、日本と米国との金利差が拡大することは、一般に円安米ドル高の要因となる。
3. 日本の対米貿易赤字が拡大することは、一般に円安米ドル高の要因となる。
4. 日本銀行が、国債買入オペによって長期国債（利付国債）を買い入れ、金融市場に資金を供給することは、一般に市中金利の低下要因となる。

金融資産・顧客の保護と法律

4 ☑☑☑ 重要度 A [2022年9月]

わが国における個人による金融商品取引に係るセーフティネットに関する次の記述のうち、最も適切なものはどれか。

1. 国内銀行に預け入れられている円建ての仕組預金は、他に預金を預け入れていない場合、預金者1人当たり元本1,000万円までと、その利息のうち通常の円建ての定期預金（仕組預金と同一の期間および金額）の店頭表示金利までの部分が預金保険制度による保護の対象となる。
2. ゆうちょ銀行に預け入れられている通常貯金は、他に貯金を預け入れていない場合、貯金者1人当たり元本1,300万円までとその利息が預金保険制度による保護の対象となる。
3. 金融機関同士が合併した場合、合併存続金融機関において、預金保険制度による保護の対象となる預金の額は、合併後1年間に限り、全額保護される預金を除き、預金者1人当たり1,300万円とその利息等となる。
4. 国内に本店のある銀行で購入した投資信託は、日本投資者保護基金による補償の対象となる。

1 が不適切　　テキスト3章　P216-219

1. **不適切**　**日本の物価**が米国と比較して相対的に**上昇**することは、**日本円の価値**が米ドルの価値と比較して**低下**することを意味しますので、一般に**円安米ドル高**の要因といえます。モノの価値の上昇＝お金の価値の減少と考えます。
2. 適切　相対的に**金利が上昇する通貨の魅力が高まり**ますので、米国が政策金利を引き上げ、日本と米国との金利差が拡大することは、一般に**米ドル高円安**の要因といえます。
3. 適切　日本の**対米貿易赤字が拡大**することは、**米国への支払いの方（米ドルへの換金）が多く**なりますので、一般に**米ドル高円安**の要因といえます。
4. 適切　日本銀行が、国債**買入オペ**によって長期国債（利付国債）を買い入れ、金融市場に**資金を供給**すると、資金量が増加するため、一般に市中**金利の低下**要因といえます。

1 が適切　　テキスト 3章　P222-224

1. **適切**　**店頭表示金利を超える部分は保護の対象となりません。**
2. 不適切　ゆうちょ銀行に預け入れられている通常貯金は、他に貯金を預け入れていない場合、貯金者１人当たり元本**1,000万円**までとその利息が預金保険制度による保護の対象となります。
3. 不適切　金融機関同士が合併した場合、合併存続金融機関において、預金保険制度による保護の対象となる預金の額は、合併後**1年間**に限り、全額保護される預金を除き、預金者１人当たり「**1,000万円×合併金融機関の数**」の元本とその利息等となります。
4. 不適切　**銀行は投資者保護基金に加入していません**ので、日本投資者保護基金の補償の対象となりません。また、**投資信託は預金保険制度の補償の対象となりません。**

5　☑☑☑　重要度 A　[2020年1月]

わが国における個人による金融商品取引に係るセーフティネットに関する次の記述のうち、最も不適切なものはどれか。

1. 農業協同組合（JA）に預け入れた一般貯金等は、農水産業協同組合貯金保険制度による保護の対象とされ、貯金者1人当たり1組合ごとに元本1,000万円までとその利息等が保護される。
2. 国内銀行に預け入れた決済用預金は、その金額の多寡にかかわらず、全額が預金保険制度による保護の対象となる。
3. 国内銀行に預け入れた外貨預金は預金保険制度による保護の対象となるが、外国銀行の在日支店に預け入れた外貨預金は預金保険制度による保護の対象とならない。
4. 証券会社が破綻し、分別管理が適切に行われていなかったために、一般顧客の資産の一部または全部が返還されない事態が生じた場合、日本投資者保護基金により、補償対象債権に係る顧客資産について一般顧客1人当たり1,000万円を上限として補償される。

6　☑☑☑　重要度 A　[2023年5月]

金融商品の取引等に係る各種法令に関する次の記述のうち、最も不適切なものはどれか。なお、本問においては、「金融サービスの提供に関する法律」を金融サービス提供法という。

1. 金融サービス提供法において、金融サービス仲介業の登録を受けた事業者は、銀行業・金融商品取引業・保険業・貸金業に係る金融サービスのうち、顧客に対し高度に専門的な説明を必要とする金融サービスを仲介することが認められている。
2. 金融商品取引法において、金融商品取引業者等が顧客と金融商品取引契約を締結しようとするときは、原則として、あらかじめ、重要事項を記載した契約締結前交付書面を交付することが義務付けられている。
3. 大阪取引所における金、白金などのコモディティを対象とした市場デリバティブ取引は、金融商品取引法の適用対象となる。
4. 消費者契約法において、消費者が事業者の一定の行為により誤認または困惑し、それによって消費者契約の申込みまたは承諾の意思表示をしたときは、消費者はこれを取り消すことができるとされている。

3 が不適切　　テキスト 3章　P222-224

1. 適切　農業協同組合（JA）に預け入れた一般貯金等は、**農水産業協同組合貯金保険制度**による保護の対象とされます。保護の内容は預金保険と同様です。

2. 適切　国内に本店がある銀行に預け入れた**決済用預金**は**全額保護**されます。その他の付保対象預金は、1人当たり元本1,000万円までとその利息等が保護されます。

3. **不適切**　**外貨預金**は預金保険制度の**保護の対象外**です。なお、**外国銀行は預金保険に加入していません。**

4. 適切　証券会社が破綻し、分別管理が適切に行われなかったために、一般顧客の資産の一部または全部が返還されない事態が生じた場合、日本投資者保護基金により、補償対象債権に係る顧客資産について**一般顧客1人当たり1,000万円**を上限として補償されます。

1 が不適切　　テキスト3章　P224-226

1. **不適切**　金融サービス提供法において、**金融サービス仲介業の登録**を受けた事業者は、銀行業・金融商品取引業・保険業・貸金業に係る金融サービスを横断的に提供できますが、**高度に専門的な説明を必要とする金融サービスを仲介することはできません。**

2. 適切　金融商品取引法により、金融商品取引業者等が一般投資家と金融商品取引契約を締結しようとするときは、**顧客が不要**と申し出ても、あらかじめ、重要事項を記載した契約締結前交付書面（電磁的記録を含む）を**交付しなければなりません。**

3. 適切　なお、**金融商品取引法の対象**は**投資リスクが高い商品**であるため、金融サービス提供法では重要事項説明義務がある**円建て普通預金**は、金融商品取引法では**対象外**となっています。

4. 適切　なお、消費者契約法による取消しは、原則、追認できるときから**1年以内**、または契約締結時から**5年以内**であれば認められます。

7　☑☑☑　重要度 A　[2022年1月]

金融商品の取引に係る各種法規制に関する次の記述のうち、最も適切なものはどれか。なお、本問においては、「犯罪による収益の移転防止に関する法律」を犯罪収益移転防止法という。

1. 消費者契約法では、事業者の不当な勧誘により締結した消費者契約によって損害を被った場合、消費者は、同法に基づく損害賠償を請求することができるとされている。
2. 消費者契約法に基づく消費者契約の取消権は、原則として消費者が追認をすることができる時から6ヵ月を経過したとき、あるいは消費者契約の締結時から5年を経過したときに消滅する。
3. 金、白金、大豆などのコモディティを対象とした市場デリバティブ取引は、金融商品取引法の適用対象となる。
4. 犯罪収益移転防止法では、金融機関等の特定事業者が顧客と特定業務に係る取引を行った場合、特定事業者は、原則として、直ちに当該取引に関する記録を作成し、当該取引の行われた日から5年間保存しなければならないとされている。

貯蓄型金融商品

8　☑☑☑　重要度 A　[2020年9月]

銀行等の金融機関で取り扱う預金の一般的な商品性に関する次の記述のうち、最も適切なものはどれか。

1. 貯蓄預金は、クレジットカード利用代金などの自動振替口座や、給与や年金などの自動受取口座として利用することができる。
2. 当座預金は、公共料金などの自動振替口座として利用することはできるが、株式の配当金の自動受取口座として利用することはできない。
3. 為替先物予約を締結していない外貨定期預金の満期時の為替レートが預入時の為替レートに比べて円安になれば、当該外貨定期預金に係る円換算の運用利回りは高くなる。
4. 期日指定定期預金は、預金者が預入時に据置期間経過後から最長預入期日までの間で満期日を指定しなければならない。

3 が適切　　テキスト 3章　P225-226、P228

1. 不適切　消費者契約法では、事業者の不当な勧誘により締結した消費者契約を、消費者は**取り消す**ことができます。

2. 不適切　消費者契約法に基づく消費者契約の取消権は、原則として**消費者が追認をすることができる時から1年を経過**したとき、あるいは**消費者契約の締結時から5年を経過**したときに消滅します。

3. **適切**　金、白金、大豆などのコモディティを対象とした**市場デリバティブ取引は、金融商品取引法の適用対象**となります。

4. 不適切　犯罪収益移転防止法では、金融機関等の特定事業者が顧客と特定業務に係る取引を行った場合、特定事業者は、原則として、直ちに当該取引に関する記録を作成し、当該取引の行われた日から**7年間保存**しなければなりません。

3 が適切　　テキスト 3章　P237-240、P288-289

1. 不適切　**貯蓄**預金は、給与や年金の自動受取口座、公共料金等の自動振替口座として**利用することができません。**

2. 不適切　**当座**預金や普通預金は、公共料金等の自動振替口座、株式の配当金の自動受取口座として**利用することができます。**

3. **適切**　**円安＝外貨高**ですので、円安が進むと、円換算の利回りは高くなります。

4. 不適切　期日指定定期預金は、据置期間経過後から最長預入期日までの間で、預金者が指定した日を満期日と**することができます。**通常の定期預金は、中途解約すると中途解約利率が適用されますが、期日指定定期預金は中途解約しても、中途解約利率は適用されない点で異なります。

9 ☑☑☑ 重要度 A [2021年1月]

銀行等の金融機関で取り扱う預金の一般的な商品性に関する次の記述のうち、最も不適切なものはどれか。

1. 期日指定定期預金は、据置期間経過後から最長預入期日までの間で、預金者が指定した日を満期日とすることができる。
2. スーパー定期預金は、預入期間が3年以上の場合、単利型と半年複利型があるが、半年複利型を利用することができるのは法人に限られる。
3. 貯蓄預金は、クレジットカード利用代金などの自動振替口座や、給与や年金などの自動受取口座として利用することができない。
4. デリバティブを組み込んだ仕組預金には、金融機関の判断によって満期日が繰り上がる商品がある。

2 が不適切　　テキスト 3章　P237-242

1. 適切　期日指定定期預金は、据置期間経過後から最長預入期日までの間で、預金者が指定した日を満期日とすることができます。通常の定期預金は、中途解約すると中途解約利率が適用されますが、期日指定定期預金は中途解約しても、中途解約利率は適用されない点で異なります。

2. **不適切**　スーパー定期預金は、預入期間３年以上の場合、単利型と半年複利型がありますが、半年複利型を利用できるのは**個人**に限られています。預入期間３年未満の場合は単利型のみです。

3. 適切　**普通**預金や当座預金は、給与や年金の自動受取口座や公共料金等の自動振替口座として利用することができますが、**貯蓄**預金は、給与や年金の自動受取口座や公共料金等の自動振替口座として利用することができません。

4. 適切　仕組預金は、相対的に利率が高く設定される反面、原則として中途解約できず、金融機関の判断で最長預入期間を超えて**満期日を延長されたり、満期日が繰り上がる**可能性もあります。

債券

10 ☑☑☑ 重要度 A [2023年1月]

市場金利の変動と固定利付債券の利回り（単利・年率）および価格との関係に関する次の記述の空欄（ア）〜（ウ）にあてはまる語句の組み合わせとして、最も適切なものはどれか。なお、手数料、経過利子、税金等については考慮しないものとし、計算結果は表示単位の小数点以下第３位を四捨五入するものとする。

表面利率が0.50％、償還年限が10年の固定利付債券が額面100円当たり100円で新規に発行された。５年後、市場金利が当該債券の発行時に比べて上昇した結果、債券の価格は（ ア ）して、（ イ ）となり、当該債券の現時点（発行から５年後）における最終利回りは0.70％（単利・年率）となった。また、当該債券を発行時に購入し、発行から５年後に（ イ ）で売却した場合の所有期間利回りは（ ウ ）となる。

1. （ア）下落　（イ）　99.03円　（ウ）0.31％
2. （ア）下落　（イ）　99.03円　（ウ）0.69％
3. （ア）上昇　（イ）100.98円　（ウ）0.69％
4. （ア）上昇　（イ）100.98円　（ウ）0.31％

11 ☑☑☑ 重要度 B [2019年9月]

固定利付債券（個人向け国債を除く）の一般的な特徴に関する次の記述のうち、最も不適切なものはどれか。

1. 債券を発行体の信用度で比較した場合、他の条件が同じであれば、発行体の信用度が高い債券の方が債券の価格は低い。
2. 債券を償還までの期間の長短で比較した場合、他の条件が同じであれば、償還までの期間が長い債券の方が、利回りの変化に対する価格の変動幅は大きくなる。
3. 表面利率が最終利回りよりも低い債券の価格は、額面価格を下回る。
4. 市場金利が上昇すると、通常、債券の利回りは上昇し、債券の価格は下落する。

1 が適切　　テキスト3章　P249、251

(ア)(イ) 発行後、**市場金利が上昇**すると、**債券価格は下落**(ア) します。したがって、100円よりも安い99.03円となります。

(ウ) 所有期間利回り＝$\dfrac{0.50+\dfrac{99.03-100}{5年}}{100}$＝0.306％→0.31％となります。

1 が不適切　　テキスト3章　P248-253

1. **不適切**　他の条件が同じであれば、**信用度が高い**(格付が高い) 債券ほど、**債券価格が高く**、**利回りが低く**なります。信用度が高い＝高く買われやすい＝利回りが低くなる、という関係です。
2. 適切　他の条件が同じであれば、**残存期間が長い債券の方が、価格変動幅は大きく**なります。言い換えると、債券は償還時は額面で償還されるため、償還期限が近づくにつれて、価格は額面価格に近くなっていきます。
3. 適切　例えば、表面利率2%、最終利回り3%の場合を考えます。この場合、最終利回りが、表面利率よりも1%高いため、「償還時の価格 (額面) －現在の価格」で利益が発生しますので、現在の価格は額面を下回ります。
4. 適切　**市場金利が上昇**すると、**債券価格は下落**します。市場金利と債券価格、利回りと債券価格は逆相関の関係です。

12 ☑☑☑ 重要度 B [2019年1月]

固定利付債券（個人向け国債を除く）の一般的な特徴に関する次の記述のうち、最も適切なものはどれか。

1. 国内景気が好況で国内物価が継続的に上昇傾向にある局面では、債券価格は上昇する傾向がある。
2. 市場金利の上昇は債券価格の上昇要因となり、市場金利の低下は債券価格の下落要因となる。
3. 債券の発行体の財務状況の悪化や経営不振などにより、償還や利払い等が履行されない可能性が高まると、当該債券の市場価格は下落する傾向がある。
4. 債券を償還日の直前に売却した場合には、売却価格が額面価格を下回ることはない。

13 ☑☑☑ 重要度 C [2022年1月]

債券のデュレーションに関する次の記述の空欄（ア）、（イ）にあてはまる語句の組み合わせとして、最も適切なものはどれか。

> デュレーションは、債券への投資資金の平均回収期間を表すとともに、債券投資における金利変動リスクの度合い（金利変動に対する債券価格の感応度）を表す指標としても用いられる。他の条件が同じであれば、債券の表面利率が低いほど、また残存期間が長いほど、デュレーションは（ ア ）。なお、割引債券のデュレーションは、残存期間（ イ ）。

1. （ア）長くなる　（イ）と等しくなる
2. （ア）短くなる　（イ）よりも短くなる
3. （ア）長くなる　（イ）よりも短くなる
4. （ア）短くなる　（イ）と等しくなる

3 が適切　　テキスト 3章　P212、P251-253

1. 不適切　国内景気がよく**国内物価が継続的に上昇**する局面は、**金利が上昇しやすく**なります。**金利と債券価格は逆相関**の関係にありますので、債券価格は下落する傾向があります。

2. 不適切　**金利と債券価格は逆相関**の関係にありますので、市場金利が上昇すると、債券価格は下落し、市場金利が低下すると、債券価格は上昇します。

3. **適切**　**信用度が下がる**と、**債券価格は下落**（利回りは上昇）し、信用度が上がると、債券価格は上昇（利回りは下落）します。

4. 不適切　償還期限には額面価格で償還されますが、**債券は時価で取引**されますので、償還期限の直前であっても、売却価格が額面価格を下回ることも上回ることもあります。

1 が適切　　テキスト 3章　P252

（ア）債券の**表面利率が低い**ほど投資資金の回収に時間がかかり、また**残存期間が長い**ほど投資資金の回収に時間がかかり、デュレーションは**長く**なります。

（イ）割引債券のデュレーションは、残存期間と等しくなります。なお、利付債のデュレーションは**利息収入があるため、残存期間よりも短く**なります。

14 ☑☑☑ 重要度 C [2022年9月]

債券のイールドカーブ（利回り曲線）の一般的な特徴等に関する次の記述のうち、最も不適切なものはどれか。

1. イールドカーブは、縦軸を債券の利回り、横軸を債券の残存期間として、利回りと投資期間の関係を表した曲線である。
2. イールドカーブは、好況時に中央銀行が金融引締めを行うとスティープ化し、不況時に中央銀行が金融緩和を行うとフラット化する傾向がある。
3. イールドカーブは、将来の景気拡大が予想されるとスティープ化し、将来の景気後退が予想されるとフラット化する傾向がある。
4. イールドカーブの形状は、通常、右上がりの順イールドであるが、急激な金融引締め時に右下がりの逆イールドとなる傾向がある。

15 ☑☑☑ 重要度 C [2021年9月]

各種債券の一般的な商品性に関する次の記述のうち、最も不適切なものはどれか。

1. 早期償還条項が付いている株価指数連動債は、参照する株価指数の変動によって償還金額などが変動し、満期償還日よりも前に償還されたり償還金額が額面金額を下回ったりする可能性がある債券である。
2. 転換社債型新株予約権付社債は、発行時に決められた転換価額で株式に転換することができる権利が付いた債券である。
3. デュアルカレンシー債は、購入代金の払込みおよび利払いの通貨と、償還される通貨が異なる債券である。
4. ゼロ・クーポン債は、利子（クーポン）の支払いがなく、額面金額で発行され、額面金額よりも高い金額で償還される債券である。

2 が不適切　テキスト 3章　P250

1. 適切　イールドは「利回り」、カーブは「曲線」を意味します。

2. **不適切**　イールドカーブは、好況時に**中央銀行が金融引締めを行うと短期金利が上昇**するため、**フラット**（直訳すると平ら）化し、不況時に中央銀行が金融緩和を行うと、**短期金利が低下するため、スティープ**（直訳すると険しい）化する傾向があります。

3. 適切　イールドカーブは、将来の景気拡大が予想されると、**長期金利が上昇するためスティープ**化し、将来の景気後退が予想されると**長期金利が低下するためフラット**化する傾向があります。

4. 適切　イールドカーブの形状は、**通常、短期金利が低く、長期金利が高いため、右上がりの順イールド**となりますが、急激な金融引締め時には**短期金利が上昇し、長期金利を上回り、右下がりの逆イールド**となる傾向があります。

4 が不適切　テキスト 3章　P244-246、P290

1. 適切　名称どおりの商品です。どのようなリスクがあるかを理解しておきましょう。

2. 適切　債券のまま保有することもできますし、株式に転換することもできます。

3. 適切　なお、**リバース・デュアル・カレンシー債**は、購入と償還の通貨と、**利払いの通貨が異なります。**

4. **不適切**　ゼロ・クーポン債は、利子（クーポン）の支払いがなく、**額面金額よりも低い価格で発行**され、額面金額で償還されます（差額が利息に相当します）。

株式

16 ☑☑☑ 重要度 A [2023年5月]

東京証券取引所の市場区分等に関する次の記述のうち、最も不適切なものはどれか。

1. 東京証券取引所は、プライム市場、スタンダード市場、グロース市場およびTOKYO PRO Marketの4つの株式市場を開設している。
2. 日経平均株価は、プライム市場に上場している銘柄のうち、時価総額上位225銘柄を対象として算出される株価指標である。
3. プライム市場における上場維持基準は、株主数や流通株式数等において、スタンダード市場およびグロース市場よりも高い数値が設定されている。
4. グロース市場に上場している銘柄であっても、プライム市場における新規上場基準等の要件を満たせば、所定の手続きにより、プライム市場に市場区分の変更をすることができる。

2 が不適切　　テキスト3章　P259、P264

1. 適切　なお、東京証券取引所は、2022年4月に再編されました。
2. **不適切**　日経平均株価は、**プライム**市場に上場している銘柄のうち、代表的な**225銘柄**を対象とした株価指数ですが、時価総額上位225銘柄ではありません。
3. 適切　**上場維持基準**は、**プライム**市場が**最も厳しく、次いでスタンダード市場、グロース市場は**相対的に**緩い**とされています。
4. 適切　要件を満たせば、**上位市場に区分を変更**できます。

17 ☑☑☑ 重要度 B

[2020年9月]

株式の信用取引に関する次の記述のうち、最も適切なものはどれか。

1. 一般信用取引の建株を制度信用取引の建株に変更することができる。
2. 信用取引では、現物株式を所有していなくても、その株式の「売り」から取引を開始することができる。
3. 金融商品取引法では、信用取引を行う際の委託保証金の額は20万円以上であり、かつ、約定代金に対する委託保証金の割合は20%以上でなければならないと規定されている。
4. 制度信用取引では、売買が成立した後に相場が変動して証券会社が定める最低委託保証金維持率を下回ったとしても、追加で保証金を差し入れる必要はない。

2 が適切　　テキスト 3章　P262-263

1. 不適切　「一般信用取引の建株⇒制度信用取引の建株」「制度信用取引の建株⇒一般信用取引の建株」、いずれも変更することは**できません。**

2. **適切**　現物取引は買ってから売りますが、信用取引では、株を借りて先に売って、後で買い戻すこともできます。

3. 不適切　信用取引を行う際の委託保証金の額は**30万円以上**必要となります。また、**約定代金に対する委託保証金の割合は30％以上**でなければならないと規定されています。

4. 不適切　制度信用取引では、売買が成立した後に相場が変動して証券会社が定める最低委託保証金維持率を下回った場合には、追加で保証金を差し入れなければなりません。

レック先生のワンポイント

信用取引は、投資家が証券会社に委託保証金を差し入れて、資金や株式を借りて行う売買取引です。委託保証金は現金のほか、**上場株式**、一定の国債等で差し入れ（**非上場株式は不可**）、**委託保証金の金額の10／3倍の金額を取引**できます（**取引金額の30％の委託保証金が必要、最低30万円**）。信用取引には、証券取引所の定めるルールで行う**制度**信用取引（**6カ月**以内に決済）と証券会社との間で取り決めたルールで行う一般信用取引があります。

18 ☑☑☑ 重要度 A [2020年9月]

株式指標の一般的な特徴に関する次の記述のうち、最も不適切なものはどれか。

1. PER（倍）は、「株価÷1株当たり当期純利益」の算式により計算され、この値が高い銘柄は割高と考えられる。
2. PBR（倍）は、「株価÷1株当たり純資産」の算式により計算され、この値が高い銘柄は割高と考えられる。
3. 配当性向（%）は、「配当金総額÷当期純利益×100」の算式により計算され、この値が高いほど株主への利益還元率が高いと考えられる。
4. 配当利回り（%）は、「配当金総額÷純資産×100」の算式により計算され、この値が高いほど投資価値が高いと考えられる。

19 ☑☑☑ 重要度 A [2020年1月]

下記＜A社のデータ＞に基づき算出されるA社株式の投資指標に関する次の記述のうち、最も不適切なものはどれか。

＜A社のデータ＞

株価	3,000円
経常利益	250億円
当期純利益	150億円
自己資本（＝純資産）	600億円
総資産	1,500億円
発行済株式数	1.5億株
配当金総額	90億円

1. PER（株価収益率）は、30.0倍である。
2. PBR（株価純資産倍率）は、7.5倍である。
3. ROE（自己資本当期純利益率）は、40.0%である。
4. 配当性向は、60.0%である。

4 が不適切　テキスト 3章　P268-270

1. 適切　PER（倍）、PBRは「価格÷価値」ですので、価値（分母）が大きく、価格（分子）が低いほど（結果として**数値が小さいほど**）**割安**、価値（分母）が小さく、価格（分子）が高いほど（結果として**数値が高いほど**）**割高**と考えられます。

2. 適切　1.の解説参照。

3. 適切　配当性向は「株主への分け前÷会社の利益」ですので、数値が大きいほど、**株主への利益還元率が高い**と考えられます。

4. **不適切**　利回りは、債券の利回り、外貨預金の利回り、配当利回りともに「1年当たりの利益÷投資元本×100（%）」をいい、配当利回りの場合は「**1株当たり年間配当金÷株価×100（%）**」により求めます。
なお、「配当金÷純資産×100(%)」により求められるのは、純資産配当率です(過去に2級試験で出題されたことは今のところありません)。

3 が不適切　テキスト 3章　P268-270

1. 適切　PER（株価収益率）は「**株価÷1株当たり当期純利益**」により求めます。A社の場合、3,000円÷（150億円÷1.5億株）＝30倍となります。なお、PER、ROE、配当性向を求める際に使う利益は、経常利益ではなく、当期純利益です。

2. 適切　PBR（株価純資産倍率）は「**株価÷1株当たり純資産**」により求めます。A社の場合、3,000円÷（600億円÷1.5億株）＝7.5倍となります。なお、総資産と純資産を勘違いしないように気をつけましょう。

3. **不適切**　ROE（自己資本利益率）は「**当期純利益÷自己資本×100（%）**」により求めます。A社の場合、150億円÷600億円×100＝25%となります。

4. 適切　配当性向(%)は「**年間配当金÷当期純利益×100(%)**」により求めます。A社の場合、90億円÷150億円×100＝60%となります。

参考：配当利回り（%）＝1株当たり年間配当金÷株価×100＝（90億円÷1.5億株）÷3,000円×100＝2.0%
自己資本比率（%）＝自己資本÷総資産×100＝600億円÷1,500億円×100＝40%

投資信託

20 ☑☑☑ 重要度 A [2022年9月]

一般的な投資信託の分類方法に関する次の記述のうち、最も不適切なものはどれか。

1. 組入れ資産のほとんどを債券が占め、株式をまったく組み入れていない証券投資信託であっても、約款上、株式に投資することができれば、株式投資信託に分類される。
2. 契約型投資信託は、委託者指図型と委託者非指図型に大別され、委託者指図型投資信託は、投資信託委託会社（委託者）と信託銀行等（受託者）との信託契約により、委託者の運用指図に基づいて運用される投資信託である。
3. 単位型投資信託は、投資信託が運用されている期間中いつでも購入できる投資信託であり、追加型投資信託は、当初募集期間にのみ購入できる投資信託である。
4. パッシブ型投資信託は、対象となるベンチマークに連動する運用成果を目指して運用される投資信託である。

3 が不適切　　　テキスト 3章　P275-276、P278-279

1. 適切　**株式投資信託は対象に株式を組み入れることができる投資信託**であり、**株式を組み入れることができない投資信託は公社債投資信託**に分類されます。

2. 適切　**国内の公募株式投資信託の多くは契約型**です。なお、証券市場に上場するJ-REIT（不動産投資信託）は**会社型**です。

3. **不適切**　選択肢の説明は反対です。**単位型**投資信託は、当初**募集期間にのみ購入できる**投資信託であり、**追加型**投資信託は、投資信託が運用されている期間中**いつでも購入できる**投資信託です。

4. 適切　**パッシブ**型投資信託は、対象となる**ベンチマークに連動**する運用成果を目指して運用される投資信託です。なお、**ベンチマークを上回る**運用成果を目指して運用されるのは**アクティブ**型投資信託です。

21 ☑☑☑ 重要度 A [2021年1月]

株式投資信託の運用手法および運用スタイルに関する次の記述のうち、最も不適切なものはどれか。

1. 株価が現在の資産価値や利益水準などから割安と評価される銘柄に投資する手法は、バリュー投資と呼ばれる。
2. ベンチマークを上回る運用成果を目指す株式投資信託の運用手法は、パッシブ運用と呼ばれる。
3. 各銘柄の投資指標の分析や企業業績などのリサーチによって銘柄を選定し、その積上げによってポートフォリオを構築する手法は、ボトムアップ・アプローチと呼ばれる。
4. マクロ的な環境要因等を基に国別組入比率や業種別組入比率などを決定し、その比率に応じて、個別銘柄を組み入れてポートフォリオを構築する手法は、トップダウン・アプローチと呼ばれる。

2 が不適切　　テキスト 3章　P279

1. 適切　売上高や利益からみて、株価が**割安**に放置されている銘柄に投資する手法は**バリュー**投資（運用）、**成長**性に着目して選定した銘柄に投資する手法は**グロース**運用と呼ばれます。

2. **不適切**　ベンチマークを**上回る**運用成果を目指す運用手法は**アクティブ**運用、ベンチマークに**連動**する運用成果を目指す運用手法は**パッシブ**運用と呼ばれます。

3. 適切　国別・業種別の投資比率を決定し、その中で銘柄を選定する手法をトップダウン・アプローチ、反対に、各銘柄の投資指標の分析や企業業績などのリサーチによって銘柄を選択し、その積上げによってポートフォリオを構築する手法は、ボトムアップ・アプローチといいます。

4. 適切　3.の解説参照。

レック先生のワンポイント

「公社債投資信託・株式投資信託」「公募株式投資信託・私募株式投資信託」「契約型投資信託、会社型投資信託」「単位型、追加型」「パッシブ運用、アクティブ運用」「バリュー運用、グロース運用」「トップダウン・アプローチ、ボトムアップ・アプローチ」「ブル型、ベア型」「レバレッジ型、インバース型」等、対になる用語の意味を整理しておきましょう。入れ替えてひっかけるパターンがよく出題されます。

22 ☑☑☑ 重要度 B [2019年5月]

上場投資信託（ETF）の一般的な特徴に関する次の記述のうち、最も適切なものはどれか。

1. 東京証券取引所には、日本株式、外国株式、債券、REIT等の指数や指標に連動するETFが上場されている。
2. ETFは、売買の際に上場株式と同様に売買委託手数料がかかるが、非上場の投資信託とは異なり、運用管理費用（信託報酬）は徴収されない。
3. ETFの分配金には、普通分配金と元本払戻金（特別分配金）とがあり、税務上、普通分配金は課税対象となり、元本払戻金（特別分配金）は非課税となる。
4. TOPIXインバース指数に連動するETFは、TOPIXの前営業日に対する変動率の2倍となるように計算された指数に連動するように運用されている。

1 が適切　　テキスト 3章　P281-283

1. **適切**　ETFには特定の**株式、債券、REIT、商品等の指数や指標に連動**する運用成果を目指すインデックスファンドのほか、アクティブファンドもあります。

2. 不適切　ETFは、販売会社に対する代行手数料がかからない分、非上場の投資信託と比べて**運用管理費用（信託報酬）は安く**なっています。なお、ETFを市場で売買する際に支払う委託手数料は、**証券会社により異なり**ます。

3. 不適切　上場投資信託（ETF）の分配金には、**元本払戻金（特別分配金）はありません**。なお、非上場の追加型公募株式投資信託は、収益部分からの分配金（普通分配金：配当所得）と収益部分以外（元本の払戻し）の分配金（元本払戻金、特別分配金：非課税）があります。

4. 不適切　**インバース**型のETFは、日経平均株価や東証株価指数（TOPIX）などの指数の日々の変動率に、一定の**負**の倍数を乗じて算出される指数に連動した運用成果となるように運用されます。例えば、ダブルインバースは指数の－2倍の値動きとなります。2倍となるように計算された指数に連動するのはレバレッジ型（2倍）です。

レック先生のワンポイント

ETF（上場投資信託）は、分散投資効果が得られる点では投資信託の特徴をもっていますが、取引方法は上場株式と同じであり、指値注文、成行注文や信用取引もできます。

23 ☑☑☑ 重要度 B [2023年9月]

わが国における上場投資信託（ETF）および上場不動産投資信託（J-REIT）の特徴に関する次の記述のうち、最も適切なものはどれか。

1. ETFは、非上場の投資信託と異なり、運用管理費用（信託報酬）は発生しない。
2. ETFを市場で売却する際には、信託財産留保額はかからない。
3. J-REITの分配金は、所得税の配当控除の対象となる。
4. J-REITは、一般に、信託財産の解約ができるオープン・エンド型の投資信託として設定されている。

外貨建て金融商品・金

24 ☑☑☑ 重要度 A [2019年1月]

個人（居住者）が国内の金融機関等を通じて行う外貨建て金融商品の取引等に関する次の記述のうち、最も不適切なものはどれか。

1. 国外の証券取引所に上場している外国株式を国内店頭取引により売買するためには、あらかじめ外国証券取引口座を開設する必要がある。
2. 国内の証券取引所に上場している外国株式を国内委託取引により売買した場合の受渡日は、国内株式と同様に、売買の約定日から起算して3営業日目となる。
3. 外貨定期預金の預入時に満期日の円貨での受取額を確定させるために為替先物予約を締結した場合、満期時に生じた為替差益は外貨預金の利息とともに源泉分離課税の対象となる。
4. ユーロ建て債券を保有している場合、ユーロに対する円の為替レートが円高に変動することは、当該債券に係る円換算の投資利回りの上昇要因となる。

2 が適切　　テキスト1章　P281-283

1. 不適切　ETFも、非上場の投資信託と同様に、**運用管理費用（信託報酬）がかかります。**販売会社に対する代行手数料がかからない分、非上場の投資信託と比べて**安く**なっています。
2. **適切**　なお、ETFの売買時には、売買委託手数料がかかりますが、購入時手数料はかかりません。
3. 不適切　J-REITの分配金は、税引き前利益から支払われるため、**二重課税の調整が不要**ですので、配当控除の適用はありません。
4. 不適切　一般に、J-REITは**いつでも売却はできますが、解約はできない**（クローズドエンド型）投資信託です。

4 が不適切　　テキスト3章　P261、P288-290

1. 適切　なお、国内委託取引、海外委託取引も同様です。
2. 適切　国内上場株式、外国株式を売買した場合の受渡日は、売買の約定日から起算して**3営業日目**となります。
3. 適切　外貨定期預金の為替差益は、預入時に為替予約がある場合は源泉分離課税、**預入時に為替予約がない場合**（為替予約をしない場合だけでなく、預入後に為替予約をした場合も含む）は**雑所得として総合**課税の対象となります。
4. **不適切**　**円高＝外貨安**ですので、円高が進行すると、円換算の投資利回りは下落します。

25 ☑☑☑ 重要度 A

[2018年5月]

個人（居住者）が国内の金融機関等を通じて行う外貨建て金融商品の取引等に関する次の記述のうち、最も適切なものはどれか。

1. 国外の証券取引所に上場している外国株式を、国内店頭取引により売買する場合には、外国証券取引口座を開設する必要がない。
2. 外貨建て金融商品の取引にかかる為替手数料の料率は、どの取扱金融機関も同じであり、外国通貨の種類ごとに一律で決められている。
3. 米ドル建て債券を保有している場合、為替レートが円高・米ドル安に変動することは、当該債券に係る円換算の投資利回りの下落要因となる。
4. 外国為替証拠金取引では、証拠金にあらかじめ決められた倍率を掛けた金額まで売買できるが、倍率の上限は各取扱業者が決めており、法令による上限の定めはない。

3 が適切　　テキスト 3章　P288-291

1. 不適切　外国株式を、国内店頭取引により売買するには、あらかじめ外国証券取引口座を開設する必要があります。国内委託取引、海外委託取引も同様です。

2. 不適切　外国通貨に換える際の為替手数料は、**金融機関、通貨等により異なり**ます。

3. **適切**　**円高・外貨安**が進行すると、外貨建て金融商品の円換算の投資利回りは**下落**します。

4. 不適切　外国為替証拠金取引では、証拠金にあらかじめ決められた倍率を掛けた金額まで売買でき、個人取引の倍率の上限は**25倍**とされています。

26 ☑☑☑ 重要度 C [2023年9月]

上場株式等の譲渡および配当等（一定の大口株主等が受けるものを除く）に係る所得税の課税等に関する次の記述のうち、最も適切なものはどれか。なお、本問においては、特定口座のうち、源泉徴収がされない口座を簡易申告口座といい、源泉徴収がされる口座を源泉徴収選択口座という。

1. 上場株式等の配当等について、総合課税を選択して確定申告をした場合、上場株式等に係る譲渡損失の金額と損益通算することができる。
2. 上場株式等に係る配当所得等の金額と損益通算してもなお控除しきれない上場株式等に係る譲渡損失の金額は、確定申告をすることにより、翌年以後3年間にわたって繰り越すことができる。
3. 簡易申告口座では、源泉徴収選択口座と異なり、その年中における口座内の取引内容が記載された「特定口座年間取引報告書」が作成されないため、投資家自身でその年中の上場株式等に係る譲渡損益および配当等の金額を計算する必要がある。
4. 年末調整の対象となる給与所得者が、医療費控除の適用を受けるために確定申告をする場合、源泉徴収選択口座における上場株式等に係る譲渡所得等および配当所得等についても申告しなければならない。

2 が適切　　テキスト3章　P294-295、P297-299、P303

1. 不適切　上場株式等の配当等について、上場株式等に係る譲渡損失の金額と損益通算、繰越控除をするためには、**申告分離課税**による確定申告が必要です。

2. **適切**　1.の解説を参照。

3. 不適切　特定口座では、**源泉徴収口座、簡易申告口座のいずれにおいても、年間取引報告書が作成**されます。「年間取引報告書」が作成されないのは、**一般口座**です。

4. 不適切　給与所得者が医療費控除の適用を受けるために確定申告をする場合であっても、**特定口座の源泉徴収選択口座の所得等の申告は不要**です。

27 ☑☑☑ 重要度A [2021年1月]

新NISAの成長投資枠およびつみたて投資枠に関する次の記述のうち、最も不適切なものはどれか。

1. 新NISAの成長投資枠とつみたて投資枠の両方を同時に利用して上場株式を購入できる。
2. 新NISAの成長投資枠を通じて新規購入することができる限度額（非課税枠）は年間240万円である。
3. 新NISAのつみたて投資枠を通じて購入することができる金融商品は、所定の要件を満たす公募株式投資信託やETF（上場投資信託）であり、長期の積立・分散 投資に適した一定の商品性を有するものに限られている。
4. 新NISAを通じて購入した公募株式投資信託等に譲渡損失が生じた場合、その損失の金額は、特定口座や一般口座で生じた上場株式等に係る譲渡益の金額と損益の通算をすることができる。

28 ☑☑☑ 重要度A [2022年1月]

新NISAの成長投資枠およびつみたて投資枠に関する次の記述のうち、最も適切なものはどれか。

1. 新NISAのつみたて投資枠に受け入れることができる金融商品は、所定の要件を満たす公募株式投資信託やETF（上場投資信託）であり、長期の積立・分散投資に適した一定の商品性を有するものに限られている。
2. 新NISAのつみたて投資枠に受け入れている金融商品を売却することで生じた譲渡損失は、確定申告を行うことにより、同一年中に特定口座や一般口座で保有する金融商品を売却することで生じた譲渡益と通算することができる。
3. 新NISAの生涯非課税限度額1,800万円は、2023年までに投資した一般NISA、つみたてNISAを含めて判定される。
4. 新NISAの年間投資上限額は、つみたて投資枠240万円、成長投資枠120万円である。

4 が不適切　　テキスト 3章　P303-304

1. 適切　なお、2023年までの一般NISAとつみたてNISAは同時に利用できませんでした。

2. 適切　なお、新NISA全体の生涯非課税限度額は**1,800万円**、うち成長投資枠は1,200万円です。

3. 適切　新NISAのつみたて投資枠では、**上場株式やJ-REITは対象外**です。

4. **不適切**　新NISAの譲渡損失は、**他の口座と損益通算できません。**発生した利益もゼロ（非課税）と扱いますが、損失もゼロと扱います。

1 が適切　　テキスト 3章　P303-304

1. **適切**　なお、新NISAのつみたて投資枠では**上場株式やJ-REITに投資できません。**

2. 不適切　新NISAで受け入れている金融商品を売却することで生じた譲渡損失は、**損益通算できません。**

3. 不適切　新NISAの**生涯非課税限度額1,800万円**は、2023年までに投資した**一般NISA、つみたてNISAと別枠で利用できます。**

4. 不適切　新NISAの年間投資上限額は、**つみたて投資枠120万円、成長投資枠240万円**です。

ポートフォリオ理論

29 ☑☑☑ 重要度 A [2021年1月]

ポートフォリオ理論に関する次の記述のうち、最も適切なものはどれか。

1. ポートフォリオのリスクとは、一般に、組み入れた各資産の損失額の大きさを示すのではなく、期待収益率からのばらつきの度合いをいう。
2. 異なる2資産からなるポートフォリオにおいて、2資産間の相関係数が1である場合、ポートフォリオを組成することによる分散投資の効果（リスクの低減効果）は最大となる。
3. ポートフォリオのリスクは、組み入れた各資産のリスクを組入比率で加重平均した値よりも大きくなる。
4. ポートフォリオの期待収益率は、組み入れた各資産の期待収益率を組入比率で加重平均した値よりも大きくなる。

30 ☑☑☑ 重要度 B [2021年9月]

アセットアロケーションに関する次の記述のうち、最も不適切なものはどれか。

1. アセットアロケーションとは、投資資金を複数の資産クラス（株式、債券および不動産等）に配分することである。
2. アセットアロケーションを決める際に、外貨建ての金融商品は、為替の変動リスクやカントリーリスクなどもあるため、投資対象には含めない。
3. 各資産クラスの投資金額ではなくリスク量が同等になるように配分比率を調整するリスクパリティ運用（戦略）においては、特定の資産クラスのボラティリティが上昇した場合、当該資産を売却する。
4. 運用期間を通して、定められた各資産クラスの投資金額の配分比率を維持する方法の一つとして、値上がりした資産クラスを売却し、値下がりした資産クラスを購入するリバランスという方法がある。

1 が適切　　テキスト 3章　P306-308

1. **適切**　「リスクが大きい」とは、期待収益率よりも大きな収益または損失が発生する可能性が高いことをいいます。

2. 不適切　2資産間の値動きの関係を相関係数といい、－1から＋1で表されます。＋1の場合は**全く同じ値動き**となり分散投資の効果はありません。－1の場合は全く反対の値動きとなるため、**分散投資の効果（リスクの低減）は最大**となります。

3. 不適切　異なる2資産からなるポートフォリオにおいて、リスクは、組み入れた各資産のリスクを組入比率で**加重平均した値と同じ**（相関係数1の場合）**となるか、小さくなり**（相関係数1未満の場合）、加重平均値よりも大きくなることはありません。なお、相関係数が－1の場合にリスク分散効果が最大となります（2.の解説参照）。

4. 不適切　ポートフォリオの期待収益率は、組み入れた各資産の期待収益率を組入比率で加重平均した値（**期待収益率×組入比率を合計した値**）となります。

2 が不適切　　テキスト 3章　P306-308

1. 適切　記述のとおりです。

2. **不適切**　アセットアロケーションを決める際、**リスクの異なる資産に分散**することにより**リスクを軽減できる**と考えており、為替リスクやカントリーリスクを有する資産クラスも投資対象に含めます。

3. 適切　リスク（ボラティリティ＝価格のブレ）が高まると、**リスクが大きい資産を売却して、リスク量を調整**します。

4. 適切　値上がりした資産の売却（資産比率が下がる）と、値下がりした資産の購入（資産比率が上がる）により、配分比率を維持できます（リバランスと呼ばれます）。

31 ☑☑☑ 重要度 A [2019年1月]

下記＜資料＞に基づくファンドＡとファンドＢの運用パフォーマンスの比較評価に関する次の記述の空欄（ア）～（ウ）にあてはまる語句または数値の組み合わせとして、最も適切なものはどれか。

＜資料＞ファンドＡとファンドＢの運用パフォーマンスに関する情報

ファンド名	実績収益率	実績収益率の標準偏差
ファンドＡ	8.0%	2.0%
ファンドＢ	6.0%	4.0%

無リスク金利を1.0%として、＜資料＞の数値によりファンドＡのシャープレシオの値を算出すると（ ア ）となり、同様に算出したファンドＢのシャープレシオの値は（ イ ）となる。シャープレシオの値が（ ウ ）ほど効率的な運用であったと判断される。

1. （ア）3.50 （イ）1.25 （ウ）大きい
2. （ア）3.50 （イ）1.25 （ウ）小さい
3. （ア）4.00 （イ）1.50 （ウ）大きい
4. （ア）4.00 （イ）1.50 （ウ）小さい

1 が適切

テキスト 3章　P308-309

シャープレシオ（シャープの測度）は**（ポートフォリオ全体の収益率－無リスク資産収益率）÷標準偏差**で求められ、数値が高いほど、より少ないリスクで、より多くのリスクに応じたリターンをあげていると判断できます。

（ア）ファンドAのシャープレシオ＝（8.0－1.0）÷2.0＝3.5

（イ）ファンドBのシャープレシオ＝（6.0－1.0）÷4.0＝1.25

（ウ）**数値が大きいほど効率的な運用**であったと判断されます。設問の場合はファンドAの方がよいパフォーマンスであると判断されます。

デリバティブ取引

32 ☑☑☑ 重要度 B [2022年9月]

先物取引やオプション取引に関する次の記述のうち、最も不適切なものはどれか。

1. 現在保有している現物資産が将来値下がりすることに備えるため、先物を売り建てた。
2. 将来保有しようとする現物資産が将来値上がりすることに備えるため、先物を買い建てた。
3. 現在保有している現物資産が将来値下がりすることに備えるため、プット・オプションを売った。
4. 将来保有しようとする現物資産が将来値上がりすることに備えるため、コール・オプションを買った。

33 ☑☑☑ 重要度 B [2021年5月]

金融派生商品の取引の一般的な仕組みや特徴等に関する次の記述のうち、最も不適切なものはどれか。

1. オプション取引において、コール・オプションは「原資産を買う権利」であり、プット・オプションは「原資産を売る権利」である。
2. 原資産を保有している投資家は、その先物取引で売りヘッジを行うことで、取引を行った時点以降の原資産価格の下落によって生じる評価損を先物取引の利益で相殺または軽減することができる。
3. 先物価格が今後上昇すると予測される場合、先物取引で売建てし、後日、実際に相場が上昇したときに買い戻すことで利益を得ることができる。
4. 金融派生商品を利用することで、現物取引を行った場合と同等の経済効果を、より少額の資金で実現することができる。

3 が不適切　テキスト 3章 P312-317

1. 適切　**先物を売り**建てることで、現物資産の**値下がりリスクを軽減**できます。
2. 適切　**先物を買い**建てることで、現物資産の**値上がりリスクを軽減**できます。
3. **不適切**　プット・オプションは売る権利です。(一定の価格で) **売る権利を買う**ことで、現物資産の将来の**値下がりリスクを軽減**できます。反対に、(一定の価格で) **売る権利を売る**ことで、現物資産の将来の**値上がりリスクを軽減**できます。
4. 適切　コール・オプションは買う権利です。(一定の価格で) **買う権利を買う**ことは、現物資産の将来の**値上がりリスクを軽減**できます。

3 が不適切　テキスト 3章 P312-317

1. 適切　買う権利を「**コール**」、売る権利を「**プット**」といいます。
2. 適切　先物を売ることで、原資産の値下がり損を軽減できます。
3. **不適切**　先物価格が今後上昇すると予想される場合、**先物取引で買建て**し、**後日、実際に上昇したときに売ることで利益**を得ることができます。反対に、先物価格が今後下落すると予想される場合、先物取引で売建てし、後日、実際に下落したときに買い戻すことで利益を得ることができます。
4. 適切　このような効果を**レバレッジ効果**といいます。

34 ☑☑☑ 重要度 **B** [2022年5月]

金融派生商品に関する次の記述のうち、最も適切なものはどれか。

1. 金融派生商品を利用する場合、現物取引を行った場合と同等の投資効果を得るには、現物取引よりも多額の資金を投入する必要がある。
2. 現物価格の変動による利益と同額の利益が発生するように、現物と同じポジションの先物を保有することなどにより、価格変動リスク等を回避または軽減することを狙う取引を、ヘッジ取引という。
3. 現物価格と当該現物を原資産とする先物の理論価格との間で価格差が生じた場合、割安な方を売り、割高な方を買うポジションを組み、その価格差を利益として得ることを狙う取引を、裁定取引という。
4. 先物の将来の価格を予想してポジションを取り、予想どおりの方向に変動したときに反対売買を行って利益を確定することを狙う取引を、スペキュレーション取引という。

4 が適切　　テキスト 3章　P312-317

1. 不適切　金融派生商品は**レバレッジ効果**により、現物取引よりも**少額の資金**で、現物取引を行った場合と**同等の投資効果**（利益および損失）が発生します。

2. 不適切　現物価格の変動による**損失と同額の利益が発生**するように、現物と反対のポジションの先物を保有することなどにより、価格変動リスク等を回避または軽減することを狙う取引を、ヘッジ取引といいます。

3. 不適切　反対です。現物価格と当該現物を原資産とする先物の理論価格との間で価格差が生じた場合、**割安な方を買い、割高な方を売るポジション**を組み、その価格差を利益として得ることを狙う取引を、**裁定取引**といいます。

4. **適切**　記述のとおりです。

第1問 重要度 C

[2019年5月]

経済指標に関する下表の空欄（ア）～（エ）に入る語句を語群の中から選び、その番号のみを解答欄に記入しなさい。

名称	発表機関	概要
国内総生産（GDP）	（ ア ）	一定期間中に国内で生み出された財・サービスなどの付加価値の合計を金額で示す指標で、その国の経済規模を表す。
（ イ ）	財務省 日本銀行	外国との間で行ったモノやサービス、有価証券等の取引や決済資金の流れなどを記録・集計した統計で、国際通貨基金（IMF）のマニュアルに準拠して作成される。
全国企業短期経済観測調査（日銀短観）	日本銀行	景気の現状や先行きの見通しについて企業経営者を対象に直接行われるアンケート調査であり、年（ ウ ）、調査・公表される。
（ エ ）	総務省	全国の世帯が購入する家計に係る財およびサービスの価格等を総合した物価の変化を時系列的に測定するものである。調査結果は各種経済施策や公的年金の給付水準の改定などに利用されている。

<語群>

1. 内閣府　2. 総務省　3. 経済産業省
4. 国際収支統計　5. マネーストック統計
6. 家計消費支出　7. 消費者物価指数
8. 2回　9. 4回　10. 6回

正解 （ア）1 （イ）4 （ウ）9 （エ）7

テキスト 3章 （ア）P208、（イ）（ウ）P210、（エ）P211

	発表機関	調査頻度
国内総生産（GDP）	（ア　内閣府）	四半期ごと
（イ　国際収支統計）	財務省・日本銀行	毎月
日銀短観	日本銀行	年（ウ　4回）
（エ　消費者物価指数）	総務省	毎月
景気動向指数	内閣府	毎月
企業物価指数	日本銀行	毎月
マネーストック統計	日本銀行	毎月

レック先生のワンポイント

経済指標の特徴を理解して発表機関、調査頻度を整理しておきましょう。

第2問

重要度A　[2020年1月]

下記<資料>の債券を取得日から７年後に売却した場合における所有期間利回り（単利・年率）を計算しなさい。なお、手数料や税金等については考慮しないものとし、計算結果については小数点以下第４位を切り捨てること。また、解答に当たっては、解答用紙に記載されている単位に従うこと（解答用紙に記載されているマス目に数値を記入すること）。

<資料>

表面利率：年1.3%
額面:100万円
購入価格：額面100円につき100.00円
売却価格：額面100円につき103.00円
所有期間：7年

正解　**1.728**（%）　テキスト 3章　P248-249

利回りとは、ある一定期間で得られる収益を１年あたりに換算し、それを預入当初の元本で割ったものです（１年間の収益÷投資元本×100（%））。

債券投資における利回りとは、利息収益、売却損益、償還損益を１年あたりに換算し、買付価格で割ったものであり、所有期間利回りとは、購入時から売却時まで保有した期間の利回りのことを指します。

$$\text{利付債の所有期間利回り（単利）（\%）} = \frac{\text{表面利率} + \dfrac{\text{売却価格} - \text{買付価格}}{\text{所有期間}}}{\text{買付価格}} \times 100$$

$$= \frac{1.3 + \dfrac{103 - 100}{7}}{100} \times 100 \fallingdotseq 1.728\%\ \text{（小数点第４位切り捨て）}$$

レック先生のワンポイント

・問題の指示は「四捨五入」ではなく、「切り捨て」です。問題をよく読みましょう。

・公式を覚えられない人は「1年あたりの利益を投資元本で割ったもの」と考えて、「以下の3ステップで解きましょう」。公式は覚える必要はありません。

第1ステップ　所有期間の利益を求めます
利子　1.3円×7年＝9.1円
差益　103－100円＝3円
合計　9.1円＋3円＝12.1円

第2ステップ　1年あたりの利益に直します（7で割ります）
12.1円÷7＝1.72857・・・

第3ステップ　投資元本（100円）で割り、（%）に直すため、100を乗じます

電卓のたたき方　12.1÷7÷100（投資元本）×100（%）

第3問 ☑☑☑ 重要度C

[2021年1月]

下記<資料>に関する次の記述の空欄（ア）、（イ）にあてはまる語句の組み合わせとして、正しいものはどれか。

<資料>

［販売用資料］

TA株式会社	2024年1月25日満期　米ドル建て社債
期間	3年
利率	年1.70％（米ドルベース）
売出期間	2021年1月12日～2021年1月25日

［売出要項］

売出価格	額面金額の100％
お申込み単位	額面金額1,000米ドル単位
利払日	毎年3月、9月の各26日（利払い日が休日の場合は翌営業日）／年2回
受渡日	2021年1月26日
償還日	2024年1月26日
格付	BBB（スタンダード・アンド・プアーズ［S&P］社）

・適用される為替レート（1米ドル）が110.00円の場合、この債券の最低単位の購入代金は（ ア ）となる。
・この債券は（ イ ）に分類される。

1. （ア） 11万円　（イ）投資適格債
2. （ア） 11万円　（イ）投機的格付債
3. （ア）110万円　（イ）投資適格債
4. （ア）110万円　（イ）投機的格付債

正解 **1** が正しい　　　テキスト 3章　(ア) P245、(イ) P253

(ア) 売出価格は**額面金額の100%**、申込み単位が額面金額の**1,000米ドル単位**、適用される為替レートは1米ドル110円ですので、この債券の最低単位の購入代金は1,000米ドル×110円/米ドル=110,000円となります。

(イ) **BBB以上**の格付けは**投資適格**、**BB以下**の格付けは**投資不適格**です。
設問の債券の格付けはBBBですので、投資適格債に分類されます。

以上より、1.が正解となります。

第4問 ☑☑☑ 重要度B

[2021年1月]

個人向け国債に関する下表の空欄（ア）～（エ）にあてはまる語句または数値に関する次の記述のうち、最も適切なものはどれか。

金利・償還期限	変動10年	固定5年	（ ア ）3年
利払い	（ イ ）ごと		
金利設定方法	基準金利×0.66	基準金利－0.05％	基準金利－0.03％
金利の下限	（ ウ ）％（年率）		
購入単位	1万円以上1万円単位		
中途換金	原則として発行から（ エ ）経過すれば可能 ただし、直前2回分の各利子（税引前）相当額×0.79685が差し引かれる		
発行月（発行頻度）	毎月（年12回）		

1. 空欄（ア）にあてはまる語句は、「変動」である。
2. 空欄（イ）にあてはまる語句は、「1年」である。
3. 空欄（ウ）にあてはまる数値は、「0.05」である。
4. 空欄（エ）にあてはまる語句は、「半年」である。

正解 **3** が適切

テキスト3章 P247

個人向け国債でよく出題されるポイント

金利・償還期限	**変動**10年	**固定**5年	（ア **固定**）3年
利払い	（イ **半年**）ごと		
金利設定方法	基準金利×**0.66**	基準金利－0.05%	基準金利－0.03%
金利の下限	（ウ **0.05**）%（年率）		
購入単位	**1万円**以上**1万円**単位		
中途換金	原則として発行から（エ **1年**）経過すれば可能 ただし、直前**2回分**の各利子（税引前）相当額×0.79685が差し引かれる		
発行月（発行頻度）	**毎月**（年12回）		

レック先生のワンポイント

出題回数は少ないですが、個人向け国債の共通点、相違点は整理しておきましょう！

第5問　☑☑☑　重要度 B　[2021年1月]

下記＜資料＞について、この企業の株価が2,260円である場合、2020年11月期通期の業績予想ベースにおける次の記述の空欄（ア）、（イ）にあてはまる数値を語群の中から選び、解答欄に記入しなさい。なお、解答に当たっては、小数点以下第3位を四捨五入すること。

＜資料＞

2019年11月期　決算短信〔日本基準〕(連結)

2020年1月9日

上場会社名　SX株式会社　上場取引所　東
コード番号　URL　https://www.xxx.com/
代表者　(役職名) 代表取締役　社長執行役員　(氏名) ●●●●
問合せ先責任者　(役職名) 経営推進本部長　(氏名) ●●●●　TEL　XX-XXXX-XXXX

(省略)

(百万円未満切捨て)

1. 2019年11月期の連結業績 (2018年12月1日～2019年11月30日)
(1) 連結経営成績　(%表示は対前期増減率)

	売上高		営業利益		経常利益		親会社株主に帰属する当期純利益	
	百万円	%	百万円	%	百万円	%	百万円	%
2019年11月期	545,723	△4.8	32,048	△3.1	33,275	△3.1	18,698	2.1
2018年11月期	573,525	2.1	33,067	5.8	34,349	5.7	18,320	1.2

(注) 包括利益　2019年度11月期　17,646百万円 (△0.8%)　2018年度11月期　17,786百万円 (△47.5%)

	1株当たり当期純利益	潜在株式調整後1株当たり当期純利益	自己資本当期純利益率	総資産経常利益率	売上高営業利益率
	円 銭	円 銭	%	%	%
2019年11月期	130.72	―	8.1	7.7	5.9
2018年11月期	124.85	―	8.1	8.2	5.8

(参考) 持分法投資損益　2019年度11月期　168百万円　2018年度11月期　130百万円

(2) 連結財政状態

(省略)

(3) 連結キャッシュ・フローの状況

(省略)

2. 配当の状況

	年間配当金 第1四半期末	第2四半期末	第3四半期末	期末	合計	配当金総額(合計)	配当性向(連結)	純資産配当率(連結)
	円 銭	円 銭	円 銭	円 銭	円 銭	百万円	%	%
2018年11月期	―	19.00	―	19.00	38.00	5.510	*	2.4
2019年11月期	―	20.00	―	25.00	45.00	5.578	*	2.8
2020年11月期(予想)	―	20.00	―	20.00	40.00		*	

(注) 2019年11月期の期末配当金額は予定であり、2020年1月22日開催の取締役会で決定します。
2019年11月期の期末配当金につきましては、創業100周年記念配当5円を含んでいます。

3. 2020年11月期の連結業績予想 (2019年12月1日～2020年11月30日)

(%表示は対前期増減率)

	売上高		営業利益		経常利益		親会社株主に帰属する当期純利益		1株当たり当期純利益
	百万円	%	百万円	%	百万円	%	百万円	%	円 銭
通期	555,000	1.7	32,100	0.2	32,500	△2.3	14,500	△22.5	101.37

※問題作成の都合上、一部を「*」としている。

・PER（株価収益率）は（ ア ）倍である。
・配当性向は（ イ ）%である。

＜語群＞

1.77	1.99	17.29	18.10
22.29	30.60	34.42	39.46

正解　**(ア) 22.29（倍）**　**(イ) 39.46（%）**

テキスト 3章　(ア) P268、(イ) P270

(ア) PER（株価収益率）は利益からみた株価水準を評価する数値で、「**株価÷1株当たり当期純利益**」で求めます。2020年11月期の1株当たり当期純利益は資料の一番右下に101.37円とありますので、
2,260円÷101.37≒22.29（小数点以下第3位四捨五入）となります。
PER＝「ピカイチ（ピ＝カ÷イチ）」で覚えましょう。

(イ) 配当性向は利益の配当による株主への還元割合を表す数値で、「**配当金÷当期純利益×100（%）**」で求めます。
年間配当金は、「2. 配当の状況」の右から4列目に「40.00」とありますので、配当性向は、40円÷101.37×100≒39.46%（小数点以下第3位四捨五入）となります。

レック先生のワンポイント

決算短信は3カ月に1回、発表されます。
今後も出題が予想されますので、「1株当たり当期純利益」「配当金」等、株価分析で使用する数値がどこに記載されているか、慣れておきましょう。

第6問 ☑☑☑ 重要度 B [2020年1月]

下記<資料>に関する次の記述の空欄（ア）、（イ）にあてはまる語句の組み合わせとして、正しいものはどれか。

<資料>

	YL株式	YM株式
株価	3,120円	17,840円
1株当たり利益	160円	760円
1株当たり純資産	1,380円	6,870円
1株当たり年間配当金	50円	250円

・YL株式とYM株式の株価をPBR（株価純資産倍率）で比較した場合、（ ア ）株式の方が割安といえる。
・YL株式とYM株式の配当利回りを比較した場合、（ イ ）株式の方が高い。

1. （ア）YL　（イ）YL
2. （ア）YL　（イ）YM
3. （ア）YM　（イ）YL
4. （ア）YM　（イ）YM

正解 **1** が正しい　　テキスト 3章　(ア) P268、(イ) P270

(ア) PBR（株価純資産倍率）は「**株価÷1株当たり純資産**」により求められ、**数値が低いほど株価が割安**であると判断できます。

YL株式のPBR＝3,120円÷1,380円≒2.26（倍）

YM株式のPBR＝17,840円÷6,870円≒2.60（倍）

以上より、YL株式のPBRの方が数値が低く、割安といえます。

(イ) 配当利回りは「**1株当たり年間配当金÷株価×100（%）**」により求めます。

YL株式＝50円÷3,120円×100≒1.60（%）

YM株式＝250円÷17,840円×100≒1.40（%）

以上より、YL株式の配当利回りの方が高くなります。

以上より、1.が正解となります。

レック先生のワンポイント

- PER（株価収益率）、PBR（株価純資産倍率）は、数値が低い方が割安と判断できます。
- ROE（自己資本利益率）は数値が高いほど、自己資本に対する収益性が高いと判断できます。

第7問 ☑☑☑ 重要度 B [2021年5月]

下記<資料>は、妹尾さんが同一の特定口座内で20XX年中に行った東京証券取引所プライム市場上場会社であるGA株式会社の株式（以下「GA株式」という）の株式取引に係る明細である。妹尾さんのGA株式の取引に関する次の記述の空欄（ア）、（イ）にあてはまる語句の組み合わせとして、正しいものはどれか。

＜資料＞

取引日 曜日	10月28日 月曜日	11月20日 水曜日	12月11日 水曜日	12月24日 火曜日
取引内容	買付	買付	売却	買付
約定単価	900円	1,200円	1,250円	1,300円
株数	100株	200株	100株	200株

※売買手数料および消費税については考慮しないこととする。
※その他の記載のない条件については一切考慮しないこととする。

＜20XX年12月カレンダー（一部抜粋）＞

日	月	火	水	木	金	土
8日	9日	10日	11日	12日	13日	14日
15日	16日	17日	18日	19日	20日	21日

※網掛け部分は、市場休業日である。

・12月11日のGA株式の売却取引に関する受渡日は（ ア ）である。
・12月24日の買付後におけるGA株式の譲渡所得の取得費の計算の基礎となる1株当たりの取得価額は（ イ ）である。

1. （ア）12月13日　（イ）1,200円
2. （ア）12月13日　（イ）1,250円
3. （ア）12月16日　（イ）1,200円
4. （ア）12月16日　（イ）1,250円

正解 **1** が正しい　　テキスト 3章　P261、P295-296

(ア) 株式の普通取引では、原則として**約定日（売買が成立した日）から起算して3営業日目**（土日祝日等を除く）に決済を行いますので、12月11日の買付取引に関する受渡日は、13日（金）となります。

(イ) 同一銘柄の上場株式を２回以上にわたって購入している場合、株式の譲渡所得金額の計算上、**取得費は「総平均法に準ずる方法」により算出**します。
設問の場合、
900円×100株＝9万円
1,200円×200株＝24万円
この時点の取得単価は、(9万円＋24万円）÷（100株＋200株）＝1,100円です。
12月11日に100株を売却していますので、残っているのは、200株×1,100円＝22万円
12月24日に購入した分と合わせると
株数は200株＋200株＝400株、取得費は22万円＋1,300円×200株＝48万円ですので、
取得価額は480,000円÷400株＝1,200円となります。

以上より、正解は1.となります。

レック先生のワンポイント

過去問題では、途中で株式分割している場合や、途中で一部売却している場合も出題されています。

第8問 ☑☑☑ 重要度B [2019年5月]

西山さんはHE投資信託を新規募集時に500万口購入し、特定口座（源泉徴収口座）で保有して収益分配金を受け取っている。下記<資料>に基づき、西山さんが保有するHE投資信託に関する次の記述の空欄（ア）、（イ）にあてはまる数値の組み合わせとして、正しいものはどれか。

<資料>

［HE投資信託の商品概要（新規募集時）］
投資信託の分類：追加型国内公募株式投資信託
決算および収益分配：年1回
申込価格：1口当たり1円
申込単位：1万口以上1口単位
購入時手数料（税込み）：購入金額1,000万円未満　2.75％
　　　　　　　　　　　　購入金額1,000万円以上　2.20％
運用管理費用（信託報酬）（税込み）：純資産総額に対し年1.650％
信託財産留保額：1口につき解約請求日の翌営業日の基準価額に0.3％を乗じた額

［西山さんが保有するHE投資信託の収益分配金受取時の運用状況（1万口当たり）］
収益分配前の個別元本：10,000円
収益分配前の基準価額：13,000円
収益分配金：2,000円
収益分配後の基準価額：11,000円

・西山さんが、HE投資信託を新規募集時に500万口購入した際に、支払った購入時手数料（税込み）は（ ア ）円である。
・西山さんが保有するHE投資信託の収益分配金受領後の個別元本（1万口当たり）は（ イ ）円である。

1. （ア）110,000　（イ） 8,000
2. （ア）110,000　（イ）10,000
3. （ア）137,500　（イ） 8,000
4. （ア）137,500　（イ）10,000

正解 **4** が正しい　　テキスト 3章　(ア) P277 (イ) P283、P296

(ア) 新規募集時に500万口購入した場合の金額は500万円（**1,000万円未満**）であるため、購入時手数料は
500万円×2.75％＝137,500円となります。

(イ) 分配前の基準価額13,000円＞個別元本の部分（収益からの分配金）が普通分配金、その他の部分（収益以外からの分配金）が元本払戻金（特別分配金）となります。元本払戻金が支払われると、その分、個別元本が小さくなります。
設問の場合、個別元本10,000円、収益分配前の基準価額13,000円、収益分配金2,000円、収益分配後の基準価額11,000円（13,000円－2,000円）であり、収益分配金2,000円は、収益部分（13,000円－10,000円＝3,000円）からの分配金ですので、全額が普通分配金となります。
したがって、**個別元本は10,000円のまま、変わりません。**

以上より、4.が正解となります。

第9問 ☑☑☑ 重要度 B

［2019年9月］

恵美さんは外貨定期預金に関心をもっている。下記＜資料＞の外貨定期預金について、満期時の外貨ベースの元利合計額を円転した金額として、正しいものはどれか。

＜資料＞

・預入額　10,000米ドル
・預入期間　3ヵ月
・預金金利　5.00％（年率）
・為替レート（1米ドル）

	TTS	TTM（仲値）	TTB
満期時	112.00円	111.00円	110.00円

注1：利息の計算に際しては、預入期間は日割りではなく月単位で計算すること。
注2：為替差益・為替差損に対する税金については考慮しないこと。
注3：利息に対しては、米ドル建ての利息額の20％（復興特別所得税は考慮しない）相当額が所得税・住民税として源泉徴収されるものとすること。

1. 1,144,000円
2. 1,131,200円
3. 1,113,750円
4. 1,111,000円

正解 **4** が正しい　　テキスト3章　P287-289

第1ステップ　外貨建ての利息を求めます（問題では年率表示。運用期間は3カ月である点に注意！）
第2ステップ　税（20%）引き後の利息を求めます（20%を差し引きます）
第3ステップ　元本と税引き後の利息を円転します（TTBレートを使用）

第1ステップ　外貨定期預金に10,000米ドル預け入れ、3カ月にわたり年利5.00%で運用した場合に得られる外貨建ての利息は10,000米ドル×5%×3／12＝125米ドルとなります。

第2ステップ　利息は20%の税金が源泉徴収されるため、税引き後の利息は125米ドル×（1－0.2）＝100米ドルとなります。

第3ステップ　満期時の税引後の米ドルベースの金額（10,100米ドル）を日本円に戻します。
10,100米ドルを円に戻すときのレートはTTBですので、
円転した金額は10,100米ドル×110円／米ドル＝1,111,000円となり、4.が正解となります。

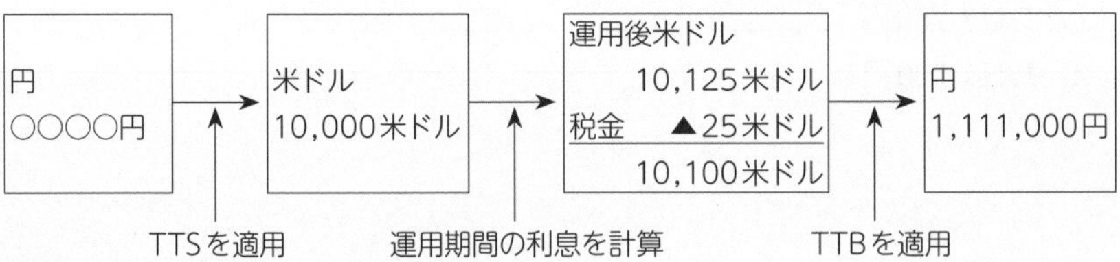

レック先生のワンポイント

問題を解くとき、お金の流れを書いてみましょう！

第10問 ☑☑☑ 重要度 C [2023年5月]

下記＜資料＞は、外貨定期預金の契約締結前交付書面の一部である。この契約締結前交付書面に関する次の記述の空欄（ア）～（エ）にあてはまる語句として、最も不適切なものはどれか。なお、＜資料＞に記載のない事項は一切考慮しないこととする。

＜資料＞

商品概要
［商品名］外貨定期預金
［商品の概要］外国通貨建ての、期間の定めのある預金です。
［預金保険］外貨定期預金は、預金保険制度の（　ア　）です。
［販売対象］個人のお客様

税金について
［利息］（　イ　）が適用されます。
［為替差損益］雑所得となります。
※雑所得は、原則として確定申告による総合課税の対象です。

お預入れとお引出しに関わる為替手数料	
［お預入れ］円の現金でのお預入れ（1通貨単位当たり）	米ドル：1円
［お引出し］円の現金でのお引出し（1通貨単位当たり）	米ドル：1円
例）お預入時点の為替相場（仲値）が1米ドル＝140円の場合、1万米ドルのお預入金額は、（　ウ　）となります。	

その他
※外貨定期預金は、少額投資非課税制度（新NISA）の（　エ　）です。

1. 空欄（ア）にあてはまる語句は、「対象外」である。
2. 空欄（イ）にあてはまる語句は、「申告分離課税」である。
3. 空欄（ウ）にあてはまる語句は、「1,410,000円」である。
4. 空欄（エ）にあてはまる語句は、「対象外」である。

正解 **2** が不適切　　テキスト3章　(ア) P222、(イ) P289、(ウ) P287、(エ) P303-304

1. 適切　外貨預金は、普通預金、定期預金ともに**預金保険の対象外**です。

2. **不適切** 20.315%の**源泉**分離課税となります。

3. 適切　預入時の為替レートは1米ドル140円+1円=141円となるため、1万米ドルの預入金額は141万円となります。
なお、引出しの為替レートは「仲値-1円」となります。

4. 適切　新NISAは**預金や債券、公社債投資信託は対象外**となっています。

第11問 ☑☑☑ 重要度 B [2020年1月]

下記<資料>は、本年12月31日時点の横川さん夫婦（翔馬さんと恵里さん）のYX銀行（日本国内に本店のある普通銀行）における金融資産（時価）の一覧表である。この時点においてYX銀行が破綻した場合に、預金保険制度によって保護される金融資産の金額に関する次の記述の空欄（ア）、（イ）にあてはまる数値を解答欄に記入しなさい。

<資料>

名義		横川　翔馬	横川　恵里
YX銀行 ya支店	普通預金	145万円	65万円
	定期預金（固定金利）	400万円	100万円
	外貨預金	80万円	－
	財形貯蓄（定期預金）	340万円	－
YX銀行 yb支店	普通預金	165万円	30万円
	定期預金（変動金利）	－	40万円
	投資信託	120万円	70万円

※翔馬さんおよび恵里さんはともに、YX銀行からの借入れはない。
※普通預金は決済用預金ではない。
※預金の利息については考慮しないこととする。

・翔馬さんの金融資産のうち、預金保険制度によって保護される金額は（ ア ）万円である。
・恵里さんの金融資産のうち、預金保険制度によって保護される金額は（ イ ）万円である。

正解 **（ア）1,000（万円）** **（ウ）235（万円）** テキスト 3章 P222-223

決済用預金は「①**無利息**、②**要求払**、③**決済サービスの提供**」の3条件すべてを満たした預金で、**全額保護**されます（設問にはありません）。
それ以外の保護対象預金（設問の場合、定期預金、財形貯蓄（定期預金）、普通預金（利付））は預金者1人あたり**元本1,000万円とその利子**について**保護**されます。
なお、**外貨預金は保護対象外、投資信託も保護されません。**

（ア）145万円＋400万円＋340万円＋165万円＝1,050万円＞1,000万円であるため、1,000万円が保護されます。

（イ）65万円＋100万円＋30万円＋40万円＝235万円＜1,000万円であるため、235万円が保護されます。

第12問 ☑☑☑ 重要度 B [2019年9月]

財形貯蓄制度に関する下表の空欄（ア）～（エ）にあてはまる語句に関する次の記述のうち、最も不適切なものはどれか。なお、復興特別所得税については考慮しないこと。

	財形年金貯蓄	財形住宅貯蓄
対象者	（ ア ）未満の勤労者	
積立期間	（ イ ）以上の期間にわたり、定期的に積立て	（ イ ）以上の期間にわたり、定期的に積立て。ただし、積立期間中の住宅購入に際しては、一定の要件で払出し可
非課税限度額	［貯蓄型］ 財形住宅貯蓄と合算して元利合計550万円まで ［保険型］ 払込保険料累計額（ ウ ）まで、かつ財形住宅貯蓄と合算して550万円まで	［貯蓄型］ 財形年金貯蓄と合算して元利合計550万円まで ［保険型］ 財形年金貯蓄と合算して550万円まで
目的外の払出時の取扱い	［貯蓄型］ 過去5年間に支払われた利息について、さかのぼって所得税および住民税が源泉徴収される ［保険型］ （ エ ）	［貯蓄型］ 過去5年間に支払われた利息について、さかのぼって所得税および住民税が源泉徴収される ［保険型］ 積立開始時からの利息相当分について、所得税および住民税が源泉徴収される

1. （ア）にあてはまる語句は「満55歳」である。
2. （イ）にあてはまる語句は「3年」である。
3. （ウ）にあてはまる語句は「385万円」である。
4. （エ）にあてはまる語句は「積立開始時からの利息相当分すべてが一時所得として総合課税扱いとなる」である。

正解 **2** が不適切　　テキスト 3章　P242

	財形年金貯蓄	財形住宅貯蓄
対象者	（ア **満55歳**）未満の 勤労者	
積立期間	（イ **5年**）以上の期間にわたり、定期的に積立て	（イ **5年**）以上の期間にわたり、定期的に積立て。ただし、積立期間中の住宅購入に際しては、一定の要件で払出し可
非課税 限度額	[貯蓄型] 財形住宅貯蓄と合算して元利合計**550万円**まで [保険型] 払込保険料累計額（ウ **385万円**）まで、かつ財形住宅貯蓄と合算して**550万円**まで	[貯蓄型] 財形年金貯蓄と合算して元利合計**550万円**まで [保険型] 財形年金貯蓄と合算して**550万円**まで
目的外の 払出時の 取扱い	[貯蓄型] 過去**5年間**に支払われた利息について、さかのぼって所得税および住民税が源泉徴収される [保険型] （エ **積立開始時からの利息相当分すべてが一時所得として総合課税**扱いとなる）	[貯蓄型] 過去**5年間**に支払われた利息について、さかのぼって所得税および住民税が源泉徴収される [保険型] **積立開始時からの利息相当分について、所得税および住民税が源泉徴収**される

レック先生のワンポイント

財形年金貯蓄と財形住宅貯蓄の共通点、相違点が出題されていますので整理しておきましょう。

第13問 ☑☑☑ 重要度 C [2023年1月]

安藤さんは、金投資について、FPの天野さんに質問をした。下記の空欄（ア）～（エ）に入る適切な語句を語群の中から選び、その番号のみを解答欄に記入しなさい。

安藤さん：「金投資について教えてください。地政学的リスクが高まっているとき、金価格にはどのような影響がありますか。」
天野さん：「一般的には、（　ア　）する傾向です。」
安藤さん：「金を積立てで購入する、純金積立という方法があるそうですね。」
天野さん：「はい。純金積立では、毎回、（　イ　）を積み立てるドルコスト平均法が採用されています。」
安藤さん：「積み立てた金を、現物で受け取ることはできるのでしょうか。」
天野さん：「地金で受け取ることが（　ウ　）。」
安藤さん：「金を売却して利益が出た場合、所得税の区分はどうなりますか。」
天野さん：「個人が金地金や純金積立を売却した場合の所得は、譲渡所得に区分されます。保有期間が（　エ　）以内の場合は短期譲渡所得です。（　エ　）超であれば、長期譲渡所得となります。」

<語群>

1．上昇	2．下落	3．その都度指定する金額	4．一定金額
5．一定数量	6．できます	7．できません	8．5年
9．10年	10．20年		

正解 （ア）1 （イ）4 （ウ）6 （エ）8

テキスト3章 P258、P292

（ア）「有事の金」といわれるように、先行き不安、先行き不透明なときに買われ、価格が**上昇**しやすい傾向があります。

（イ）毎回定額を積み立てることで、単価が高いときは少なく、安いときは多く購入することとなります。
確定拠出年金や新NISAのつみたて投資枠を利用した積立てで利用されています。

（ウ）（エ）地金で受け取ることもでき、売却することもできます。なお、売却する場合、譲渡日時点の所有期間が**5年超**であれば**長期**譲渡、**5年以下**であれば**短期**譲渡所得となります。

第14問　☑☑☑　重要度 C　[2022年5月]

文恵さんが取引をしているSZ証券会社から送付された本年分の特定口座年間取引報告書（一部）が下記＜資料＞のとおりである場合、次の記述の空欄（ア）～（ウ）に入る最も適切な語句または数値を語群の中から選び、その番号のみを解答欄に記入しなさい。なお、同じ番号を何度選択してもよいこととする。また、復興特別所得税については考慮しないこと。

＜資料＞

（単位：円）

①譲渡の対価の額（収入金額）	②取得費及び譲渡に要した費用の額等	③差引金額（譲渡所得等の金額）（①－②）
1,500,000	1,800,000	（各自計算）

	種類	配当等の額	源泉徴収税額（所得税）	配当割額（住民税）	特別分配金の額
特定上場株式等の配当等	④株式、出資又は基金	100,000	（各自計算）	（各自計算）	
	⑤特定株式投資信託				
	⑥投資信託又は特定受益証券発行信託（⑤、⑦及び⑧以外）				
	⑦オープン型証券投資信託	60,000	（各自計算）	（各自計算）	80,000
	⑧国外株式又は国外投資信託等				
	⑨合計（④＋⑤＋⑥＋⑦＋⑧）	160,000	（各自計算）	（ ア ）	80,000
上記以外のもの	⑩公社債				
	⑪社債的受益権				
	⑫投資信託又は特定受益証券発行信託（⑬及び⑭以外）				
	⑬オープン型証券投資信託				
	⑭国外公社債等又は国外投資信託等				
	⑮合計（⑩＋⑪＋⑫＋⑬＋⑭）				
	⑯譲渡損失の金額	（各自計算）			
	⑰差引金額（⑨＋⑮－⑯）	（各自計算）			
	⑱納付税額		（各自計算）	（各自計算）	
	⑲還付税額（⑨＋⑮－⑱）		（ イ ）	（各自計算）	

・文恵さんが本年中に受け取った上場株式等の配当等から源泉徴収された住民税額は（ ア ）円である。
・この特定口座で生じた譲渡損失とこの特定口座で受け入れた上場株式等の配当等とが損益通算された結果、還付された所得税額は（ イ ）円である。
・翌年分に繰り越すことのできる譲渡損失の額は、（ ウ ）円である。

＜語群＞

1．ゼロ	2．8,000	3．12,000
4．16,000	5．24,000	6．32,000
7．36,000	8．60,000	9．140,000

正解 （ア）2　（イ）5　（ウ）9　テキスト 3章　P295、P298-303

上場株式等の配当金から**所得税15％、住民税５％が源泉徴収等**されます。
設問の場合、所得税は160,000円×15％＝24,000円、住民税は160,000円×5％＝8,000円（ア）が源泉徴収等されます。
上場株式等の譲渡所得は、1,500,000円－1,800,000円＝▲300,000円であり、配当所得160,000円と損益通算すると、今年の配当所得はゼロ、翌年以降に繰り越すことができる譲渡所得の損失は140,000円（ウ）となり、源泉徴収された所得税24,000円（イ）は全額還付されます。

第1問

[2021年1月]

次の設例に基づいて、下記の各問（《問1》～《問3》）に答えなさい。

《設 例》

会社員のAさん（40歳）は、預貯金を500万円程度保有しているが、上場株式を購入した経験がない。Aさんは、証券会社で新NISA口座を開設し、同じ業種のX社株式またはY社株式（2銘柄とも東京証券取引所プライム市場上場）を同口座で購入したいと考えている。そこで、Aさんは、ファイナンシャル・プランナーのMさんに相談することにした。

＜財務データ＞　　　　　（単位：百万円）

	X社	Y社
資産の部合計	920,000	720,000
負債の部合計	370,000	480,000
純資産の部合計	550,000	240,000
売上高	910,000	670,000
営業利益	90,000	40,000
経常利益	80,000	30,000
当期純利益	56,000	20,000
配当金総額	20,000	10,000

※純資産の金額と自己資本の金額は同じである。

＜株価データ＞

X社：株価1,250円、発行済株式数5億株、1株当たり年間配当金40円

Y社：株価1,354円、発行済株式数2億株、1株当たり年間配当金50円

※上記以外の条件は考慮せず、各問に従うこと。

問1 ☑☑☑ 重要度 A

《設例》のデータに基づいて算出される次の①、②を求め、解答用紙に記入しなさい（計算過程の記載は不要）。〈答〉は表示単位の小数点以下第3位を四捨五入し、小数点以下第2位までを解答すること。

① X社およびY社のROE
② X社およびY社のPER

正解 ① X社**10.18**（%） Y社 **8.33**（%） ② X社**11.16**（倍） Y社 **13.54**（倍）

テキスト 3章 ① P269、② P268

①ROE（自己資本利益率）は「**当期純利益÷自己資本×100（%）**」で求めます。
なお、設問では純資産と自己資本の金額は同じとされています。
X社＝56,000百万円÷550,000百万円×100≒10.18%
Y社＝20,000百万円÷240,000百万円×100≒8.33%

②PER（株価収益率）は「**株価÷1株当たり当期純利益**」で求めます。
1株当たり当期純利益は、当期純利益÷株数により求めます（**「億株」と「百万円」の単位の違いに注意**）。
X社＝1,250円÷（56,000百万円÷500百万株）≒11.16倍
Y社＝1,354円÷（20,000百万円÷200百万株）＝13.54倍

問2

重要度 A

Mさんは、Aさんに対して、《設例》のデータに基づいて、株式の投資指標等について説明した。Mさんが説明した次の記述①～③について、適切なものには○印を、不適切なものには×印を解答用紙に記入しなさい。

①「PBRは、株価（時価総額）が企業の純資産（自己資本）と比べて割高であるか、割安であるかを判断するための指標です。PBRが1倍を下回るX社株式およびY社株式は割安と判断できます」

②「一般に、配当利回りが高いほど、株主に対する利益還元の度合いが高いと考えることができます。Y社株式の配当利回りは50％であり、X社株式の配当利回りを上回ります」

③「一般に、自己資本比率が高いほど、経営の安全性が高いと考えられています。自己資本比率はY社よりもX社のほうが高くなっています」

正解　① ×　② ×　③ ○　テキスト3章　①P268、②P270、③P269

①不適切　PBR（株価純資産倍率）は「**株価÷1株当たり純資産**」で求めます。1株当たり純資産は、「純資産÷株数」で求めます（**「億株」と「百万円」の単位の違いに注意**）。
X社＝1,250円÷（550,000百万円÷500百万株）≒1.14倍
Y社＝1,354円÷（240,000百万円÷200百万株）≒1.13倍
いずれも1倍を上回るため、不適切です。なお、過去や同業他社と比較して、数値が小さいほど割安と判断できます。

②不適切　配当から株主に対する利益還元の度合いを判断する指標は、配当利回りではなく、配当性向です。
配当性向は、「**配当金÷当期純利益×100（%）**」で求めます。
X社＝20,000百万円÷56,000百万円×100≒35.71%
Y社＝10,000百万円÷20,000百万円×100＝50%
なお、配当利回りは「**1株当たり年間配当金÷株価×100（%）**」で求めます。

③適切　自己資本比率は「**自己資本÷資産×100（%）**」で求めます。
X社＝550,000百万円÷920,000百万円×100≒59.78%
Y社＝240,000百万円÷720,000百万円×100≒33.33%
Y社よりもX社の方が高く、X社の方が安全性が高いと考えられます。

問3 ☑☑☑ 重要度 **A**

Mさんは、Aさんに対して、新NISAについて説明した。Mさんが説明した次の記述 ①～③について、適切なものには○印を、不適切なものには×印を解答用紙に記入しなさい。

①「新NISA口座で上場株式を購入する場合は、成長投資枠を利用してください。つみたて投資枠に受け入れることができる対象商品は、所定の要件を満たす公募株式投資信託やETFですので、上場株式をつみたて投資枠に受け入れることはできません」

②「新NISAのつみたて投資枠と成長投資枠は、同一年中において、併用して新規投資等に利用することができます」

③「新NISAの成長投資枠の年間投資上限額は120万円、つみたて投資枠の年間投資上限額は240万円です」

正解 ① ○ ② ○ ③ ×

テキスト 3章 P303-304

①適切 **上場株式やJ-REIT**は新NISAの成長投資枠では購入できますが、**つみたて投資枠では購入できません。**

②適切 なお、2023年までの一般NISAとつみたてNISAでは同一年中に、併用して投資できませんでした。

③不適切 **成長投資枠**の年間投資上限額は**240万円**、**つみたて投資枠**の年間投資上限額は**120万円**です。

第2問

[2022年5月]

次の設例に基づいて、下記の各問（《問1》～《問3》）に答えなさい。

《設 例》

会社員のAさん（41歳）は、預貯金を1,000万円程度保有している。Aさんは、上場株式や投資信託を購入した経験がないが、老後の生活資金を準備するために長期的な資産形成を図りたいと思っており、投資先の1つとして、Aさんの地元の証券取引所にも上場しているX社株式への投資を検討している。また、投資経験の豊富な知人から、「まずは新NISAのつみたて投資枠から始めてみるのもよいのではないか」とアドバイスされている。

そこで、Aさんは、ファイナンシャル・プランナーのMさんに相談することにした。

＜X社株式の関連情報＞

・株　価：2,400円　　・発行済株式数：4,000万株

・決算期：2024年8月30日（金）（配当の権利が確定する決算期末）

＜X社の財務データ＞　（単位：百万円）

	56期	57期
資産の部合計	300,000	305,000
負債の部合計	175,000	170,000
純資産の部合計	125,000	135,000
売上高	180,000	190,000
営業利益	14,000	15,000
経常利益	15,000	16,000
当期純利益	9,000	9,500
配当金総額	2,500	2,700

※純資産の金額と自己資本の金額は同じである。

※上記以外の条件は考慮せず、各問に従うこと。

問1　☑☑☑　　重要度 C

Mさんは、Aさんに対して、日本の証券市場の全体像とその動向等について説明した。Mさんが説明した次の記述①～④について、適切なものには○印を、不適切なものには×印を解答用紙に記入しなさい。

①「国内で、株式の現物取引を行う金融商品取引所は、東京、新潟、名古屋、福岡の4つがあります。かつては、大阪にも株式の現物取引を行う『大阪証券取引所』がありましたが、『東京証券取引所』との経営統合後、先物市場の運営に特化し、その名称を『大阪取引所』に変更しています」

②「東京証券取引所では、2022年4月から、従前の『市場第一部』『市場第二部』『マザーズ』『ジャスダック』の4つの市場区分が変更され、『プレミア』『メイン』『ネクスト』の3市場に再編されました」

③「東京証券取引所では、現在、9時から11時まで（前場）と12時30分から15時、2024年11月5日以降は15時30分まで（後場）の2つの時間帯で立会内取引が行われます」

④「上場企業が公表する決算短信は、投資を行う際の重要な判断材料となります。東京証券取引所規則では、上場企業の事業年度や四半期累計期間に係る決算内容が定まった場合、直ちにその内容を開示しなければならないとされています」

正解　① ×　② ×　③ ×　④ ○

テキスト 3章　①②③ P259、
④ P272-273

①不適切　国内で、株式の現物取引を行う金融商品取引所は、**東京、札幌、名古屋、福岡の4つ**です。

②不適切　東京証券取引所では、2022年4月から、従前の市場第一部、市場第二部、マザーズ、ジャスダックの4つの市場区分が変更され、**プライム、スタンダード、グロース**の3市場に再編されました。プレミア、メイン、ネクストの3市場に再編されたのは、名古屋証券取引所です。

③不適切　東京証券取引所では、現在、9時から11時**30分**まで（前場）と12時30分から15時、2024年11月5日以降は、15時30分まで（後場）の2つの時間帯で立会内取引が行われます。

④適切　上場企業が公表する決算短信は、東京証券取引所規則では、**四半期ごとに開示**することが義務づけられています。

問 2 ☑☑☑ 重要度 A

《設例》の＜X社株式の関連情報＞および＜X社の財務データ＞に基づいて算出される次の①、②を求めなさい（計算過程の記載は不要）。〈答〉は、%表示の小数点以下第3位を四捨五入し、小数点以下第2位までを解答すること。

① 57期におけるROE（自己資本は56期と57期の平均を用いる）

② 57期における配当性向

正解 ① **7.31**（%） ② **28.42**（%） テキスト 3 章 ① P269、② P270

①ROE（自己資本利益率）は「**当期純利益÷自己資本×100（%）**」で求めます。
なお、設問では純資産と自己資本の金額は同じとされており、56期と57期の平均を用いることと指定されています。
自己資本＝（125,000百万円＋135,000百万円）÷2＝130,000百万円
ROE＝9,500百万円÷130,000百万円×100≒7.31%

②配当性向は「**配当金総額÷当期純利益×100（%）**」で求めます。
（2,700百万円÷9,500百万株）×100≒28.42%

問3 ☑☑☑ 重要度 A

Mさんは、Aさんに対して、新NISAのつみたて投資枠について説明した。Mさんが説明した次の記述 ①～③について、適切なものには○印を、不適切なものには×印を解答用紙に記入しなさい。

①「新NISAのつみたて投資枠の年間投資上限額は240万円です」

②「新NISAのつみたて投資枠に受け入れることができる商品は、所定の要件を満たす公募株式投資信託と上場投資信託（ETF）に限られています。したがって、Aさんが投資を検討しているX社株式を新NISAのつみたて投資枠に受け入れることはできません」

③「新NISAのつみたて投資枠を利用した買付けは、累積投資契約に基づく定期かつ継続的な買付けを行う方法に限られています」

正解 ① × ② ○ ③ ○ テキスト3章 P303-304

①不適切 **新NISAのつみたて投資枠**の年間投資上限額は**120万円**です。

②適切 新NISAのつみたて投資枠の投資対象は、金融庁が定める基準を満たす**公募株式投資信託やETF**に限定されます。

③適切 毎月、毎週等など、**定期かつ継続的な買付け**を行うことで、購入時期の分散によるリスク低減効果が得られます。

第3問 [2023年5月]

次の設例に基づいて、下記の各問（《問1》～《問3》）に答えなさい。

《設 例》

会社員のAさん（45歳）は、妻Bさん（43歳）および長女Cさん（18歳）との3人家族である。Aさんは、高校で資産形成の授業を受けた長女Cさんが株式投資に興味を持ち始めたことを知り、長女Cさんと一緒に株式投資の方法について理解したいと考えている。

そこで、Aさんは、長女Cさんと一緒に、ファイナンシャル・プランナーのMさんに相談することにした。Mさんは、Aさんと長女Cさんに対して、同業種のX社株式およびY社株式（東京証券取引所上場銘柄）を例として、株式投資の方法等について説明を行うことにした。

＜X社およびY社の財務データ＞ （単位：百万円）

	X社	Y社
資産の部合計	195,000	73,000
負債の部合計	60,000	30,000
純資産の部合計	135,000	43,000
売上高	130,000	108,000
営業利益	17,500	13,000
経常利益	16,500	14,000
当期純利益	12,000	11,000
配当金総額	3,000	3,200

※純資産の金額と自己資本の金額は同じである。

＜X社株式およびY社株式の情報＞

X社：株価1,300円、発行済株式数1億株、1株当たり年間配当金30円

Y社：株価1,200円、発行済株式数8,000万株、1株当たり年間配当金40円

※X社およびY社の決算期はともに2024年9月30日（月）であり、同日が次回の配当の権利確定日に該当する。

※上記以外の条件は考慮せず、各問に従うこと。

問1 ☑☑☑ 重要度 C

Mさんは、Aさんと長女Cさんに対して、株式取引のルール等について説明した。Mさんが説明した次の記述①～③について、適切なものには○印を、不適切なものには×印を解答用紙に記入しなさい。

①「国内株式市場における代表的な株価指標である日経平均株価は、東京証券取引所のスタンダード市場に上場している銘柄のうち、代表的な225銘柄を対象とした修正平均型の株価指標です」

②「上場株式の注文方法のうち、指値注文では、高い値段の買い注文が低い値段の買い注文に優先して売買が成立し、同じ値段の買い注文については、寄付や引けなどを除き、先に出された注文が後に出された注文に優先して売買が成立します」

③「X社株式の次回の配当を受け取るためには、普通取引の場合、権利確定日の2営業日前である2024年9月26日（木）までに買付けを行い、権利確定日に株主として株主名簿に記載される必要があります」

正解　① ×　② ○　③ ○

テキスト3章　①P264、②③P261

①不適切　日経平均株価は、東京証券取引所**プライム**市場に上場する**225**銘柄を対象とした修正平均型の株価指数です。

②適切　なお、**売り注文**は**低い**値段の注文が優先されます。つまり、買いも売りも注文者に**不利な価格が優先**されます。

③適切　なお、約定日当日から起算すると**3**営業日前となります。

問2 ☑☑☑ 重要度 **A**

《設例》のデータに基づいて算出される次の①、②を求め、解答用紙に記入しなさい（計算過程の記載は不要）。〈答〉は表示単位の小数点以下第3位を四捨五入し、小数点以下第2位までを解答すること。

① X社株式のPER

② Y社株式のPBR

正解 **①10.83（倍）** **②2.23（倍）** テキスト3章 P268

①PER（株価収益率）は「**株価÷1株当たり当期純利益**」で求めます。
1株当たり当期純利益は当期純利益÷株数により求めます。
X社＝1,300円÷（12,000百万円÷100百万株）≒10.83倍

②PBR（株価純資産倍率）は「**株価÷1株当たり純資産**」で求めます。
1株当たり純資産は「純資産÷株数」で求めます。
Y社＝1,200円÷（43,000百万円÷80百万株）≒2.23倍

株式数の単位と財務データの単位が異なるので、気をつけましょう。

問3 ☑☑☑ 重要度 A

Mさんは、Aさんと長女Cさんに対して、《設例》のデータに基づいて、株式の投資指標等について説明した。Mさんが説明した次の記述①～③について、適切なものには○印を、不適切なものには×印を解答用紙に記入しなさい。

①「一般に、ROEの数値が高いほうが経営の効率性が高いと判断されます。ROEは、Y社のほうがX社よりも高くなっています」

②「株主への利益還元の大きさに着目した指標として、配当性向があります。配当性向は、X社のほうがY社よりも高くなっています」

③「株式投資において、PERやPBR等が低い銘柄など、企業の業績や財務内容等からみて株価が割安と判断される銘柄に投資する手法は、一般に、グロース投資と呼ばれます」

正解 ① ○ ② × ③ ×

テキスト3章 ①P269、②P270、③P279

①適切 ROE（自己資本利益率）は「**当期純利益÷自己資本×100（%）**」で求めます。
なお、設問では純資産と自己資本の金額は同じとされています。
X社＝12,000百万円÷135,000百万円×100≒8.89%
Y社＝11,000百万円÷43,000百万円×100≒25.58%
Y社の方がX社より高くなっています。

②不適切 配当から株主に対する利益還元の度合いを判断する指標である配当性向は「**配当金÷当期純利益×100（%）**」で求めます。
X社＝3,000百万円÷12,000百万円×100＝25%
Y社＝3,200百万円÷11,000百万円×100≒29.09%
Y社の方がX社より高くなっています。

③不適切 PERやPBRが低いなど、株価が割安な銘柄に投資する手法は、一般に**バリュー運用**と呼ばれます。

第4問

[2019年1月]

次の設例に基づいて、下記の各問（《問1》～《問3》）に答えなさい。

《設 例》

会社員のAさん（35歳）は、投資信託による資産運用を始めたいと思っているが、これまで投資経験がなく、投資信託の仕組み等に関して、あまり知識がない。

そこで、Aさんは、金融機関に勤務するファイナンシャル・プランナーのMさんに相談することにした。Mさんは、X投資信託およびY投資信託を例として、Aさんに投資信託の説明を行うことにした。

X投資信託およびY投資信託に関する資料は、以下のとおりである。

＜X投資信託（公募株式投資信託）に関する資料＞

銘柄名：TOPIXインデックス（新NISAのつみたて投資枠の対象銘柄）

投資対象地域／資産	：	国内／国内株式
信託期間	：	無期限
基準価額	：	10,500円（1万口当たり）
決算日	：	年1回（5月25日）
購入時手数料	：	なし
運用管理費用（信託報酬）	：	0.187%（税込）
信託財産留保額	：	なし

＜Y投資信託（公募株式投資信託）に関する資料＞

銘柄名：エマージング株式ファンド

投資対象地域／資産	：	海外／新興国株式
信託期間	：	無期限
基準価額	：	12,000円（1万口当たり）
決算日	：	年1回（5月20日）
購入時手数料	：	3.3%（税込）
運用管理費用（信託報酬）	：	1.815%（税込）
信託財産留保額	：	0.3%

※上記以外の条件は考慮せず、各問に従うこと。

問1 ☑☑☑ 重要度 C

Mさんは、Aさんに対して、X投資信託およびY投資信託の仕組み等について説明した。Mさんが説明した以下の文章の空欄①～③に入る最も適切な語句または数値を、下記の〈語句群〉のイ～チのなかから選び、その記号を解答用紙に記入しなさい。

Ⅰ「X投資信託は、TOPIXと連動する投資成果を目指して運用されるインデックス型の投資信託です。TOPIXは、時価総額の（ ① ）銘柄の値動きの影響を受けやすいという特徴があります」

Ⅱ「X投資信託は購入時手数料を徴収しないノーロード型の投資信託ですが、Y投資信託は3.30％（税込）の購入時手数料が必要です。運用管理費用（信託報酬）は、投資信託を保有している期間、投資家が（ ② ）負担する費用です。アクティブ運用を行う投資信託は、一般に、運用管理費用（信託報酬）がインデックス型の投資信託に比べて高いという特徴があります。信託財産留保額は、通常、投資信託を（ ③ ）する際に控除される費用であり、その額は信託財産に留保されます」

〈語句群〉

イ．購入　ロ．換金　ハ．全　ニ．小さい　ホ．大きい
ヘ．直接的に　ト．間接的に　チ．決算時に

正解　① ホ　② ト　③ ロ　テキスト3章　①P264、②③P277

①TOPIXは時価総額の**大きい**銘柄の値動きの影響を受けやすい特徴があります。一方、日経平均株価は東京証券取引所市場**プライム市場**に上場する**225**銘柄が対象であり、値がさ株（株価が高い銘柄）の影響を受けやすい特徴があります。

②信託報酬は**日々**、信託財産から差し引かれます。

③信託財産留保額は、運用期間の**途中で換金（売却）**する場合にかかることがありますが、**償還（満期）**時はかかりません。

問2 ☑☑☑ 重要度 B

Mさんは、Aさんに対して、X投資信託の購入方法について説明した。Mさんが説明した次の記述①～③について、適切なものには○印を、不適切なものには×印を解答用紙に記入しなさい。

①「ドルコスト平均法は、価格が変動する商品を定期的に一定口数購入することで、平均購入価格を平準化する効果を期待した購入方法です。定期的に一定額購入する方法よりも、平均購入価格を引き下げる効果があります」

②「新NISAのつみたて投資枠では、対象銘柄を指定したうえで、累積投資契約に基づく定期かつ継続的な買付けを行います。新NISAのつみたて投資枠の年間投資上限額は80万円です」

③「新NISAの成長投資枠は、年間投資上限額240万円を1回の購入で全額利用することができます。なお、新NISAでのつみたて投資枠と成長投資枠は、同一年中において、併用して新規投資等に利用することができます」

正解 ① × ② × ③ ○

テキスト3章 ①P258、②③P303-304

①不適切 ドルコスト平均法は、価格が変動する商品を定期的に一定量ではなく、**一定金額**ずつ購入する方法です。

②不適切 **新NISAのつみたて投資枠**の年間投資上限額は**120万円**です。

③適切 なお、つみたて投資枠は毎月、毎週、毎営業日等の**定期かつ継続的な積立**となり、1回の購入で全額利用することはできません。

問3 ☑☑☑ 重要度 **B**

Mさんは、Aさんに対して、公募株式投資信託の譲渡益の課税関係について説明した。下記＜資料＞の条件に基づき、本年中に特定口座（源泉徴収あり）を利用してZ投資信託を100万口購入し、同年中に全部を換金した場合に徴収される所得税、復興特別所得税および住民税の合計額を計算した次の＜計算の手順＞の空欄①～③に入る最も適切な数値を解答用紙に記入しなさい。なお、手数料等については考慮しないものとする。また、問題の性質上、明らかにできない部分は「□□□」で示してある。

＜資料＞Z投資信託の基準価額および本年中の収益分配金（1万口当たり）

購入時の基準価額		10,000円
換金時の基準価額		11,000円
換金時までに受け取った収益分配金の合計額		1,000円
	普通分配金	800円
	元本払戻金（特別分配金）	200円

＜計算の手順＞

1. 譲渡所得の金額
{11,000円－（10,000円－（ ① ）円）}×（100万口÷1万口）＝□□□円

2. 所得税および復興特別所得税の合計額
□□□円×（ ② ）％＝□□□円

3. 住民税額
□□□円×5％＝□□□円

4. 所得税、復興特別所得税および住民税の合計額
□□□円＋□□□円＝（ ③ ）円

正解	①**200**（円）	②**15.315**（%）	③**24,378**（円）

テキスト３章　P295、P301-302

ポイント1：売却までに受け取っている**元本払戻金（特別分配金）の分、購入時の基準価額よりも個別元本は小さく**なります。

ポイント2：譲渡所得に対する税率は、所得税（復興特別所得税を含む）**15.315%**、住民税**5%**となります。

<計算の手順>

1. 譲渡所得の金額＝譲渡収入－（取得費＋譲渡費用）
 {11,000円－（10,000円－（①200）円)}×（100万口÷1万口）＝120,000円
2. 所得税および復興特別所得税の合計額
 120,000円×（②15.315）%＝18,378円
3. 住民税額
 120,000円×5%＝6,000円
4. 所得税、復興特別所得税および住民税の合計額
 18,378円＋6,000円＝（③24,378）円

第5問

[2020年1月]

次の設例に基づいて、下記の各問（《問1》～《問3》）に答えなさい。

《設 例》

会社員のAさん（60歳）は、退職金の一部を活用して、国内の大手企業が発行するX社債（特定公社債）の購入を検討している。このほか、高い利回りが期待できる米ドル建定期預金にも興味を持っている。そこで、Aさんは、ファイナンシャル・プランナーのMさんに相談することにした。

＜円建てのX社債に関する資料＞

・発行会社　：　国内の大手企業
・購入価格　：　104.5円（額面100円当たり）
・表面利率　：　2.0％
・利払日　：　年1回
・残存期間　：　5年
・償還価格　：　100円
・格付　：　A

＜米ドル建定期預金に関する資料＞

・預入金額　：　50,000米ドル
・預入期間　：　3カ月
・利率（年率）：　1.8％（満期時一括支払）
・為替予約なし
・適用為替レート（円／米ドル）

	TTS	TTM	TTB
預入時	110.00円	109.50円	109.00円
満期時	112.00円	111.50円	111.00円

※上記以外の条件は考慮せず、各問に従うこと。

問1 ☑☑☑ 重要度 C

Mさんは、Aさんに対して、X社債および米ドル建定期預金に係る留意点について説明した。Mさんが説明した次の記述①～③について、適切なものには○印を、不適切なものには×印を解答用紙に記入しなさい。

①「X社債の格付は、A（シングルA）と評価されています。一般に、BBB（トリプルB）格相当以上の格付が付されていれば、投資適格債とされます」
②「円建ての債券投資では、信用リスクや金利リスクに注意が必要です。一般に、市場金利が低下する局面では、債券価格は下落します」
③「外貨預金の魅力は、円建ての預金と比べて相対的に金利が高いことにあります。《設例》の米ドル建定期預金の場合、Aさんが満期時に受け取ることができる利息額（税引前）は、900米ドルになります」

正解 ① ○ ② × ③ × テキスト 3章 ①P253、②P251、③P289

①適切 **BBB格以上**は**投資適格債**、**BB格以下**は**投資不適格債**とされます。

②不適切 市場金利と債券価格は反対に動きます。**市場金利が下落**すると、既に発行されている利率が低い債券の魅力が上がる（価値が上がる）ため、**債券価格は上昇**します。

③不適切 **年率表示**ですので、3カ月満期の定期預金に付与される利率は、1.8％×3／12＝0.45％（税引前）となります。したがって、利息額は50,000米ドル×0.45％＝225米ドルとなります。

問2 ☑☑☑ 重要度 C

次の①、②を求め、解答用紙に記入しなさい（計算過程の記載は不要）。なお、計算にあたっては税金等を考慮せず、〈答〉は、％表示の小数点以下第３位を四捨五入し、小数点以下第２位までを解答すること。

①Ａさんが X 社債を《設例》の条件で購入した場合の最終利回り（年率・単利）を求めなさい。

②Ａさんが《設例》の条件で円貨を米ドルに換えて米ドル建定期預金に50,000米ドルを預け入れ、満期を迎えた場合の円ベースでの運用利回り（単利による年換算）を求めなさい。なお、預入期間3カ月は0.25年として計算すること。

正解 **① 1.05（%）** **② 5.45（%）** テキスト３章 ① P249、② P287、P289

①最終利回りとは、既に発行されている債券を償還期限（最後）まで保有した場合の利回りをいいます。償還期限まで保有すると額面で償還されます。

$$最終利回り（\%）=\frac{表面利率 +（額面金額-買付価格）/残存期間}{買付価格}\times 100$$

$$最終利回り（\%）=\frac{2.0円+\dfrac{100円-104.5円}{5年}}{104.5円}\times 100$$

≒ 1.052％ → 1.05％（小数点第３位四捨五入）

公式を覚えられない場合は、利回りは「**購入金額に対する1年間の利益の割合**」と考えて、以下の3ステップで計算します。

第1ステップ　**5年間の利益**＝利子2円×5年－償還差損4.5円（額面100円－購入価格104.5円）＝5.5円

第2ステップ　**1年あたりの利益**＝5.5円÷5年＝1.1円

第3ステップ　利回り＝1.1円÷購入価格104.5円×100≒1.05％（小数点以下第３位四捨五入）

②第1ステップ

円建ての預入額（**預入時のTTS**を使用）＝50,000米ドル×110円＝5,500,000円

第2ステップ

3カ月満期時の米ドル建ての金額

年率1.8％で3カ月満期ですので、**1.8％×3／12**（0.25年）＝0.45％の利息がつきます。

50,000米ドル×（1＋0.0045）＝50,225米ドル

第3ステップ

満期時の米ドルを円に戻します（**満期時のTTB**を使用）。

50,225米ドル×111円＝5,574,975円

第4ステップ

円建ての利益を求めます。

5,574,975円－5,500,000円＝74,975円

第5ステップ

年換算の利回りを求めます。利回りとは、債券の利回りと同様に**「購入金額に対する1年間の利益の割合」**です。

まず、74,975円は3カ月の利益ですので、**12カ月に換算するため、4倍**します。

74,975円×4＝299,900円

この金額を購入金額（5,500,000円）で除しますので、299,900円÷5,500,000円×100≒

5.452％→5.45％（小数点第3位四捨五入）となります。

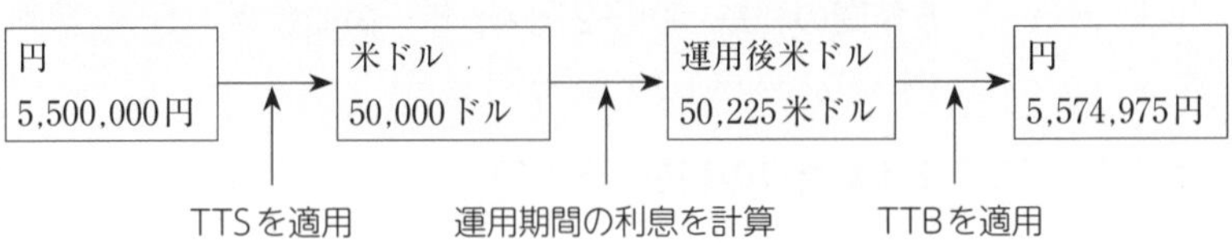

問3 ☑☑☑ 重要度 C

Mさんは、Aさんに対して、X社債および米ドル建定期預金に係る課税関係について説明した。Mさんが説明した次の記述①～③について、適切なものには○印を、不適切なものには×印を解答用紙に記入しなさい。

①「X社債の利子は、利子の支払時において所得税および復興特別所得税と住民税の合計で20.315％相当額が源泉徴収等されます」
②「X社債の譲渡益は、雑所得として総合課税の対象となりますので、上場株式の譲渡損失の金額と損益通算することはできません」
③「為替予約のない米ドル建定期預金の満期による為替差益は、雑所得として総合課税の対象となります」

正解 ① ○ ② × ③ ○

テキスト 3章 ①②P300、③P289

①適切 内訳は、**所得税（復興特別所得税を含む）15.315％、住民税5％**です。

②不適切 特定公社債の譲渡益は**譲渡所得**として、**申告分離**課税の対象となり、上場株式等の譲渡損失と損益通算できます。

③適切 なお、**あらかじめ為替予約**をしている場合には、為替差益も含めて**20.315％の源泉分離**課税の対象となります。

第4章　傾向と対策

タックスプランニングとは、その名の通り税金にまつわる分野になります。所得税の計算体系に加え法人税、消費税を学びましょう。所得税が中心となり、概要や10種類の所得、損益通算、所得控除、税額控除、確定申告まで出題されます。

頻出問題のキーワード

＜学科試験＞
所得税の概要、10種類の所得、損益通算、所得控除、住宅ローン控除、確定申告、青色申告、法人税の概要、法人税の損金、会社・役員間の取引、消費税、財務分析・財務諸表の種類

＜実技試験＞
【日本FP協会】総所得金額、損益通算、所得控除、所得税のしくみ、減価償却費

【金財】●個人資産相談業務：総所得金額（給与所得、一時所得、雑所得等）、損益通算、所得控除（配偶者控除、扶養控除、基礎控除等）、退職所得、住宅ローン控除、青色申告
●生保顧客資産相談業務：総所得金額（給与所得、一時所得、雑所得等）、所得控除（配偶者控除、扶養控除、医療費控除、寄附金控除、基礎控除等）、所得税額、所得税の確定申告、青色申告

第4章

タックスプランニング

※金財の実技試験は、「個人資産相談業務」「生保顧客資産相談業務」など4つがありますが、共通する科目での出題傾向は似ています。
本書では効率よくかつ幅広く論点を学習するため、試験問題を分けず、横断式で出題しています。

※解説は特に断りがない限り、所得税の税率には復興特別所得税を含めて表記しています。

税金の分類と所得税の基本

1 ☑☑☑ 重要度 B [2023年5月]

わが国の税制に関する次の記述のうち、最も適切なものはどれか。

1. 所得税では、課税対象となる所得を８種類に区分し、それぞれの所得の種類ごとに定められた計算方法により所得の金額を計算する。
2. 相続税では、納税者が申告書に記載した被相続人の資産等の内容に基づき、税務署長が納付すべき税額を決定する賦課課税方式を採用している。
3. 相続税は直接税に該当し、消費税は間接税に該当する。
4. 固定資産税は国税に該当し、登録免許税は地方税に該当する。

2 ☑☑☑ 重要度 A [2020年1月]

所得税の原則的な仕組みに関する次の記述のうち、最も適切なものはどれか。

1. 所得税は、納税者が申告をした後に、税務署長が所得や納付すべき税額を決定する賦課課税方式を採用している。
2. 所得税法では、所得税の納税義務者を居住者、非居住者、内国法人、外国法人に分類して、それぞれ納税義務を定めている。
3. 所得税では、課税対象となる所得を14種類に区分して、それぞれの所得の種類ごとに定められた計算方法により所得の金額を計算する。
4. 課税総所得金額に対する所得税額は、課税総所得金額の多寡にかかわらず、一律20％の税率により計算する。

3 が適切　　テキスト4章　1）P332、2）P330、3）4）P327

1. 不適切　所得税では、課税対象となる所得を10種類に区分しています。
2. 不適切　相続税、贈与税、所得税、法人税は、自らが税額を申告・納付する**申告納税**方式を採用しています。**賦課課税**方式は**個人住民税**等で採用されています。
3. **適切**　所得税、法人税、相続税、贈与税は直接税、**消費税は間接税**に該当します。
4. 不適切　**固定資産税は地方税、登録免許税は国税**に該当します。

2 が適切　　テキスト4章　1）P330、2）P331、3）P332、4）P334

1. 不適切　所得税は、納税者が自らの所得金額、税額を申告して納税する**申告納税**方式を採用しています。法人税、相続税、贈与税も申告納税方式を採用しています。
2. **適切**　居住者と非居住者では課税所得の範囲が異なります。
3. 不適切　所得の種類は10種類です。
4. 不適切　総合課税の対象となる課税総所得金額に対する所得税は**超過累進**税率を採用しています。

3 ☑☑☑ 重要度 B

[2021年9月]

所得税の納税義務者に関する次の記述のうち、最も適切なものはどれか。

1. 非永住者とは、居住者のうち日本国籍がなく、かつ、過去10年以内の間に日本国内に住所または居所を有していた期間の合計が5年以下である個人をいう。
2. 非永住者は、国内源泉所得に限り、所得税の納税義務がある。
3. 非永住者以外の居住者で、日本国籍を有しない者は、国内源泉所得、国外源泉所得のうち国内において支払われたものまたは国外から送金されたものに限り、所得税の納税義務がある。
4. 日本国籍を有する非居住者は、国内源泉所得および国外源泉所得について所得税の納税義務がある。

各所得金額の計算

4 ☑☑☑ 重要度 B

[2020年9月]

次のうち、所得税における非課税所得に該当するものはどれか。

1. 個人が券面額を下回る価額で購入した利付国債の償還差益
2. 年金受給者が受け取った老齢基礎年金
3. 賃貸不動産の賃貸人である個人が賃借人から受け取った家賃
4. 給与所得者が受け取った雇用保険の高年齢雇用継続基本給付金

1 が適切　　テキスト４章　P330-331

1. **適切**　例えば、**日本に来て間もない外国籍労働者**が該当します。
2. 不適切　非永住者は、「非永住者以外の居住者」とは異なり、国内源泉所得、国外源泉所得のうち国内において支払われたものまたは国外から送金されたものに限り、所得税の納税義務があります。
3. 不適切　非永住者以外の居住者は、**国内源泉所得、国外源泉所得の両方**について所得税の納税義務があります。
4. 不適切　非居住者は、**国内源泉所得**について**のみ**所得税の納税義務があります。

4 が正しい　　テキスト４章　1）P350-352、2）P354-355、3）P340-341、4）P332

1. 課税所得　個人投資家の利付国債の償還差益は、**譲渡**所得となります。
2. 課税所得　年金受給者が受け取った老齢基礎年金は**雑**所得となります。
3. 課税所得　個人が受け取る家賃は**不動産**所得となります。
4. **非課税所得**　雇用保険の給付は非課税です。その他、**健康保険の給付**や、公的年金のうち**障害年金、遺族年金も非課税**です。

5 ☑☑☑ 重要度 C

[2019年1月]

次のうち、所得税の計算において分離課税の対象となるものはどれか。

1. 不動産の貸付けにより賃貸人が受け取った家賃に係る所得
2. 会社員が定年退職により会社から受け取った退職一時金に係る所得
3. 契約者（＝保険料負担者）が生命保険契約に基づき受け取った死亡保険金に係る所得
4. 年金受給者が受け取った老齢基礎年金に係る所得

6 ☑☑☑ 重要度 A

[2020年1月]

所得税における各種所得に関する次の記述のうち、最も不適切なものはどれか。

1. 退職所得の金額（特定役員退職手当等、短期退職手当等に係るものを除く）は、「退職手当等の収入金額－退職所得控除額」の算式により計算される。
2. 給与所得の金額は、原則として、「給与等の収入金額－給与所得控除額」の算式により計算される。
3. 一時所得の金額は、「一時所得に係る総収入金額－その収入を得るために支出した金額の合計額－特別控除額」の算式により計算される。
4. 不動産所得の金額は、原則として、「不動産所得に係る総収入金額－必要経費」の算式により計算される。

2 が正しい　　テキスト４章　1）P340-341、2）P348-349、3）P353、4）P354-355

所得税は原則として総合課税の対象となりますが、一部の所得は分離課税の対象となります。

申告分離課税の代表的なものとして、**退職**所得（選択肢２）のほか、**上場株式等の譲渡**所得、**土地等・建物の譲渡**所得等がよく出題されます。

1. 総合課税（不動産所得）。
2. **分離課税**（退職所得）。
3. 総合課税（一時所得）。
4. 総合課税（雑所得）。なお、障害年金、遺族年金は非課税です。

1 が不適切　　テキスト４章　1）P348-349、2）P346-347、3）P353、4）P340-341

1. **不適切**　原則として「**(収入金額－退職所得控除額）×１／２**」により計算されます。
2. 適切　なお、給与所得控除額は最低**55万円**が保証されます。
3. 適切　なお、**総所得金額に算入される一時所得の金額は、損益通算後に残った一時所得の２分の１**となります。退職所得は所得の計算において原則「１／２」となりますが、一時所得は所得の計算においては「１／２」を乗じません。
4. 適切　なお、事業所得や雑所得（公的年金等以外）も「総収入金額－必要経費」により求めます。

7 ☑☑☑ 重要度 A

[2020年9月]

所得税における各種所得に関する次の記述のうち、最も適切なものはどれか。

1. 個人事業主が事業資金で購入した株式について、配当金を受け取ったことによる所得は、一時所得となる。
2. 個人による不動産の貸付けが事業的規模である場合、その賃貸収入による所得は、事業所得となる。
3. 会社役員が役員退職金を受け取ったことによる所得は、給与所得となる。
4. 個人年金保険の契約者（＝保険料負担者）である個人が、その保険契約に基づく年金を年金形式で受け取ったことによる所得は、雑所得となる。

8 ☑☑☑ 重要度 A

[2019年5月]

所得税における各種所得に関する次の記述のうち、最も適切なものはどれか。

1. 賃貸していた土地および建物を売却したことによる所得は、不動産所得に該当する。
2. 貸付けが事業的規模で行われているアパート経営の賃貸収入に係る所得は、事業所得に該当する。
3. 会社員が勤務先から無利息で金銭を借り入れたことによる経済的利益は、雑所得に該当する。
4. 専業主婦が金地金を売却したことによる所得は、譲渡所得に該当する。

4 が適切　　テキスト4章　1）P339、2）P340-341、3）P348-349、4）P354-355

1. 不適切　個人が受け取る株式の配当金は**配当**所得となります。
2. 不適切　不動産の貸付は**事業規模を問わず**、その所得は不動産所得となります。「事業的規模の不動産の貸付は事業所得となる」は定番のひっかけ問題です。
3. 不適切　退職金（**一時金**）は**退職**所得、退職金（**分割払い**）は**雑**所得となります。
4. **適切**　なお、個人年金保険の雑所得は、公的年金等以外の雑所得として、公的年金等の雑所得と別に計算されます。

4 が適切　　テキスト4章　1）P350-352、2）P340-341、3）P346-347、4）P350-352

1. 不適切　土地および建物を売却したことによる所得は**譲渡**所得、**貸付けによる所得は事業規模を問わず不動産**所得に該当します。
2. 不適切　1.の解説参照。
3. 不適切　勤務先から得た経済的利益は、一部を除き、役員・従業員ともに**給与**所得に該当します。
4. **適切**　通常、金地金の売却益は**譲渡**所得（総合課税）に該当します。

9 ☑☑☑ 重要度 B [2023年5月]

不動産賃貸に係る所得税に関する次の記述のうち、最も不適切なものはどれか。

1. 不動産所得の金額の計算上、本年中に取得した建物を同年中に貸し付けた場合の当該建物の減価償却費の計算においては、定額法または定率法の選択が可能である。
2. 不動産所得の金額の計算上、当該不動産所得に係る所得税および住民税の額は必要経費に算入されない。
3. 不動産所得に係る総収入金額を計算する場合において、契約により支払日が定められている賃貸料は、原則として、その定められた支払日が収入すべき時期となる。
4. アパート等の貸付けが不動産所得における事業的規模であるかどうかの判定において、貸与することができる独立した室数がおおむね10以上であれば、特に反証がない限り、事業的規模として取り扱われる。

損益通算と損失の繰越控除

10 ☑☑☑ 重要度 A [2020年9月]

所得税における損益通算に関する次の記述のうち、最も不適切なものはどれか。

1. 上場株式を譲渡したことによる譲渡所得の金額の計算上生じた損失の金額は、総合課税を選択した上場株式の配当所得の金額と損益通算することができない。
2. 終身保険の解約返戻金を受け取ったことによる一時所得の金額の計算上生じた損失の金額は、給与所得の金額と損益通算することができない。
3. 青色申告の承認を受けていない納税者の事業所得の金額の計算上生じた損失の金額は、他の各種所得の金額と損益通算することができない。
4. 別荘を譲渡したことによる譲渡所得の金額の計算上生じた損失の金額は、他の各種所得の金額と損益通算することができない。

1 が不適切　　テキスト４章　1）P343-345、2）3）P341、4）P340、396

1. **不適切**　新たに取得する建物、建物附属設備、構築物の減価償却費は、**定額法**によって計算します。

2. 適切　所得税、住民税は必要経費に算入できません。なお、**事業税は必要経費に算入**できます。

3. 適切　**未払いの賃料収入も、収入に計上**することになります。

4. 適切　５棟10室基準を満たす場合、特に反証がない限り、事業的規模と扱います。事業的規模である場合と事業的規模に満たない場合で税制の扱いが異なります（例：青色事業専従者給与、青色申告特別控除）。

3 が不適切　　テキスト４章　1）P363、2）3）P358、4）P359

損益通算できる損失は、不動産所得、事業所得、山林所得、譲渡所得の損失に限られます。なお、不動産所得や譲渡所得の損失については、損益通算できないものもあります。

1. 適切　上場株式を譲渡したことによる譲渡所得の金額の計算上生じた損失の金額は、**申告分離課税**を選択した上場株式の配当所得の金額と**損益通算**することが**できます**が、総合課税を選択した上場株式の配当所得の金額とは損益通算できません。

2. 適切　一時所得の損失は、損益通算できません。

3. **不適切**　**損益通算**は**青色申告・白色申告を問わずできます**。なお、**純損失の繰越控除は青色申告**に限ります。

4. 適切　別荘等の**居住用不動産以外の不動産の譲渡損失、ゴルフ会員権、貴金属**、書画・骨董等、日常生活に必要でない資産の譲渡損失は**損益通算できません。**

11　☑☑☑　重要度 A　[2019年9月]

所得税の各種所得の金額の計算上生じた次の損失のうち、給与所得の金額と損益通算できるものはどれか。

1. ゴルフ会員権を譲渡したことによる譲渡所得の金額の計算上生じた損失の金額
2. 賃貸アパートの土地および建物を譲渡したことによる譲渡所得の金額の計算上生じた損失の金額
3. 全額自己資金により購入したアパート（国内）の貸付けによる不動産所得の金額の計算上生じた損失の金額
4. 生命保険契約に基づく満期保険金を受け取ったことによる一時所得の金額の計算上生じた損失の金額

12　☑☑☑　重要度 A　[2019年5月]

Aさんの本年分の所得の金額が下記のとおりであった場合の所得税における総所得金額として、最も適切なものはどれか。なお、▲が付された所得の金額は、その所得に損失が発生していることを意味するものとする。

給与所得の金額	600万円
不動産所得の金額	▲40万円（不動産所得を生ずべき土地の取得に要した負債の利子10万円を含む金額、国内不動産の貸付）
譲渡所得の金額	▲50万円（ゴルフ会員権を譲渡したことによるもの）

1. 570万円
2. 560万円
3. 520万円
4. 510万円

3 が正しい　　テキスト4章　P358-359

損益通算できる損失は、不動産所得、事業所得、山林所得、譲渡所得の損失に限られます。なお、不動産所得や譲渡所得の損失については、損益通算できないものもあります。

1. 損益通算できない	**ゴルフ会員権、貴金属**、書画・骨董等、日常生活に必要でない資産の譲渡損失は損益通算できません。
2. 損益通算できない	**居住用不動産以外の不動産（賃貸用・事業用の不動産、別荘等）**の譲渡損失は損益通算できません。
3. **損益通算できる**	国内の不動産貸付けによる不動産所得の金額の計算上生じた損失の金額のうち、土地等の取得に要した負債の利子の額に相当する部分の金額は、給与所得の金額と損益通算することができませんが、**全額自己資金で購入**しているため、**損失の全額**を**損益通算**することが**できます**。
4. 損益通算できない	一時所得の損失は損益通算できません。

1 が適切　　テキスト4章　P358-361

損益通算できる損失は、不動産所得、事業所得、山林所得、譲渡所得の損失に限られます。なお、不動産所得や譲渡所得の損失については、損益通算できないものもあります。
総所得金額は**総合**課税の対象となる所得金額の合計です。

・給与所得は総合課税の対象です。

・不動産所得は総合課税の対象であり、不動産所得（国内不動産）の損失は損益通算できますが、**土地の取得に要した負債の利子10万円は損益通算の対象外**となるため、40万円の赤字のうち、30万円（40万円－10万円）の損失が損益通算の対象となります。不動産所得の損失は、まず経常所得グループ（設問の場合、給与所得）と損益通算します。

・ゴルフ会員権の譲渡所得は総合課税の対象となりますが、**ゴルフ会員権の譲渡損失は損益通算できません**ので、ゼロと扱います。

以上より、総所得金額は600万円－30万円＝570万円となります。

13 ☑☑☑ 重要度 A

[2018年5月]

Aさんの本年分の所得の金額が下記のとおりであった場合の所得税における総所得金額として、最も適切なものはどれか。なお、▲が付された所得の金額は、その所得に損失が発生していることを意味するものとする。

不動産所得の金額	500万円
事業所得の金額（総合課税に係るもの）	▲150万円
雑所得の金額	▲20万円
一時所得の金額	50万円

1. 355万円
2. 375万円
3. 380万円
4. 400万円

所得控除

14 ☑☑☑ 重要度 C

[2019年9月]

所得税における扶養控除に関する次の記述のうち、最も不適切なものはどれか。

1. 控除対象扶養親族のうち、その年の12月31日現在の年齢が16歳以上23歳未満の者は、特定扶養親族に該当する。
2. 控除対象扶養親族のうち、その年の12月31日現在の年齢が70歳以上の者は、老人扶養親族に該当する。
3. 同居老親等とは、老人扶養親族のうち、納税者またはその配偶者の直系尊属で、かつ、そのいずれかと同居を常況としている者をいう。
4. 年の途中で死亡した者が、その死亡の時において控除対象扶養親族に該当している場合には、納税者は扶養控除の適用を受けることができる。

2 が適切　テキスト４章　P358-361

損益通算できる損失は、不動産所得、事業所得、山林所得、譲渡所得の損失に限られます。なお、不動産所得や譲渡所得の損失については、損益通算できないものもあります。
総所得金額は**総合**課税の対象となる所得金額の合計です。

・不動産所得は総合課税の対象です。

・事業所得は総合課税の対象であり、事業所得の損失は損益通算できます。まず経常所得グループ（設問の場合、不動産所得）と損益通算します。

・雑所得は総合課税の対象となりますが、**雑所得の損失は損益通算できません**ので、ゼロと扱います。

・一時所得は総合課税の対象となります。**損益通算後に残った金額の２分の１を総所得金額に算入**します。

以上より、総所得金額は（不動産所得500万円－事業所得150万円）＋50万円×１／２＝375万円となります。

1 が不適切　テキスト４章　P372

1. **不適切**　特定扶養親族とは**19歳以上23歳未満**である生計を一にする控除対象扶養親族をいい、所得控除の額は63万円となります。

2. 適切　70歳以上の同居老親等の所得控除の額は58万円、その他の老人扶養親族の所得控除の額は48万円となります。

3. 適切　直系尊属とは、父母や祖父母などを指します。

4. 適切　控除対象配偶者や控除対象扶養親族に該当するか否かは、**原則**として**12月31日**の現況で判定しますが、配偶者や扶養親族が年の途中で死亡した場合には**死亡時点**で判定します。

15 ☑☑☑ 重要度 B [2022年9月]

所得税における所得控除に関する次の記述のうち、最も不適切なものはどれか。なお、ほかに必要とされる要件等はすべて満たしているものとする。

1. 所得税法上の障害者に該当する納税者は、その年分の合計所得金額の多寡にかかわらず、障害者控除の適用を受けることができる。
2. 納税者は、その年分の合計所得金額の多寡にかかわらず、基礎控除の適用を受けることができる。
3. 納税者は、その年分の合計所得金額が500万円を超える場合、ひとり親控除の適用を受けることができない。
4. 納税者は、その年分の合計所得金額が1,000万円を超える場合、配偶者の合計所得金額の多寡にかかわらず、配偶者控除の適用を受けることができない。

16 ☑☑☑ 重要度 B [2022年1月]

所得税における所得控除に関する次の記述のうち、最も適切なものはどれか。

1. 納税者が医療費を支払った場合には、支払った医療費の金額の多寡にかかわらず、その年中に支払った金額の全額を、医療費控除として控除することができる。
2. 納税者が自己の負担すべき社会保険料を支払った場合には、支払った社会保険料の金額の多寡にかかわらず、その年中に支払った金額の全額を、社会保険料控除として控除することができる。
3. 納税者が生命保険の保険料を支払った場合には、支払った保険料の金額の多寡にかかわらず、その年中に支払った金額の全額を、生命保険料控除として控除することができる。
4. 納税者が国に対して特定寄附金を支払った場合には、支払った特定寄附金の金額の多寡にかかわらず、その年中に支払った金額の全額を、寄附金控除として控除することができる。

2 が不適切　　テキスト4章　1）P372-373、2）P367、3）P373-374、4）P368

1. 適切　なお、障害者控除の対象が配偶者や扶養親族である場合、配偶者や扶養親族の所得金額の要件があります。

2. **不適切**　基礎控除は、**納税者の合計所得金額が2,500万円を超える場合**には**適用**を受けることができません。

3. 適切　なお、**生計を一にする子の所得要件**は、合計所得金額ではなく、**総所得金額等が48万円以下**であることとなっています。

4. 適切　なお、**扶養控除**は、**納税者の合計所得金額を問いません。**

2 が適切　　テキスト4章　1）P376-378、2）P374、3）P374-375、4）P378-379

1. 不適切　納税者が医療費を支払った場合には、**通常の医療費控除では10万円または総所得金額等の5％のいずれか少ない金額を上回る部分、セルフメディケーション税制では1.2万円を上回る部分**が医療費控除の対象となります（上限あり）。

2. **適切**　なお、**社会保険料控除は、納税者自身だけでなく、生計を一にする配偶者、親族に係る社会保険料も対象**となります。

3. 不適切　納税者が生命保険の保険料を支払った場合には、支払う金額によっては全額を控除することができず、上限もあります（**新制度（一般、介護医療、個人年金）では各4万円、合計12万円が限度**）。

4. 不適切　納税者が国に対して特定寄附金を支払った場合には、**2,000円を超える部分**が寄附金控除の対象となります（上限あり）。

17 ☑☑☑ 重要度 B [2018年5月]

所得税の所得控除に関する次の記述のうち、最も不適切なものはどれか。

1. 医療費控除の対象となる医療費の金額は、原則としてその年中に実際に支払った金額が対象となり、年末の時点で未払いの金額はその年分の医療費控除の対象にはならない。
2. 納税者が生計を一にする配偶者の負担すべき国民年金保険料を支払った場合、その支払った金額は納税者の社会保険料控除の対象となる。
3. 納税者の配偶者が事業専従者として給与を受けている場合には、配偶者の合計所得金額が48万円以下であっても、納税者は配偶者控除の適用を受けることができない。
4. 納税者が障害者である親族を扶養している場合でも、納税者自身が障害者でなければ障害者控除の適用を受けることができない。

18 ☑☑☑ 重要度 B [2019年5月]

所得税における医療費控除に関する次の記述のうち、最も不適切なものはどれか。なお、「特定一般用医薬品等購入費を支払った場合の医療費控除の特例」は考慮しないものとする。

1. 医療費控除の控除額は、その年中に支払った医療費の合計額（保険金等により補てんされる部分の金額を除く）から、その年分の総所得金額等の5％相当額または10万円のいずれか低い方の金額を控除して算出され、最高200万円である。
2. 医師等による診療等を受けるために自家用車を利用した場合、その際に支払った駐車場代は、医療費控除の対象となる。
3. 風邪の治療のための医薬品の購入費は、医師の処方がない場合においても、医療費控除の対象となる。
4. 健康診断により重大な疾病が発見され、かつ、当該診断に引き続きその疾病の治療をした場合の健康診断の費用は、医療費控除の対象となる。

4 が不適切　　テキスト４章　1）P376-378、2）P374、3）P368-370、4）P372-373

1. 適切　医療費が「かかった」年ではなく、医療費を「**支払った**」年において、医療費控除の対象となります。

2. 適切　社会保険料控除は、**納税者本人、本人と生計を一にする配偶者、その他親族に係るもの**が対象となります。小規模企業共済等掛金控除は納税者本人に係るもののみが対象となる点で異なります。

3. 適切　青色事業専従者として納税者から給与を受けている者も、**収入金額にかかわらず**、配偶者（特別）控除、扶養控除の対象となりません。

4. **不適切**　**納税者本人、同一生計配偶者、扶養親族**のうちに一定の障害者である者がいる場合、障害者控除の適用を受けることができます。

2 が不適切　　テキスト４章　P376-378

1. 適切　なお、特定一般用医薬品等購入費を支払った場合の医療費控除の特例の控除額は、「**その年中に支払った医療費の金額（保険金等により補てんされる部分の金額を除く）－1.2万円**」により計算され、8.8万円が限度となります。

2. **不適切**　電車やバスによる通院費は医療費控除の対象となりますが、**マイカーのガソリン代、有料道路の通行料金、病院の駐車場代は医療費控除の対象となりません。**

3. 適切　納税者本人の治療のために支払った医薬品購入費は、医師の処方がなくても、医療費控除の対象となります。

4. 適切　なお、特に**異常が発見されない**場合の健康診断の費用は医療費控除の**対象となりません。**

税額計算と税額控除

19 ☑☑☑ 重要度 A [2022年9月]

所得税における住宅借入金等特別控除（以下「住宅ローン控除」という）に関する次の記述のうち、最も適切なものはどれか。なお、本年に住宅ローンを利用して住宅を取得し、同月中にその住宅を居住の用に供したものとする。

1. 住宅ローン控除の対象となる家屋は、納税者がもっぱら居住の用に供する家屋に限られ、店舗併用住宅は対象とならない。
2. 住宅を新築した場合の住宅ローン控除の控除額の計算上、借入金等の年末残高に乗じる控除率は、0.7％である。
3. 住宅ローン控除の適用を受けようとする場合、納税者のその年分の合計所得金額は3,000万円以下でなければならない。
4. 住宅ローン控除の適用を受けていた者が、転勤等のやむを得ない事由により転居したため、取得した住宅を居住の用に供しなくなった場合、翌年以降に再び当該住宅をその者の居住の用に供したとしても、再入居した年以降、住宅ローン控除の適用を受けることはできない。

20 ☑☑☑ 重要度 A [2019年1月]

所得税における住宅借入金等特別控除（以下「住宅ローン控除」という）に関する次の記述のうち、最も不適切なものはどれか。なお、記載されたもの以外の要件はすべて満たしているものとする。

1. 中古住宅を取得した場合でも、一定の耐震基準に適合するものは、住宅ローン控除の適用を受けることができる。
2. 住宅ローン控除の適用を受けていた者が、転勤等のやむを得ない事由により転居したため、取得した住宅を居住の用に供しなくなった場合、翌年以降に再び当該住宅を居住の用に供すれば、原則として再入居した年以降の控除期間内については住宅ローン控除の適用を受けることができる。
3. 住宅ローン控除の適用を受けていた者が、住宅ローンの一部繰上げ返済を行い、住宅ローンの償還期間が当初の償還の日から10年未満となった場合であっても、残りの控除期間について、住宅ローン控除の適用を受けることができる。
4. 住宅ローン控除の適用を受ける最初の年分は、必要事項を記載した確定申告書に一定の書類を添付し、納税地の所轄税務署長に提出しなければならない。

2 が適切　　テキスト4章　P383-386

1. 不適切　店舗併用住宅も、**2分の1以上が居住の用**に供されていれば、対象となります。

2. **適切**　2022年度税制改正により控除率が変わりました。

3. 不適切　住宅ローン控除の適用を受けようとする場合、納税者のその年分の**合計所得金額は2,000万円以下（一定の新築住宅で床面積40㎡以上50㎡未満の場合は合計所得金額が1,000万円以下）**でなければなりません。

4. 不適切　住宅ローン控除の適用を受けていた者が、転勤等のやむを得ない事由により転居したため、取得した住宅を居住の用に供しなくなった場合、翌年以降に再び当該住宅をその者の居住の用に供すると、**再入居した年以降（賃貸の用に供していた場合はその翌年以降）**、**残存の控除期間**にわたり、住宅ローン控除の適用を受けることができます。

3 が不適切　　テキスト4章　P383-386

1. 適切　**中古住宅も築年数要件はなく、新耐震基準に適合**するなどの要件を満たせば、住宅ローン控除の対象となります。

2. 適切　なお、**再入居年に賃貸している場合はその翌年以降**からの適用となります。

3. **不適切**　**償還期間が10年以上**であることが要件であるため、住宅ローンの一部繰上げ返済により、償還期間が10年未満となった場合、残りの期間について、住宅ローン控除の適用はありません。

4. 適切　住宅ローン控除は、**必ず1年目は確定申告が必要**となります。なお、納税者が給与所得者である場合、所定の要件を満たせば、**2年目以降は年末調整**により適用を受けることができます。

確定申告と納税

21 ☑☑☑ 重要度 A [2023年1月]

所得税の申告に関する次の記述のうち、最も適切なものはどれか。

1. その年中の公的年金等の収入金額の合計が450万円であり、それ以外の所得が原稿料に係る雑所得の金額20万円のみである者は、確定申告を行う必要はない。
2. 年の中途で死亡した者のその年分の所得税について確定申告を要する場合、原則として、その相続人は、相続の開始があったことを知った日の翌日から2ヵ月以内に、死亡した者に代わって確定申告をしなければならない。
3. その年の1月16日以後新たに業務を開始した者が、その年分から青色申告の適用を受けようとする場合、その業務を開始した日の属する月の翌月までに、「所得税の青色申告承認申請書」を納税地の所轄税務署長に提出しなければならない。
4. 前年からすでに業務を行っている者が、本年分から新たに青色申告の適用を受けるために、提出期限までに「所得税の青色申告承認申請書」を提出した場合、その年の12月31日までに、その申請につき承認または却下の処分がなかったときは、青色申告の承認があったものとみなされる。

4 が適切　　テキスト4章　1）P390、2）P389、3）4）P395

1. 不適切　その年中の公的年金等の収入金額の合計が**400万円以下**であり、それ以外の所得が**20万円以下**であれば、所得税の確定申告は**不要**ですが、選択肢の場合は、該当しないため、所得税の確定申告は必要です。

2. 不適切　年の中途で死亡した者の所得税の確定申告は、原則として、相続の開始があったことを知った日の翌日から**4カ月**以内に行います。

3. 不適切　その年の1月16日以後新たに業務を開始した者が、その年分から青色申告の適用を受けようとする場合、業務を開始した日から**2カ月以内**に「所得税の青色申告承認申請書」を納税地の所轄税務署長に提出しなければなりません。

4. **適切**　本文のとおりです。なお、**前年からすでに業務を行っている**者の所得税の青色申告承認申請書の提出期限は、その年の**3月15日**です。

22 ☑☑☑ 重要度 B

[2019年5月]

次のうち、所得税の確定申告を要する者はどれか。なお、いずれも適切に源泉徴収等がされ、年末調整すべきものは年末調整が済んでいるものとする。

1. 給与として1ヵ所から年額1,500万円の支払いを受けた給与所得者
2. 退職一時金として2,500万円の支払いを受け、その支払いを受ける時までに「退職所得の受給に関する申告書」を提出している者
3. 同族会社である法人1ヵ所から給与として年額1,200万円の支払いを受け、かつ、その法人から不動産賃貸料として年額12万円の支払いを受けたその法人の役員
4. 老齢基礎年金および老齢厚生年金を合計で年額300万円受給し、かつ、原稿料に係る雑所得が年額12万円ある者

23 ☑☑☑ 重要度 B

[2020年9月]

次のうち、所得税における事業所得（総合課税に係るもの）を生ずべき事業を営む青色申告者が受けることができる青色申告の特典として、最も不適切なものはどれか。

1. 純損失の5年間の繰越控除
2. 純損失の繰戻還付
3. 棚卸資産の低価法による評価の選択
4. 青色事業専従者給与の必要経費算入

3 が正しい　　テキスト４章　1）3）4）P390、2）P349

1. 確定申告を要しない　なお、年間の給与収入が**2,000万円**を超える者は年末調整の対象とならず、確定申告が必要となります。

2. 確定申告を要しない　なお、退職手当の支払者に「退職所得の受給に関する申告書」を**提出していない**場合、退職金の**収入金額**の**20.42％の所得税**が源泉徴収されます。通常、納税すべき金額よりも多く徴収されるため、確定申告により還付の手続きが必要となります。

3. **確定申告を要する**　給与所得を生ずる者（同族会社の役員ではない）で、給与所得、退職所得以外の所得金額が**20万円以下**である場合は、通常、確定申告は不要となりますが、**同族会社の役員**が、その法人から地代、家賃、利子を受けている場合は、**1円でも確定申告が必要**となります。

4. 確定申告を要しない　公的年金等の収入金額（老齢給付）が年額**400万円以下**であり、かつ公的年金等の雑所得以外の所得が**20万円以下**である者は、確定申告を行う必要はありません。

1 が不適切　　テキスト４章　P396-397

1. **不適切**　損益通算しきれない純損失の繰越控除は最長**3年**間となります。

2. 適切　損益通算しきれない純損失を前年の所得金額に繰り戻して、前年に納付した所得税の還付を受けることを純損失の繰戻還付といいます。

3. 適切　なお、届出をしない場合の棚卸資産の評価方法は**最終仕入原価法**となります。

4. 適切　青色事業専従者給与（給与・賞与）は届け出た範囲内で相当と認められる金額は必要経費に算入できますが、**退職金**は**必要経費に算入できません。**

24 ☑☑☑ 重要度 A [2019年9月]

所得税の青色申告に関する次の記述のうち、最も適切なものはどれか。

1. 1月16日以降に新たに事業を開始した者が、その年分の所得税から青色申告の適用を受けようとする場合には、事業を開始した年の翌年の3月15日までに「青色申告承認申請書」を納税地の所轄税務署長に提出し、その承認を受けなければならない。
2. 事業的規模でない不動産所得を生ずべき業務を行っている青色申告者と生計を一にする配偶者がその業務に専従している場合、所定の届出により、その配偶者に支払った給与を青色事業専従者給与として必要経費に算入することができる。
3. 青色申告者は、総勘定元帳その他一定の帳簿を起算日から10年間、住所地もしくは居所地または事業所等に保存しなければならない。
4. 青色申告者が、申告期限後に確定申告書を提出した場合、受けられる青色申告特別控除額は最大10万円となる。

4 が適切　　　　テキスト4章　P395-396

1. 不適切　青色申告の承認申請書の提出は、原則として、新たにその年から青色申告の適用を受けようとする場合にはその年の3月15日までですが、1月16日以降に新たに業務を開始した者は、業務を開始した日から**2カ月**以内に、青色申告の承認申請書を納税地の所轄税務署長に提出し、その承認を受けなければなりません。

2. 不適切　事業所得を生ずる業務を行っている青色申告者、事業的規模で不動産所得を生ずべき業務を行っている青色申告者が青色事業専従者に対して支払う給与は一定要件のもと必要経費に算入できますが、**事業的規模でない不動産所得**を生ずべき業務を行っている青色申告者は、青色事業専従者に給与を支払っても、**必要経費に算入**することは**できません**。

3. 不適切　青色申告者は、原則として確定申告期限の翌日から**7年**間（一部5年間）にわたり、住所地もしくは居所地または事業所等に総勘定元帳その他の一定の帳簿を保存しなければなりません。

4. **適切**　青色申告書が、貸借対照表を添付しない場合や確定申告の期限後に確定申告書を提出した場合の青色申告特別控除は最大**10万円**となります。なお、要件をすべて満たしている場合の青色申告特別控除は最高**55万円**、さらにe-Tax等の方法により確定申告をした場合は最高**65万円**となります。

個人住民税と個人事業税

25 ☑☑☑ 重要度 C [2022年5月]

個人住民税の原則的な仕組みに関する次の記述のうち、最も適切なものはどれか。

1. 個人住民税の課税は、その年の4月1日において都道府県内または市町村（特別区を含む）内に住所を有する者に対して行われる。
2. 個人住民税の所得割額は、所得税の所得金額の計算に準じて計算した前々年中の所得金額から所得控除額を控除し、その金額に税率を乗じて得た額から税額控除額を差し引くことにより算出される。
3. 所得税および個人住民税の納税義務がある自営業者は、所得税の確定申告をした後、住民税の申告書も提出しなければならない。
4. 納税者が死亡した時点で未納付の個人住民税があったとしても、相続の放棄をした者は、その未納付分を納税する義務を負わない。

26 ☑☑☑ 重要度 C [2021年5月]

個人事業税の仕組みに関する次の記述のうち、最も適切なものはどれか。

1. 個人事業税の徴収は、特別徴収の方法による。
2. 個人事業税の標準税率は、一律3%である。
3. 個人事業税の課税標準の計算上、事業主控除として最高390万円を控除することができる。
4. 医業などの社会保険適用事業に係る所得のうち社会保険診療報酬に係るものは、個人事業税の課税対象とならない。

4 が適切 テキスト 4 章　P400-401

1. 不適切　個人住民税の課税は、その年の**1月1日**において都道府県内または市町村（特別区を含む）内に住所を有する者に対して行われます。
2. 不適切　個人住民税は原則、**前年所得課税**です。個人住民税の所得割額は、前年の所得金額をもとに計算します。
3. 不適切　所得税および個人住民税の納税義務がある自営業者は、所得税の確定申告をした場合、**住民税の申告書の提出は不要**です。
4. **適切**　納税者が死亡した時点で未納付の個人住民税があった場合、**通常は、債務控除の対象**となり、相続人等が支払うこととなりますが、**相続の放棄をした者**は、その**未納付分を納税する義務を負い**ません。

4 が適切 テキスト 4 章　P402

1. 不適切　個人事業税の徴収は、**普通徴収**の方法によります。
2. 不適切　個人事業税の標準税率は、業種によって**3％、4％または5％**です。
3. 不適切　個人事業税の課税標準計算上、事業主控除として最高**290万円**を控除することができます。
4. **適切**　ほかにも、農業も原則として事業税が課税されません。

法人税等

27 ☑☑☑ 重要度 A [2021年1月]

法人税の基本的な仕組み等に関する次の記述のうち、最も不適切なものはどれか。なお、法人はいずれも内国法人（普通法人）であるものとする。

1. 法人税における事業年度とは、法令または定款等により定められた1年以内の会計期間がある場合にはその期間をいう。
2. 新たに設立された法人が、その設立事業年度から青色申告の適用を受けるためには、設立の日以後3ヵ月経過した日と当該事業年度終了の日のいずれか早い日の前日までに、「青色申告承認申請書」を納税地の所轄税務署長に提出しなければならない。
3. 法人は、その本店の所在地または当該代表者の住所地のいずれかから法人税の納税地を任意に選択することができる。
4. 期末資本金の額等が1億円以下の一定の中小法人に対する法人税の税率は、所得金額のうち年800万円以下の部分については軽減税率が適用される。

28 ☑☑☑ 重要度 A [2019年5月]

法人税の仕組みに関する次の記述のうち、最も適切なものはどれか。

1. 法人税額は、各事業年度の確定した決算に基づく当期純利益の額に税率を乗じて算出される。
2. 期末資本金の額が1億円以下の一定の中小法人に対する法人税は、事業年度の所得の金額が年1,000万円以下の部分と年1,000万円超の部分で乗じる税率が異なる。
3. 法人税の確定申告による納付は、原則として、各事業年度終了の日の翌日から2ヵ月以内にしなければならない。
4. 法人は、その本店もしくは主たる事務所の所在地または当該代表者の住所地のいずれかから法人税の納税地を任意に選択することができる。

3 が不適切　テキスト4章　1）P404、2）P417、3）4）P416

1. 適切　なお、所得税や贈与税の課税期間はその年の1月1日から12月31日までの1年間（暦年）となります。

2. 適切　なお、個人が1月16日以降に新たに業務を開始した者は、業務を開始した日から2カ月以内に、青色申告の承認申請書を納税地の所轄税務署長に提出し、その承認を受けなければなりません。個人と法人の青色申告承認申請の期限について、「**2カ月**」「**3カ月**」のひっかけ問題がよく出題されます。

3. **不適切**　法人はその**本店または主たる事務所の所在地**のいずれかから法人税の納税地を任意に選択することができます。代表者の住所地は関係ありません。

4. 適切　なお、「**800万円**」は中小法人の交際費等の損金算入限度額でも出てくるカギとなる数値です。

3 が適切　テキスト4章　1）P405、2）3）4）P416

1. 不適切　法人税は「利益」ではなく「**所得**」に対して課税されます。

2. 不適切　**資本金1億円以下**の一定の中小法人に対する税率は所得**800万円以下**の部分と**800万円超**の部分で異なります。

3. **適切**　法人税も消費税も申告期限は原則として各事業年度終了日の翌日から**2カ月**以内です。

4. 不適切　法人はその**本店もしくは主たる事務所の所在地**のいずれかから法人税の納税地を任意に選択することができます。代表者の住所地は関係ありません。

29 重要度 C

[2021年5月]

次のうち、法人税の計算上、法人（保険会社等を除く）の当期利益の額から申告調整時に益金不算入として、減算することができるものはどれか。

1. 欠損金の繰戻しにより受け取る法人税額の還付金
2. 法人税の確定額よりも中間納付額が多い場合に受け取る法人税額の還付加算金（所定の日数に応じて法人税額の還付金の額に一定の割合を乗じて加算されるもの）
3. 内国法人から受け取る非支配目的株式等の配当等の額の80％相当額
4. 内国法人から受け取る完全子法人株式等、関連法人株式等および非支配目的株式等のいずれにも該当しない株式等の配当等の額の全額

30 重要度 A

[2020年1月]

法人税に関する次の記述のうち、最も適切なものはどれか。

1. 法人が納付した法人税の本税および法人住民税の本税は、その全額を損金の額に算入することができる。
2. 法人が国または地方公共団体に支払った一定の寄附金（確定申告書に明細を記載した書類の添付あり）は、その全額を損金の額に算入することができる。
3. 期末資本金等の額が1億円以下の一定の中小法人が支出した交際費等のうち、年1,000万円までの金額は、損金の額に算入することができる。
4. 法人が減価償却費として損金経理した金額のうち、償却限度額を超える部分の金額は、その事業年度の損金の額に算入することができる。

1 が適切　テキスト４章　1）P406、P409、2）P406、3）4）P407

1. **適切**　**支払う法人税が損金不算入**となりますので、**還付される法人税額も益金不算入**となります。

2. 不適切　法人税の確定額よりも中間納付額が多い場合に受け取る法人税額の**還付加算金**（所定の日数に応じて法人税額の還付金の額に一定の割合を乗じて加算されるもの）**は益金算入**されます。

3. 不適切　内国法人から受け取る非支配目的株式等の配当等の額は**20％**相当額が益金不算入となります。

4. 不適切　内国法人から受け取る完全子法人株式等（保有割合100％）、関連法人株式等（保有割合３分の１超100％未満）および非支配目的株式等（保有割合５％以下）のいずれにも該当しない株式等（保有割合５％超３分の１以下）の配当等の額の**50％が益金不算入**となります。

2 が適切　テキスト４章　1）P406、P409、2）P411、3）P408-409、4）P410-411

1. 不適切　**法人税の本税、法人住民税の本税は損金に算入できません。**なお、**法人事業税**は一定要件のもと**損金に算入できます。**

2. **適切**　**国・地方公共団体**に対する寄附金は、一定要件のもと**全額**損金算入できます。

3. 不適切　期末資本金の額等が１億円以下の一定の中小法人が支出した交際費は、**年800万円**までの金額または**接待飲食費の50％**のいずれか**多い**金額までを損金に算入することができます。

4. 不適切　減価償却費について、その事業年度の法人税の損金の額に算入される金額は、法人が損金経理した金額のうち、**償却限度額以下の部分**に限られ、償却限度額を超える部分は、その事業年度の損金に算入することはできません。

31　☑☑☑　重要度 A　[2018年9月]

法人税の損金に関する次の記述のうち、最も不適切なものはどれか。

1. 役員退職給与を損金の額に算入するためには、所定の時期に確定額を支給する旨の定めの内容をあらかじめ税務署長に届け出なければならない。
2. 国または地方公共団体に対して支払った寄附金の額（確定申告書に明細を記載した書類を添付している）は、損金の額に算入することができる。
3. 期末資本金の額等が1億円以下の一定の中小法人が支出した交際費等のうち、年800万円までの金額は、損金の額に算入することができる。
4. 損金の額に算入される租税公課のうち、事業税については、原則としてその事業税に係る納税申告書を提出した日の属する事業年度の損金の額に算入することができる。

32　☑☑☑　重要度 A　[2021年1月]

会社と役員間の取引に係る所得税・法人税に関する次の記述のうち、最も適切なものはどれか。

1. 役員が所有する土地を無償で会社に譲渡した場合、その適正な時価の2分の1相当額が会社の受贈益として益金の額に算入される。
2. 会社が所有する土地を適正な時価よりも低い価額で役員に譲渡した場合、その適正な時価と譲渡価額との差額が役員の給与所得の収入金額に算入される。
3. 役員が会社の所有する社宅に無償で居住している場合であっても、通常の賃貸料相当額が役員の給与所得の収入金額に算入されることはない。
4. 役員が会社に無利息で金銭の貸付けを行った場合、原則として、通常収受すべき利息に相当する金額が役員の雑所得の収入金額に算入される。

1 が不適切　テキスト４章　1）P407-408、2）P411、3）P408-409、4）P409

1. **不適切**　役員に支給する事前確定届出給与は事前届出が必要ですが、**役員退職金に事前届出は必要ありません**。なお、不相当に高額な部分は損金に算入できません。

2. 適切　国・地方公共団体に対する寄附金は、一定要件のもと**全額**損金算入できます。

3. 適切　期末資本金の額等が１億円以下の一定の中小法人が支出した交際費は、**年800万円**までの金額または**接待飲食費の50％**のいずれか**多い**金額までを損金に算入することができます。

4. 適切　法人税の本税、法人住民税の本税は損金に算入できませんが、法人事業税は、原則として**事業税**に係る納税申告書を提出した日の属する事業年度の**損金に算入**することが**できます**。

2 が適切　テキスト４章　P413-414

1. 不適切　役員が所有する土地を時価よりも低い価額で会社に譲渡した場合、会社は適正な時価との**差額を受贈益として益金**に算入します。選択肢の場合は、無償ですので、適正な時価をそのまま受贈益として益金に算入します。

2. **適切**　３.の解説参照。

3. 不適切　会社・役員間の取引において、役員にとって有利とされる部分（経済的利益相当額）は、通常、**会社側では役員報酬**として扱い、**役員側は給与所得の収入金額**として扱います。

4. 不適切　役員が会社に無利子で金銭を貸し付けた場合、通常収受すべき利息相当額について、原則として**役員に所得税は課税されません**。

33 ☑☑☑ 重要度 A

[2023年5月]

会社と役員間の取引に係る所得税・法人税に関する次の記述のうち、最も不適切なものはどれか。

1. 会社が株主総会の決議を経て役員に対して退職金を支給した場合、その退職金の額は、不相当に高額な部分の金額など一定のものを除き、その会社の所得金額の計算上、損金の額に算入することができる。
2. 会社が役員に対して無利息で金銭の貸付けを行った場合、原則として、通常収受すべき利息に相当する金額が、その会社の所得金額の計算上、益金の額に算入される。
3. 役員が所有する土地を適正な時価の２分の１未満の価額で会社に譲渡した場合、その役員は、適正な時価により当該土地を譲渡したものとして譲渡所得の計算を行う。
4. 役員が会社の所有する社宅に無償で居住している場合、原則として、通常の賃貸料相当額が、その役員の雑所得の収入金額に算入される。

34 ☑☑☑ 重要度 A

[2022年5月]

法人成り等に関する次の記述の空欄（ア）～（ウ）にあてはまる語句の組み合わせとして、最も適切なものはどれか。

> 個人事業の場合、通常、利益は事業所得として他の所得と合算されて最高（ ア ）%の超過累進税率による所得税の課税対象となるが、個人事業の法人成りにより、法人に課される法人税は、原則として、比例税率となる。なお、資本金の額が１億円以下の法人（適用除外事業者を除く）に対する法人税の税率は、軽減措置が適用される。2019年4月1日以後に開始する事業年度において、年800万円以下の所得金額からなる部分の金額については（ イ ）%とされ、年800万円超の所得金額からなる部分の金額については（ ウ ）%とされる。

1.（ア）50　（イ）19.0　（ウ）15.0
2.（ア）50　（イ）15.0　（ウ）19.0
3.（ア）45　（イ）23.2　（ウ）15.0
4.（ア）45　（イ）15.0　（ウ）23.2

4 が不適切　　テキスト4章　P407-408、P413-414

1. 適切　なお、事前確定届出給与のような**事前の届出は不要**です。
2. 適切　なお、選択肢の場合、通常収受すべき利息について、**役員側では給与**収入として扱います。
3. 適切　なお、**役員**が所有する土地を適正な時価の**2分の1以上時価未満**で会社に譲渡した場合は、その**譲渡対価**に基づき譲渡所得の計算を行います。
4. **不適切**　役員が会社の所有する社宅に無償で居住している場合、原則として、通常の賃貸料相当額は**役員の給与**所得の収入金額に算入されます。

4 が適切　　テキスト4章　P334、P416、P419

所得税の税率は**5%～45%**（ア）の**7段階の超過累進税率**であるのに対し、**資本金1億円以下**の中小法人の税率は**所得金額800万円以下の部分は15%**（イ）、**所得金額800万円超の部分は23.2%**（ウ）です。

消費税

35 ☑☑☑ 重要度 A [2023年5月]

消費税に関する次の記述のうち、最も不適切なものはどれか。

1. 土地の譲渡は、非課税取引に該当する。
2. 新たに設立した普通法人のうち、事業年度開始の日における資本金の額等が1,000万円以上である法人は、基準期間がない課税期間において消費税の課税事業者となる。
3. 基準期間における課税売上高が1億円である課税事業者は、所定の手続きにより、簡易課税制度の適用を受けることができる。
4. 課税事業者である個人事業者は、原則として、消費税の確定申告書をその年の翌年3月31日までに納税地の所轄税務署長に提出しなければならない。

36 ☑☑☑ 重要度 A [2019年1月]

消費税に関する次の記述のうち、最も適切なものはどれか。

1. 簡易課税制度の適用を受けた事業者は、課税売上高に従業員数に応じて定められたみなし仕入率を乗じて仕入に係る消費税額を計算する。
2. 特定期間（原則として前事業年度の前半6ヵ月間）の給与等支払額の合計額および課税売上高がいずれも1,000万円を超える法人は、消費税の免税事業者となることができない。
3. 「消費税課税事業者選択届出書」を提出して消費税の課税事業者となった法人は、事業を廃止した場合を除き、原則として3年間は消費税の免税事業者となることができない。
4. 消費税の課税事業者である個人事業者は、原則として、消費税の確定申告書をその年の翌年3月15日までに納税地の所轄税務署長に提出しなければならない。

3 が不適切　　　テキスト４章　1）P421、2）P422-424、3）P425、4）P427

1. 適切　なお、**事業者による建物の譲渡**は、**課税**取引に該当します。

2. 適切　なお、**個人事業者**は、**事業開始年は基準期間がない**ため、原則、**免税事業者**になります。

3. **不適切**　**基準期間**における課税売上高が**5,000万円以下**である課税事業者は、**簡易課税**制度の適用を受けることができます。

4. 適切　なお、課税事業者である**法人**は、原則として、事業年度終了の日の翌日から**2カ月**以内に納税地の所轄税務署長に提出しなければなりません。

2 が適切　　　テキスト４章　1）P425、2）P422-424、3）P424、4）P427

1. 不適切　簡易課税事業者（基準期間における課税売上高が5,000万円以下）は、課税売上高に係る消費税額に、「**事業の種類**」に応じて定められた一定のみなし仕入率を乗じた金額を課税仕入高に係る消費税額とみなして、納付する消費税額を計算することができます。「事業規模」や「従業員数」に応じた・・・とひっかけ問題が出題されます。

2. **適切**　基準期間の課税売上高が1,000万円以下であっても、**特定期間（原則として、前事業年度の前半6カ月間）**の**課税売上高および給与等支払額がいずれも1,000万円を超える法人**は、消費税の免税事業者となることができず、**課税事業者**となります。

3. 不適切　「消費税課税事業者選択届出書」を提出して消費税の課税事業者となることを選択した場合、事業を廃止した場合等を除き、原則**2年間**は課税事業者の適用を継続しなければなりません。

4. 不適切　消費税の課税事業者である個人事業者は、原則として消費税の確定申告書を翌年**3月31日**までに納税地の所轄税務署長に提出しなければなりません。

第1問 ☑☑☑ 重要度 A [2020年9月]

長岡さん（67歳）の本年分の収入等は下記のとおりである。長岡さんの本年分の所得税における総所得金額として、正しいものはどれか。なお、記載のない事項については一切考慮しないこととし、総所得金額が最も少なくなるように計算すること。

＜本年分の収入等＞

内容	金額
老齢厚生年金および企業年金	310万円
生命保険の満期保険金	250万円

※老齢厚生年金および企業年金は公的年金等控除額を控除する前の金額である。

※生命保険は、養老保険（保険期間20年、保険契約者および満期保険金受取人は長岡さん）の満期保険金であり、既払込保険料（長岡さんが全額負担している）は190万円である。なお、契約者配当については考慮しないこととする。

＜公的年金等控除額の速算表＞

納税者区分	公的年金等の収入金額（A）	公的年金等控除額 公的年金等に係る雑所得以外の所得に係る合計所得金額 1,000万円以下
65歳未満の者	130万円 以下	60万円
	130万円 超 410万円 以下	（A）×25％＋ 27.5万円
	410万円 超 770万円 以下	（A）×15％＋ 68.5万円
	770万円 超 1,000万円 以下	（A）× 5％＋145.5万円
	1,000万円 超	195.5万円
65歳以上の者	330万円 以下	110万円
	330万円 超 410万円 以下	（A）×25％＋ 27.5万円
	410万円 超 770万円 以下	（A）×15％＋ 68.5万円
	770万円 超 1,000万円 以下	（A）× 5％＋145.5万円
	1,000万円 超	195.5万円

1. （310万円－110万円）＋（250万円－190万円）＝260万円
2. （310万円－110万円）＋（250万円－190万円）×1／2＝230万円
3. （310万円－110万円）＋（250万円－190万円－50万円）＝210万円
4. （310万円－110万円）＋（250万円－190万円－50万円）×1／2＝205万円

正解 **4** が正しい　　テキスト４章　P333、P353-356

総所得金額とは**総合課税**の対象となる所得金額の合計のことをいいます。
設問の老齢厚生年金および企業年金（雑所得）、生命保険の満期保険金（一時所得）はいずれも総合課税の対象となります。

＜老齢厚生年金および企業年金＞
公的年金に係る所得は雑所得として扱われ、「**公的年金等の収入金額－公的年金等控除額**」により求めます。
長岡さんは「65歳以上」ですので、310万円－110万円＝200万円となります。

＜生命保険の満期保険金＞
契約者（保険料負担者）が受け取った養老保険の満期保険金は一時所得として扱われ、**保険期間５年超の場合**、**総合課税**の対象となります。
一時所得の金額は「**総収入金額－その収入を得るために支出した金額－50万円（特別控除）**」で計算されます。
250万円－190万円－50万円＝10万円

＜総所得金額＞
一時所得のうち、**総所得金額に算入される金額は、損益通算後の一時所得の１／２**となりますので、総所得金額200万円＋10万円×１／２＝205万円となります。

第2問　☑☑☑　重要度A　[2021年9月]

桑原さん（67歳）の本年分の収入および経費は以下のとおりである。桑原さんの本年分の所得税における総所得金額を計算しなさい。なお、青色申告特別控除額は10万円であるものとする。また、解答に当たっては、解答用紙に記載されている単位に従うこと。

＜収入および経費＞

内容	金額
老齢基礎年金	72万円
遺族厚生年金	115万円
駐車場収入	84万円
駐車場に係る経費	11万円

※桑原さんは、駐車場経営を始めた以前から青色申告者となっており、帳簿書類の備え付け等の要件は満たしている。なお、この駐車場経営については、その収入は不動産所得に該当するが、事業的規模に該当しない。

＜公的年金等控除額の速算表＞

納税者区分	公的年金等の収入金額（A）	公的年金等控除額 公的年金等に係る雑所得以外の所得に係る合計所得金額1,000万円以下
65歳以上の者	330万円　以下	110万円
	330万円　超　410万円　以下	（A）×25%＋　27.5万円
	410万円　超　770万円　以下	（A）×15%＋　68.5万円
	770万円　超　1,000万円　以下	（A）×　5%＋145.5万円
	1,000万円　超	195.5万円

正解　**63（万円）**　テキスト４章　P332-333、P340-341、P354-356

老齢基礎年金：公的年金に係る所得は雑所得であり、「**公的年金等の収入金額－公的年金等控除額**」により求めます。本問の場合、年金額が110万円以下ですので、雑所得の金額はゼロとなります。

遺族厚生年金：**非課税**です。

不動産所得：青色申告者の不動産所得は、「**収入－必要経費－青色申告特別控除額**」により求めます。
本問の場合、84万円－11万円－10万円＝63万円となります。

不動産所得は総合課税の対象ですので、総所得金額は63万円となります。

第3問　☑☑☑　重要度B　[2022年1月]

個人事業主の千田さんは、本年４月１日に建物を購入したが、営業開始が遅延し、同年10月25日から事業の用に供している。千田さんの本年分の所得税における事業所得の計算上、必要経費に算入すべき減価償却費の金額として、正しいものはどれか。なお、建物は、事業にのみ使用しており、その取得価額は5,000万円、法定耐用年数は50年である。

＜耐用年数表（抜粋）＞

法定耐用年数	定額法の償却率	定率法の償却率
50年	0.020	0.040

1. 25万円
2. 50万円
3. 75万円
4. 150万円

正解　1　が正しい　テキスト４章　P341-345

個人の法定償却方法は**定額法**ですし、新規に取得した建物は個人、法人を問わず定額法のみとなります。

新たに取得する減価償却資産の減価償却費は「**取得価額×償却率×業務供用月数÷12**」により求めます。

設問の場合、**購入は4月**ですが、**業務供用開始は10月**ですので、**業務供用月数は3カ月**です。

5,000万円×0.020×3／12＝250,000円　となります。

第4問 ☑☑☑ 重要度 C [2022年5月]

飲食店を営む個人事業主の柴田さんは、前年7月に乗用車（新車）を購入し、その日から本年12月まで引き続き事業の用に供している。購入した乗用車に関する内容が以下のとおりである場合、柴田さんの本年分の所得税における事業所得の金額の計算上、必要経費に算入すべき減価償却費の金額として、正しいものはどれか。なお、柴田さんは個人事業の開業年（2015年）において、車両の減価償却方法として定率法を選択している。また、償却保証額は考慮しないこととし、計算過程および計算結果において、円未満の端数が生じたときは、これを切り上げること。

＜乗用車に関する内容＞

資産名	取得年月	法定耐用年数	取得価額	事業専用割合
乗用車	前年7月	6年	3,500,000円	100%

＜定率法による償却率等＞

法定耐用年数	定率法の償却率
6年	0.333

1. 583,334円
2. 777,389円
3. 971,445円
4. 1,165,500円

正解 **3** が正しい　　テキスト4章　P341-345

定率法による減価償却費は「**未償却残高×償却率×業務供用月数÷12**」により求めます。
1年目は3,500,000円×0.333×6／12＝582,750円
2年目当初の未償却残高　3,500,000円－582,750円＝2,917,250円
2,917,250円×0.333×12／12＝971,444.25円→971,445円となります。

第5問　☑☑☑　重要度 A　[2020年9月]

会社員の最上さんは、本年3月末日に勤務先を退職した。最上さんの退職に係るデータが下記＜資料＞のとおりである場合、最上さんの退職一時金に係る退職所得の金額として、正しいものはどれか。なお、最上さんは、勤務先の役員であったことはなく、退職は障害者になったことに基因するものではない。

＜資料：最上さんの退職に係るデータ＞

支給される退職一時金	1,200万円
勤続期間	21年3ヵ月

1. 130万円
2. 165万円
3. 260万円
4. 330万円

正解　**1**　が正しい　　テキスト4章　P348-349

原則、退職所得は「(退職一時金－退職所得控除額)×1／2」により求めます。
退職所得控除額は勤続年数により異なります。

＜退職所得控除額＞

勤続年数20年以下	40万円×勤続年数（最低80万円）
勤続年数20年超	800万円＋70万円×（勤続年数－20年）

※1年未満の端数は1年として計算する。
勤続年数は21年3カ月であるため、22年として計算し、
退職所得控除額は、800万円＋70万円×（22年－20年）＝940万円、
退職所得は「(1,200万円－940万円)×1／2＝130万円」となります。

レック先生のワンポイント

FP協会の実技試験では、退職所得は第5問のほか、第9問、第10問で出題されます。
退職所得のほか、退職所得に係る所得税額を求める問題もあります。

第6問

☑☑☑ 重要度A [2020年1月]

会社員の落合さんの本年分の所得等は下記＜資料＞のとおりである。落合さんの本年分の所得税における総所得金額として、正しいものはどれか。なお、▲が付された所得の金額は、その所得に損失が発生していることを意味するものとする。

＜資料＞

所得の種類	所得金額	備考
給与所得	690万円	給与所得控除後の金額である。
不動産所得	▲50万円	不動産所得に係る必要経費の中には、土地の取得に要した借入金の利子20万円が含まれている。
譲渡所得	▲80万円	すべて上場株式の売却損である。
一時所得	▲60万円	養老保険を解約したことによる損失である。

1. 610万円
2. 630万円
3. 640万円
4. 660万円

正解 **4** が正しい　　テキスト4章 P333、P339-341、P346-347、P350-353、P358-359

総所得金額は**総合課税**の対象となる所得金額の合計をいいます。

設問のうち、**上場株式の譲渡所得は分離課税**、その他は総合課税の対象となります。

・不動産所得の損失は損益通算できますが、**土地の取得に要した借入金の利子20万円の部分は損益通算の対象外**となりますので、50万円の赤字のうち、30万円（50万円－20万円）の損失が損益通算の対象となります。

・上場株式の譲渡損失は、上場株式等の配当所得（申告分離課税を選択したものに限る）や特定公社債の譲渡所得、利子所得とは損益通算できますが、給与所得とは損益通算できません。また、上場株式等の譲渡所得は分離課税の対象となりますので、総所得金額の計算には影響しません。

・一時所得は総合課税の対象となりますが、**一時所得の損失は損益通算の対象とならない**ため、ゼロと扱います。

以上より、総所得金額は
給与所得690万円－不動産所得の損失30万円＝660万円となります。

第7問 ☑☑☑ 重要度 A [2021年1月]

会社員の安藤さんの本年分の所得等が下記<資料>のとおりである場合、安藤さんが本年分の所得税の確定申告をする際に、給与所得と損益通算できる損失に関する次の記述のうち、最も適切なものはどれか。なお、▲が付された所得の金額は、その所得に損失が発生していることを意味するものとする。

<資料>

所得または損失の種類	所得金額	備考
給与所得	850万円	勤務先からの給与であり、年末調整は済んでいる。
不動産所得	▲150万円	収入金額：400万円 必要経費：550万円 ※必要経費の中には、土地等の取得に要した借入金の利子が50万円ある。
譲渡所得	▲90万円	上場株式の売却に係る損失
雑所得	▲15万円	趣味で行っている執筆活動に係る損失

1. 不動産所得▲100万円と損益通算できる。
2. 不動産所得▲150万円と損益通算できる。
3. 不動産所得▲100万円および雑所得▲15万円と損益通算できる。
4. 不動産所得▲150万円および譲渡所得▲90万円と損益通算できる。

正解 **1** が適切　テキスト4章　P333、P340-341、P346-347、P350-355、P358-359

不動産所得：不動産所得の損失のうち、**土地等の取得に要した借入金の利子の部分は損益通算できません。**

設問の不動産所得の損失（▲150万円）のうち、土地の取得に要した借入金の利子50万円の部分は損益通算できませんので、100万円の損失が損益通算の対象となります。

譲渡所得：上場株式等の譲渡損失は、**給与所得とは損益通算できません。**なお、申告分離課税を選択した配当所得、特定公社債の利子所得、譲渡所得とは損益通算できます。

雑所得：**雑所得の損失は損益通算できません。**

損益通算の対象となる損失は、**不動産所得、事業所得、山林所得、譲渡所得の損失に限られます。**

以上より、給与所得と損益通算できる損失は、不動産所得の損失100万円のみとなります。

第8問 ☑☑☑ 重要度 B [2022年9月]

給与所得者の井上純さん（41歳）は、妻の恵さん（40歳）と生計を一にしている。純さんと恵さんの本年分の所得の状況が下記＜資料＞のとおりである場合、純さんの所得税の計算上、配偶者控除または配偶者特別控除として控除される金額として、正しいものはどれか。なお、記載されている事項以外については、考慮しないものとする。

＜資料＞
井上純さん：給与収入　920万円
　恵さん：パート収入　50万円

＜給与所得控除額の速算表＞

給与等の収入金額		給与所得控除額
	162.5万円 以下	55万円
162.5万円 超	180万円 以下	収入金額×40％－ 10万円
180万円 超	360万円 以下	収入金額×30％＋ 8万円
360万円 超	660万円 以下	収入金額×20％＋ 44万円
660万円 超	850万円 以下	収入金額×10％＋110万円
850万円 超		195万円

＜配偶者控除額（所得税）の早見表＞

納税者の合計所得金額	900万円以下	900万円超 950万円以下	950万円超 1,000万円以下
控除対象配偶者	38万円	26万円	13万円
老人控除対象配偶者	48万円	32万円	16万円

＜配偶者特別控除額（所得税）の早見表＞

納税者の合計所得金額／配偶者の合計所得金額		900万円以下	900万円超 950万円以下	950万円超 1,000万円以下
48万円超	95万円以下	38万円	26万円	13万円
95万円超	100万円以下	36万円	24万円	12万円
100万円超	105万円以下	31万円	21万円	11万円
105万円超	110万円以下	26万円	18万円	9万円
110万円超	115万円以下	21万円	14万円	7万円
115万円超	120万円以下	16万円	11万円	6万円
120万円超	125万円以下	11万円	8万円	4万円
125万円超	130万円以下	6万円	4万円	2万円
130万円超	133万円以下	3万円	2万円	1万円

1. 配偶者控除　　　26万円
2. 配偶者控除　　　38万円
3. 配偶者特別控除　26万円
4. 配偶者特別控除　38万円

正解 **2** が正しい　　　　テキスト4章　P346、P368-371

配偶者控除および配偶者特別控除は、本人および配偶者の合計所得金額による要件があります。

給与所得は「収入金額－給与所得控除額」により求めます。
納税者本人の**給与収入が920万円**ですので、給与所得控除額は195万円となり、給与所得は920万円－195万円＝725万円（900万円以下）となります。生計を一にしている妻（40歳）の合計所得金額は給与所得控除額の最低額（55万円）以下ですので、合計所得金額はゼロとなります。以上より、**本人の合計所得金額900万円以下、配偶者の合計所得金額が48万円以下**ですので、**配偶者控除（38万円）**の対象となります。

レック先生のワンポイント

設問が「収入なのか」「所得なのか」をしっかり読みましょう。

第9問 ☑☑☑ 重要度C [2023年9月]

会社員の榎田さんが本年中に支払った医療費等が下記＜資料＞のとおりである場合、榎田さんの本年分の所得税の確定申告における医療費控除の金額として、正しいものはどれか。なお、榎田さんの本年分の所得は、給与所得610万円のみであるものとし、榎田さんは妻および母と生計を一にしている。また、セルフメディケーション税制（特定一般用医薬品等購入費を支払った場合の医療費控除の特例）については考慮せず、保険金等により補てんされる金額はないものとする。

＜資料＞

支払年月	医療等を受けた人	医療機関等	内容	支払金額
本年1月	母	A病院	入院治療（注1）	63,000円
本年4月	本人	B病院	人間ドック（注2）	47,000円
	妻			57,000円
	本人		通院治療	33,000円
本年8月	母	C歯科医院	歯科治療（注3）	450,000円

（注1）母は、前年12月に入院して、本年1月に退院している。退院の際に支払った金額63,000円のうち30,000円は、前年12月分の入院代および治療費であった。
（注2）榎田さんは夫婦で人間ドックを受診したが、榎田さんは重大な疾病が発見されたため、引き続き通院をして治療をすることとなった。妻は、人間ドックの結果、異常は発見されなかった。
（注3）虫歯が悪化したため抜歯し、医師の診断により一般的なインプラント治療を受け、現金で支払った。

1. 43,000円
2. 463,000円
3. 493,000円
4. 550,000円

正解 **3** が正しい　　テキスト４章　P376-378

医療費控除は、**納税者本人または納税者本人と生計を一にする配偶者その他親族のために支払った医療費**が対象となり、「支払医療費－保険金等で補填される金額－**10万円**（総所得金額等が200万円未満の場合、総所得金額等×５％）」により求めます。

設問の場合、**支払年月（本年）、医療等を受けた人（本人、生計を一にする）は要件を満たしています。**

また、給与所得610万円ですので、「医療費－保険金等－10万円」により求めます。

＜支払医療費＞

・入院治療は**前年分も含めて、本年に支払っています**ので、対象です。

・**本人**の人間ドック費用は、**重大な疾病が発見され、引き続き治療をしたため、人間ドック費用および通院治療は対象**となりますが、**妻**の人間ドック費用は、**異常が発見されなかったため、対象外**となります。

・歯科治療は医療費控除の対象となります。

以上より、医療費控除は、63,000円＋47,000円＋33,000円＋450,000円－100,000円＝493,000円となります。

第10問 ☑☑☑ 重要度 B [2023年5月]

会社員の大津さんは、妻および長男との３人暮らしである。大津さんが本年中に新築住宅を購入し、同年中に居住を開始した場合等の住宅借入金等特別控除（以下「住宅ローン控除」という）に関する次の（ア）～（エ）の記述について、適切なものには○、不適切なものには×を解答欄に記入しなさい。なお、大津さんは、年末調整および住宅ローン控除の適用を受けるための要件をすべて満たしているものとする。

（ア）本年分の住宅ローン控除可能額が所得税から控除しきれない場合は、その差額を翌年度の住民税から控除することができるが、その場合、市区町村への住民税の申告が必要である。

（イ）大津さんが所得税の住宅ローン控除の適用を受ける場合、本年分は確定申告をする必要があるが、翌年分以降は勤務先における年末調整により適用を受けることができる。

（ウ）一般的に、住宅ローン控除は、その建物の床面積の内訳が居住用40m^2、店舗部分30m^2の合計70m^2の場合は適用を受けることができない。

（エ）将来、大津さんが住宅ローンの繰上げ返済を行った結果、すでに返済が完了した期間と繰上げ返済後の返済期間の合計が８年となった場合、繰上げ返済後は住宅ローン控除の適用を受けることができなくなる。

正解　(ア) ×　(イ) ○　(ウ) ×　(エ) ○　　テキスト4章　P383-386

(ア) 不適切　所得税から控除しきれない場合は、**住民税の申告をしなくても**、翌年度の住民税から控除することができます（課税総所得金額等の**5％**、**97,500円**を限度）。

(イ) 適切　**初年度は確定申告が必要**ですが、**2年目以降**は、給与所得者で、年末調整で申告・納税を完了する者は、**年末調整で控除**することができます。

(ウ) 不適切　新築住宅は、原則、床面積が**50㎡以上**かつ**2分の1以上が居住用**である場合に控除できますので、選択肢の場合は、適用を受けることができます。なお、新築住宅等で、2024年末までに建築確認を受けており、床面積**40㎡以上50㎡未満**の場合は、**合計所得金額が1,000万円以下**である年に控除することができます。

(エ) 適切　当初の返済等の日から償還終了までの期間が**10年以上**であれば、控除を受けることができますが、選択肢の場合は10年未満となっているため、繰上げ返済後、住宅ローン控除を受けることはできません。

第11問 ☑☑☑ 重要度B [2023年5月]

下記＜資料＞は、裕子さんの本年分の「給与所得の源泉徴収票（一部省略）」である。空欄（ア）に入る裕子さんの本年分の所得税額として、正しいものはどれか。なお、裕子さんには、本年において給与所得以外に申告すべき所得はなく、年末調整の対象となった所得控除以外に適用を受けることのできる所得控除はない。また、本年の定額減税や復興特別所得税を考慮しないこと。

＜資料＞

本年分 **給与所得の源泉徴収票**

支払を受ける者	住所又は居所		(受給者番号) (役職名) 氏名 (フリガナ) ニシヤマ ユウコ 西山 裕子

種別	支払金額	給与所得控除後の金額(調整控除後)	所得控除の額の合計額	源泉徴収税額
給料・賞与	内 7,200千 000円	5,380千 000円	(各自計算)	内 (ア)

(源泉)控除対象配偶者の有無等		老人	配偶者(特別)控除の額	控除対象扶養親族の数(配偶者を除く。) 特定		老人			その他		16歳未満扶養親族の数	障害者の数(本人を除く。) 特別		その他	非居住者である親族の数
有	従有		千 円	人	従人	内	人	従人	人	従人	人	内	人	人	人

社会保険料等の金額	生命保険料の控除額	地震保険料の控除額	住宅借入金等特別控除の額
内 1,040千 000円	40千 000円	20千 000円	40千 000円

(摘要)

＜所得税の速算表＞

課税される所得金額	税率	控除額
1,000円 から 1,949,000円 まで	5%	0円
1,950,000円 から 3,299,000円 まで	10%	97,500円
3,300,000円 から 6,949,000円 まで	20%	427,500円
6,950,000円 から 8,999,000円 まで	23%	636,000円
9,000,000円 から 17,999,000円 まで	33%	1,536,000円
18,000,000円 から 39,999,000円 まで	40%	2,796,000円
40,000,000円 以上	45%	4,796,000円

1. 292,500（円）
2. 324,500（円）
3. 388,500（円）
4. 420,500（円）

正解 **1** が正しい　　テキスト４章　P346、P367、P374-375、P383-386、P392-394

第１段階「**給与所得－所得控除**」により課税所得金額を求めます。

基礎控除　48万円（源泉徴収票に記載はありませんが、**合計所得金額が2,400万円以下であるため**）
社会保険料控除等　104万円
生命保険料控除　　　4万円
地震保険料控除　　　2万円
なお、**住宅借入金等特別控除は、税額控除**であるため、ここでは考慮しません。
以上より、48万円＋104万円＋４万円＋２万円＝1,580,000円

課税所得金額＝5,380,000円－1,580,000円＝3,800,000円

第２段階　速算表で税額を求めます。
所得税額＝3,800,000円×20％－427,500円＝332,500円

第３段階
税額控除である住宅借入金等特別控除を差し引きます（復興特別所得税は考慮しません）。
税額控除後の所得税額＝332,500円－40,000円＝292,500円

第1問

[2021年1月 個人]

次の設例に基づいて、下記の各問(《問1》〜《問3》)に答えなさい。

《設 例》

X株式会社(以下、「X社」という)に勤務する会社員のAさんは、妻Bさん、長女Cさんおよび母Dさんとの4人家族である。Aさんは、本年10月に定年を迎え、X社から退職金の支給を受けた。Aさんは、X社の継続雇用制度を利用して、引き続き、X社に勤務している。なお、金額の前の「▲」は赤字であることを表している。

＜Aさんとその家族に関する資料＞

Aさん	(60歳)	:	会社員
妻Bさん	(53歳)	:	専業主婦。本年中に、パートタイマーとして給与収入100万円を受け取っている。
長女Cさん	(25歳)	:	大学院生。本年中の収入はない。
母Dさん	(84歳)	:	本年中に、老齢基礎年金60万円を受け取っている。

＜Aさんの本年分の収入等に関する資料＞

(1) 給与収入の金額 : 750万円

(2) 不動産所得の金額(国内建物の貸付): ▲150万円

・損失の金額150万円のうち、土地等の取得に係る負債の利子10万円を含む。

(3) 一時払変額個人年金保険(確定年金)の解約返戻金

契約年月	:	2009年5月
契約者(=保険料負担者)・被保険者	:	Aさん
死亡保険金受取人	:	妻Bさん
解約返戻金額	:	800万円
一時払保険料	:	500万円

(4) X社から支給を受けた退職金の額 : 2,200万円

・定年を迎えるまでの勤続年数は34年9カ月である。

・「退職所得の受給に関する申告書」を提出している。

※妻Bさん、長女Cさんおよび母Dさんは、Aさんと同居し、生計を一にしている。
※Aさんとその家族は、いずれも障害者および特別障害者には該当しない。
※Aさんとその家族の年齢は、いずれも本年12月31日現在のものである。

※上記以外の条件は考慮せず、各問に従うこと。

問1 ☑☑☑ 重要度 **B**

Aさんが X 社から受け取った退職金に係る退職所得の金額を計算した下記の計算式の空欄①～③に入る最も適切な数値を、解答用紙に記入しなさい。なお、Aさんは、これ以外に退職手当等の収入はなく、障害者になったことが退職の直接の原因ではないものとする。また、問題の性質上、明らかにできない部分は「□□□」で示してある。

<退職所得控除額>
800万円＋（ ① ）万円×（□□□年－20年）＝（ ② ）万円
<退職所得の金額>
（2,200万円－（ ② ）万円）×□□□＝（ ③ ）万円

正解 ① **70**（万円） ② **1,850**（万円） ③ **175**（万円）

テキスト4章 P348

①②退職所得控除額は、勤続年数により異なります。
勤続年数1年未満の端数は1年に切り上げますので、設問の場合は35年として計算します。

20年以下の部分は1年あたり**40万円**（20年以下の部分は40万円×20年＝800万円）、
20年超の部分は1年あたり**70万円**（①）ですので、
800万円＋70万円×（35年－20年）＝1,850万円（②）となります。

③勤続34年9カ月である会社員の退職所得は「**(収入金額－退職所得控除額)×1／2**」により求めます。
（2,200万円－1,850万円）×1／2＝175万円

問 2 ☑☑☑ 重要度 A

Aさんの本年分の所得金額について、次の①、②を求め、解答用紙に記入しなさい(計算過程の記載は不要)。〈答〉は万円単位とすること。

① 総所得金額に算入される一時所得の金額

② 総所得金額

＜資料＞給与所得控除額

給与収入金額			給与所得控除額
万円超		万円以下	
	～	180	収入金額×40％－10万円(55万円に満たない場合は、55万円)
180	～	360	収入金額×30％＋8万円
360	～	660	収入金額×20％＋44万円
660	～	850	収入金額×10％＋110万円
850	～		195万円

正解　① **125**（万円）　② **550**（万円）

テキスト4章　① P353、② P333、P346-349、P359

①一時所得は「**収入金額－収入を得るために支出した金額－特別控除（最高50万円）**」で求めます。

800万－500万円－50万円＝250万円

総所得金額に算入される金額は、**損益通算後の1／2**となります。

250万円×1／2＝125万円

②総所得金額とは**総合課税**の対象となる所得金額の合計額であり、設問の給与所得、不動産所得、一時所得は総合課税の対象となりますが、**退職所得は分離課税**ですので、含めません。

給与所得＝収入金額－給与所得控除額＝750万円－（750万円×10％＋110万円）＝565万円

不動産所得の損失は損益通算の対象となりますが、**土地等の取得に係る負債の利子は損益通算できません**ので、150万円の損失うち、10万円を除いた140万円の損失が損益通算の対象となります。なお、不動産所得の損失は、まず給与所得と通算します。

以上より、総所得金額は以下のとおりとなります。

565万円（給与所得）－140万円（不動産所得）＋125万円（一時所得×1／2）＝550万円

問3 ☑☑☑ 重要度 A

Aさんの本年分の所得税の課税に関する次の記述①～③について、適切なものには○印を、不適切なものには×印を解答用紙に記入しなさい。

①「妻Bさんの合計所得金額は48万円以下であるため、Aさんは配偶者控除の適用を受けることができます」

②「Aさんが適用を受けることができる長女Cさんに係る扶養控除の控除額は、38万円です」

③「Aさんが適用を受けることができる母Dさんに係る扶養控除の控除額は、48万円です」

正解　①○　②○　③×

テキスト4章　①P346、P367-368、
②③P356、P372

①適切　納税者本人の合計所得金額が**900万円以下**（前問解説参照）、生計を一にする配偶者の合計所得金額が**48万円**（給与収入のみの場合は**収入103万円**（基礎控除48万円＋給与所得控除額55万円））**以下**であるため、配偶者控除の額は38万円です。

②適切　扶養控除は、生計を一にする16歳以上である親族等（配偶者以外）の合計所得金額が**48万円**（給与収入のみの場合は収入103万円（基礎控除48万円＋給与所得控除額55万円）、**公的年金のみの65歳以上**の場合は**収入158万円**（基礎控除48万円＋公的年金等控除額110万円））**以下**である場合に適用を受けることができます。長女Cさん（**25歳**）は**一般**の控除対象扶養親族に該当するため扶養控除の額は38万円、母Dさん（**84歳**）は**70歳以上の同居老親等**に該当するため、58万円となります。

③不適切　②の解説参照。

レック先生のワンポイント

所得税の扶養控除の額

年末時点の年齢	所得税の所得控除の額
0～15歳	なし
16～18歳	**38万円**（一般の控除対象扶養親族）
19～22歳	**63万円**（特定扶養親族）
23～69歳	**38万円**（一般の控除対象扶養親族）
70歳～	同居老親　**58万円**（同居老親等） その他　48万円（老人扶養親族）

所得税の扶養控除の額は年末時点の年齢で異なります。整理しておきましょう。

第2問　［2021年1月　生保］

次の設例に基づいて、下記の各問（《問1》～《問3》）に答えなさい。

《設例》

X株式会社に勤務するAさんは、妻Bさん、長男Cさん、二男Dさんおよび三男Eさんとの5人家族である。Aさんは、本年中に終身保険の解約返戻金150万円および一時払変額個人年金保険（10年確定年金）の解約返戻金650万円を受け取っている。

＜Aさんとその家族に関する資料＞

Aさん	（52歳）	：	会社員
妻Bさん	（50歳）	：	専業主婦。本年中の収入はない。
長男Cさん	（20歳）	：	大学生。本年中に、アルバイトとして給与収入50万円を得ている。
二男Dさん	（17歳）	：	高校生。本年中の収入はない。
三男Eさん	（15歳）	：	中学生。本年中の収入はない。

＜Aさんの本年分の収入等に関する資料＞

（1）給与収入の金額：900万円

（2）終身保険の解約返戻金

契約年月	：	2007年5月
契約者（＝保険料負担者）・被保険者	：	Aさん
死亡保険金受取人	：	妻Bさん
解約返戻金額	：	150万円
正味払込保険料	：	180万円

（3）一時払変額個人年金保険（10年確定年金）の解約返戻金

契約年月	：	2011年8月
契約者（＝保険料負担者）・被保険者	：	Aさん
死亡給付金受取人	：	妻Bさん
解約返戻金額	：	650万円
正味払込保険料	：	500万円

※妻Bさん、長男Cさん、二男Dさんおよび三男Eさんは、Aさんと同居し、生計を一にしている。
※Aさんとその家族は、いずれも障害者および特別障害者には該当しない。
※Aさんとその家族の年齢は、いずれも本年12月31日現在のものである。

※上記以外の条件は考慮せず、各問に従うこと。

問1 ☑☑☑ 重要度 B

Aさんの本年分の所得税の計算における所得控除等に関する以下の文章の空欄①～③に入る最も適切な語句を、下記の〈語句群〉のなかから選び、その記号を解答用紙に記入しなさい。

Ⅰ「2020年分の所得税から、給与所得控除と基礎控除が改正されました。給与所得控除の控除額は、給与等の収入金額が850万円以下の者については従前と比較して一律で（ ① ）引き下げられ、給与等の収入金額が850万円を超える者については控除上限額である195万円となります。一方、基礎控除の控除額は引き上げられますが、合計所得金額が2,400万円を超える者については控除額が逓減し、合計所得金額が2,500万円を超える者については基礎控除の適用を受けることができないこととされました」

Ⅱ「妻Bさんの合計所得金額は48万円以下となりますので、Aさんは配偶者控除の適用を受けることができます。Aさんが適用を受けることができる配偶者控除の控除額は（ ② ）となります」

Ⅲ「2020年分の所得税から、所得金額調整控除が創設されました。Aさんのように給与等の収入金額が850万円を超え、23歳未満の扶養親族がいる場合、総所得金額の計算上、給与等の収入金額（1,000万円を超える場合は1,000万円）から850万円を控除した金額の（ ③ ）相当額を給与所得の金額から控除することができます」

〈語句群〉

イ．10万円　ロ．15万円　ハ．20万円　ニ．32万円　ホ．38万円
ヘ．48万円　ト．5％　チ．8％　リ．10％

正解 ① イ ② ホ ③ リ　テキスト4章 ①③ P346-347、P367、② P368

①③**基礎控除額**が**原則10万円引き上げ**られたことに伴い、給与所得控除額、公的年金等控除額は原則**10万円**（①）**引き下げ**られました。

合わせて、給与収入1,000万円以上の場合に「220万円」を上限とする給与所得控除額が、給与収入850万円以上の場合に「195万円」を上限とする制度に変更されました。

ただし、**23歳未満の扶養親族**がいる（例：大学生以下の子を扶養している）場合等には、従来よりも税負担が増えないように調整を施す所得金額調整控除が行われます。

	2019年	2020年以降
基礎控除	38万円	48万円（原則）
給与所得控除額の上限	220万円 （給与収入1,000万円以上）	195万円 （給与収入850万円以上）
給与収入1,000万円以上の所得金額調整控除	−	15万円 （1,000万円－850万円） ×**10%**（③）
基礎控除＋給与所得控除＋所得金額調整控除	258万円	258万円（従来と同じ）

②納税者本人の合計所得金額が**900万円以下**（次問解説参照）、生計を一にする配偶者（70歳未満）の合計所得金額が**48万円以下**（配偶者の収入はない）であるため、**38万円**（②）の配偶者控除の適用を受けることができます。

問2 ☑☑☑ 重要度 A

Aさんの本年分の所得税の課税等に関する次の記述①～③について、適切なものには○印を、不適切なものには×印を解答用紙に記入しなさい。

①「長男Cさんは特定扶養親族に該当しますので、Aさんが適用を受けることができる長男Cさんに係る扶養控除の控除額は63万円となります」
②「Aさんが受け取った一時払変額個人年金保険の解約返戻金は、金融類似商品に該当し、源泉分離課税の対象となります」
③「Aさんの場合、総所得金額に算入される一時所得の金額が20万円を超えるため、所得税の確定申告をしなければなりません」

正解 ① ○ ② × ③ ○ テキスト4章 ① P372、② P353、③ P390

①適切 扶養控除は、生計を一にする**16歳以上**である親族等（配偶者以外）の合計所得金額が**48万円**（給与収入のみの場合は収入**103万円**（基礎控除48万円＋給与所得控除額55万円））**以下**である場合に適用を受けることができます。長男Cさん（20歳）は**特定扶養親族**に該当するため、扶養控除の額は63万円となります。

②不適切 源泉分離課税となるのは、「一時払等」「5年以内受取り」「養老保険・確定年金等に該当する一定の場合（例：終身年金、終身保険でない）」の全部に該当する場合です。設問の場合、(3) の一時払変額個人年金保険の解約返戻金は契約から**5年超**経過しているため、源泉分離課税とはならず、一時所得として総合課税の対象となります。なお、(2) の終身保険の解約返戻金も一時所得として総合課税の対象となります。

③適切 給与所得者で、給与所得・退職所得以外の所得金額（**一時所得等は2分の1後**の金額）が**20万円を超**える場合、所得税の確定申告をしなければなりません。次問の解説のとおり、2分の1後の一時所得は35万円となりますので、確定申告が必要となります。

問3 ☑☑☑ 重要度 A

Aさんの本年分の所得税の算出税額を計算した下記の表の空欄①～④に入る最も適切な数値を求めなさい。なお、問題の性質上、明らかにできない部分は「□□□」で示してある。

	給与所得の金額（所得金額調整控除の適用後の金額）	7,000,000円
	総所得金額に算入される一時所得の金額	（①）円
（a）総所得金額		□□□円
	社会保険料控除	□□□円
	生命保険料控除	100,000円
	地震保険料控除	30,000円
	配偶者控除	□□□円
	扶養控除	（②）円
	基礎控除	（③）円
（b）所得控除の額の合計額		3,200,000円
（c）課税総所得金額（（a）－（b））		□□□円
（d）算出税額（（c）に対する所得税額）		（④）円

<資料>所得税の速算表

課税総所得金額			税率	控除額
万円超		万円以下		
	～	195	5%	－
195	～	330	10%	9万7,500円
330	～	695	20%	42万7,500円
695	～	900	23%	63万6,000円
900	～	1,800	33%	153万6,000円
1,800	～	4,000	40%	279万6,000円
4,000	～		45%	479万6,000円

正解　① **350,000**（円）　② **1,010,000**（円）　③ **480,000**（円）　④ **402,500**（円）

テキスト4章　① P353、② P372、③ P367、④ P380

①一時所得は「**収入金額－収入を得るために支出した金額－特別控除（最高50万円）**」で求めます。前問解説のとおり、設例の（2）（3）の解約返戻金はいずれも総合課税の対象となります。

（150万円＋650万円）－（180万＋500万円）－50万円＝70万円
総所得金額に算入される金額は、**損益通算後の1／2**となります。
70万円×1／2＝35万円

レック先生のワンポイント

（参考）
総所得金額に算入される所得金額調整控除後の給与所得＝収入金額－給与所得控除額－所得金額調整控除
＝900万円－195万円－｛(900万円－850万円)×10%｝
＝700万円

総所得金額は**総合課税**の対象となる所得金額の合計額であり、設問の給与所得と一時所得は総合課税の対象となります。
700万円＋35万円＝735万円

②扶養控除は、生計を一にする**16歳以上**である親族等（配偶者以外）の合計所得金額が**48万円**（給与収入のみの場合は収入**103万円**（基礎控除48万円＋給与所得控除額55万円））**以下**である場合に適用を受けることができます。長男Cさん（20歳）は**特定扶養親族**に該当するため扶養控除の額は63万円、二男Dさん（17歳）は**一般の控除対象扶養親族**に該当するため扶養控除の額は38万円、三男Eさんは15歳であるため、**対象外**となります。
以上より、扶養控除の額は63万円＋38万円＝101万円となります。

③基礎控除は納税者本人の合計所得金額が2,500万円以下の場合に適用を受けることができます。なお、基礎控除の額は合計所得金額**2,400万円以下の場合は48万円**ですが、合計所得金額が増えるにつれて、段階的に減少します。

④課税総所得金額に対する所得税額は、課税総所得金額（総所得金額－所得控除）に税率を乗じて求めます。
課税総所得金額＝7,350,000円－3,200,000円＝4,150,000円
4,150,000円×20％－427,500円＝402,500円

第3問

［2020年9月　個人］

次の設例に基づいて、下記の各問（《問１》～《問３》）に答えなさい。

《設 例》

会社員のＡさんは、妻Ｂさんおよび長女Ｃさんとの３人家族である。Ａさんは、本年中に長女Ｃさんの入院・手術費用として医療費25万円を支払ったため、医療費控除の適用を受けたいと思っている。なお、不動産所得の金額の前の「▲」は赤字であることを表している。

＜Ａさんとその家族に関する資料＞

Ａさん　（55歳）　：　会社員
妻Ｂさん　（53歳）　：　専業主婦。本年中の収入はない。
長女Ｃさん（20歳）　：　大学生。本年中の収入はない。

＜Ａさんの本年分の収入等に関する資料＞

（1）給与収入の金額　：　800万円
（2）不動産所得の金額　：　▲100万円（白色申告）
・損失の金額100万円のうち、土地等の取得に係る負債の利子20万円を含む。国内建物の貸付。

※妻Ｂさんおよび長女Ｃさんは、Ａさんと同居し、生計を一にしている。
※Ａさんとその家族は、いずれも障害者および特別障害者には該当しない。
※Ａさんとその家族の年齢は、いずれも本年12月31日現在のものである。

※上記以外の条件は考慮せず、各問に従うこと。

問1 ☑☑☑ 重要度 **B**

所得税における医療費控除に関する以下の文章の空欄①～③に入る最も適切な数値を、下記の〈数値群〉のなかから選び、その記号を解答用紙に記入しなさい。

「通常の医療費控除は、その年分の総所得金額等の合計額が200万円以上である居住者の場合、その年中に支払った医療費の総額から保険金などで補填される金額を控除した金額が（ ① ）円を超えるときは、その超える部分の金額（最高200万円）をその居住者のその年分の総所得金額等から控除します。また、通常の医療費控除との選択適用となるセルフメディケーション税制（医療費控除の特例）では、定期健康診断や予防接種などの一定の取組みを行っている者が自己または自己と生計を一にする配偶者等のために特定一般用医薬品等購入費を支払った場合、その額が（ ② ）円を超えるときは、その超える部分の金額（最高（ ③ ）円）を総所得金額等から控除することができます」

＜通常の医療費控除額の算式＞

{［その年中に支払った医療費の総額］―［保険金などで補填される金額］}－（①）円＝［医療費控除額（最高200万円）］

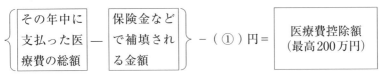

＜セルフメディケーション税制に係る医療費控除額の算式＞

{［その年中に支払った特定一般用医薬品等購入費の総額］―［保険金などで補填される金額］}－（②）円＝［セルフメディケーション税制に係る医療費控除額（最高（③）円）］

〈数値群〉

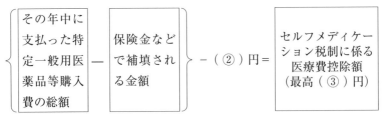

イ．12,000　ロ．24,000　ハ．38,000　ニ．68,000　ホ．88,000
ヘ．100,000　ト．120,000　チ．150,000　リ．200,000

正解　① ヘ　② イ　③ ホ　テキスト4章　P376-378

ポイント：医療費控除

通常の医療費控除	**(医療費－保険金等) －10万円** (①) (総所得金額等が200万円未満の場合は総所得金額等の5%) (上限**200万円**)	選択適用
セルフメディケーション税制	**(医薬品購入費－保険金等) －1.2万円** (②) (上限**8.8万円** (③))	

通常の医療費控除は、入院や通院による治療費、通院費用、治療のための医薬品購入費が対象となりますが、セルフメディケーション税制の対象となる医療費は、治療のための特定一般用医薬品等購入費に限定されます。

レック先生のワンポイント

カギとなる2つの数字

・**200万円**　通常の医療費控除の限度額が200万円。総所得金額等が200万円未満の場合は、「10万円」ではなく「総所得金額等×5%」を超える医療費が医療費控除の対象となります。

・**10万円**　通常の医療費控除は10万円を超える部分が対象。保険金等がない場合、セルフメディケーション税制は10万円までの医薬品購入費(保険金等控除後) が対象となります。

問 2 ☑☑☑ 重要度 B

Aさんの本年分の所得税の課税に関する次の記述①～③について、適切なものには○印を、不適切なものには×印を解答用紙に記入しなさい。

①「Aさんは不動産所得の金額に損失が生じているため、確定申告をすることによって、純損失の繰越控除の適用を受けることができます」

②「Aさんが適用を受けることができる配偶者控除の控除額は、38万円です」

③「医療費控除については、年末調整では適用を受けることができないため、医療費控除の適用を受けるためには、所得税の確定申告が必要となります」

正解 ① × ② ○ ③ ○

テキスト4章 ① P397、② P368、③ P376-378

①不適切 不動産所得の損失は損益通算の対象となります。なお、損益通算しきれない純損失がある場合、**青色申告者であれば**、翌年以降に繰り越すことができます。

設問の場合、**損益通算しきれない損失ではありません**（不動産所得の赤字は給与所得の範囲内です）。

また、仮に損益通算しきれない損失があっても、白色申告者ですので、不動産所得の損失は翌年以降に繰り越すことはできません。

②適切 納税者本人の合計所得金額が**900万円以下**（次問解説参照）、生計を一にする配偶者（70歳未満）の合計所得金額が**48万円以下**（配偶者の収入はない）であるため、**38万円**の配偶者控除の適用を受けることができます。

③適切 所得控除のうち、**医療費**控除のほか、**寄附金**控除、**雑損**控除も年末調整によって適用を受けることはできません。

問 3 ☑☑☑ 重要度 **A**

Aさんの本年分の所得税における課税総所得金額を計算した下記の表の空欄①～③に入る最も適切な数値を求めなさい。なお、問題の性質上、明らかにできない部分は「□□□」で示してある。

（a）総所得金額	（①）円
医療費控除	□□□円
社会保険料控除	□□□円
生命保険料控除	□□□円
地震保険料控除	□□□円
配偶者控除	□□□円
扶養控除	（②）円
基礎控除	（③）円
（b）所得控除の額の合計額	2,900,000円
（c）課税総所得金額（（a）－（b））	□□□円

＜資料＞給与所得控除額

給与収入金額			給与所得控除額
万円超		万円以下	
	～	180	収入金額×40％－10万円（55万円に満たない場合は、55万円）
180	～	360	収入金額×30％＋8万円
360	～	660	収入金額×20％＋44万円
660	～	850	収入金額×10％＋110万円
850	～		195万円

正解 ① **5,300,000**(円) ② **630,000**(円) ③ **480,000**(円)

テキスト４章　① P333、P340-341、P346、P359、② P372、③ P367

①総所得金額とは**総合**課税の対象となる所得金額の合計額であり、設問の給与所得、不動産所得は総合課税の対象となります。
給与所得＝収入金額－給与所得控除額＝800万円－（800万円×10％＋110万円）＝610万円
不動産所得の損失は損益通算の対象となりますが、**土地等の取得に係る負債の利子は損益通算できません**ので、100万円の損失うち、20万円を除いた80万円の損失が損益通算の対象となります。
以上より、総所得金額は以下のとおりとなります。
610万円（給与所得）－80万円（不動産所得の損失）＝530万円

②扶養控除は、生計を一にする**16歳以上**である親族等（配偶者以外）の合計所得金額が**48万円**（給与収入のみの場合は収入103万円（基礎控除48万円＋給与所得控除額55万円））**以下**である場合に適用を受けることができます。長女Cさん（20歳）は**特定扶養親族**に該当するため、扶養控除の額は**63万円**となります。

③基礎控除は納税者本人の合計所得金額が**2,500万円以下**の場合に適用を受けることができます。なお、基礎控除の額は合計所得金額**2,400万円以下**の場合は**48万円**ですが、合計所得金額が増えるにつれて、段階的に減少します。

レック先生のワンポイント

所得税の基礎控除

納税者本人の合計所得金額	控除額
2,400万円以下	**48万円**
2,400万円超2,450万円以下	32万円
2,450万円超2,500万円以下	16万円
2,500万円超	**なし**

第4問

［2022年9月　個人］

次の設例に基づいて、下記の各問（《問1》～《問3》）に答えなさい。

《設 例》

会社員のAさんは、妻Bさんおよび長男Cさんとの3人家族である。Aさんは、本年6月に住宅ローンを利用して中古の分譲マンション（築10年）を購入し、同月中に当該マンションの引渡しを受けて入居した。

Aさんとその家族に関する資料等は、以下のとおりである。

＜Aさんとその家族に関する資料＞

Aさん　　（47歳）：　会社員

妻Bさん　（44歳）：　本年中に、パートタイマーとして給与収入80万円を得ている。

長男Cさん（18歳）：　高校生。本年中の収入はない。

＜Aさんの本年分の収入に関する資料＞

給与収入の金額　：　1,200万円

＜Aさんが取得した分譲マンションに関する資料＞

取得価額　：　4,000万円

土地　：　40㎡（敷地利用権の割合相当の面積）

建物　：　85㎡（専有部分の床面積）

資金調達方法　：　自己資金500万円
父親からの資金援助1,500万円（本年5月に受贈）
銀行からの借入金2,000万円（本年12月末の借入金残高は1,950万円、返済期間は20年）

留意点　：　当該マンションは、個人間売買（消費税の課税対象外）で購入。新耐震基準適合住宅に該当しているが、認定長期優良住宅、認定低炭素住宅、特定エネルギー消費性能向上住宅（以下、「ZEH水準省エネ住宅」という）、エネルギー消費性能向上住宅（以下、「省エネ基準適合住宅」という）には該当していない。
父親から受けた1,500万円の資金援助については、相続時精算課税制度の適用を受けない。

※妻Bさんおよび長男Cさんは、Aさんと同居し、生計を一にしている。
※Aさんとその家族は、いずれも障害者および特別障害者には該当しない。
※Aさんとその家族の年齢は、いずれも本年12月31日現在のものである。

※上記以外の条件は考慮せず、各問に従うこと。

問 1 ☑☑☑ 重要度 **B**

住宅借入金等特別控除に関する以下の文章の空欄①～④に入る最も適切な数値を、下記の〈数値群〉のなかから選び、その記号を解答用紙に記入しなさい。なお、問題の性質上、明らかにできない部分は「□□□」で示してある。

「個人が、本年中に住宅ローンを利用して既存住宅を取得し（消費税は課されていない）、自己の居住の用に供した場合、『取得した住宅の床面積が（ ① ）㎡以上であること』『住宅借入金等特別控除の適用を受けようとする者のその年分の合計所得金額が（ ② ）万円以下であること』などの所定の要件を満たせば、最大で（ ③ ）年間、住宅借入金等特別控除の適用を受けることができます。

控除額は、住宅ローンの年末残高に所定の控除率を乗じて算出しますが、その年末残高には限度額が設けられています。取得した既存住宅が認定長期優良住宅、認定低炭素住宅、ZEH水準省エネ住宅または省エネ基準適合住宅（以下、「認定住宅等」という）のいずれかに該当するときの年末残高の限度額は、（ ④ ）万円となり、認定住宅等に該当しないときの年末残高の限度額は、□□□万円となります」

〈数値群〉

イ．10　ロ．13　ハ．15　ニ．20　ホ．30　ヘ．50　ト．70
チ．2,000　リ．3,000　ヌ．4,000　ル．5,000

正解　①ヘ　②チ　③イ　④リ　テキスト4章　P383-386

①②個人間売買の既存住宅の場合、**床面積要件は50㎡以上**、適用を受けようとする年の**合計所得金額が2,000万円以下**であることが要件となっています。なお、**新築住宅等**で一定の要件を満たす場合、**控除を受けようとする年の合計所得金額が1,000万円以下の場合は40㎡以上に緩和**されます。

③**個人間売買の既存住宅の控除期間は10年**、省エネ基準を満たす**新築住宅等の控除期間は13年**です。

④既存住宅の場合、**認定住宅等の年末残高の限度額は3,000万円**、**その他住宅の年末残高の限度額は2,000万円**です。

問2 ☑☑☑ 重要度 **B**

住宅借入金等特別控除等に関する次の記述①～③について、適切なものには○印を、不適切なものには×印を解答用紙に記入しなさい。

①「Aさんは、本年分の所得税において、年末調整で住宅借入金等特別控除の適用を受けることができます」

②「Aさんが適用を受ける住宅借入金等特別控除の額がその年分の所得税額から控除しきれない場合、その残額は、Aさんの所得税の課税総所得金額等の額に7％を乗じて得た額（最高13万6,500円）を限度に、翌年度分の住民税額から控除されます」

③「Aさんが、父親から受けた1,500万円の資金援助について『直系尊属から住宅取得等資金の贈与を受けた場合の贈与税の非課税の特例』の適用を受けた場合、その贈与を受けた金額の全額について贈与税が課されません」

正解 ① × ② × ③ × テキスト4章 P383-386、6章 P568-569

①不適切 **入居した年**は、**確定申告をしなければ**、住宅借入金等特別控除の**適用**を受けることが**できません**。

②不適切 住宅借入金等特別控除の額を所得税から控除しきれない場合、**住民税の申告をしなくても、翌年度の住民税から控除**することが**できます**（課税総所得金額等の**5％**、**最高97,500円**）。

③不適切 要件を満たす**省エネ等住宅以外**の場合、直系尊属から贈与を受けた住宅取得等資金は**500万円**まで非課税となります。なお、**省エネ等住宅**に該当する場合、**1,000万円**まで非課税となります。

問3 ☑☑☑ 重要度 A

Aさんの本年分の所得税額を計算した下記の表の空欄①～③に入る最も適切な数値を求めなさい。なお、住宅借入金等特別控除の適用を受けるものとし、総所得金額の計算上、Aさんが所得金額調整控除の適用対象者に該当している場合、所得金額調整控除額を控除すること。また、問題の性質上、明らかにできない部分は「□□□」で示してある。

(a) 総所得金額		(①) 円
	社会保険料控除	□□□円
	生命保険料控除	□□□円
	地震保険料控除	□□□円
	配偶者控除	□□□円
	扶養控除	(②) 円
	基礎控除	480,000円
(b) 所得控除の額の合計額		2,800,000円
(c) 課税総所得金額 ((a) − (b))		□□□円
(d) 算出税額 ((c) に対する所得税額)		□□□円
(e) 税額控除 (住宅借入金等特別控除)		(③) 円
(f) 差引所得税額		□□□円
(g) 復興特別所得税額		□□□円
(h) 所得税および復興特別所得税の額		□□□円

＜資料＞給与所得控除額

給与収入金額			給与所得控除額
万円超		万円以下	
	～	180	収入金額×40％−10万円 (55万円に満たない場合は、55万円)
180	～	360	収入金額×30％＋8万円
360	～	660	収入金額×20％＋44万円
660	～	850	収入金額×10％＋110万円
850	～		195万円

正解　① **9,900,000**（円）　② **380,000**（円）　③ **136,500**（円）

テキスト4章　① P346-347、② P372、③ P383-386

①総所得金額は**総合課税**の対象となる所得金額の合計額であり、設問の給与所得は総合課税の対象となります。
給与所得＝**収入金額－給与所得控除額**＝1,200万円－195万円＝1,005万円
なお、設問の場合、**23歳未満の扶養親族**（長男Cさん（18歳））を有するため、**所得金額調整控除**の適用を受けられます。
所得金額調整控除は**給与収入850万円超1,000万円以下の部分の10%**となりますので、（1,000万円－850万円）×10%＝15万円の控除を受けられます。
以上より、総所得金額に算入される給与所得は1,005万円－15万円＝990万円　となります。

②扶養控除は、**生計を一にする16歳以上である親族等（配偶者以外）の合計所得金額が48万円**（給与収入のみの場合は収入103万円（基礎控除48万円＋給与所得控除額55万円））**以下**である場合に適用を受けることができます。長男Cさん（**18歳**）は一般の控除対象扶養親族に該当するため扶養控除の額は**38万円**となります。

③設問の既存住宅の住宅借入金等特別控除の額は「**年末借入残高（2,000万円を限度）×0.7%**」となりますので、1,950万円×0.7%＝136,500円となります。

第5問　[2023年9月　生保]

次の設例に基づいて、下記の各問（《問1》～《問3》）に答えなさい。

《設 例》

Aさんは、妻Bさんおよび長男Cさんとの3人家族である。Aさんは、個人で不動産賃貸業を営んでいる。また、Aさんは、本年中に、終身保険の解約返戻金および一時払変額個人年金保険（10年確定年金）の解約返戻金を受け取っている。

＜Aさんとその家族に関する資料＞

Aさん　（50歳）　：　個人事業主（青色申告者）
妻Bさん　（48歳）　：　会社員。本年分の給与収入は600万円である。
長男Cさん（21歳）　：　大学生。本年中の収入はない。

＜Aさんの本年分の収入等に関する資料＞

（1）不動産所得の金額　：900万円（青色申告特別控除後）
（2）上場株式の譲渡損失の金額　：20万円
（証券会社を通じて譲渡したものである）
（3）終身保険の解約返戻金
契約年月　：2004年8月
契約者（＝保険料負担者）・被保険者：Aさん
死亡保険金受取人　：妻Bさん
解約返戻金額　：460万円
正味払込保険料　：500万円
（4）一時払変額個人年金保険（10年確定年金）の解約返戻金
契約年月　：2014年6月
契約者（＝保険料負担者）・被保険者：Aさん
死亡保険金受取人　：妻Bさん
解約返戻金額　：600万円
正味払込保険料　：500万円

※妻Bさんおよび長男Cさんは、Aさんと同居し、生計を一にしている。
※Aさんとその家族は、いずれも障害者および特別障害者には該当しない。
※Aさんとその家族の年齢は、いずれも本年12月31日現在のものである。
※上記以外の条件は考慮せず、各問に従うこと。

問1 ☑☑☑ 重要度 B

不動産所得に係る青色申告制度に関する以下の文章の空欄①～④に入る最も適切な数値を、下記の〈数値群〉のなかから選び、その記号を解答用紙に記入しなさい。なお、問題の性質上、明らかにできない部分は「□□□」で示してある。

Ⅰ「不動産の貸付が事業的規模に該当する場合、不動産所得の金額の計算上、青色申告特別控除として最高（ ① ）万円を控除することができます。（ ① ）万円の青色申告特別控除の適用を受けるためには、不動産所得に係る取引を正規の簿記の原則に従い記帳し、その記帳に基づいて作成した貸借対照表、損益計算書その他の計算明細書を添付した確定申告書を法定申告期限内に提出することに加えて、e-Taxによる申告（電子申告）または電子帳簿保存を行う必要があります。なお、不動産の貸付が事業的規模でない場合、青色申告特別控除額は最高（ ② ）万円です」

Ⅱ「不動産所得の金額の計算上、不動産の貸付が事業的規模に該当するか否かについては、社会通念上、事業と称するに至る程度の規模かどうかにより実質的に判断しますが、形式基準によれば、独立した家屋の貸付についてはおおむね（ ③ ）棟以上、アパート等については貸与することができる独立した室数がおおむね□□□以上であれば、特に反証のない限り、事業的規模として取り扱われます」

Ⅲ「青色申告者が受けられる税務上の特典として、青色申告特別控除のほかに、純損失の（ ④ ）年間の繰越控除、純損失の繰戻還付などが挙げられます」

〈語句群〉

イ．1　ロ．2　ハ．3　ニ．5　ホ．7　ヘ．10　ト．26
チ．38　リ．55　ヌ．65

正解　①ヌ　②ヘ　③ニ　④ハ

テキスト４章　①② P396、③ P340、④ P397

①**e-Tax**を利用して確定申告した場合または一定の優良電子帳簿を保存している場合の青色申告特別控除は最高**65**万円、それ以外の場合は最高**55**万円となります。

②**55万円の控除の要件を満たさない**場合の青色申告特別控除は**10万円**が限度となります。

③**形式基準では5棟10室以上**であれば、特に反証がない限り、**事業的規模**と扱われます。

④**青色**申告者が損益通算しきれない純損失は、翌年以降、最長**3年**間繰り越すことができます。

レック先生のワンポイント

ポイント：青色申告特別控除

65万円 (①)	55万円の要件を満たし、**電子申告**（e-Tax）または一定水準の電子帳簿保存をした場合等
55万円	下記のすべての要件を満たす場合 ・事業所得または不動産所得（事業的規模に限る）を生ずる者 ・正規の簿記の原則に従い記帳 ・期限内に確定申告書を提出 ・損益計算書、貸借対照表を添付して確定申告書を提出
10万円 (②)	・山林所得または不動産所得（事業的規模でない） ・貸借対照表を添付しないで申告書を提出 ・期限後申告など

ポイント：青色申告の特典

青色申告の特典	純損失の繰越控除（翌年以降3（④）年間） 純損失の繰戻還付 棚卸資産の評価における低価法の選択 ～事業所得、不動産所得(事業的規模に限る)の場合～ 一定要件のもと、青色事業専従者給与を必要経費に算入できる 最高55万円（電子申告等の場合は65万円）の青色申告特別控除を適用できる 上記要件を満たさない場合は最高10万円

問2 ☑☑☑

重要度 B

Aさんの本年分の所得税の課税等に関する次の記述①～③について、適切なものには○印を、不適切なものには×印を解答用紙に記入しなさい。

①「上場株式の譲渡損失の金額は、不動産所得の金額や一時所得の金額と損益通算することができます」

②「Aさんが長男Cさんの国民年金保険料を支払った場合、その支払った保険料は、Aさんの社会保険料控除の対象となります」

③「Aさんが適用を受けることができる長男Cさんに係る扶養控除の額は、38万円です」

正解 ① × ② ○ ③ × テキスト4章 ① P339、P359、② P374、③ P372

①不適切 上場株式等の譲渡損失は、**他の上場株式等、特定公社債の譲渡益や申告分離課税を選択した配当所得、特定公社債の利子所得とは損益通算できますが、それ以外の所得とは損益通算できません。**

②適切 社会保険料控除は、**納税者本人のほか、生計を一にする親族（配偶者や子）**に係る社会保険料を支払った場合も**対象**となります。

③不適切 扶養控除は、生計を一にする16歳以上である親族等（配偶者以外）の合計所得金額が**48万円以下**である場合に適用を受けることができます。収入のない長男Cさん（21歳）は、特定扶養親族に該当するため、控除額は**63万円**となります。

問3 ☑☑☑ 重要度 A

Ａさんの本年分の所得税の算出税額を計算した下記の表の空欄①～③に入る最も適切な数値を求めなさい。なお、問題の性質上、明らかにできない部分は「□□□」で示してある。

（a）総所得金額	（ ① ）円
社会保険料控除	□□□円
生命保険料控除	□□□円
地震保険料控除	□□□円
扶養控除	□□□円
基礎控除	（ ② ）円
（b）所得控除の額の合計額	□□□円
（c）課税総所得金額（（a）－（b））	6,650,000円
（d）算出税額（（c）に対する所得税額）	（ ③ ）円

＜資料＞所得税の速算表

課税総所得金額			税率	控除額
万円超		万円以下		
	～	195	5％	－
195	～	330	10％	9万7,500円
330	～	695	20％	42万7,500円
695	～	900	23％	63万6,000円
900	～	1,800	33％	153万6,000円
1,800	～	4,000	40％	279万6,000円
4,000	～		45％	479万6,000円

正解 **① 9,050,000（円）** **② 480,000（円）** **③ 902,500（円）**

テキスト４章 ① P333、P353、② P367、③ P334

①総所得金額は**総合**課税の対象となる所得金額の合計額であり、設問の不動産所得、一時所得は総合課税の対象となりますが、**上場株式の譲渡所得は分離課税**であるため、含めません。

一時所得は「**収入金額－収入を得るために支出した金額－特別控除（最高50万円）**」で求めます。

設問の終身保険の解約返戻金、一時払変額個人年金保険の解約返戻金は、いずれも総合課税の対象となります（一時払等、５年以内の受取り、終身タイプでないことの３条件を満たすと源泉分離課税）。

（460万円＋600万円）－（500万円＋500万円）－50万円＝10万円

総所得金額に算入される金額は、**損益通算後の１／２**となります。

10万円×１／２＝５万円

総所得金額＝900万円＋５万円＝9,050,000円

②納税者本人の合計所得金額が**2,400万円以下であるため、基礎控除額は480,000円となります。**

③課税総所得金額に対する所得税額は、課税総所得金額に税率を乗じて求めます。

6,650,000円×20％－427,500円＝902,500円

第5章　傾向と対策

不動産にまつわる税金と法律を中心に出題されます。関連性を踏まえながら、全体を俯瞰してマスターしていきましょう。

※金財の実技試験の生保顧客資産相談業務では、空き家の譲渡が出題されています。

頻出問題のキーワード

＜学科試験＞

不動産登記、不動産の価格、宅建業法、不動産の売買契約、借地借家法、建物区分所有法、都市計画法、建築基準法、不動産の取得と税金、不動産の保有と税金、不動産の譲渡所得、居住用財産の譲渡の特例、土地の有効活用、不動産投資の採算性の判定

＜実技試験＞

【日本FP協会】建築基準法、不動産登記、不動産の譲渡所得、4つの価格、不動産所得・収支・利回り、借家契約

【金財】建築基準法、土地の有効活用、譲渡所得

第5章

不動産

※解説は特に断りがない限り、所得税の税率には復興特別所得税を含めて表記しています。

不動産の基本

1 ☑☑☑ 重要度 A [2020年9月]

不動産の登記や調査に関する次の記述のうち、最も不適切なものはどれか。

1．不動産の登記記録において、土地の所有者とその土地上の建物の所有者が異なる場合は、その土地の登記記録に借地権設定の登記がなくても、借地権が設定されていることがある。
2．公図（旧土地台帳附属地図）は、登記所に備え付けられており、対象とする土地の位置関係等を確認する資料として有用である。
3．登記の目的が抵当権の設定である場合、不動産の登記記録の権利部乙区に、債権額や抵当権者の氏名または名称などが記載される。
4．不動産登記には公信力があるため、登記記録を確認し、その登記記録の内容が真実であると信じて取引した場合には、その登記記録の内容が真実と異なっていても法的な保護を受けることができる。

2 ☑☑☑ 重要度 A [2018年5月]

不動産の登記に関する次の記述のうち、最も適切なものはどれか。

1．不動産の登記記録は、当該不動産の所有者の住所地である市町村および特別区の役所や役場に備えられている。
2．不動産の売買契約を締結した当事者は、当該契約締結後３カ月以内に、所有権移転の登記をすることが義務付けられている。
3．不動産の登記事項証明書の交付を請求することができるのは、当該不動産に利害関係を有する者に限られる。
4．不動産の登記記録を信じて土地を取得した者は、その登記記録の権利関係が真実と異なっていたときには、原則として、その土地に対する権利は法的に保護されない。

4 が不適切　　テキスト５章　1）P439-442、2）P443、3）P439-444、4）P441

1．適切　賃借権を登記するには、借地権設定者（土地所有者）の承諾が必要となるため、登記されていないことが多くなっています。そのため、借地権自体が登記できなくても、**借地上の建物を登記**することで、借地権を対抗できます。

2．適切　公図の精度は高くないものの、位置関係を確認するための資料としては有用です。一方、不動産登記法14条地図は現地復元能力を有する精度の高い地図として、整備が進められています。

3．適切　なお、**権利部甲区は所有権**に関する事項が記載されます。

4．**不適切**　**不動産登記には公信力がない**ため、登記記録を確認し、その登記記録の内容が真実であると信じて取引した者は、原則、その登記記録の内容が真実と異なっている場合には法的な保護を受けることができません。そのため、現地調査等や固定資産税の納税状況等の調査も重要とされます。

4 が適切　　テキスト５章　1）P439、2）P441、3）P442、4）P441

1．不適切　不動産の登記記録は、不動産所在地の**登記所（法務局）**に備え付けられています。

2．不適切　売買による取得の場合、**権利の登記は任意**とされています。
なお、2024年４月以降、相続による所有権の取得は登記が義務化されています。

3．不適切　不動産の登記事項証明書の交付の請求は、**誰でも**できます。

4．**適切**　**不動産登記には公信力がない**ため、登記記録を確認し、その登記記録の内容が真実であると信じて取引した者は、原則、その登記記録の内容が真実と異なっている場合には法的な保護を受けることができません。そのため、現地調査等や固定資産税の納税状況等の調査も重要とされます。

3 ☑☑☑ 重要度 B

[2019年5月]

土地の価格に関する次の記述のうち、最も不適切なものはどれか。

1. 相続税路線価は、地価公示の公示価格の70%を価格水準の目安として設定されている。
2. 固定資産税評価額は、原則として、3年ごとの基準年度において評価替えが行われる。
3. 地価公示の公示価格は、毎年1月1日を価格判定の基準日としている。
4. 都道府県地価調査の基準地の標準価格は、毎年7月1日を価格判定の基準日としている。

4 ☑☑☑ 重要度 B

[2018年9月]

土地の価格に関する次の記述のうち、最も適切なものはどれか。

1. 地価公示の公示価格の価格判定の基準日は、毎年7月1日である。
2. 都道府県地価調査の基準地は、地価公示の標準地と同じ地点に設定されることはない。
3. 相続税路線価は、地価公示の公示価格の80%を価格水準の目安として設定されている。
4. 固定資産課税台帳に登録する土地の価格は、都道府県知事が決定する。

1 が不適切　テキスト5章　P437

1. 不適切　相続税路線価は、地価公示の公示価格の80%を価格水準の目安としています。一方、評価替えの基準年度における固定資産税評価額は、公示価格の70%を価格水準の目安として決定されます。

2. 適切　なお、公示価格、基準地の標準価格、相続税路線価は毎年、評価替えが行われます。

3. 適切　なお、相続税路線価、固定資産税評価額も1月1日時点の価額として評価されます。

4. 適切　なお、標準価格の公表日は9月下旬ごろです。

3 が適切　テキスト5章　P437

1. 不適切　地価公示の公示価格の価格判定の基準日は、毎年1月1日、都道府県地価調査の基準地標準価格の基準日は、毎年7月1日です。

2. 不適切　地価公示の標準地と都道府県地価調査の基準地の一部は、同じ地点に設定されています。

3. 適切　相続税路線価は、地価公示の公示価格の80%を価格水準の目安として、固定資産税評価額は、地価公示の公示価格の70%を価格水準の目安として設定されています。

4. 不適切　固定資産課税台帳に登録する価格は、市町村長（東京23区は東京都知事）が決定します。

5 ☑☑☑ 重要度 B [2022年9月]

不動産鑑定評価基準における不動産の鑑定評価に関する次の記述のうち、最も不適切なものはどれか。

1. 不動産の価格を求める鑑定評価の基本的な手法は、原価法、取引事例比較法および収益還元法に大別され、鑑定評価に当たっては、対象不動産に係る市場の特性等を考慮し、これらのうち最も適した1つの手法に限定して適用することとされている。
2. 最有効使用の原則は、不動産の効用が最高度に発揮される可能性に最も富む使用を前提として把握される価格を標準として不動産の価格が形成されるとする原則である。
3. 原価法は、価格時点における対象不動産の再調達原価を求め、この再調達原価について減価修正を行って対象不動産の価格を求める手法である。
4. 収益還元法は、対象不動産が賃貸用不動産である場合だけでなく、自用の不動産であっても、賃貸を想定することにより適用されるものであるとされている。

1 が不適切　　テキスト5章　P438

1. 不適切　対象不動産に係る市場の特性等を適切に反映した複数の方法を適用すべきであり、1つの手法に限定して適用すべきではありません。

2. 適切　「最高度」の部分を「標準的」とひっかける問題に注意しましょう。

3. 適切　「増加修正」でひっかける問題に注意しましょう。なお、価格時点とは価格判定の基準日のことです。

4. 適切　「実際に賃貸の用に供されていない自用の不動産は収益還元法で評価できない」とひっかける問題に注意しましょう。

不動産の取引

6 ☑☑☑ 重要度 B [2023年5月]

宅地建物取引業法に関する次の記述のうち、最も不適切なものはどれか。なお、買主は宅地建物取引業者ではないものとする。

1. 宅地建物取引業者が建物の貸借の媒介を行う場合、貸主と借主の双方から受け取ることができる報酬の合計額は、当該建物の借賃（消費税等相当額を除く）の２カ月分に相当する額に消費税等相当額を加算した額が上限となる。
2. 宅地建物取引業者は、自ら売主となる宅地の売買契約の締結に際して、代金の額の10分の２を超える額の手付を受領することができない。
3. 宅地建物取引業者が、自ら売主となる宅地の売買契約の締結に際して手付を受領したときは、その手付がいかなる性質のものであっても、買主が契約の履行に着手する前であれば、当該宅地建物取引業者はその倍額を現実に提供して、契約の解除をすることができる。
4. 専任媒介契約の有効期間は、３カ月を超えることができず、これより長い期間を定めたときは、その期間は３カ月とされる。

1 が不適切　テキスト5章　1）P448、2）3）P449、4）P447

1. **不適切**　宅地建物取引業者が**宅地・建物の貸借の媒介**を行う場合、貸主と借主の**双方**から受け取ることができる報酬の合計額は、**借賃**（消費税等相当額を除く）の**1カ月分**に相当する額に消費税等相当額を加算した額が上限となります。

2. 適切　宅地建物取引業者が売主、宅地建物取引業者以外が買主となる場合、売買代金の**20%**を超える部分の手付金は無効となります。

3. 適切　宅地建物取引業者が売主、宅地建物取引業者以外が買主となる場合の手付金は、**必ず解約手付**としての性格を有します。

4. 適切　専任媒介契約の有効期間は、3カ月を超えることができず、**3カ月を超える部分は無効**となります。

7　☑☑☑　重要度 A　[2023年5月]

不動産の売買契約に係る民法の規定に関する次の記述のうち、最も適切なものはどれか。なお、特約については考慮しないものとする。

1. 同一の不動産について二重に売買契約が締結された場合、譲受人相互間においては、所有権移転登記の先後にかかわらず、原則として、売買契約を先に締結した者が当該不動産の所有者となる。
2. 売買の目的物である建物が、その売買契約の締結から当該建物の引渡しまでの間に、台風によって全壊した場合、売主の責めに帰することができない事由であるため、買主は、売主に対する建物代金の支払いを拒むことはできない。
3. 不動産が共有されている場合、各共有者は、自己が有している持分を第三者に譲渡するときは、他の共有者全員の同意を得なければならない。
4. 売買契約締結後、買主の責めに帰することができない事由により、当該契約の目的物の引渡債務の全部が履行不能となった場合、買主は履行の催告をすることなく、直ちに契約の解除をすることができる。

8　☑☑☑　重要度 A　[2022年1月]

不動産の売買契約に係る民法の規定に関する次の記述のうち、最も適切なものはどれか。なお、特約については考慮しないものとする。

1. 買主が売主に解約手付を交付した場合、買主が契約の履行に着手するまでは、売主は受領した解約手付を返還して当該契約の解除をすることができる。
2. 売主が種類または品質に関して契約の内容に適合しないことを知りながら、売買契約の目的物を買主に引き渡した場合、買主は、その不適合を知った時から1年以内にその旨を売主に通知しなければ、その不適合を理由として契約の解除をすることができない。
3. 売買の目的物である建物が、売買契約締結後から引渡しまでの間に台風等の天災によって滅失した場合、買主は売買代金の支払いを拒むことができない。
4. 売買契約締結後、買主の責めに帰さない事由により、当該契約の目的物の引渡債務の全部が履行不能となった場合、買主は履行の催告をすることなく、直ちに契約の解除をすることができる。

4 が適切　　テキスト５章　1）P440、2）P450、3）P452、4）P451

1. 不適切　同一の不動産について二重に売買契約が締結された場合、譲受人相互間においては、所有権移転登記を先にした者が、当該不動産の所有者となります。
2. 不適切　売買の目的物である建物が、その売買契約の締結から当該建物の引渡しまでの間に、双方の責めに帰することができない事由によって滅失した場合、買主は代金の支払いを拒むことができます。
3. 不適切　共有持分を第三者に譲渡するときは、他の共有者の同意は不要です。共有物全体を第三者に譲渡する場合は、原則として全員の同意が必要です。
4. 適切　履行不能である場合は、履行の催告をしなくても、直ちに契約を解除できます。なお、履行遅滞である場合は、相手方に相当の期間を定めて履行の催告をし、それでも履行がない場合は契約を解除できます。

4 が適切　　テキスト５章　1）P449、2）3）P450、4）P451

1. 不適切　買主が売主に解約手付を交付した場合、買主が契約の履行に着手するまでは、売主は受領した解約手付の倍額を現実に提供すれば、当該契約の解除をすることができます。
2. 不適切　売主が種類または品質に関して契約の内容に適合しないことを知りながら、売買契約の目的物を買主に引き渡した場合、買主は、その不適合を知った時から１年以内にその旨を売主に通知しなくても、不適合を理由として契約の解除をすることができます。
3. 不適切　売買の目的物である建物が、売買契約締結後から引渡しまでの間に買主の責めに帰すことができない事由によって滅失した場合、買主は売買代金の支払いを拒むことができます。
4. 適切　売買契約締結後、買主の責めに帰さない事由により、当該契約の目的物の引渡債務の全部が履行不能となった場合、買主は履行の催告をすることなく、直ちに契約の解除をすることができます。

不動産に関する法令上の規制

9 ☑☑☑ 重要度 A [2020年9月]

借地借家法に関する次の記述のうち、最も適切なものはどれか。なお、本問においては、同法第22条から第24条の定期借地権等以外の借地権を普通借地権という。

1. 普通借地権の設定契約において、期間の定めがない場合には、存続期間は50年となる。
2. 普通借地権の当初の存続期間が満了して更新する場合、当事者間で更新後の存続期間を更新の日から10年と定めたときは、更新後の存続期間は更新の日から10年とされる。
3. 事業用定期借地権等においては、建物の用途は事業用に限定されているため、法人が従業員向けの社宅として利用する建物の所有を目的として設定することができない。
4. 事業用定期借地権等の設定を目的とする契約は、書面によってしなければならないが、その書面が公正証書である必要はない。

10 ☑☑☑ 重要度 A [2020年1月]

借地借家法に関する次の記述のうち、最も適切なものはどれか。なお、本問においては、同法第22条の借地権を一般定期借地権といい、同法第22条から第24条の定期借地権等以外の借地権を普通借地権という。

1. 普通借地権の存続期間は20年とされているが、当事者が契約でこれより長い期間を定めたときは、その期間とする。
2. 普通借地権の当初の存続期間が満了する場合、借地上に建物が存在しなくても、借地権者が借地権設定者に契約の更新を請求したときは、従前の契約と同一の条件で契約を更新したものとみなされる。
3. 一般定期借地権において、もっぱら居住の用に供する建物の所有を目的とするときは、存続期間を30年として設定することができる。
4. 一般定期借地権において、契約の更新および建物の築造による存続期間の延長がなく、建物等の買取りの請求をしないこととする旨を定める特約は、公正証書等による書面（電磁的記録を含む）によってしなければならない。

3 が適切　　テキスト５章　1）P456、2）3）4）P457

1. 不適切　普通借地権の存続期間の定めがない場合は30年とされます。なお、存続期間を定める場合は**30年以上**で定めるものとされ、30年よりも短い期間を定めた場合は**30年**とします。
2. 不適切　普通借地権の当初の存続期間が満了し、更新する場合、**最初**の更新後の存続期間は**20年**、**その後**の更新後の存続期間は**10年**とされ、当事者間でこれよりも長い期間を定めたときはその期間とされます。
3. **適切**　事業用定期借地権等は、居住用建物の建築を目的として設定することはできず、**賃貸住宅、寮、社宅**の所有を目的として設定することもできません。
4. 不適切　事業用定期借地権等の設定契約は必ず**公正証書**で行います。なお、一般定期借地権の設定契約は公正証書以外の書面（電磁的記録を含む）でもできます。

4 が適切　　テキスト５章　1）P456、2）P456-457、3）4）P457

1. 不適切　普通借地権の存続期間を定める場合は**30年以上**で定めるものとされ、30年以上の期間を定めるとその期間とし、30年よりも短い期間を定めた場合は**30年**とします。
2. 不適切　普通借地権の当初の存続期間が満了する場合、借地権者が借地権設定者にその契約の更新を請求したときは、**借地上に建物が存在する場合に限り**、従前の契約と同一の条件（期間を除く）で契約を更新したものとみなされます。建物がない場合は、法定更新されません。
3. 不適切　一般定期借地権の存続期間は、建物の用途を問わず、**50年以上**で設定します。
4. **適切**　一般定期借地権の設定契約は**公正証書等の書面**（電磁的記録を含む）で行います。なお、事業用定期借地権等の設定契約は必ず公正証書で行います。

11 ☑☑☑ 重要度A [2022年9月]

借地借家法に関する次の記述のうち、最も適切なものはどれか。なお、本問においては、同法第38条による定期建物賃貸借契約を定期借家契約といい、それ以外の建物賃貸借契約を普通借家契約という。また、記載された特約以外のものについては考慮しないものとする。

1. 普通借家契約において存続期間を1年未満に定めた場合、その存続期間は1年とみなされる。
2. 期間の定めがある普通借家契約において、賃借人は、正当の事由がなければ、賃貸人に対し、更新しない旨の通知をすることができない。
3. 定期借家契約は、もっぱら居住の用に供する建物に限られ、事業の用に供する建物については締結することができない。
4. 定期借家契約において、その賃料が、近傍同種の建物の賃料に比較して不相当となっても、賃貸借期間中は増減額させないこととする特約をした場合、その特約は有効である。

12 ☑☑☑ 重要度A [2021年1月]

借地借家法に関する次の記述のうち、最も適切なものはどれか。なお、本問においては、同法第38条による定期建物賃貸借契約を定期借家契約といい、それ以外の建物賃貸借契約を普通借家契約という。
また、記載のない事項については考慮しないものとする。

1. 普通借家契約において存続期間を6カ月と定めた場合、その存続期間は1年とみなされる。
2. 普通借家契約において、賃借人は、その建物の賃借権の登記がなくても、引渡しを受けていれば、その後その建物について物権を取得した者に賃借権を対抗することができる。
3. 定期借家契約は、契約当事者の合意があっても、存続期間を6カ月未満とすることはできない。
4. 定期借家契約は、公正証書によって締結しなければならない。

4 が適切　　テキスト５章　1）2）3）P459、4）P460

1. 不適切　普通借家契約において存続期間を１年未満に定めた場合、期間の定めがないものとみなされます。
2. 不適切　期間の定めがある普通借家契約において、賃貸人は、正当の事由がなければ、更新を拒絶できませんが、賃借人は正当事由は問われません。
3. 不適切　建物用途を問わず、定期借家契約を利用できます。
4. 適切　なお、普通借家契約において、その賃料について、賃貸借期間中、増額しない特約は有効ですが、減額しない特約は無効となります。

2 が適切　　テキスト５章　P459

1. 不適切　普通借家契約において存続期間を１年未満で定めた場合、期間の定めのない契約とみなされます。
2. 適切　普通借家契約および定期借家契約において、賃借人は、その建物の賃借権の登記がなくても、引渡しを受けていれば、その後その建物について物権を取得した者に賃借権を対抗することができます。
3. 不適切　定期借家契約は、自由に定めることができ、１年未満の期間でも有効です。
4. 不適切　定期借家契約は、公正証書等の書面（電磁的記録を含む）によって、締結しなければなりません。

13 ☑☑☑ 重要度 A [2021年1月]

建物の区分所有等に関する法律に関する次の記述のうち、最も適切なものはどれか。

1. 区分所有建物ならびにその敷地および附属施設の管理を行うための区分所有者の団体（管理組合）は、区分所有者全員で構成される。
2. 区分所有建物のうち、構造上の独立性と利用上の独立性を備えた建物の部分は、区分所有権の目的となる専有部分であり、規約によって共用部分とすることはできない。
3. 規約を変更するためには、区分所有者および議決権の各5分の4以上の多数による集会の決議が必要となる。
4. 集会の招集の通知は、規約で別段の定めをしない限り、開催日の少なくとも1カ月前に会議の目的たる事項を示して各区分所有者に発しなければならない。

14 ☑☑☑ 重要度 A [2020年1月]

建物の区分所有等に関する法律に関する次の記述のうち、最も不適切なものはどれか。

1. 規約を変更するためには、区分所有者および議決権の各4分の3以上の多数による集会の決議が必要となる。
2. 区分所有建物のうち、構造上の独立性と利用上の独立性を備えた部分は、区分所有権の目的となる専有部分の対象となり、規約によって共用部分とすることはできない。
3. 区分所有者以外の専有部分の占有者は、建物またはその敷地もしくは附属施設の使用方法について、区分所有者が規約または集会の決議に基づいて負う義務と同一の義務を負う。
4. 共用部分に対する区分所有者の共有持分は、規約に別段の定めがない限り、各共有者の専有部分の床面積の割合による。

1 が適切　テキスト5章　P462-464

1. **適切**　区分所有者は**全員**管理組合の組合員となり、区分所有者である限り、管理組合を任意に脱退できません。

2. 不適切　区分所有建物のうち、専有部分の対象となりうる部分を、規約によって共用部分とすることもできます（**規約共用部分**）。集会室、管理人室等が該当します。

3. 不適切　規約の設定、変更、廃止をするには、区分所有者および議決権の各**4分の3以上**の多数による集会の決議が必要となります。**5分の4は「建替え」**の場合です。

4. 不適切　集会の招集の通知は、規約で別段の定めをしない限り、開催日の少なくとも1週間前に会議の目的たる事項を示して各区分所有者に発しなければなりません。なお、建替え決議の招集は2カ月前までに通知しなければなりません。

2 が不適切　テキスト5章　P462-464

1. 適切　なお、**建替えの場合は5分の4以上**です。

2. **不適切**　区分所有建物のうち、専有部分の対象となりうる部分を、規約によって共用部分とすることもできます（**規約共用部分**）。集会室、管理人室等が該当します。

3. 適切　使用方法とは暮らし方のルールなどをいい、所有者のみでなく、**占有者**（賃借人等）もルールを守らなければなりません。

4. 適切　共用部分に対する区分所有者の共有持分は、**専有部分の床面積割合**によります。一般に、管理費や修繕積立金の負担はこの割合により計算されます。

15 ☑☑☑ 重要度A [2021年1月]

都市計画法に関する次の記述のうち、最も不適切なものはどれか。

1. 都市計画区域内において、用途地域が定められている区域については、防火地域または準防火地域のいずれかを定めなければならない。
2. 市街化区域については用途地域を定め、市街化調整区域については原則として用途地域を定めないものとされている。
3. 市街化区域は、すでに市街地を形成している区域およびおおむね10年以内に優先的かつ計画的に市街化を図るべき区域とされている。
4. 三大都市圏の一定の区域や一定の大都市の都市計画区域においては、都市計画に市街化区域と市街化調整区域との区分を定めるものとされている。

16 ☑☑☑ 重要度A [2023年5月]

都市計画法に関する次の記述のうち、最も適切なものはどれか。

1. すべての都市計画区域において、都市計画に市街化区域と市街化調整区域の区分（区域区分）を定めなければならない。
2. 都市計画区域のうち、用途地域が定められている区域については、防火地域または準防火地域のいずれかを定めなければならない。
3. 市街化調整区域内において、農業を営む者の居住の用に供する建築物の建築の用に供する目的で行う開発行為は、開発許可を受ける必要はない。
4. 土地区画整理事業の施行として行う開発行為は、開発許可を受けなければならない。

1 が不適切　　テキスト５章　1）P473、P479、2）3）4）P466

1. **不適切**　防火地域または準防火地域は、用途地域の内外において定めることができます。**任意**であり、義務ではありません。
2. 適切　なお、用途地域は13種類あります。
3. 適切　なお、市街化調整区域は、**市街化を抑制すべき区域**です。
4. 適切　原則として、市街化区域と市街化調整区域の線引きは、**原則、都道府県の選択制**となっていますが、選択肢のようなケースは、市街化区域と市街化調整区域に線引きしなければなりません。

3 が適切　　テキスト５章　1）P466、2）P473、P479、3）4）P468

1. 不適切　**３大都市圏等**、一定の都市計画区域**を除き**、市街化区域と市街化調整区域の区分（区域区分）を定めることは都道府県の選択制（**任意**）となっています。
2. 不適切　防火地域または準防火地域の指定は**任意**となっています。
3. **適切**　なお、**市街化区域内**で、農業を営む者の居住の用に供する建築物の建築の用に供する目的で行う開発行為は、他の開発許可と同様、**1,000 m^2以上**である場合は開発許可が必要です。
4. 不適切　土地区画整理事業、都市再開発事業の施行として行う開発行為は、開発許可は**不要**です。

17 ☑☑☑ 重要度 A [2021年1月]

都市計画区域および準都市計画区域内における建築基準法の規定に関する次の記述のうち、最も不適切なものはどれか。

1. 建築物の敷地は、原則として、建築基準法に規定する道路に2m以上接していなければならない。
2. 工業の利便を増進するため定める地域である工業専用地域内には、原則として、住宅を建てることはできない。
3. 敷地の前面道路の幅員が12m未満である建築物の容積率は、原則として、前面道路の幅員により定まる容積率と都市計画で定められた容積率とのいずれか低い方が上限となる。
4. 防火地域内に耐火建築物を建築する場合は、建蔽率および容積率の双方の制限について緩和措置の適用を受けることができる。

18 ☑☑☑ 重要度 A [2023年5月]

都市計画区域および準都市計画区域内における建築基準法の規定に関する次の記述のうち、最も不適切なものはどれか。

1. 建築基準法第42条第2項により道路境界線とみなされる線と道路との間の敷地部分（セットバック部分）は、建蔽率および容積率を算定する際の敷地面積に算入することができない。
2. 第一種低層住居専用地域、第二種低層住居専用地域または田園住居地域内における建築物の高さは、原則として、10mまたは12mのうち都市計画で定められた限度を超えることができない。
3. 近隣商業地域、商業地域および工業地域においては、地方公共団体の条例で日影規制（日影による中高層の建築物の高さの制限）の対象区域として指定することができない。
4. 建築物が防火地域および準防火地域にわたる場合においては、原則として、その全部について防火地域内の建築物に関する規定が適用される。

4 が不適切　テキスト５章　1）P471、2）P470、3）P476、4）P473

1. 適切　なお、接道義務を満たしていない敷地には、原則として建築物を建築できません。

2. 適切　**工業専用地域**には、原則として、住宅を建築できません。

3. 適切　建築物の敷地が接する前面道路（複数の道路がある場合は幅員が最大のもの）の幅員が**12ｍ未満**である場合、容積率の上限は、都市計画の定める容積率または前面道路の幅員に一定の数値を乗じて求めた容積率の**いずれか低い方**が適用されます。

4. **不適切**　**防火地域内に耐火建築物**を建築する場合、**建蔽率の制限について緩和**措置を受けられますが、容積率についてこのような規定はありません。

3 が不適切　テキスト５章　1）P471-472、2）3）P478、4）P479

1. 適切　なお、原則として、道路**中心線から２ｍ後退**した線が道路境界線となります。

2. 適切　なお、これらの用途地域内では**隣地斜線制限は適用されません**。

3. **不適切**　日影規制の対象区域として指定できないのは、商業地域、工業地域、工業専用地域です。

4. 適切　なお、用途地域が異なる地域にわたる敷地における用途制限は、敷地の**過半**の属する用途地域の制限が敷地全体に適用されます。

19 ☑☑☑ 重要度 A [2020年9月]

都市計画区域および準都市計画区域内における建築基準法の規定に関する次の記述のうち、最も不適切なものはどれか。

1. 建築物の高さに係る隣地斜線制限は、第一種低層住居専用地域、第二種低層住居専用地域および田園住居地域には適用されない。
2. 北側斜線制限（北側高さ制限）は、商業地域内の建築物について適用される。
3. 日影規制（日影による中高層の建築物の高さの制限）の対象区域外にある高さが10mを超える建築物で、冬至日において、対象区域内の土地に日影を生じさせるものは、当該対象区域内にある建築物とみなして、日影規制が適用される。
4. 工業地域および工業専用地域は、地方公共団体の条例で日影規制（日影による中高層の建築物の高さの制限）の対象区域として指定することはできない。

2 が不適切　　テキスト5章　1）2）P478-479、3）4）P478

1. 適切　隣地斜線制限は、第一種・第二種低層住居専用地域および田園住居地域以外の用途地域、用途地域の指定のない区域で適用されます。なお、第一種・第二種低層住居専用地域および田園住居地域では、絶対高さ制限（10mまたは12m）が適用されます。

2. 不適切　北側斜線制限は、第一種・第二種低層住居専用地域および田園住居地域、日影規制のない第一種・第二種中高層住居専用地域において適用されます。

3. 適切　商業地域、工業地域および工業専用地域は、地方公共団体の条例で日影規制（日影による中高層の建築物の高さの制限）の対象区域として指定することはできません。ただし、日影規制（日影による中高層の建築物の高さの制限）の対象区域外にある高さが10mを超える建築物で、冬至日において、対象区域内の土地に日影を生じさせるものは、当該対象区域内にある建築物とみなして、日影規制が適用されます。

4. 適切　3.の解説参照。

不動産にかかる税金と特例

20 ☑☑☑ 重要度 A [2020年1月]

不動産の取得に係る税金に関する次の記述のうち、最も不適切なものはどれか。

1. 不動産取得税は、贈与により不動産を取得した場合であっても課される。
2. 所有権移転登記に係る登録免許税の税率は、登記原因が贈与による場合の方が相続による場合に比べて高くなる。
3. 建物を新築して建物表題登記を申請する場合、登録免許税は課されない。
4. 個人が不動産会社から居住用建物を購入する場合、その売買取引は消費税の非課税取引とされる。

21 ☑☑☑ 重要度 A [2019年5月]

不動産の取得に係る税金に関する次の記述のうち、最も不適切なものはどれか。

1. 不動産取得税は、相続により不動産を取得した場合には課されない。
2. 所定の要件を満たす戸建て住宅（認定長期優良住宅を除く）を新築した場合、不動産取得税の課税標準の算定に当たっては、1戸につき最高1,200万円を価格から控除することができる。
3. 不動産に抵当権設定登記をする際の登録免許税の課税標準は、当該不動産の相続税評価額である。
4. 所有権移転登記に係る登録免許税の税率は、登記原因が贈与による場合と相続による場合では異なる。

4 が不適切　テキスト5章　1）P485、2）3）P488-489、4）P490

1. 適切　不動産取得税は**相続**により不動産を取得した場合には**課税されません**が、**贈与**により取得した場合は**課税されます**。

2. 適切　所有権移転登記に係る登録免許税の税率は、贈与は20／1,000、相続は4／1,000と贈与の方が高く、相続の方が低く設定されています。

3. 適切　なお、**表題登記は義務**とされています。

4. **不適切**　消費税は、事業者が事業として対価を得て行う資産の譲渡、貸付、役務の提供に対して課税されます。なお、土地の譲渡、貸付は原則、非課税とされます。つまり、個人が**不動産会社（事業者）から居住用建物を購入する場合、消費税が課税されます**。

3 が不適切　テキスト5章　1）P485、2）P486、3）4）P488-489

1. 適切　不動産取得税は**相続**により取得した場合には**課税されません**が、**贈与**により取得した場合は**課税されます**。

2. 適切　要件を満たす新築住宅は、自己居住用のほか、貸付用住宅でも適用されます。

3. **不適切**　抵当権設定登記の登録免許税は**債権金額**（根抵当権の場合は極度額）が課税標準となります。なお、所有権の保存登記、移転登記の登録免許税は**固定資産税評価額**が課税標準となります。

4. 適切　所有権移転登記に係る登録免許税の税率は、贈与は20／1,000、相続は4／1,000と**贈与の方が高く、相続の方が低く**設定されています。

22 ☑☑☑ 重要度A [2020年9月]

不動産に係る固定資産税および都市計画税に関する次の記述のうち、最も不適切なものはどれか。

1. 固定資産税の納税義務者は、年の中途にその対象となる土地または家屋を売却した場合であっても、その年度分の固定資産税の全額を納付する義務がある。
2. 住宅用地に係る固定資産税の課税標準については、住宅用地で住宅1戸当たり300m^2以下の部分について課税標準となるべき価格の6分の1の額とする特例がある。
3. 都市計画税は、都市計画区域のうち、原則として市街化調整区域内に所在する土地または家屋の所有者に対しては課されない。
4. 都市計画税の税率は各地方自治体の条例で定められるが、100分の0.3を超えることはできない。

23 ☑☑☑ 重要度A [2020年1月]

不動産に係る固定資産税および都市計画税に関する次の記述のうち、最も適切なものはどれか。

1. 土地および家屋に係る固定資産税の標準税率は1.4%と定められているが、各市町村は条例によってこれと異なる税率を定めることができる。
2. 都市計画税は、都市計画区域のうち、原則として市街化調整区域内に所在する土地または家屋の所有者に対して課される。
3. 地方税法において、固定資産税における小規模住宅用地（住宅用地で住宅1戸当たり200m^2以下の部分）の課税標準については、課税標準となるべき価格の3分の1の額とする特例がある。
4. 地方税法において、所定の要件を満たす新築住宅に係る固定資産税は、1戸当たり120m^2以下の床面積に相当する部分の税額について、一定期間にわたり5分の1に軽減される特例がある。

2 が不適切 テキスト5章 1）2）P492、3）4）P493

1. 適切　固定資産税および都市計画税は、毎年**1月1日**における所有者に課税されるため、年の途中に売買等により所有者が変わっても、納税義務者は変わりません。
2. **不適切**　固定資産税における小規模住宅用地（住宅用地で住宅1戸当たり**200m²以下**の部分）の課税標準は、課税標準となるべき価格の**6分の1**、一般住宅用地（住宅用地で1戸当たり200m²超の部分）の課税標準は、課税標準となるべき価格の3分の1となります。
3. 適切　都市計画税は、都市計画区域のうち、原則として**市街化区域内**に所在する土地・家屋の所有者に対して課税されます。
4. 適切　なお、下げることはできても、上げることができない税率の上限を制限税率といいます。

1 が適切 1）3）4）P492-493、2）P493

1. **適切**　固定資産税の税率は条例で上げることも下げることもできます。このような税率を標準税率といいます。なお、都市計画税の税率0.3%は、条例で下げることはできますが、上げることはできません。
2. 不適切　都市計画税は、都市計画区域のうち、原則として**市街化区域内**に所在する土地・家屋の所有者に対して課税されます。
3. 不適切　固定資産税における小規模住宅用地（住宅用地で住宅1戸当たり**200m²以下**の部分）の課税標準は、課税標準となるべき価格の**6分の1**、一般住宅用地（住宅用地で1戸当たり200m²超の部分）の課税標準は、課税標準となるべき価格の3分の1となります。
4. 不適切　所定の要件を満たす新築住宅に係る固定資産税は、1戸当たり**120m²以下**の床面積に相当する部分の税額について、一定期間にわたり**2分の1**に軽減される特例があります。

24 ☑☑☑ 重要度 A [2023年5月]

個人が土地を譲渡した場合の譲渡所得に関する次の記述のうち、最も不適切なものはどれか。

1. 相続（限定承認に係るものを除く）により取得した土地を譲渡した場合、その土地の所有期間を判定する際の取得の日は、被相続人の取得時期が引き継がれる。
2. 土地の譲渡に係る所得が長期譲渡所得に区分される場合、課税長期譲渡所得金額に対し、原則として、所得税（復興特別所得税を含む）30.63％、住民税９％の税率で課税される。
3. 土地の譲渡に係る所得については、その土地を譲渡した日の属する年の１月１日における所有期間が５年以下の場合、短期譲渡所得に区分される。
4. 土地を譲渡する際に支出した仲介手数料は、譲渡所得の金額の計算上、譲渡費用に含まれる。

25 ☑☑☑ 重要度 A [2019年9月]

居住用財産を譲渡した場合の3,000万円の特別控除（以下「3,000万円特別控除」という）および居住用財産を譲渡した場合の長期譲渡所得の課税の特例（以下「軽減税率の特例」という）に関する次の記述のうち、最も不適切なものはどれか。

1. 3,000万円特別控除は、居住用財産を居住の用に供さなくなった日から3年を経過する日の属する年の12月31日までに譲渡しなければ、適用を受けることはできない。
2. 3,000万円特別控除は、譲渡した居住用財産の所有期間が、譲渡した日の属する年の1月1日において10年を超えていなければ、適用を受けることはできない。
3. 軽減税率の特例は、譲渡した居住用財産の所有期間が、譲渡した日の属する年の1月1日において10年を超えていなければ、適用を受けることはできない。
4. 軽減税率の特例では、課税長期譲渡所得金額のうち6,000万円以下の部分の金額について軽減税率が適用される。

2 が不適切　　テキスト5章　1）2）3）P497、4）P495

1. 適切　なお、相続と同様に、贈与による取得の場合も、贈与者の取得時期が引き継がれます。

2. 不適切　長期譲渡所得に区分される場合の税率は、所得税15.315％、住民税5％です。

3. 適切　総合課税の譲渡所得の所有期間は、譲渡日時点で判定する点との相違を理解しておきましょう。

4. 適切　その他、譲渡するための建物取壊し費用も譲渡費用に含まれます。

2 が不適切　　テキスト5章　1）P498、2）3）4）P499

1. 適切　居住用財産の譲渡の特例の共通の要件として、居住の用に供さなくなった日の属する年の3年後の12月31日までに譲渡すること、配偶者、直系血族、生計を一にする親族への譲渡でないこと等があります。

2. 不適切　譲渡する居住用財産の所有期間について、3,000万円特別控除には要件がありませんが、軽減税率の特例は譲渡する年の1月1日時点で10年超であることが要件とされます。

3. 適切　2.の解説参照。

4. 適切　軽減税率の特例の適用を受けた場合、課税長期譲渡所得金額のうち、6,000万円以下の部分の税率は所得税10.21％、住民税4％に軽減されます。

26　☑☑☑　重要度 A　[2019年5月]

居住用財産を譲渡した場合の3,000万円の特別控除（以下「3,000万円特別控除」という）および居住用財産を譲渡した場合の長期譲渡所得の課税の特例（以下「軽減税率の特例」という）に関する次の記述のうち、最も適切なものはどれか。

1. 3,000万円特別控除は、居住用財産を居住の用に供さなくなった日の属する年の翌年12月31日までに譲渡しなければ、適用を受けることができない。
2. 3,000万円特別控除は、居住用財産を配偶者に譲渡した場合でも、適用を受けることができる。
3. 軽減税率の特例では、課税長期譲渡所得金額のうち1億円以下の部分の金額について軽減税率が適用される。
4. 軽減税率の特例は、譲渡した居住用財産の所有期間が、譲渡した日の属する年の1月1日において10年を超えていなければ、適用を受けることができない。

27　☑☑☑　重要度 C　[2022年9月]

「居住用財産の買換え等の場合の譲渡損失の損益通算及び繰越控除」（以下「本特例」という）に関する次の記述のうち、最も適切なものはどれか。

1. 納税者が本特例の適用を受けるためには、譲渡した居住用財産の所有期間が、譲渡した日の属する年の1月1日時点で10年を超えていなければならない。
2. 本特例のうち、譲渡損失の損益通算の特例の適用を受けるためには、買換資産を取得した日の属する年の12月31日時点において、買換資産に係る住宅借入金等の金額を有していなければならない。
3. 本特例のうち、譲渡損失の損益通算の特例の適用を受けるためには、納税者のその年分の合計所得金額が3,000万円以下でなければならない。
4. 納税者が本特例の適用を受けた場合、買換資産に係る住宅借入金等の金額を有していたとしても、住宅借入金等特別控除の適用を受けることはできない。

4 が適切　　テキスト５章　P498-499

1. 不適切　居住用財産の譲渡の特例の共通の要件として、居住の用に供さなくなった日の属する年の３年後の12月31日までに譲渡すること、配偶者、直系血族、生計を一にする親族への譲渡でないこと等があります。

2. 不適切　1.の解説参照。

3. 不適切　軽減税率の特例の適用を受けた場合、課税長期譲渡所得金額のうち、6,000万円以下の部分の税率は、所得税10.21%、住民税４%に軽減されます。

4. 適切　軽減税率の特例は譲渡する年の1月1日時点で10年超であることが要件とされます。なお、3,000万円特別控除には所有期間要件がありません。要件を満たせば、3,000万円特別控除と軽減税率の特例は併用できます。

2 が適切　　テキスト５章　P502-503

1. 不適切　買い換えた場合の特例、買い換えない場合の譲渡損失の損益通算および繰越控除は、いずれも、譲渡した居住用財産の所有期間が、譲渡した日の属する年の1月1日時点で5年超であることが要件となっています。

2. 適切　なお、買い換えない場合の譲渡損失の損益通算および繰越控除は、譲渡した日の前日において、譲渡資産に係る借入金残高を有していることが要件となっています。

3. 不適切　納税者の合計所得金額が3,000万円以下でなければならないのは、損益通算の年ではなく、翌年以降３年間の繰越控除の年です。

4. 不適切　買い換えた場合の特例、買い換えない場合の譲渡損失の損益通算および繰越控除は、いずれも、所定の要件を満たせば、住宅借入金等特別控除と併用することができます。なお、譲渡した住宅についての居住用財産の譲渡益が発生した場合の特例と買換えで取得した住宅についての住宅借入金等特別控除は併用できません。

不動産の有効活用と投資分析

28 ☑☑☑ 重要度 A [2019年1月]

不動産の有効活用の手法等の一般的な特徴に関する次の記述のうち、最も適切なものはどれか。

1. 事業受託方式は、土地有効活用の企画、建設会社の選定、当該土地上に建設された建物の管理・運営および建設資金の調達のすべてをデベロッパーに任せる方式である。
2. 建設協力金方式は、建設する建物を借り受ける予定のテナント等から、建設資金の全部または一部を借り受けてビルや店舗等を建設する方式である。
3. 等価交換方式では、土地所有者は建物の建設資金を負担する必要はないが、土地の所有権の一部を手放すことにより、当該土地上に建設された建物の全部を取得することができる。
4. 定期借地権方式では、土地を一定期間貸し付けることによる地代収入を得ることができ、借地期間中の当該土地上の建物の所有名義は土地所有者となる。

29 ☑☑☑ 重要度 A [2018年5月]

土地の有効活用の手法の一般的な特徴についてまとめた下表の空欄（ア）〜（エ）にあてはまる語句に関する次の記述のうち、最も適切なものはどれか。なお、本人とは有効活用する土地の所有者のことである。

有効活用の手法	土地の所有名義（有効活用後）	建物の所有名義	本人の建設資金負担の要否
事業受託方式	本人	（ア）	あり
建設協力金方式	（イ）	本人	なし
等価交換方式	本人、デベロッパー	本人、デベロッパー	なし
定期借地権方式	（ウ）	借地人	（エ）

1. （ア）の空欄には「デベロッパー」があてはまる。
2. （イ）の空欄には「テナント」があてはまる。
3. （ウ）の空欄には「借地人」があてはまる。
4. （エ）の空欄には「なし」があてはまる。

2 が適切　　テキスト5章　1）P506、2）P508、3）4）P507

1. 不適切　事業受託方式では、調査・企画、建物の設計・施工、建物の管理・運営をデベロッパーが行うため、土地所有者の業務の負担が軽減されます。なお、**資金調達は土地所有者**が自ら行います。

2. **適切**　建設協力金方式は、建物の建築資金の全部または一部をテナントが差し入れた建設協力金により調達します。

3. 不適切　等価交換方式は、土地所有者が土地の一部をデベロッパーに譲渡し、その対価をもって土地上にデベロッパーが建設した**建物の一部**（全部ではない）を譲り受ける譲渡方式です。なお、土地所有者に建物の建設資金の負担はありません。

4. 不適切　定期借地権方式では、土地を貸し付ける事業方式ですので、**建物の所有名義は借地人**となります。

4 が適切　　テキスト5章　1）P506、2）P508、3）4）P507

1. 不適切　（ア）の空欄には「**本人**」があてはまります。事業受託方式は、デベロッパーのサポートを受けるため、業務負担は軽減されますが、土地、建物の所有、資金調達はいずれも土地所有者となります。

2. 不適切　（イ）の空欄には「**本人**」があてはまります。建設協力金方式は、事業受託方式と似ていますが、テナントから調達した建設協力金により建物を建築する点で異なります。

3. 不適切　（ウ）の空欄には「**本人**」があてはまります。定期借地権方式は、土地を貸し付ける事業方式ですので、土地所有者は変わりません。

4. **適切**　（エ）の空欄には「**なし**」があてはまります。定期借地権方式は、建物は借地人が建築するため、本人の建設資金の負担はありません。

30 ☑☑☑ 重要度 B [2023年9月]

不動産の投資判断の手法等に関する次の記述のうち、最も適切なものはどれか。

1. DCF法は、対象不動産の一期間の純収益を還元利回りで還元して対象不動産の収益価格を求める手法である。
2. NPV法（正味現在価値法）による投資判断においては、対象不動産から得られる収益の現在価値の合計額が投資額を上回っている場合、その投資は有利であると判定することができる。
3. NOI利回り（純利回り）は、対象不動産から得られる年間の総収入額を総投資額で除して算出される利回りであり、不動産の収益性を測る指標である。
4. DSCR（借入金償還余裕率）は、対象不動産から得られる収益による借入金の返済余裕度を評価する指標であり、対象不動産に係る当該指標の数値が1.0を下回っている場合は、対象不動産から得られる収益だけで借入金を返済することができる。

31 ☑☑☑ 重要度 B [2019年5月]

不動産の投資判断手法等に関する次の記述のうち、最も不適切なものはどれか。

1. DCF法は、連続する複数の期間に発生する純収益および復帰価格を、その発生時期に応じて現在価値に割り引いて、それぞれを合計して対象不動産の収益価格を求める手法である。
2. IRR法（内部収益率法）による投資判断においては、対象不動産に対する投資家の期待収益率が対象不動産の内部収益率を上回っている場合、その投資は有利であると判定することができる。
3. 借入金併用型投資では、投資収益率が借入金の金利を上回っている場合には、レバレッジ効果により自己資金に対する投資収益率の向上が期待できる。
4. NOI利回りは、対象不動産から得られる年間純収益を総投資額で除して算出される利回りであり、不動産の収益性を測る指標である。

2 が適切　　テキスト5章　1）2）P513、3）P511、4）P514

1. 不適切　選択肢は「1年間の純収益（賃貸による純収益）÷還元利回り」により求める方法（直接還元法）です。収益還元法のうちDCFは、賃貸による純収益と復帰価格（売却価格）を期待収益率で現在価値に割り戻して価格を求める方法です。

2. **適切**　なお、IRR法（内部収益率法）は「割合」によって採算を判定する方法です。**内部収益率が期待収益率を上回る場合**（期待以上である場合）、その投資は**有利**であると判定することができます。

3. 不適切　NOI利回りとは、対象不動産から得られる年間の総収入から諸経費を差し引いた**純収益を総投資額で除して**算出される利回りをいいます（純収益÷総投資額×100（%））。

4. 不適切　DSCRは、借入金返済前の年間純収益÷年間元利返済額により求めます。**1を大きく上回るほど**、**余裕をもって**年間純収益で元利金を**返済でき**、1を下回る場合は、年間純収益では元利金を返済できません。

2 が不適切　　テキスト5章　1）2）P513、3）P512、4）P511

1. 適切　純収益を「賃貸による収益」、復帰価格を「売却価格」と考えて、賃貸収益と売却価格を期待収益率で現在価値に割り戻して価格を求めます。

2. **不適切**　IRR法（内部収益率法）は「**割合**」によって採算を判定します。**内部収益率が期待収益率を上回る場合**（**期待以上**である場合）、その投資は**有利**であると判定することができます。「期待収益率が内部収益率を上回る」＝「内部収益率（不動産の収益率）が期待収益率を下回る」ため、有利でないと判定します。

3. 適切　レバレッジ効果とは、「てこ」のように、小さい力（自己資金）で大きな効果（収益）を上げることです。

4. 適切　NOI利回りとは、対象不動産から得られる年間の総収入から諸経費を差し引いた純収益を総投資額で除して算出される利回りをいいます（**純収益÷総投資額×100（%）**）。

第1問 ☑☑☑ 重要度A ［2021年1月］

下記＜資料＞は、長岡さんが購入を検討しているマンションの登記事項証明書の一部である。この登記事項証明書に関する次の（ア）～（エ）の記述について、適切なものには○、不適切なものには×を解答欄に記入しなさい。

＜資料＞

全部事項証明書（建物）

表 題 部（専有部分の建物の表示）			不動産番号	×××××××××××××
家屋番号	××三丁目20番7の707		余白	
建物の名称	707		余白	
① 種 類	② 構 造	③ 床面積 m^2	原因及びその日付［登記の日付］	
居宅	鉄筋コンクリート造 1階建	7階部分　72 ┆ 45	平成24年○月○○日新築 ［平成24年○月○○日］	

表 題 部（敷地権の表示）			
① 土地の符号	② 敷地権の種類	③ 敷地権の割合	原因及びその日付［登記の日付］
1	所有権	65475分の985	平成24年○月○○日敷地権 ［平成24年○月○○日］
所 有 者	△△区××三丁目7番2号 株式会社LX不動産		

権 利 部（甲区）（所有権に関する事項）			
順位番号	登記の目的	受付年月日・受付番号	権利者その他の事項
1	所有権保存	平成24年○月○○日 第○○○○○号	原因　平成24年○月○○日売買 所有者　△△区××一丁目4番1－101 関根健二

※下線のあるものは抹消事項であることを示す。

（ア）「権利部（甲区）」には、所有権の移転登記のほか、差押え等が記載される。

（イ）登記記録上、このマンションの707号室の現在の所有者は、株式会社LX不動産であることがわかる。

（ウ）長岡さんが金融機関からの借入れによりこのマンションの707号室を購入して金融機関が抵当権を設定した場合、抵当権設定に関する登記事項は「権利部（甲区）」に記載される。

（エ）登記事項証明書は、法務局において手数料を納付することにより、誰でも交付の請求をすることができる。

正解 （ア）○ （イ）× （ウ）× （エ）○

テキスト5章　（ア）（イ）（ウ）P439、（エ）P442

（ア）適切　（ウ）の解説を参照。

（イ）不適切　表題部の株式会社LX不動産の部分に**下線がある**ため、抹消されていることがわかります。現在所有者は、権利部甲区から「関根健二」さんと推定されます。

（ウ）不適切　権利部**甲区**は**所有権（差押えも含む）**に関する事項、権利部**乙区**は所有権以外の権利に関する事項（**抵当権**、**賃借権**等）が記載されます。

（エ）適切　登記事項要約書、登記事項証明書の交付請求は**誰でも**法務局で行うことができます。

第2問 ☑☑☑ 重要度A [2019年5月]

下記<資料>は、井上さんが購入を検討している物件の登記事項証明書の一部である。この登記事項証明書に関する次の(ア)～(エ)の記述について、正しいものには○、誤っているものには×を解答欄に記入しなさい。

<資料>

(A)(所有権以外の権利に関する事項)			
順位番号	登記の目的	受付年月日・受付番号	権利者その他の事項
1	抵当権設定	平成24年8月22日 第337△2号	原因 平成24年8月7日保証委託契約に基づく求償債権平成24年8月22日設定 債権額 金3,500万円 損害金 年14%(年365日日割計算) 債務者 ○○市△△区一丁目×番3号 細井孝 抵当権者 東京都千代田区△△三丁目□□ KY株式会社

(ア) KY株式会社の抵当権の設定に関する事項が記載されている欄(A)は、「権利部(乙区)」である。

(イ) 登記事項証明書は、法務局などにおいて手数料を納付すれば、誰でも交付の請求をすることができる。

(ウ) 上記<資料>から、抵当権の設定当時、細井孝さんがこの土地の所有者であったことが確認できる。

(エ) 細井孝さんがKY株式会社への債務を完済すると、当該抵当権の登記は自動的に抹消される。

正解 (ア)○ (イ)○ (ウ)× (エ)×

テキスト5章　(ア)P439、(イ)P442、(ウ)P439、(エ)P444

(ア) 正しい　所有権に関する権利は権利部甲区、所有権以外の権利（抵当権）は権利部乙区に記録されます。

(イ) 正しい　なお、「所有者のみ」「所有者の承諾を得た者のみ」「市町村役場」などでひっかける問題も出題されます。

(ウ) 誤り　債務者が細井さんであることはわかりますが、土地の所有者であったか否かは、権利部甲区を確認する必要があります。

(エ) 誤り　債務が完済した後、抵当権を抹消するには、抹消登記の申請をしなければなりません。

第3問 ☑☑☑ 重要度 B [2020年9月]

公的な土地評価に関する下表の空欄（ア）～（エ）にあてはまる語句の組み合わせとして、最も適切なものはどれか。

価格の種類	公示価格	基準地標準価格	固定資産税評価額	相続税路線価
所管	国土交通省	都道府県	市町村（東京23区は東京都）	国税庁
評価時点	毎年1月1日	毎年（ ア ）	原則として基準年度の前年1月1日。（ イ ）に1度評価替え	毎年1月1日
評価割合	－	－	公示価格の（ ウ ）程度	公示価格の（ エ ）程度

1. （ア）4月1日　（イ）2年　（ウ）7割　（エ）8割
2. （ア）4月1日　（イ）3年　（ウ）8割　（エ）7割
3. （ア）7月1日　（イ）2年　（ウ）8割　（エ）7割
4. （ア）7月1日　（イ）3年　（ウ）7割　（エ）8割

正解 **4** が適切 テキスト5章　P437

価格の種類	公示価格	基準地標準価格	固定資産税評価額	相続税路線価
所管	国土交通省	都道府県	市町村（東京23区は東京都）	国税庁
評価時点	毎年1月1日	毎年（ア 7月1日）	原則として基準年度の前年1月1日。（イ 3年）に1度評価替え	毎年1月1日
評価割合	－	－	公示価格の（ウ 7割）程度	公示価格の（エ 8割）程度

以上より、4.が正解となります。

レック先生のワンポイント

評価替えの頻度（毎年、3年ごと）、評価時点（1月1日、7月1日）、評価割合（7割、8割）を押さえましょう！

第4問 ☑☑☑ 重要度 C

[2020年9月]

鶴見さんは、所有しているアパートを賃貸するに当たり、FPの榎田さんに借家契約の説明を受けた。借地借家法に基づく借家契約に関する下表の空欄（ア）～（エ）に入る最も適切な語句を語群の中から選び、その番号のみを解答欄に記入しなさい。なお、同じ語句を何度選んでもよいこととする。

		普通借家契約	定期借家契約
契約方法		制限はない	（ア）
契約の更新		（イ）	（ウ）
契約期間	1年未満の場合	（エ）	1年未満の契約も有効である
	1年以上の場合	制限はない	制限はない

〈語群〉

1. 制限はない
2. 公正証書等の書面（電磁的記録を含む）による
3. 賃貸人に正当事由がない限り更新される
4. 期間満了により終了し、更新されない
5. 期間の定めのない契約とみなされる
6. 1年未満の契約期間も有効である

正解　（ア）2　（イ）3　（ウ）4　（エ）5

テキスト5章　P459

		普通借家契約	定期借家契約
契約方法		制限はない	（ア　公正証書等の書面（電磁的記録を含む）による）
契約の更新		（イ　賃貸人に正当事由がない限り更新される）	（ウ　期間満了により終了し、更新されない）
契約期間	1年未満の場合	（エ　期間の定めのない契約とみなされる）	1年未満の契約も有効である
	1年以上の場合	制限はない	制限はない

レック先生のワンポイント

普通借家契約と定期借家契約の共通点、相違点を整理しておきましょう。

第5問　☑☑☑　重要度 A　[2023年9月]

建築基準法に従い、下記＜資料＞の土地に耐火建築物を建てる場合、建築面積の最高限度（ア）と延べ面積（床面積の合計）の最高限度（イ）の組み合わせとして、正しいものはどれか。なお、＜資料＞ に記載のない条件については一切考慮しないものとする。

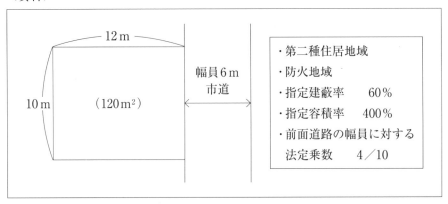

＜資料＞

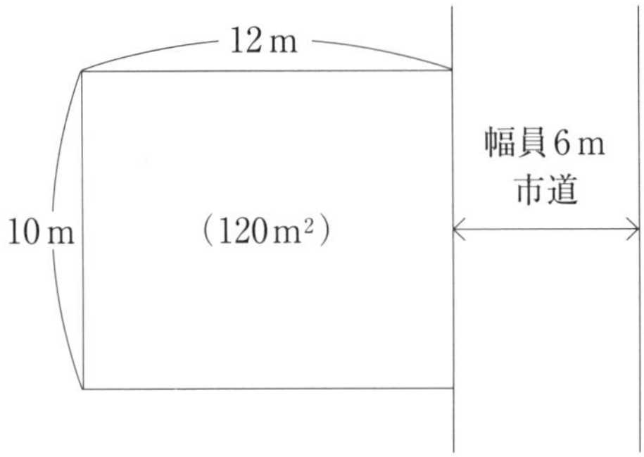

・第二種住居地域
・防火地域
・指定建蔽率　　60％
・指定容積率　　400％
・前面道路の幅員に対する
　法定乗数　　4／10

1. （ア）72 m²　　（イ）288 m²
2. （ア）72 m²　　（イ）480 m²
3. （ア）84 m²　　（イ）288 m²
4. （ア）84 m²　　（イ）480 m²

正解 **3** が正しい　　テキスト5章　(ア) P472-473、(イ) P475-476

(ア) 建築物の建築面積の最高限度は「**敷地面積×建蔽率**」により求めます。建蔽率80％以外の**防火地域内に耐火建築物を建築する場合は建蔽率が10％加算**されますので、建蔽率は「60％＋10％＝70％」となり、建築面積の最高限度は120m²×70％＝84m²となります。

(イ) 建築物の延べ面積の最高限度は「**敷地面積×容積率**」により求めます。なお、前面道路の幅員が12m未満の場合、前面道路の幅員×法定乗数（設問の場合、4/10）により求めた容積率と指定容積率の**低い**方が適用されます。
6 (m) ×4/10＝240％＜400％　→　240％を適用
したがって、延べ面積の最高限度は、120m²×240％＝288m²となります。

以上より、3.が正解となります。

第6問　☑☑☑　重要度 A　[2020年1月]

建築基準法に従い、下記<資料>の甲土地に建物を建てる場合の建築面積の最高限度として、正しいものはどれか。なお、<資料>に記載のない条件については一切考慮しないこととする。

<資料>

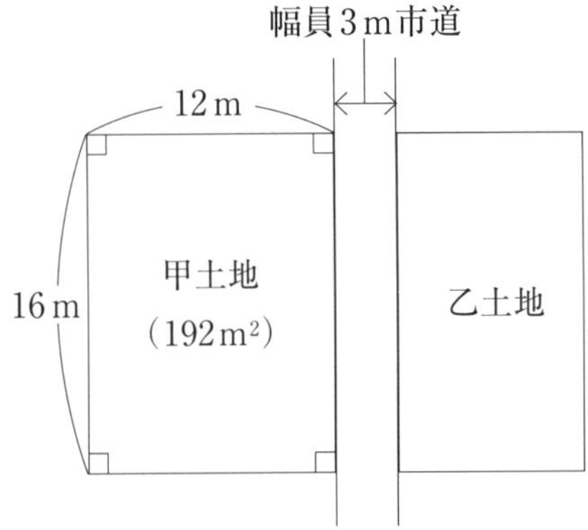

・第一種住居地域
・建蔽率6／10
・容積率15／10
・前面道路の幅員に対する法定乗数4／10
※甲土地・乙土地が面する道路は建築基準法第42条第2項に該当する道路で、甲土地・乙土地はともにセットバックを要する。また、道路中心線は現況道路の中心に位置するものとする。なお、特定行政庁が指定する幅員6m指定区域ではない。

1. $73.6m^2$
2. $105.6m^2$
3. $110.4m^2$
4. $115.2m^2$

正解 **3** が正しい　　テキスト5章　P477

反対側が宅地である幅員3m道路に接する甲土地は、**道路中心線から水平距離2mのセットバックを必要**とします。セットバック部分は、建築面積、延べ面積の計算上、**敷地面積に算入しません**ので、
甲土地の敷地面積は16m×（12m－0.5m）＝184m²となります。

建築面積の最高限度は、「敷地面積×建蔽率」により求めます。
設問の場合、建蔽率は60％ですので、184m²×60％＝110.4m²となります。

レック先生のワンポイント

反対側が川や崖地の場合、反対側から4mの位置を道路境界線となります。反対側の状況で答えが変わりますので、しっかり問題をチェックしましょう。

第7問 ☑☑☑ 重要度 C [2021年1月]

下記<資料>は、野村さんが購入を検討している中古マンションのインターネット上の広告（抜粋）である。この広告の内容等に関する次の（ア）～（エ）の記述について、適切なものには○、不適切なものには×を解答欄に記入しなさい。

<資料>

○○ハイツ305号室

所在地	埼玉県□□市○○町3－15	交通	△△線◇◇駅まで徒歩5分
用途地域	準住居地域・第二種住居地域	価格	4,250万円（消費税込み）
間取り	3LDK		
専有面積	82.7m²（壁心）	バルコニー面積	12.12m²
所在階数	3階	築年月	2015年5月
管理費	11,000円／月	修繕積立金	9,700円／月
土地権利	所有権	取引形態	媒介

（ア）この広告の物件の専有面積として記載されている壁心面積は、登記簿上の内法面積より小さい。

（イ）この物件のように、建物の敷地が2つの用途地域にまたがる場合、制限のより厳しい用途地域における用途制限が適用される。

（ウ）この物件を購入した場合、野村さんは管理組合の構成員になるかどうかを選択できる。

（エ）この広告の物件を購入する場合、現在の区分所有者が管理費を滞納していると、新たな区分所有者となる野村さんは、滞納分の管理費の支払い義務を引き継ぐ。

正解　（ア）✕　（イ）✕　（ウ）✕　（エ）○

テキスト5章　（ア）P453、（イ）P470、（ウ）（エ）P463

（ア）不適切　マンションの場合、**広告**では**壁心**面積（内壁と外壁の中心線で囲まれた面積）で記載されていますが、**登記**面積は**内法**面積（内側線で囲まれた面積）で記載されます。壁心面積のほうが内法面積よりも大きくなります。なお、住宅ローン控除は登記面積で判断されます。

（イ）不適切　建物の敷地が2つの**用途地域**にわたる場合、**過半の属する**用途地域の制限が敷地全体に適用されます。より**厳しい**制限が適用されるのは**防火制限**（原則）です。

（ウ）不適切　区分所有者は**必ず**管理組合の**構成員**となります。

（エ）適切　管理組合は、滞納管理費を**旧所有者、新所有者のいずれにも請求できます**。

レック先生のワンポイント

その他、駅からの時間（道路距離）、取引形態（態様）等もよく問われます。

第8問 ☑☑☑ 重要度 C [2019年9月]

不動産取得税に関する次の記述の空欄（ア）～（エ）にあてはまる語句を語群の中から選び、その番号のみを解答欄に記入しなさい。

不動産取得税は、不動産の所有権を取得した者に対して、その不動産が所在する（ ア ）が課税するもので、課税標準は原則として（ イ ）である。ただし、（ ウ ）を原因とする取得の場合、課税対象とならない。また、一定の条件を満たした新築住宅（認定長期優良住宅ではない）を取得した場合、課税標準から1戸当たり（ エ ）を控除することができる。

〈語群〉

1. 市町村	2. 都道府県	3. 国税局
4. 公示地価	5. 相続税評価額	6. 固定資産税評価額
7. 売買	8. 贈与	9. 相続
10. 1,200万円	11. 1,300万円	12. 1,500万円

正解　(ア) 2　(イ) 6　(ウ) 9　(エ) 10

テキスト5章　(ア) (イ) (ウ) P485、(エ) P486

課税主体	都道府県 (ア)
課税・非課税	課税　売買、交換、贈与、新築、増改築等 非課税　相続 (ウ)、法人の合併等
計算式	課税標準 (固定資産税評価額 (イ)) ×税率 税率　土地　3% 建物　住宅3%　他4%
新築住宅用建物の課税基準	原則　固定資産税評価額－1,200万円 (エ) 認定長期優良住宅　固定資産税評価額－1,300万円

レック先生のワンポイント

実技試験だけでなく、学科試験でもよく出題されます。確実に得点しましょう。

第9問　☑☑☑　重要度 C　[2021年5月]

個人事業を営む倉田さんは、自宅を購入するに当たり、FPで税理士でもある落合さんに、消費税について質問をした。下記の空欄（ア）〜（ウ）にあてはまる語句を語群の中から選び、その番号のみを解答欄に記入しなさい。なお、同じ語句を何度選んでもよいこととする。

倉田さん：マンションを購入する予定ですが、土地部分の代金に消費税はかかりますか。
落合さん：土地部分の代金には、消費税が（ ア ）。
倉田さん：転居に当たって、事務所を借りる予定です。借主は私です。事務所の賃料に消費税はかかりますか。
落合さん：事務所の賃料には、消費税が（ イ ）。
倉田さん：住宅ローンの諸費用についてはどうですか。
落合さん：消費税の対象になるものとして、例えば（ ウ ）があります。

〈語群〉
1. かかります　2. かかりません　3. 融資事務手数料　4. 保証料
5. 火災保険料

正解　（ア）2　（イ）1　（ウ）3　テキスト5章　P490

（ア）消費税は事業者が事業として対価を得て行う資産の譲渡、貸付、役務の提供に課税されます。しかし、土地は「消費されない資産」ですので、**土地の譲渡および貸付（1カ月未満の短期貸付を除く）は消費税がかかりません。**

（イ）建物は使用すると価値が減少する（消費される）ため、**建物の譲渡および貸付は原則として消費税が課税**されます。なお、**住宅の貸付**（1カ月未満の短期貸付を除く）**は、**社会的配慮から**消費税が課税されません。**

（ウ）融資事務は「役務の提供」ですので、その手数料には消費税が課税されます。なお、保証や保険は「消費」ではありませんので、消費税が課税されません。

第10問 ☑☑☑ 重要度B [2021年1月]

固定資産税に関する次の記述の空欄（ア）～（エ）に入る語句の組み合わせとして、適切なものはどれか。

> 固定資産税は、（ ア ）が、毎年（ イ ）現在の土地や家屋等の所有者に対して課税する。課税標準は固定資産税評価額だが、一定の要件を満たす住宅が建っている住宅用地（小規模住宅用地）は、住戸一戸当たり（ ウ ）以下の部分について、課税標準額が固定資産税評価額の（ エ ）になる特例がある。

1. （ア）市町村（東京23区は都）　（イ）1月1日　（ウ）200m^2
（エ）6分の1
2. （ア）市町村（東京23区は都）　（イ）4月1日　（ウ）240m^2
（エ）3分の1
3. （ア）都道府県　（イ）1月1日　（ウ）240m^2
（エ）6分の1
4. （ア）都道府県　（イ）4月1日　（ウ）200m^2
（エ）3分の1

正解 **1** が適切

テキスト5章　P492-494

ポイント：不動産の保有にかかる税金（固定資産税と都市計画税）

	固定資産税	都市計画税
課税主体	**市町村**（東京23区は東京都）（ア）	
課税対象	土地・家屋・償却資産	原則、**市街化区域内**にある土地・家屋
納税義務者	**1月1日**（イ）時点の固定資産課税台帳に登録されている所有者	
税額（原則）	固定資産税評価額×**1.4%**	固定資産税評価額×**0.3%**
200m^2（ウ）以下の住宅用地の課税標準	固定資産税評価額の**6分の1**（エ）	固定資産税評価額の**3分の1**
住宅用建物の税額軽減	購入当初数年間、床面積120m^2までの部分につき**2分の1**	－

以上より、1.が正解となります。

レック先生のワンポイント

実技試験では、固定資産税の特徴を問う問題を中心に出題されていますが、学科試験では固定資産税と都市計画税の共通点、相違点を問う問題が高頻度で出題されています。

第11問 ☑☑☑ 重要度 B [2022年9月]

下記<資料>は、天野さんが購入を検討している投資用マンションの概要である。この物件の表面利回り（年利）と実質利回り（年利）の組み合わせとして、正しいものはどれか。なお、<資料>に記載のない事項については一切考慮しないこととし、計算結果については小数点以下第３位を四捨五入すること。

<資料>

購入費用総額：3,000万円（消費税と仲介手数料等取得費用を含めた金額）
想定される収入：賃料　月額130,000円
想定される支出：

管理費・修繕積立金	月額20,000円
管理業務委託費	月額 5,000円
火災保険料	年額15,000円
固定資産税等税金	年額50,000円
修繕費	年額30,000円

1. 表面利回り（年利）：5.20％　実質利回り（年利）：3.88％
2. 表面利回り（年利）：5.20％　実質利回り（年利）：0.40％
3. 表面利回り（年利）：4.20％　実質利回り（年利）：3.88％
4. 表面利回り（年利）：4.20％　実質利回り（年利）：0.40％

正解 **1** が正しい テキスト5章 P510-511

表面利回りは「**年間収入÷購入費用総額×100（%）**」で求めます。
130,000円×12カ月÷3,000万円×100＝5.20%

実質利回りは「**(年間賃料収入－年間支出）÷購入費用総額×100**」で求めます。

年間賃料収入＝130,000円×12カ月＝1,560,000円
年間支出　　＝20,000円×12カ月＋5,000円×12カ月＋15,000円
　　　　　　＋50,000円＋30,000円＝395,000円
実質利回り　＝（1,560,000円－395,000円）÷3,000万円×100
　　　　　　＝3.883%→3.88%（小数点以下第3位四捨五入）

以上より、1.が正解となります。

レック先生のワンポイント

月額記載と年額記載の金額が混在しますので、注意して解きましょう。

第12問 ☑☑☑ 重要度 B [2023年5月]

柴田さんは、保有しているマンションを賃貸している。本年分の賃貸マンションに係る収入および支出等が下記<資料>のとおりである場合、本年分の所得税に係る不動産所得の金額を計算しなさい。なお、<資料>以外の収入および支出等はないものとし、青色申告特別控除は考慮しないこととする。また、解答に当たっては、解答用紙に記載されている単位に従うこと。

<資料：本年分の賃貸マンションに係る収入および支出等>

・賃料収入（総収入金額）：180万円
・支出
　銀行へのローン返済金額：140万円（元金80万円、利息60万円）
　管理費等：15万円
　管理業務委託費：９万円
　火災保険料：１万円
　固定資産税：13万円
　修繕費：６万円
・減価償却費：40万円
※支出等のうち必要経費となるものは、すべて本年分の所得に係る必要経費に該当するものとする。

正解　**36（万円）**　テキスト4章　P340-341

不動産所得の金額は「総収入金額－必要経費」により算出します。
不動産賃貸に必要となる支出等は必要経費となりますが、設問の支出等の中で、銀行へのローン返済金額のうち、**元金**80万円は**必要経費になりません。**
一方、**減価償却費**は現金支出を伴いませんが、**必要経費に算入します。**
以上より、不動産所得の金額は
180万円－（60万円＋15万円＋9万円＋1万円＋13万円＋6万円＋40万円）＝36万円　となります。

レック先生のワンポイント

不動産所得の計算では、減価償却費を差し引き、借入金の元本返済部分は差し引きません。
不動産収支の計算では、減価償却費は差し引きませんが、借入金の元本返済部分を差し引きます。

第13問 ☑☑☑ 重要度 A [2020年1月]

岡さんは、8年前に相続により取得し、その後継続して居住している自宅の土地および建物の売却を検討している。売却に係る状況が下記<資料>のとおりである場合、所得税における課税長期譲渡所得の金額として、正しいものはどれか。

<資料>

・取得費：土地および建物とも不明であるため概算取得費とする。
・譲渡価額（合計）：5,200万円
・譲渡費用（合計）：200万円
※居住用財産を譲渡した場合の3,000万円特別控除の特例の適用を受けるものとする。
※所得控除は考慮しないものとする。

1. 1,930万円
2. 1,740万円
3. 1,660万円
4. 1,480万円

正解 **2** が正しい　　テキスト5章　P495-499

個人が、3,000万円特別控除を適用して、自らの居住用財産を譲渡する場合の課税譲渡所得金額（所得控除を考慮しない）は、
譲渡収入金額－（取得費＋譲渡費用）－特別控除（3,000万円を限度）で求めます。

・取得費：不明の場合は、**概算取得費（譲渡収入金額の5％）**を計上することができ、設問の場合は、5,200万円×5％＝260万円となります。

以上より、
5,200万円－（260万円＋200万円）－3,000万円＝1,740万円となります。

第1問

[2022年9月]

次の設例に基づいて、下記の各問(《問1》～《問3》)に答えなさい。

《設 例》

Aさん(51歳)は、上場企業に勤務する会社員である。本年3月、X市内の実家(甲土地および建物)で1人暮らしをしていた母親が死亡した。法定相続人は、長女のAさんのみであり、相続に係る申告・納税等の手続は完了している。

Aさんは、Y市内の自宅に夫Bさん(53歳)および長男Cさん(18歳)と一緒に暮らしているため、相続後に空き家となっている実家(建物は築47年で老朽化)の売却を検討している。しかし、先日、不動産会社を通じて、食品スーパーのZ社から、「甲土地は、駅に近く、商業性の高い場所なので、新規出店をさせてほしい。Aさんには、建設協力金方式での有効活用を検討してもらえないだろうか」との提案があったことで、甲土地の有効活用にも興味を持ち始めている。

<甲土地の概要>

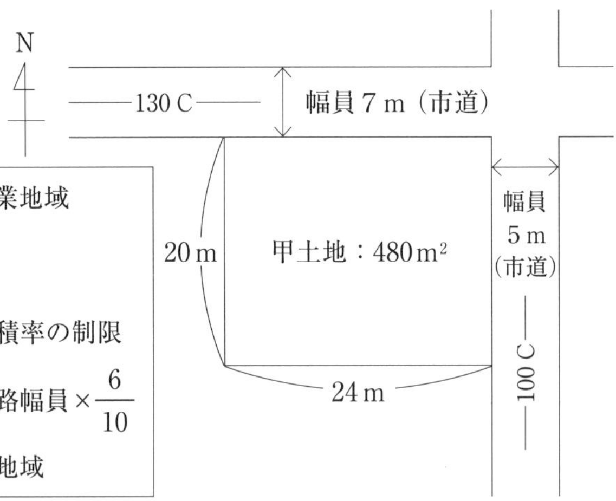

用途地域	:近隣商業地域
指定建蔽率	:80%
指定容積率	:300%
前面道路幅員による容積率の制限	:前面道路幅員×$\frac{6}{10}$
防火規制	:準防火地域

・甲土地は、建蔽率の緩和について特定行政庁が指定する角地である。
・指定建蔽率および指定容積率とは、それぞれ都市計画において定められた数値である。
・特定行政庁が都道府県都市計画審議会の議を経て指定する区域ではない。

※上記以外の条件は考慮せず、各問に従うこと。

問1 ☑☑☑ 重要度 **B**

「被相続人の居住用財産（空き家）に係る譲渡所得の特別控除の特例」（以下、「本特例」という）に関する以下の文章の空欄①～③に入る最も適切な語句または数値を、下記の〈語句群〉のなかから選び、その記号を解答用紙に記入しなさい。

「本特例の適用を受けるためには、相続した家屋について、（ ① ）年5月31日以前に建築されたこと、相続開始直前において被相続人以外に居住をしていた人がいなかったことなどの要件を満たす必要があり、マンションなどの区分所有建物登記がされている建物（ ② ）。

本特例の適用を受けるためには、家屋を取り壊して更地で譲渡するか、または、家屋を一定の耐震基準を満たすようにリフォームしてから、その家屋のみを譲渡するか、もしくはその家屋とともに敷地を譲渡するほか、旧耐震基準の建物があるまま譲渡した場合でも、譲渡の翌年２月15日までに、「新耐震基準に適合する場合」、「全部が取壊し、除却、滅失した場合」も対象となります。ただし、いずれの場合であっても、その譲渡の対価の額が（ ③ ）以下でなければなりません」

〈語句群〉

イ．1978　　ロ．1981　　ハ．1985
ニ．は対象となりません　　ホ．も対象となります
へ．3,000万円　　ト．5,000万円　　チ．１億円

正解　① ロ　② ニ　③ チ　　テキスト5章　P504-505

①旧耐震基準の住宅が対象となります。

②区分所有建物登記がされている建物（マンション等）は対象外です。

③なお、譲渡対価は全員分を合計した金額で判定します。

問2 ☑☑☑ 重要度 A

建設協力金方式の一般的な特徴等に関する次の記述①～③について、適切なものには○印を、不適切なものには×印を解答用紙に記入しなさい。

①「建設協力金方式とは、ＡさんがＺ社から建設資金を借り受けて、Ｚ社の要望に沿った店舗を建設し、その店舗をＺ社に賃貸する手法です。借り受けた建設資金は、通常、賃料の一部で返済していくことになります」

②「建設協力金方式により、Ａさんが店舗をＺ社に賃貸した後、その賃貸期間中にＡさんの相続が開始した場合、相続税額の計算上、店舗は貸家として評価され、甲土地は貸家建付地として評価されます」

③「建設協力金方式により、Ａさんが店舗をＺ社に賃貸した後、その賃貸期間中にＡさんの相続が開始した場合、所定の要件を満たせば、甲土地は、貸付事業用宅地等として『小規模宅地等についての相続税の課税価格の計算の特例』の適用を受けることができます」

正解 ① ○ ② ○ ③ ○

テキスト ①5章 P508、②6章 P580-581、③6章 P582-585

①適切 建設協力金方式は、テナントから受ける賃料の一部で建設協力金を返済します。

②適切 なお、貸家は「固定資産税評価額×（1－借家権割合×賃貸割合）」、貸家建付地は「自用地評価額×（1－借地権割合×借家権割合×賃貸割合）」で評価します。

③適切 貸付事業用宅地等として200㎡まで50％の評価減の対象となります。

問3 ☑☑☑ 重要度 **A**

甲土地上に準耐火建築物を建築する場合における次の①、②を求めなさい（計算過程の記載は不要）。

① 建蔽率の上限となる建築面積

② 容積率の上限となる延べ面積

正解 **① 480（㎡）** **② 1,440（㎡）** テキスト5章 P472-476

①建蔽率の上限となる建築面積は「**敷地面積×建蔽率**」により求めます。設問では、**準防火**地域内に**準耐火**建築物を建築するため**10％**加算、**特定行政庁指定の角地**であるため**10％**加算となり、建蔽率は100％となりますので、建築面積の最高限度は480㎡×100％＝480㎡となります。

②容積率の上限となる延べ面積は「**敷地面積×容積率**」によって求めます。なお、前面道路の幅員が**12m未満**である場合、指定容積率と前面道路の幅員に応じて求めた容積率の**低い方**が適用されます。
設問の場合、指定容積率300％＜7×6／10＝42／10 → 300％を適用

以上より、最大延べ面積は480㎡×300％＝1,440㎡となります。

レック先生のワンポイント

建蔽率緩和の条件について、
・特定行政庁が指定する角地であるか否か
・防火地域内に耐火建築物等を建築する場合であるか
・準防火地域内に耐火建築物等または準耐火建築物等を建築する場合であるか
を読み取りましょう。

第2問

[2020年9月]

次の設例に基づいて、下記の各問（《問1》～《問3》）に答えなさい。

《設 例》

Aさん（62歳）は、5年前に父親の相続により取得した甲土地および乙土地を所有している。父親の存命中から、甲土地は月極駐車場、乙土地は地元建設会社の資材置場として賃貸している。Aさんは、甲土地と乙土地を一体とした有効活用（賃貸マンションの建築等）の方法を検討している。

＜甲土地および乙土地の概要＞

用途地域　：近隣商業地域
指定建蔽率　：80％
指定容積率　：400％
前面道路幅員による容積率の制限
：前面道路幅員 $\times \frac{6}{10}$
防火規制　：防火地域

用途地域　：第一種住居地域
指定建蔽率　：60％
指定容積率　：300％
前面道路幅員による容積率の制限
：前面道路幅員 $\times \frac{4}{10}$
防火規制　：準防火地域

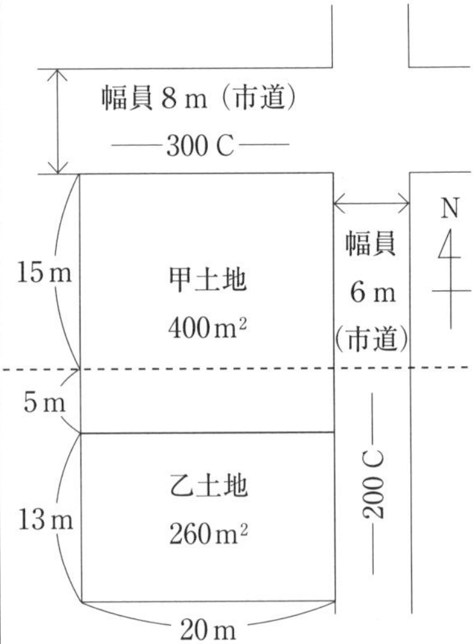

・甲土地のうち、近隣商業地域に属する部分は300m²、第一種住居地域に属する部分は100m²である。
・甲土地、甲土地と乙土地を一体とした土地は、建蔽率の緩和について特定行政庁が指定する角地である。

・指定建蔽率および指定容積率とは、それぞれ都市計画において定められた数値である。
・特定行政庁が都道府県都市計画審議会の議を経て指定する区域ではない。
・甲土地および乙土地は、三大都市圏以外の地域に所在する。

※上記以外の条件は考慮せず、各問に従うこと。

問 1 ☑☑☑ 重要度 A

甲土地と乙土地を一体とした土地に耐火建築物を建築する場合、建蔽率の上限となる建築面積と容積率の上限となる延べ面積を計算した次の＜計算の手順＞の空欄①～④に入る最も適切な数値を解答用紙に記入しなさい。なお、問題の性質上、明らかにできない部分は「□□□」「ⓐ・ⓑ・ⓒ・ⓓ」で示してある。

＜計算の手順＞

1. 建蔽率の上限となる建築面積
　（1）近隣商業地域の部分
　　300 m^2 ×（ ① ）% ＝（ⓐ）m^2
　（2）第一種住居地域の部分
　　360 m^2 ×□□□% ＝（ⓑ）m^2
　（3）建蔽率の上限となる建築面積
　　（ⓐ）m^2 ＋（ⓑ）m^2 ＝（ ② ）m^2

2. 容積率の上限となる延べ面積
　（1）近隣商業地域の部分
　　・指定容積率：400％
　　・前面道路幅員による容積率の制限：□□□%
　　　したがって、上限となる容積率は、□□□%である。
　　　延べ面積の限度：300 m^2 ×□□□% ＝（ⓒ）m^2
　（2）第一種住居地域の部分
　　・指定容積率：300％
　　・前面道路幅員による容積率の制限：□□□%
　　　したがって、上限となる容積率は、□□□%である。
　　　延べ面積の限度：360 m^2 ×（ ③ ）% ＝（ⓓ）m^2
　（3）容積率の上限となる延べ面積
　　（ⓒ）m^2 ＋（ⓓ）m^2 ＝（ ④ ）m^2

正解　①100（%）　②588（㎡）　③300（%）　④2,280（㎡）

テキスト5章　①②P472-474、③④P475-476

①②敷地が防火地域の内外にわたり、敷地内の建築物の全部が耐火建築物であるときは、すべて防火地域にあるものとして建蔽率の緩和規定を適用します。
近隣商業地域部分は、建蔽率80％かつ防火地域内に耐火建築物を建築するため、建蔽率に制限はなく100％（①）、第一種住居地域部分は、防火地域内にあるものとして耐火建築物を建築するため10％加算、特定行政庁が指定する角地であるため10％加算となり、建蔽率は60％＋10％＋10％＝80％となります。
建蔽率の上限となる建築面積は「敷地面積×建蔽率」により求めます。
建築物の敷地が建蔽率の異なる地域にわたる場合、それぞれ「敷地面積×建蔽率」を計算し、合計して求めます。
近隣商業地域部分：$300m^2$×100％＝$300m^2$
第一種住居地域部分：$360m^2$×80％＝$288m^2$
合計　$300m^2$＋$288m^2$＝$588m^2$（②）

③④前面道路の幅員（複数の道路に面する場合は幅員が最大のもの）が12m未満の場合、「前面道路の幅員×法定乗数により求めた容積率」と「指定容積率」のいずれか低い方を適用します。設問の場合、8m道路を基準に計算します。
近隣商業地域部分：指定容積率400％＜前面道路幅員による容積率8×6／10＝48／10→400％を適用
第一種住居地域部分：指定容積率300％＜前面道路幅員による容積率8×4／10＝32／10→300％（③）を適用
容積率の上限となる延べ面積は「敷地面積×容積率」により求めます。
建築物の敷地が容積率の異なる地域にわたる場合、それぞれ「敷地面積×容積率」を計算し、合計して求めます。
近隣商業地域部分：$300m^2$×400％＝$1,200m^2$
第一種住居地域部分：$360m^2$×300％＝$1,080m^2$
合計　$1,200m^2$＋$1,080m^2$＝$2,280m^2$（④）

問2 ☑☑☑ 重要度 B

甲土地と乙土地を一体とした土地（以下、「対象地」という）の有効活用に関する次の記述①～③について、適切なものには○印を、不適切なものには×印を解答用紙に記入しなさい。

①「対象地に建築物を建築する場合、用途地域による建築物の制限については、その敷地の全部について、敷地の過半の属する第一種住居地域の建築物の用途に関する規定が適用されます」

②「賃貸マンションを建築する方法として等価交換方式という手法があります。この方式は、Aさんが所有する土地の上に、事業者が建設資金を負担してマンション等を建設し、完成した建物の住戸等をAさんと事業者がそれぞれの出資割合に応じて取得する手法です」

③「対象地に賃貸マンションを建築する場合、当該建築物の中にある駐車場の床面積については、当該建築物の各階の床面積の合計の3分の1を限度として、容積率算定上の延べ面積から除外することができます」

正解 ① ○ ② ○ ③ ×

テキスト5章 ①P470、②P507、③P475

①適切 敷地が異なる用途地域にわたる場合、敷地の過半の属する地域の制限が適用されます。

②適切 等価交換方式は、土地所有者は土地を出資し、デベロッパーが建設資金を負担してマンション等を建築する方式で、土地所有者は資金調達を必要としない事業方式です。

③不適切 駐車場の床面積は、各階の床面積の合計の5分の1を限度として容積率の計算上、延べ面積から除外することができます。

問3 ☑☑☑ 重要度 B

甲土地と乙土地を一体とした土地（以下、「対象地」という）の有効活用に関する以下の文章の空欄①～③に入る最も適切な語句を、下記の〈語句群〉のなかから選び、その記号を解答用紙に記入しなさい。

Ⅰ「対象地の面する道路に付された『300C』『200C』の数値は、1m²当たりの価額を千円単位で表示した相続税路線価です。数値の後に表示されている『C』の記号（アルファベット）は、借地権割合が（ ① ）であることを示しています」

Ⅱ「正面と側方に路線がある宅地（角地）の価額は、『(正面路線価×奥行価格補正率＋側方路線価×奥行価格補正率×（ ② ））×地積』の算式により評価します。対象地の場合、正面路線は幅員8m市道になります」

Ⅲ「Aさんが対象地に賃貸マンションを建設した場合、相続税額の計算上、対象地は貸家建付地として評価されます。仮に、対象地の自用地価額を2億円、借地権割合（ ① ）、借家権割合30％、賃貸割合100％とした場合、当該土地の相続税評価額は（ ③ ）となります」

〈語句群〉

イ．60％　　ロ．70％　　ハ．80％　　ニ．3,600万円　　ホ．4,200万円
ヘ．1億5,800万円　　ト．1億6,400万円　　チ．側方路線影響加算率
リ．二方路線影響加算率　　ヌ．不整形地補正率

正解　①ロ　②チ　③へ　　テキスト6章　① P576、② P576-577、③ P578-580

①路線価図の数値はその路線に面する宅地の1m²当たりの価格（千円単位）、英字は借地権割合を示します。借地権割合はA（90%）、B（80%）、C（70%）、D（60%）、E（50%）、F（40%）、G（30%）となります。

②複数の路線に面する場合、「路線価×奥行価格補正率」が高い方を正面、その他を側方路線価（角地等の側方）または二方路線価（二方路線の裏面）として評価します。
正面路線の「正面路線価×奥行価格補正率」に、
側方路線は「側方路線価×奥行価格補正率×側方路線影響加算率（②）」、
裏面路線は「裏面路線価×奥行価格補正率×二方路線影響加算率」を加算して評価します。

③土地所有者が賃貸マンションを建築した場合、その敷地は貸家建付地として評価されます。
貸家建付地の評価額は「自用地価額×（1－借地権割合×借家権割合×賃貸割合）」で求めます。
2億円×（1－70%×30%×100%）＝1億5,800万円

第3問

[2021年9月]

次の設例に基づいて、下記の各問（《問１》～《問３》）に答えなさい。

《設 例》

会社員のＡさん（57歳）は、８年前に父親の相続によりＭ市内（三大都市圏）にある甲土地（440㎡）を取得している。甲土地は、父親の代から月極駐車場（青空駐車場）として賃貸しているが、数台の空きがあり、収益性は高くない。

Ａさんは、先日、ハウスメーカーのＸ社から「２年後、甲土地から徒歩10分の最寄駅近くに有名私立大学のキャンパスが移転してきます。需要が見込めますので、賃貸アパートを建築しませんか。弊社に一括賃貸（普通借家契約・マスターリース契約（特定賃貸借契約））していただければ、弊社が入居者の募集・建物管理等を行ったうえで、賃料を保証させていただきます」と提案を受けた。

Ａさんは、Ｘ社の提案を積極的に検討したいと思っているが、賃貸アパートを経営した経験はなく、判断できないでいる。

＜甲土地の概要＞

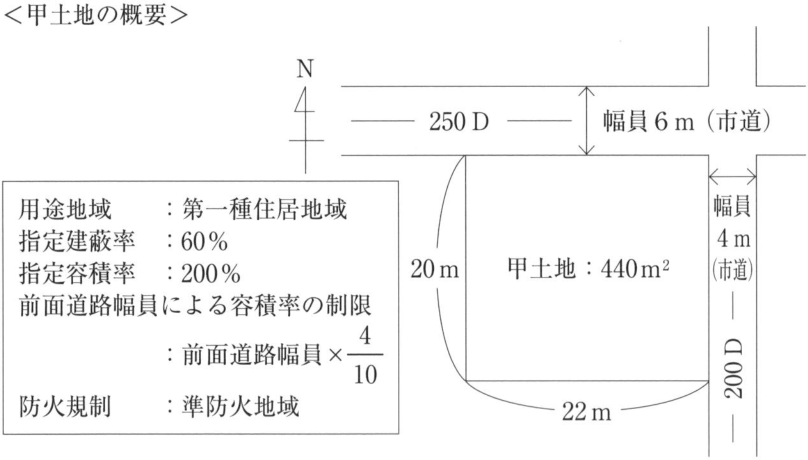

・甲土地は、建蔽率の緩和について特定行政庁が指定する角地である。
・指定建蔽率および指定容積率とは、それぞれ都市計画において定められた数値である。
・特定行政庁が都道府県都市計画審議会の議を経て指定する区域ではない。

※上記以外の条件は考慮せず、各問に従うこと。

問 1 ☑☑☑ 重要度 A

甲土地上に耐火建築物を建築する場合における次の①、②を求めなさい（計算過程の記載は不要）。

①　建蔽率の上限となる建築面積

②　容積率の上限となる延べ面積

正解　**① 352（㎡）**　**② 880（㎡）**

テキスト5章　① P472-473、
② P475-476

①建蔽率の上限となる建築面積は「敷地面積×建蔽率」により求めます。
準防火地域に**耐火**建築物等を建築するため**10％**加算、**特定行政庁が指定する角地**であるため**10％**加算となり、建蔽率は60％＋10％＋10％＝80％となります。
440㎡×80％＝352㎡

②容積率の上限となる延べ面積は「敷地面積×容積率」により求めます。
前面道路の幅員（複数の道路に面する場合は幅員が**最大**のもの）が12ｍ未満の場合、「前面道路の幅員×法定乗数により求めた容積率」と「指定容積率」のいずれか**低い**方を適用します。設問の場合、6ｍ道路を基準に計算します。
指定容積率200％＜前面道路幅員による容積率6×4／10＝24／10→200％を適用
440㎡×200％＝880㎡

問2 ☑☑☑ 重要度 C

X社が提案する賃貸アパートの自己建設方式に関する次の記述①～③について、適切なものには○印を、不適切なものには×印を解答用紙に記入しなさい。

①「Aさん自身が不動産賃貸事業の業務のすべてを行うのであれば、賃貸経営から得られる収益をすべて享受することができますが、専門的な知識や経験の有無、相応の手間と時間を要することを考えると、業務の全部または一部を外部の専門業者に委託することが現実的な選択であると思います」

②「X社に一括賃貸（普通借家契約・マスターリース契約（特定賃貸借契約））することで、賃料収入が保証されることはメリットだと思います。普通借家契約の場合、借地借家法の規定により、X社から賃料の減額請求をされることはありません」

③「Aさんが金融機関から融資を受けて賃貸アパートを建築する場合、借入金による事業リスクを考慮する必要があります。DSCR（借入金償還余裕率）の値が1.0未満のときは、賃料収入だけでは借入金の返済が困難であることを示しています」

正解 ① ○ ② × ③ ○

テキスト5章 ①P506-508、②P460、P509、③P514

①適切 なお、事業受託方式はデベロッパーが調査・企画から建物の設計・施工、建物完成後の管理・運営を行う点で、自己建設方式と異なります。

②不適切 賃料保証を行うマスターリース契約（特定賃貸借契約）を活用した契約であっても、普通借家契約の場合は、入居者に直接賃貸する場合と同様に、**転貸業者（サブリース業者）から賃料の減額請求を受ける可能性**があります。

③適切 DSCR（借入金償還余裕率）は、「**1年間の純収益÷1年間の元利金返済額**」により求められ、1未満である場合は、1年間の純収益では借入金の元利金返済額を手当てできないことを示します。

問3 ☑☑☑ 重要度 A

Aさんが甲土地に賃貸アパートを建築した場合における賃貸事業開始後の甲土地の相続税評価額に関する次の記述①～③について、適切なものには○印を、不適切なものには×印を解答用紙に記入しなさい。

①「甲土地は、地積規模の大きな宅地の評価の規定の適用を受けることができます」

②「甲土地は、貸家建付地として、『自用地価額×（1－借地権割合×借家権割合×賃貸割合）』の算式により評価されます」

③「対象地の面する道路に付された『250 D』『200 D』の数値は、1㎡当たりの価額を千円単位で表示した相続税路線価です。数値の後に表示されている『D』の記号（アルファベット）は、借地権割合が70％であることを示しています」

正解 ① × ② ○ ③ ×

テキスト6章 P576-580

①不適切 地積規模の大きな宅地の評価の規定（適用されると、通常の評価方法よりも評価額が低くなる規定）は「3大都市圏は500㎡以上、その他の地域は1,000㎡以上であること」等の適用要件があります。当該土地の面積は440㎡ですので、適用対象外となります。

②適切 なお、建物は貸家として「固定資産税評価額×（1－借家権割合×賃貸割合）」で評価されます。

③不適切 路線価図の数値はその路線に面する宅地の1㎡当たりの価格（千円単位）、英字は借地権割合を示します。借地権割合はA（90％）、B（80％）、C（70％）、D（60％）、E（50％）、F（40％）、G（30％）となります。設例の場合、借地権割合を示す記号が「D」であるため、60％となります。

第4問

［2019年1月］

次の設例に基づいて、下記の各問（《問1》～《問3》）に答えなさい。

《設 例》

Aさん（60歳）は、8年前に父親の相続により取得した自宅（建物とその敷地である甲土地）および賃貸アパート（建物とその敷地である乙土地）を所有している。

自宅は、建物の老朽化が激しく、管理にも手間がかかるため、Aさんは駅前のマンションを購入して移り住むことを考えている。また、賃貸アパートは建築から30年近くが経過し、キッチン等の水回りが古いタイプということもあり、入居率が思うように上がっていない。この際、自宅同様、賃貸アパートも処分して、マンションの購入資金に充当しようと考えている。

先日、Aさんが知り合いの不動産会社の社長に相談したところ、「Aさん宅の周辺は商業性があり、都心へのアクセスもよい。甲土地と乙土地を一体とした有効活用の方法を検討してみてはどうか」とアドバイスを受けた。

甲土地および乙土地の概要は、以下のとおりである。

＜甲土地および乙土地の概要＞

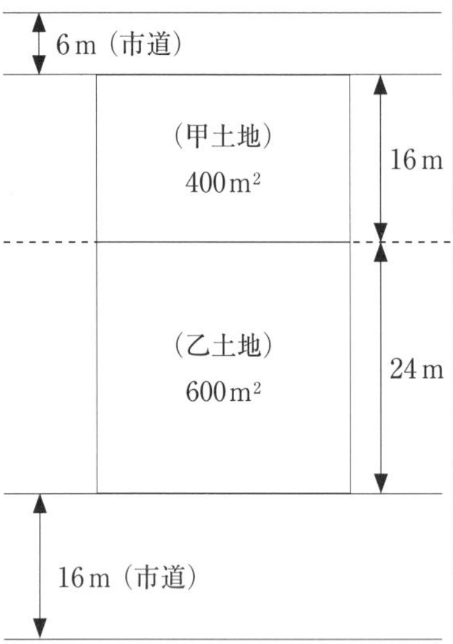

用途地域　：第一種住居地域
指定建蔽率　：60％
指定容積率　：300％
前面道路幅員による容積率の制限
　：前面道路幅員×$\frac{4}{10}$
防火規制　：準防火地域

用途地域　：近隣商業地域
指定建蔽率　：80％
指定容積率　：400％
前面道路幅員による容積率の制限
　：前面道路幅員×$\frac{6}{10}$
防火規制　：防火地域

※指定建蔽率および指定容積率とは、それぞれ都市計画において定められた数値である。
※特定行政庁が都道府県都市計画審議会の議を経て指定する区域ではない。

※上記以外の条件は考慮せず、各問に従うこと。

問1 ☑☑☑ 重要度 A

Aさんが、自宅と賃貸アパートを取り壊し、甲土地と乙土地を一体とした土地に耐火建築物を建築する場合、建蔽率の上限となる建築面積と容積率の上限となる延べ面積を求める次の<計算の手順>の空欄①～③に入る最も適切な数値を解答用紙に記入しなさい。なお、問題の性質上、明らかにできない部分は「□□□」「ⓐ・ⓑ・ⓒ・ⓓ」で示してある。

<計算の手順>

1. 建蔽率の上限となる建築面積
   (1) 甲土地（第一種住居地域）の部分
   400㎡×□□□％＝（ⓐ）㎡
   (2) 乙土地（近隣商業地域）の部分
   600㎡×（ ① ）％＝（ⓑ）㎡
   (3) 建蔽率の上限となる建築面積
   ⓐ＋ⓑ＝（ ② ）㎡

2. 容積率の上限となる延べ面積
   (1) 甲土地（第一種住居地域）の部分
   延べ面積の限度：400㎡×□□□％＝（ⓒ）㎡
   (2) 乙土地（近隣商業地域）の部分
   延べ面積の限度：600㎡×□□□％＝（ⓓ）㎡
   (3) 容積率の上限となる延べ面積
   ⓒ＋ⓓ＝（ ③ ）㎡

正解　① **100** (%)　② **880** (㎡)　③ **3,600** (㎡)

テキスト5章　①②P472-474、P479、③P475-476

①②敷地が防火地域の内外にわたり、敷地内の建築物の全部が耐火建築物であるときは、すべて**防火地域**にあるものとして建蔽率の緩和規定を適用します。
第一種住居地域部分は、**防火**地域内にあるものとして**耐火**建築物を建築するため**10%**加算となり、建蔽率は60%＋10%＝70%となります。
近隣商業地域部分は、建蔽率**80%**かつ**防火**地域内に**耐火**建築物を建築するため、建蔽率に制限はなく100%（①）となります。
建蔽率の上限となる建築面積は「敷地面積×建蔽率」により求めます。
建築物の敷地が建蔽率の異なる地域にわたる場合、**それぞれ「敷地面積×建蔽率」を計算**し、合計して求めます。

第一種住居地域部分：400m^2×70%＝280m^2
近隣商業地域部分：600m^2×100%＝600m^2
合計　280m^2＋600m^2＝880m^2（②）

③設問の場合、前面道路の幅員（複数の道路に面する場合は幅員が**最大**のもの）が**12m以上**であるため、前面道路の幅員による容積率制限はありません。
容積率の上限となる延べ面積は「敷地面積×容積率」により求めます。
建築物の敷地が容積率の異なる地域にわたる場合、**それぞれ「敷地面積×容積率」を計算**し、合計して求めます。

第一種住居地域部分：400m^2×300%＝1,200m^2
近隣商業地域部分：600m^2×400%＝2,400m^2
合計　1,200m^2＋2,400m^2＝3,600m^2

問2 ☑☑☑ 重要度 C

自宅（建物およびその敷地である甲土地）の譲渡に関する以下の文章の空欄①～④に入る最も適切な語句または数値を、下記の〈語句群〉のイ～ルのなかから選び、その記号を解答用紙に記入しなさい。

Ⅰ「Aさんが居住用財産を譲渡した場合に、居住用財産を譲渡した場合の3,000万円の特別控除の適用を受けるためには、家屋に自己が居住しなくなった日から（ ① ）年を経過する日の属する年の12月31日までの譲渡であること等の要件を満たす必要があります」

Ⅱ「Aさんが居住用財産を譲渡した場合の長期譲渡所得の課税の特例の適用を受けた場合、課税長期譲渡所得金額が（ ② ）円以下の部分について軽減税率が適用されます。本特例の適用を受けるためには、譲渡した年の1月1日において譲渡した居住用財産の所有期間が（ ③ ）年を超えていなければなりません。なお、本特例と居住用財産を譲渡した場合の3,000万円の特別控除は併用して適用を受けることができます」

Ⅲ「Aさんが自宅を譲渡し、マンションを購入した場合、譲渡した年の1月1日において譲渡した居住用財産の所有期間が（ ③ ）年を超えていること、譲渡価額が（ ④ ）円以下であること等の要件を満たせば、特定の居住用財産の買換えの場合の長期譲渡所得の課税の特例の適用を受けることができます」

〈語句群〉

イ．1　ロ．2　ハ．3　ニ．5　ホ．10　ヘ．20　ト．2,000万
チ．4,000万　リ．6,000万　ヌ．8,000万　ル．1億

正解 ①ハ ②リ ③ホ ④ル

テキスト5章 ①P498、②③P499、④P500

①なお、居住用財産の譲渡の特例のすべての共通要件として、他に「配偶者、直系血族、生計を一にする親族に対する譲渡でないこと」もよく出題されます。

②③譲渡した年の1月1日時点の所有期間が10（③）年超である居住用財産の譲渡において、3,000万円特別控除後の課税長期譲渡所得金額のうち、6,000万円（②）以下の部分の税率は、所得税10.21%、住民税は4%に軽減されます。

④特定の居住用財産の買換えの場合の特例の要件は以下のとおりです。

主な譲渡資産の要件	主な買換資産の要件
譲渡した年の1月1日時点の所有期間が10（③）年超 譲渡した者の居住期間が通算10年以上 譲渡価額が1億（④）円以下	建物の床面積が50m²以上であること 敷地面積が500m²以下であること

問3 ☑☑☑ 重要度 A

甲土地および乙土地の有効活用の手法に関する次の記述①〜③について、適切なものには○印を、不適切なものには×印を解答用紙に記入しなさい。

①「等価交換方式とは、Aさんが所有する土地の上に、事業者が建設資金を負担してマンション等を建設し、完成した建物の住戸等をAさんと事業者がそれぞれの出資割合に応じて取得する手法です。Aさんとしては、自己資金を使わず、収益物件を取得できるという点にメリットがあります」

②「建設協力金方式とは、入居するテナント（事業会社）から、Aさんが建設資金を借り受けて、テナントの要望に沿った店舗等を建設し、その建物をテナントに賃貸する手法です。借主であるテナントのノウハウを利用して計画を実行できる点はメリットですが、借主が撤退するリスクなどを考えておく必要があります」

③「事業用定期借地権方式とは、借主が土地を契約で一定期間賃借し、借主が建物を建設する手法です。賃貸借期間満了後、土地はAさんに返還されますが、Aさんが残存建物を買い取らなければならないという点にデメリットがあります」

正解 ① ○ ② ○ ③ ×

テキスト5章　P507-508、P457

①適切　なお、等価交換方式は土地の一部を手放して、建物を取得する方式であるため、土地を手放したくない人には適さない事業方式です。

②適切　建設協力金方式では、テナントの要望に沿った店舗等を建設するため、建物の汎用性は低くなります。

③不適切　定期借地権方式のうち、一般定期借地権と事業用定期借地権等は借地権者が建物を所有しており、契約期間満了後に建物を取り壊し、**土地を更地にして返還**することになりますので、土地所有者は建物を買い取る必要はありません。なお、普通借地契約の存続期間が満了する場合、借地権者は土地所有者に時価で建物を買い取るべきことを請求できます。

第5問 [2023年5月]

次の設例に基づいて、下記の各問（《問1》～《問3》）に答えなさい。

《設 例》

個人事業主のＡさん（50歳）は、２年前に父の相続により甲土地（600㎡）を取得している。甲土地は、父の代から月極駐車場として賃貸しているが、収益性は高くない。

Ａさんが甲土地の活用方法について検討していたところ、ハウスメーカーのＸ社から「甲土地は、最寄駅から徒歩３分の好立地にあり、相応の需要が見込めるため、賃貸マンションの建築を検討してみませんか。Ａさんが建築したマンションを弊社に一括賃貸（普通借家契約・マスターリース契約（特定賃貸借契約））していただければ、弊社が入居者の募集・建物管理等を行ったうえで、賃料を保証させていただきます」と提案を受けた。

Ａさんは、自ら賃貸マンションを経営することも考慮したうえで、Ｘ社の提案について検討したいと考えている。

＜甲土地の概要＞

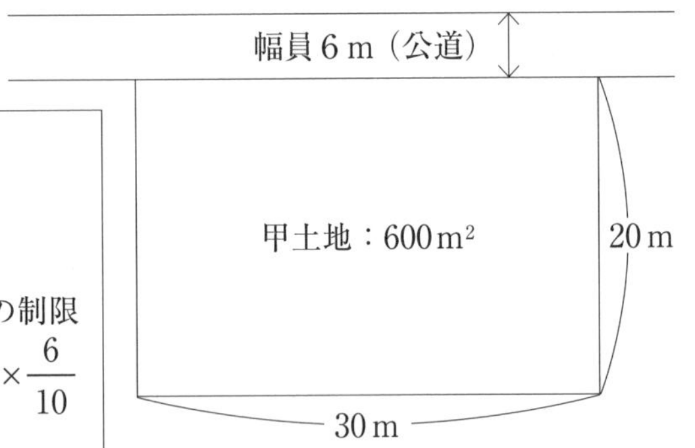

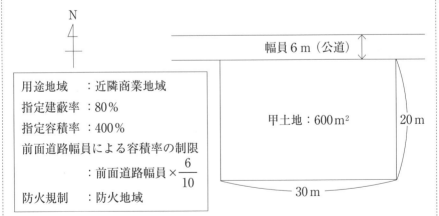

用途地域　：近隣商業地域
指定建蔽率：80％
指定容積率：400％
前面道路幅員による容積率の制限
：前面道路幅員×$\frac{6}{10}$
防火規制　：防火地域

・指定建蔽率および指定容積率とは、それぞれ都市計画において定められた数値である。
・特定行政庁が都道府県都市計画審議会の議を経て指定する区域ではない。

※上記以外の条件は考慮せず、各問に従うこと。

問1 ☑☑☑ 重要度 B

甲土地上に耐火建築物を建築する場合における次の①、②を求め、解答用紙に記入しなさい（計算過程の記載は不要）。

① 建蔽率の上限となる建築面積
② 容積率の上限となる延べ面積

正解 ① 600（㎡） ② 2,160（㎡）

テキスト5章 ①P472-474、②P475-476

①指定建蔽率80％の防火地域に耐火建築物等を建築するため、建蔽率は100％となります。
600㎡×100％＝600㎡

②前面道路の幅員が12m未満の場合、「前面道路の幅員×法定乗数により求めた容積率」と「指定容積率」のいずれか低い方を適用します。
指定容積率400％＞前面道路幅員による容積率6×6／10＝36／10
→360％を適用
600㎡×360％＝2,160㎡

問2 ☑☑☑ 重要度 A

Aさんが、甲土地上に賃貸マンションを建築する場合の留意点等に関する次の記述①～③について、適切なものには○印を、不適切なものには×印を解答用紙に記入しなさい。

①「Aさんが、所有するマンションについて自ら建物の管理や入居者の募集、入居者との賃貸借契約を行う場合には、あらかじめ宅地建物取引業の免許を取得する必要がありますが、マスターリース契約（特定賃貸借契約）に基づき、X社に建物を一括賃貸する場合は、宅地建物取引業の免許は不要です」

②「AさんがX社と普通借家契約としてマスターリース契約（特定賃貸借契約）を締結し、当該契約において賃料が保証される場合であっても、X社から経済事情の変動等を理由として契約期間中に賃料の減額請求を受ける可能性があります」

③「不動産の収益性を測る指標の1つであるNOI利回り（純利回り）は、不動産投資によって得られる賃料等の年間総収入額を総投資額で除して算出されます。この指標では、簡便に不動産の収益性を把握することができますが、不動産投資に伴う諸経費は考慮されていないため、あくまで目安として利用するようにしてください」

正解 ① × ② ○ ③ ×

テキスト5章 ①P446、P509、②P460、P509、③P511

①不適切 宅地・建物を**自ら貸借**する場合は、宅地建物取引業の**免許は不要**です。なお、**貸借の媒介**は宅地建物取引業に該当するため、宅地建物取引業の**免許が必要**です。

②適切 **普通借家**契約では、経済事情の変動により、家賃が不相応となった場合、当事者は将来に向かって、賃料の**増額または減額を請求できます**。なお、一定期間、**増額しない旨の特約は有効**です。

③不適切 NOI利回り（純利回り）は、**年間純収益**（年間収入－年間費用）**を総投資額で除して算出**されます。年間総収入額を総投資額で除して算出するのは表面利回りです。

問３ ☑☑☑ 重要度 A

Ａさんが、甲土地上に賃貸マンションを建築する場合の課税に関する次の記述①～③について、適切なものには○印を、不適切なものには×印を解答用紙に記入しなさい。

①「Ａさんが甲土地に賃貸マンションを建築し、不動産取得税および登録免許税を支払った場合、不動産所得の金額の計算上、いずれも必要経費に算入することができます」

②「Ａさんが甲土地に賃貸マンションを建築した場合、相続税額の計算上、甲土地は貸家建付地として評価されます。甲土地の貸家建付地としての価額は、当該マンションの賃貸割合が高いほど、高く評価されます」

③「Ａさんが甲土地に賃貸マンションを建築した場合、甲土地に係る固定資産税の課税標準を、住宅１戸につき200㎡までの部分（小規模住宅用地）について課税標準となるべき価格の６分の１の額とする特例の適用を受けることができます」

正解 ① ○ ② × ③ ○

テキスト ①4章 P340-341、②6章 P580、③5章 P492-493

①適切　なお、賃貸中に支払う固定資産税、都市計画税も必要経費に算入できます。

②不適切　貸家建付地は「**自用地評価額×（１－借地権割合×借家権割合×賃貸割合）**」で評価しますので、賃貸割合が高いほど、**低く**評価されます。

③適切　住宅用地について、住宅1戸当たり**200㎡**までの部分（小規模住宅用地）の課税標準となるべき価格は固定資産税では**6分の1**、200㎡を超える部分（一般住宅用地）は3分の1となります。

第6章　傾向と対策

相続と贈与の法律や税務とその計算で必要となる財産評価も出題されます。

頻出問題のキーワード

＜学科試験＞
相続人、相続分、養子、親族、遺言、遺産分割、贈与契約、贈与税の課税・非課税財産、贈与税の基礎控除、配偶者控除、相続時精算課税制度、贈与税の申告、宅地の評価、相続税の課税・非課税財産、債務控除、生前贈与加算、相続税の延納・物納、財産評価（金融資産・建物・宅地）、非上場株式(事業承継対策、非上場株式の納税猶予・免除)

＜実技試験＞
【日本FP協会】相続人、相続分、遺留分、贈与税の計算（基礎控除、配偶者控除、相続時精算課税制度）、住宅取得等資金の非課税、路線価方式による評価額の計算、小規模宅地等の特例、相続税の課税価格、相続開始後の手続

【金財】●個人資産相談業務：相続分、遺留分、遺言、相続税の計算（生命保険金の非課税、基礎控除、相続税の総額、配偶者の税額軽減、2割加算）、相続後の手続、贈与税の基礎控除・非課税財産、相続時精算課税制度、宅地の評価、小規模宅地等の特例
●生保顧客資産相談業務：生命保険金の非課税、相続税の基礎控除、相続税の総額、配偶者の税額軽減、小規模宅地等の特例、相続後の手続、遺言、遺留分、非上場株式、空き家の譲渡所得の特別控除、贈与税の基礎控除、相続時精算課税制度、非課税財産

第6章

相続・事業承継

学科試験問題＆解答

実技試験問題＆解答

※金財の実技試験は、「個人資産相談業務」「生保顧客資産相談業務」など4つがありますが、共通する科目での出題傾向は似ています。
本書では効率よくかつ幅広く論点を学習するため、試験問題を分けず、横断式で出題しています。

※解説は特に断りがない限り、所得税の税率には復興特別所得税を含めて表記しています。

相続の基礎知識

1 ☑☑☑ 重要度 B ［2021年9月］

親族等に係る民法の規定に関する次の記述のうち、最も適切なものはどれか。

1. 特別養子縁組が成立しても、養子と実方の父母との親族関係は終了しない。
2. 直系血族および兄弟姉妹は、互いに扶養をする義務があるが、家庭裁判所は、特別の事情があるときは、3親等内の親族間においても扶養の義務を負わせることができる。
3. 本人の配偶者の兄弟姉妹は、3親等の姻族であり、親族である。
4. 夫婦は、夫婦間の協議によってのみ、離婚をすることができる。

2 ☑☑☑ 重要度 C ［2018年9月］

民法で規定する相続の承認および放棄に関する次の記述のうち、最も適切なものはどれか。

1. 相続の放棄をしようとする者が一人でもいる場合は、相続の開始があったことを知った時から原則として3ヵ月以内に、共同相続人全員が、家庭裁判所に対して、相続の放棄をする旨を申述しなければならない。
2. 推定相続人が相続の開始前に相続の放棄をしようとする場合は、家庭裁判所に対してその旨を申述して許可を受ける必要がある。
3. 限定承認をしようとする場合、相続の開始があったことを知った時から原則として3ヵ月以内に、その旨を家庭裁判所に相続人全員が共同して申述しなければならない。
4. 相続人が相続の放棄をした場合、放棄をした者の子が、放棄をした者に代わって相続人となる。

2 が適切　　テキスト６章　P526-527

1. 不適切　特別養子縁組が成立した場合、**養子と実方の父母との親族関係は終了**します。
2. **適切**　近親者間では扶養義務があるということです。
3. 不適切　親族とは、６親等内の血族、配偶者、３親等内の姻族をいいます。本人からみて、配偶者の兄弟姉妹は、２親等の姻族であり、親族です。
4. 不適切　離婚は、**協議**のほか、**調停、裁判**によってもすることができます。

3 が適切　　テキスト６章　P528、534-535

1. 不適切　相続の放棄は**単独**で家庭裁判所に対して申述することができます。
2. 不適切　相続の放棄は相続の開始前にはできません。**相続の開始があったことを知ったときから３カ月以内**に家庭裁判所に対して申述します。
3. **適切**　限定承認は**相続放棄者を除く全員**が共同して家庭裁判所に申述します。
4. 不適切　相続人となるべき子、兄弟姉妹が**死亡**している場合、**欠格・廃除**により相続権を失っている場合、**その者の子が代襲相続人となります**が、相続の**放棄**をした場合、その者はいなかったものとして扱い、**代襲相続は発生しません**。

3 ☑☑☑ 重要度 A [2020年1月]

民法上の相続分に関する次の記述のうち、最も適切なものはどれか。

1. 相続人が被相続人の配偶者、長男および長女の合計3人である場合、配偶者、長男および長女の法定相続分はそれぞれ3分の1である。
2. 相続人が被相続人の配偶者および父の合計2人である場合、配偶者の法定相続分は4分の3、父の法定相続分は4分の1である。
3. 相続人が被相続人の配偶者および兄の合計2人である場合、配偶者の法定相続分は3分の2、兄の法定相続分は3分の1である。
4. 相続人が被相続人の長男および孫（相続開始時においてすでに死亡している長女の代襲相続人）の合計2人である場合、長男および孫の法定相続分はそれぞれ2分の1である。

4 ☑☑☑ 重要度 A [2019年1月]

民法で規定する相続人および相続分に関する次の記述のうち、最も適切なものはどれか。

1. 養子（特別養子ではない）の相続分は、実子の相続分の2分の1である。
2. 代襲相続人の相続分は、被代襲者が受けるべきであった相続分の2分の1である。
3. 被相続人と父母の一方のみを同じくする兄弟姉妹の相続分は、父母の双方を同じくする兄弟姉妹の相続分と同じである。
4. 被相続人の弟Aさんが推定相続人である場合、Aさんが被相続人の相続開始以前に死亡していたときには、Aさんの子Bさんが代襲して相続人となる。

4 が適切 テキスト6章 P528、530

1. 不適切 相続人が被相続人の配偶者、長男および長女の合計3人である場合、配偶者の法定相続分は**2分の1**、長男および長女の法定相続分はそれぞれ**4分の1**となります。

2. 不適切 相続人が被相続人の配偶者および父の合計2人である場合、配偶者の法定相続分は**3分の2**、父の法定相続分は**3分の1**となります。

3. 不適切 相続人が被相続人の配偶者および兄の合計2人である場合、配偶者の法定相続分は**4分の3**、兄の法定相続分は**4分の1**となります。

4. **適切** 相続人が被相続人の長男および孫（相続開始時においてすでに死亡している長女の代襲相続人）の合計2人である場合、長男および孫の法定相続分はそれぞれ**2分の1**となります。

4 が適切 テキスト6章 P527-528、530

1. 不適切 実子と養子、嫡出子と嫡出でない子の相続分は、いずれも**同じ**です。

2. 不適切 代襲相続人の相続分は、被代襲者が受けるべきであった相続分と**同じ**です。

3. 不適切 父母の一方を同じくする兄弟姉妹（半血兄弟姉妹）の相続分は、父母の双方を同じくする兄弟姉妹**（全血兄弟姉妹）の相続分の2分の1**となります。

4. **適切** 相続人となるべき子、兄弟姉妹が**死亡**している場合、**欠格・廃除**により相続権を失っている場合、その者の**子が代襲相続人**となります。なお、相続の**放棄**をした場合、その者はいなかったものとして扱い、**代襲相続は発生しません**。

5 ☑☑☑ 重要度 B [2020年1月]

遺産分割に関する次の記述のうち、最も適切なものはどれか。

1. 共同相続された預貯金は遺産分割の対象となり、相続開始と同時に当然に法定相続分に応じて分割されるものではない。
2. 代償分割は、現物分割を困難とする事由がある場合に、共同相続人が家庭裁判所に申し立て、その審判を受けることにより認められる分割方法である。
3. 相続財産である不動産を、共同相続人間で遺産分割するために譲渡して換価した場合、その譲渡による所得は、所得税において非課税所得とされている。
4. 被相続人は、遺言によって、相続開始の時から10年間、遺産の分割を禁ずることができる。

6 ☑☑☑ 重要度 A [2020年9月]

民法上の遺言に関する次の記述のうち、最も不適切なものはどれか。

1. 遺言は、未成年者であっても、満15歳以上の者で、かつ、遺言をする時にその能力があれば、法定代理人の同意を得ることなく単独ですることができる。
2. 遺言者が自筆証書遺言を作成し、財産目録を添付する場合、所定の要件を満たせば、その目録は自書することを要しない。
3. 公正証書遺言を作成した遺言者は、その遺言を自筆証書遺言によって撤回することはできない。
4. 公正証書遺言を作成する場合において、遺言者の配偶者は証人として立ち会うことはできない。

1 が適切　　テキスト6章　P532-533

1. **適切**　**預貯金債権は遺産分割の対象**となります。なお、**死亡保険金や死亡退職金**は、受取人固有の財産であり、**遺産分割の対象となりません。**

2. 不適切　代償分割は、多くの相続財産（主に、土地や建物のように分割が困難な財産）を取得した者が、他の相続人に対して自分の財産を交付することにより、他の相続人の相続分を満たす遺産分割の方法です。家庭裁判所の審判を必要としません。

3. 不適切　相続財産である不動産を、共同相続人間で分割するために譲渡して換価した場合、その譲渡による所得は、所得税において**譲渡所得**とされます。

4. 不適切　被相続人は、遺言によって、相続開始のときから**5年間**を超えない期間を定めて、遺産の分割を禁ずることができます。

3 が不適切　　テキスト6章　P535-536

1. 適切　「未成年者は単独で遺言できない」というひっかけ問題に気をつけましょう。

2. 適切　自筆証書遺言では、全文を自書することが原則とされますが、添付する**財産目録はパソコンで作成したものや、コピーでもよい**とされ、自筆でない財産目録の全ページに署名、押印が必要となります。

3. **不適切**　遺言の方式を問わず、前に作成した遺言を新しく作成する遺言で**撤回**することが**できます。**

4. 適切　公正証書によって遺言をするには証人**2人以上**の立会いが必要です。なお、**推定相続人・受遺者やその配偶者・直系血族**等はその証人になることができません。

7 ☑☑☑ 重要度 A [2019年9月]

民法上の遺言および遺留分に関する次の記述のうち、最も不適切なものはどれか。

1. 遺言は、満15歳以上で、かつ、遺言をする能力があれば、誰でもすることができる。
2. 遺言者は、いつでも、遺言の方式に従って、遺言の全部または一部を撤回することができる。
3. 被相続人の兄弟姉妹に遺留分は認められない。
4. 遺留分権利者は、相続の開始があったことを知った時から3ヵ月以内に限り、家庭裁判所の許可を受けて遺留分の放棄をすることができる。

8 ☑☑☑ 重要度 B [2021年5月]

民法および法務局における遺言書の保管等に関する法律に関する次の記述のうち、最も適切なものはどれか。

1. 被相続人の配偶者が配偶者居住権を取得するためには、あらかじめ被相続人が遺言で配偶者居住権を配偶者に対する遺贈の目的としておく必要があり、配偶者が、相続開始後の共同相続人による遺産分割協議で配偶者居住権を取得することはできない。
2. 各共同相続人は、遺産の分割前において、遺産に属する預貯金債権のうち、相続開始時の債権額の3分の1に法定相続分を乗じた額（1金融機関当たり150万円を上限）の払戻しを受ける権利を単独で行使することができる。
3. 遺言者が自筆証書遺言を作成する場合において、自筆証書遺言に財産目録を添付するときは、その目録も自書しなければ無効となる。
4. 遺言者が自筆証書遺言を作成して自筆証書遺言書保管制度を利用した場合、その相続人は、相続開始後、遅滞なく家庭裁判所にその検認を請求しなければならない。

4 が不適切　　テキスト6章　P535-538

1. 適切　「未成年者は単独で遺言できない」というひっかけ問題に気をつけましょう。

2. 適切　遺言の方式を問わず、前に作成した遺言を**新しく作成する遺言で撤回**することが**できます。**

3. 適切　遺留分は、相続人のうち、直系卑属、直系尊属、配偶者には認められていますが、**兄弟姉妹には遺留分がありません。**

4. **不適切**　遺留分は**相続開始前**においても、**家庭裁判所の許可**を受けて、**放棄**することが**できます。**相続放棄・限定承認は、相続の開始を知ったときから3カ月以内に行う点と混同しないようにしましょう。

2 が適切　　テキスト6章　P529、P532-533、P535-537

1. 不適切　配偶者居住権は、**遺贈**や**遺産分割協議等**によっても取得することができます。

2. **適切**　相続人は、遺産分割前であっても、**預貯金債権×1／3×法定相続分（1金融機関当たり150万円を限度）**の払戻しを受ける権利を単独で行使することができます。

3. 不適切　自筆証書遺言における財産目録は、**コピーやパソコンでの作成でもよい**とされますが、**全ページに署名**、**押印**が必要となります。

4. 不適切　自筆証書遺言を**法務局で保管**している場合、遺言者の死亡後、**家庭裁判所の検認は不要**となります。

9 ☑☑☑ 重要度 B

[2023年5月]

民法における配偶者居住権に関する次の記述のうち、最も適切なものはどれか。

1. 配偶者居住権の存続期間は、原則として、被相続人の配偶者の終身の間である。
2. 被相続人の配偶者は、取得した配偶者居住権を譲渡することができる。
3. 被相続人の配偶者は、居住建物を被相続人と被相続人の子が相続開始時において共有していた場合であっても、当該建物に係る配偶者居住権を取得することができる。
4. 被相続人の配偶者は、被相続人の財産に属した建物に相続開始時において居住していなかった場合であっても、当該建物に係る配偶者居住権を取得することができる。

10 ☑☑☑ 重要度 C

[2023年9月]

法定後見制度に関する次の記述の空欄（ア）～（ウ）にあてはまる語句の組み合わせとして、最も適切なものはどれか。

・法定後見制度は、本人の判断能力が（ ア ）に、家庭裁判所によって選任された成年後見人等が本人を法律的に支援する制度である。
・法定後見制度において、後見開始の審判がされたときは、その内容が（ イ ）される。
・成年後見人は、成年被後見人が行った法律行為について、原則として、（ ウ ）。

1. （ア）不十分になる前　（イ）戸籍に記載　（ウ）取り消すことができる
2. （ア）不十分になった後　（イ）登記　（ウ）取り消すことができる
3. （ア）不十分になった後　（イ）戸籍に記載　（ウ）取り消すことはできない
4. （ア）不十分になる前　（イ）登記　（ウ）取り消すことはできない

1 が適切　　テキスト6章　P529

1. **適切**　なお、配偶者短期居住権の存続期間は、少なくとも**6カ月以上**とされます。

2. 不適切　被相続人の配偶者は、取得した配偶者居住権を**所有者以外に譲渡できません。**

3. 不適切　居住建物を被相続人と配偶者以外の者が**相続開始時において共有**していた場合、配偶者は配偶者居住権を**取得できません。**

4. 不適切　被相続人の配偶者が、被相続人の財産に属した建物に**相続開始時に居住していなかった場合**には、配偶者居住権を**取得できません。**

2 が適切　　テキスト6章　P539

(ア) 法定後見は本人の判断能力が不十分になった**後**に選任するのに対し、任意後見は本人の判断能力が不十分になる**前**に不十分になった後の備えとしてあらかじめ公正証書で契約します。

(イ) 後見開始の審判があった場合は**登記**に記載されます。

(ウ) 成年被後見人の行為について、後見人には取消権や追認権があります。

以上より、正解は2.となります。

相続税

11 ☑☑☑ 重要度 A [2023年9月]

相続税の課税財産等に関する次の記述のうち、最も不適切なものはどれか。

1. 契約者（＝保険料負担者）および被保険者が夫、死亡保険金受取人が妻である生命保険契約において、夫の死亡により妻が受け取った死亡保険金は、原則として、遺産分割の対象とならない。
2. 契約者（＝保険料負担者）および被保険者が父、死亡保険金受取人が子である生命保険契約において、子が相続の放棄をした場合は、当該死亡保険金について、死亡保険金の非課税金額の規定の適用を受けることができない。
3. 老齢基礎年金の受給権者である被相続人が死亡し、その者に支給されるべき年金給付で死亡後に支給期の到来するものを相続人が受け取った場合、当該未支給の年金は、相続税の課税対象となる。
4. 被相続人の死亡により、当該被相続人に支給されるべきであった退職手当金で被相続人の死亡後３年以内に支給が確定したものについて、相続人がその支給を受けた場合、当該退職手当金は、相続税の課税対象となる。

12 ☑☑☑ 重要度 B [2020年9月]

相続人が負担した次の費用等のうち、相続税の課税価格の計算上、相続財産の価額から債務控除することができるものはどれか。なお、相続人は債務控除の適用要件を満たしているものとする。

1. 被相続人の所有不動産に係る固定資産税で、相続開始時点で納税義務は生じているが、納期限がまだ到来していない未払いのもの
2. 被相続人が生前に購入した墓碑の買入代金で、相続開始時点で未払いのもの
3. 香典返しの費用で、社会通念上相当と認められるもの
4. 被相続人に係る四十九日の法要に要した費用で、社会通念上相当と認められるもの

3 が不適切　　テキスト6章　P541-544

1. 適切　**みなし**相続財産である死亡保険金、死亡退職金は、原則として、**受取人固有の財産**であり、**遺産分割の対象となりません。**

2. 適切　相続税の対象となる死亡保険金、死亡退職金について、500万円×法定相続人の数の金額が非課税となるのは、**相続人が受け取る場合に限られて**おり、**相続放棄者などの相続人以外**が受け取る場合は**適用できません。**

3. **不適切**　年金受給者が死亡した後に遺族等が受け取る未支給年金は、**一時所得**として所得税の対象となります。

4. 適切　なお、被相続人の死亡後**3年を超えてから支給が確定**したものは、受け取った者の**一時所得**として所得税の対象となります。

1 が債務控除できる　　テキスト6章　P546

1. **債務控除できる**　相続発生時点で**確定**している未払いの公租公課は債務控除の対象となります。

2. 債務控除できない　**墓碑は相続税非課税**ですので、その**未払い費用**も債務控除の**対象外**となります。

3. 債務控除できない　受け取る香典で社会通念上相当と認められるものは**贈与税非課税**ですので、香典返しの費用も債務控除の**対象外**となります。

4. 債務控除できない　**通夜・本葬費用**で通常必要と認められるものは債務控除の**対象**となりますが、初七日、四十九日の**法会費用**は債務控除の**対象外**となります。

13　重要度 B　[2023年9月]

相続税の計算に関する次の記述のうち、最も不適切なものはどれか。

1. 遺産に係る基礎控除額の計算上、法定相続人の数は、相続人が相続の放棄をした場合には、その放棄がなかったものとした場合における相続人の数である。
2. 遺産に係る基礎控除額の計算上、法定相続人の数に含めることができる養子の数は、被相続人に実子がなく、養子が２人以上いる場合には１人である。
3. 遺産に係る基礎控除額の計算上、被相続人の特別養子となった者は実子とみなされる。
4. 遺産に係る基礎控除額の計算上、被相続人の子がすでに死亡し、代襲して相続人となった被相続人の孫は実子とみなされる。

14　重要度 C　[2023年1月]

相続税の計算に関する次の記述のうち、最も適切なものはどれか。なお、本問において、相続の放棄をした者はいないものとする。

1. 遺産に係る基礎控除額の計算上、法定相続人の数に含めることができる養子（実子とみなされる者を除く）の数は、実子がいる場合、２人に制限される。
2. 相続人となるべき被相続人の子がすでに死亡しているため、その死亡した子を代襲して相続人となった被相続人の孫は、相続税額の２割加算の対象者となる。
3. 法定相続人が被相続人の配偶者のみである場合、「配偶者に対する相続税額の軽減」の適用を受けた配偶者については、相続により取得した遺産額の多寡にかかわらず、納付すべき相続税額が生じない。
4. 「配偶者に対する相続税額の軽減」の適用を受けることができる配偶者は、被相続人と法律上の婚姻の届出をした者に限られず、いわゆる内縁の配偶者も含まれる。

2 が不適切　　テキスト6章　P548

1. 適切　記述のとおりです。
2. **不適切**　遺産に係る基礎控除額の計算上、法定相続人の数に含めることができる養子（実子とみなされる者を除く）の数は、**実子がいれば1人まで、実子がいない場合は2人まで**となっています。
3. 適切　記述のとおりです。
4. 適切　記述のとおりです。

相続税の遺産に係る基礎控除のみでなく、**生命保険金、死亡退職金、相続税の総額の計算上等も同様**です。

3 が適切　　テキスト6章　P548、P552-554

1. 不適切　遺産に係る基礎控除額の計算上、法定相続人の数に含めることができる養子（実子とみなされる者を除く）の数は、**実子がいる場合は1人**まで、実子が**いない場合は2人まで**に制限されます。
2. 不適切　被相続人の孫のうち、代襲相続人である孫は2割加算の対象となりません。**代襲相続人でない孫は、孫養子も含めて2割加算の対象**となります。
3. **適切**　なお、選択肢の場合の相続税の申告は**必要**です。
4. 不適切　法律婚であれば**婚姻期間を問わず対象**となりますが、**事実婚は対象外**です。

15 ☑☑☑ 重要度 B [2018年9月]

相続税の申告と納付に関する次の記述のうち、最も適切なものはどれか。

1. 相続税の計算において、「配偶者に対する相続税額の軽減」の規定の適用を受けると配偶者の納付すべき相続税額が0（ゼロ）となる場合、相続税の申告書を提出する必要はない。
2. 相続税を金銭で納付するために、相続により取得した土地を譲渡した場合、その譲渡に係る所得は、所得税の課税対象とならない。
3. 期限内申告書に係る相続税の納付は、原則として、相続人がその相続の開始があったことを知った日の翌日から10ヵ月以内にしなければならない。
4. 相続税は金銭により一時に納付することが原則であるが、それが困難な場合には、納税義務者は、任意に延納または物納を選択することができる。

3 が適切 テキスト6章 P555-557

1. 不適切 **配偶者の税額軽減や小規模宅地等についての相続税の課税価格の計算の特例**の適用を受けた結果、相続税額がゼロとなる場合でも、**相続税の申告は必要**となります。

2. 不適切 相続により取得した土地を譲渡した場合、その譲渡に係る所得は、譲渡所得として、**所得税の課税対象**となります。なお、相続開始の翌日から、相続税の申告期限の翌日以後3年を経過する日までに譲渡した場合、譲渡所得の金額の計算上、その者が負担した相続税額のうち、その土地に対応する部分の金額を取得費に加算することができます(相続税取得費加算の特例)。

3. **適切** **相続税**の申告書の提出期限および納付期限は、原則として**相続の開始があったことを知った日の翌日から10カ月以内**です。なお、被相続人の**所得税**の申告(準確定申告)の期限は、原則として**相続の開始があったことを知った日の翌日から4カ月以内**です。

4. 不適切 相続税は一括金銭納付が原則ですが、**一括納付が困難である場合は延納**を選択でき、**延納によっても納付が困難な部分は物納**を選択することができます。

16 ☑☑☑ 重要度 A [2020年9月]

不動産に係る相続対策等に関する次の記述のうち、最も不適切なものはどれか。

1. 相続により土地を取得した者がその相続に係る相続税を延納する場合、担保として不適格なものでなければ、取得した土地を延納の担保として提供することができる。
2. 相続税は金銭による一括納付が原則であるが、一括納付が困難な場合には、納税義務者は、任意に延納または物納を選択することができる。
3. 「小規模宅地等についての相続税の課税価格の計算の特例」の適用を受けた宅地等を物納する場合の収納価額は、特例適用後の価額である。
4. 相続時精算課税制度は、所定の要件を満たせば、「直系尊属から住宅取得等資金の贈与を受けた場合の贈与税の非課税の特例」と併用して適用を受けることができる。

贈与税

17 ☑☑☑ 重要度 A [2021年1月]

贈与に関する次の記述のうち、最も適切なものはどれか。

1. 民法上、贈与は、当事者の一方がある財産を無償で相手方に与える意思表示をすることにより効力が生じ、相手方が受諾する必要はない。
2. 民法上、書面によらない贈与において、いまだその履行がなされていない場合であっても、各当事者が一方的にこれを解除することはできない。
3. 相続税法上、書面によらない贈与における財産の取得時期は、原則として、履行の有無にかかわらず、受贈者が当該贈与を受ける意思表示をした時とされる。
4. 相続時精算課税制度の適用を受けた場合、その適用を受けた年以後は、その特定贈与者からの贈与について暦年課税に変更することはできない。

2 が不適切　　テキスト6章　P554-557、P567-569

1. 適切　延納の担保は要件を満たせば、相続により取得した財産でなくても、**相続人の財産でなくてもよい**とされています。

2. **不適切**　相続税は一括金銭納付が原則ですが、**一括納付が困難である場合は延納**を選択でき、**延納によっても納付が困難な部分は物納**を選択することができます。つまり、延納または物納を任意に選択できるわけではありません。

3. 適切　小規模宅地等についての相続税の課税価格の計算の特例の適用を受けた宅地等を物納する場合の収納価額は、**特例適用後**の価額となります。

4. 適切　所定の要件を満たせば、直系尊属から住宅取得等資金の贈与を受けた場合の贈与税の非課税の特例は、**贈与税の暦年課税制度の基礎控除または相続時精算課税制度の特別控除等と併用**することができます。

4 が適切　　テキスト6章　P558-559、P567-568

1. 不適切　贈与契約は、通常、無償で相手方に与える片務契約ですが、**双方の意思表示が一致して成立**します。

2. 不適切　書面によらない贈与は、**履行の終わった部分を除き、各当事者が解除**することができます。なお、書面による贈与は、原則、解除できません。

3. 不適切　書面によらない贈与における財産の取得時期は、**原則として履行があったとき**とされます。なお、書面による贈与における財産の取得時期は、契約書の効力が発生したときとなります。

4. **適切**　特定贈与者からの贈与について、一旦、**相続時精算課税制度の適用を受けた場合、取り消すことはできません。**

18 ☑☑☑ 重要度 A

[2020年9月]

贈与に関する次の記述のうち、最も不適切なものはどれか。

1. 贈与は、当事者の一方がある財産を無償で相手方に与える意思を表示し、相手方が受諾をすることによって、その効力を生ずる。
2. 定期の給付を目的とする贈与は、贈与者または受贈者の死亡によって、その効力を失う。
3. 負担付贈与については、贈与者は、その負担の限度において、売買契約の売主と同様の担保責任を負う。
4. 死因贈与によって取得した財産は、贈与税の課税対象となる。

19 ☑☑☑ 重要度 A

[2019年1月]

贈与税の非課税財産に関する次の記述のうち、最も不適切なものはどれか。

1. 個人が法人からの贈与により取得した財産は、贈与税の課税対象とならない。
2. 個人から受ける社交上必要と認められる香典・見舞金等の金品で、贈与者と受贈者との関係等に照らして社会通念上相当と認められるものは、贈与税の課税対象とならない。
3. 扶養義務者から生活費として受け取った金銭を、投資目的の株式の運用に充てたとしても、その金銭は、贈与税の課税対象とならない。
4. 相続により財産を取得した者が、その相続開始の年に被相続人から贈与により取得した財産は、原則として相続税の課税対象となり、贈与税の課税対象とならない。

4 が不適切　　テキスト6章　P558-559

1. 適切　贈与契約は、通常、無償で相手方に与える片務契約ですが、**双方の意思表示が一致して成立**します。

2. 適切　なお、定期贈与は「毎年○○円、○年間にわたって贈与する」のような契約をいいます。

3. 適切　なお、負担付贈与は「アパートとその借入金を合わせて贈与する」「介護の世話を条件に、○○を贈与する」のような契約をいいます。通常の贈与とは異なり、双方が義務（債務）を負うため、贈与者も、その負担の限度において、**売買契約の売主と同じ担保責任**を負います。

4. **不適切**　死因贈与は「死んだら○○を贈与する」という契約ですので、相続や遺贈と同じように**相続税**の課税対象となります。

3 が不適切　　テキスト6章　P558-562

1. 適切　個人が法人から贈与を受けた財産は、一時所得または給与所得として**所得税**の課税対象となり、贈与税非課税となります。

2. 適切　個人から受け取る社交上必要と認められる香典で、贈与者と受贈者との関係等に照らして社会通念上相当と認められるものは、贈与税の課税対象となりません（なので、香典返戻費用も相続税の債務控除の対象となりません）。

3. **不適切**　扶養義務者から贈与を受けた通常の**生活費**として認められるものは、**通常、贈与税非課税**となりますが、生活費の目的に充てず、**投資目的の株式の運用に充てた場合、贈与税の課税対象**となります。

4. 適切　**相続または遺贈により財産を取得した者**が、被相続人から相続開始年に贈与を受けた財産は、原則として**相続税**の課税対象となり、贈与税の課税対象となりません。なお、**相続または遺贈により財産を取得していない者**が、被相続人から相続開始年に贈与を受けた財産は、**贈与税**の課税対象となります。

20 ☑☑☑ 重要度 B [2018年9月]

贈与税の課税財産に関する次の記述のうち、最も不適切なものはどれか。

1. 契約者（＝保険料負担者）が母、被保険者が父、保険金受取人が子である生命保険契約において、父の死亡により子が受け取った死亡保険金は、子が母から贈与により取得したものとして贈与税の課税対象となる。
2. 子が、父の所有する土地を使用貸借によって借り受けて、その土地の上に自己資金で建物を建築して自己の居住の用に供した場合には、子が父から借地権相当額を贈与により取得したものとして、贈与税の課税対象となる。
3. 父が、その所有する土地の名義を無償で子の名義に変更した場合には、原則として、子が父からその土地を贈与により取得したものとして、贈与税の課税対象となる。
4. 離婚による財産分与として取得した財産は、その価額が婚姻中の夫婦の協力によって得た財産の額等を考慮して社会通念上相当な範囲内である場合、原則として、贈与税の課税対象とならない。

21 ☑☑☑ 重要度 B [2021年9月]

直系尊属から住宅取得等資金の贈与を受けた場合の贈与税の非課税の特例（以下「本特例」という）に関する次の記述のうち、最も不適切なものはどれか。

1. 受贈者の配偶者の父母（義父母）から住宅取得資金の贈与を受けた場合、本特例の適用を受けることができない。
2. 受贈者が自己の居住の用に供する家屋とともにその敷地の用に供される土地を取得する場合において、その土地の取得の対価に充てるための金銭については、本特例の適用を受けることができない。
3. 新築した家屋が店舗併用住宅で、その家屋の登記簿上の床面積の２分の１超に相当する部分が店舗の用に供される場合において、その家屋の新築の対価に充てるための金銭については、本特例の適用を受けることができない。
4. 住宅取得資金の贈与者が死亡した場合において、その相続人が贈与を受けた住宅取得資金のうち、本特例の適用を受けて贈与税が非課税とされた金額については、その贈与が暦年課税または相続時精算課税制度のいずれの適用を受けていたとしても、相続税の課税価格に加算されない。

2 が不適切　　テキスト6章　P561-562

1. 適切　契約者、被保険者、死亡保険金受取人が異なる生命保険契約の死亡保険金は、贈与税の課税対象となります。

2. **不適切**　**個人間の土地の使用貸借は、贈与税の課税対象となりません。**したがって、親の土地を子が使用貸借により借り受け、子が自宅を建築した場合でも、親の土地は自用地として評価されます。

3. 適切　**所有者名義を変更すると、土地の贈与とみなされ**、贈与税の課税対象となります。使用貸借の場合と混同しないようにしましょう。

4. 適切　離婚による財産分与として取得した財産は、その価額が婚姻中の夫婦の協力によって得た財産の額等を考慮して社会通念上相当な範囲内である場合、原則として贈与税非課税となります。

2 が不適切　　テキスト6章　P568-569

1. 適切　本特例は、受贈者の父母からの贈与が対象となり、受贈者の**配偶者の父母からの贈与は対象外**となります。

2. **不適切**　受贈者が自己の居住の用に供する家屋とともにその敷地の用に供される**土地を取得する対価に充てる金銭も、本特例の適用**を受けることができます。

3. 適切　床面積要件を満たす店舗併用住宅で、**2分の1以上を居住の用**（居住用以外の部分が2分の1以下）に供することが要件ですので、その家屋の登記簿上の床面積の2分の1超に相当する部分が店舗の用に供される場合は、本特例の適用を受けることができません。

4. 適切　なお、暦年課税の基礎控除または相続時精算課税制度の特別控除部分は、相続税の課税価格の加算対象となります。

22 ☑☑☑ 重要度 A [2019年1月]

贈与税の配偶者控除（以下「本控除」という）に関する次の記述のうち、最も適切なものはどれか。なお、各選択肢において、本控除の適用を受けるためのほかに必要とされる要件はすべて満たしているものとする。

1. 受贈者が本控除の適用を受けるためには、贈与時点において、贈与者との婚姻期間が20年以上であることが必要とされている。
2. 配偶者が所有する居住用家屋およびその敷地の用に供されている土地のうち、土地のみについて贈与を受けた者は、本控除の適用を受けることができない。
3. 本控除の適用を受け、その贈与後3年以内に贈与者が死亡して相続が開始し、受贈者がその相続により財産を取得した場合、本控除に係る控除額相当額は、受贈者の相続税の課税価格に加算される。
4. 本控除の適用を受けた場合、贈与税額の計算上、贈与により取得した財産の合計額から、基礎控除額も含めて最高2,000万円の配偶者控除額を控除することができる。

1 が適切　　テキスト6章　P543、P566

1. **適切**　贈与税の配偶者控除は、贈与時点において**婚姻期間20年以上**であることが要件となっています。なお、相続税の配偶者の税額軽減には、婚姻期間要件はありません。

2. 不適切　贈与税の配偶者控除は、自ら居住の用に供する**居住用不動産（土地、建物の両方または片方、一部でもよい）**または**居住用不動産を取得するための資金**の贈与を受けた場合に適用を受けられます。

3. 不適切　贈与税の配偶者控除の適用を受け、その**贈与後3年以内に贈与者が死亡**して相続が開始し、受贈者がその相続により財産を取得した場合でも、**贈与税の配偶者控除に係る控除額相当額（2,000万円を限度）は、受贈者の相続税の課税価格に加算されません。**なお、2027年以降の相続から生前贈与加算の対象が徐々に広がり（3年超）、2031年以降に発生する相続からは相続開始前7年以内が対象となります。ただし、今までと同様に配偶者控除の部分は加算されません。

4. 不適切　贈与税の配偶者控除の適用を受けることができる場合、**基礎控除額110万円とは別に最高2,000万円を控除**することが**できます。**

23 ☑☑☑ 重要度 A [2018年9月]

贈与税の計算に関する次の記述のうち、最も適切なものはどれか。

1. 父と母のそれぞれから同一の年において財産の贈与を受け、いずれの贈与についても暦年課税の適用を受けた場合の贈与税額の計算においては、贈与税の課税価格から基礎控除額として最高220万円を控除することができる。
2. 贈与税の配偶者控除の適用を受ける場合の贈与税額の計算においては、贈与税の課税価格から基礎控除額を控除することができない。
3. 相続時精算課税制度を選択した場合、特定贈与者からの贈与により取得した財産に係る贈与税額の計算上、贈与税の税率は、贈与税の課税価格に応じた超過累進税率である。
4. 相続時精算課税制度を選択した場合における贈与税額の計算において、贈与税の課税価格から控除する特別控除額は、特定贈与者ごとに累計で2,500万円である。

24 ☑☑☑ 重要度 A [2019年5月]

不動産等に係る相続対策に関する次の記述のうち、最も不適切なものはどれか。

1. 相続人が代償分割により他の相続人から交付を受けた代償財産は、相続税の課税対象となる。
2. 相続により土地を取得し相続税が課された者が、その土地を当該相続の開始があった日の翌日から相続税の申告期限の翌日以後3年を経過する日までに譲渡した場合、譲渡所得の金額の計算上、その者が負担した相続税額のうち、その土地に対応する部分の金額を取得費に加算することができる。
3. 「直系尊属から住宅取得等資金の贈与を受けた場合の贈与税の非課税」の適用に当たっては、贈与者についての年齢要件はないが、受贈者は贈与を受けた年の1月1日において18歳以上でなければならない。
4. 配偶者から居住用不動産の贈与を受け、贈与税の配偶者控除の適用を受ける場合、贈与税額の計算上、その取得した居住用不動産の価額から、基礎控除額との合計で最高2,000万円を控除することができる。

4 が適切　　テキスト6章　P561-571

1. 不適切　複数の者から暦年課税により贈与を受けた場合、**受贈者が贈与を受けた合計額から基礎控除110万円を控除**することができます。贈与者ごとに110万円の基礎控除が適用されるわけではありません。

2. 不適切　贈与税の配偶者控除の適用を受けることができる場合、**基礎控除額110万円とは別に最高2,000万円を控除**することができます。

3. 不適切　本年中に相続時精算課税制度を選択した場合の贈与税の税額は、贈与財産の価額から受贈者ごとに年間110万円、特定贈与者ごとに累計**2,500万円の特別控除額**を控除した後の残額に**一律20%**の税率を乗じて計算します。

4. **適切**　3.の解説参照。

4 が不適切　　テキスト5章　P496、6章　P541-543、P566-569

1. 適切　代償分割により他の相続人から交付を受けた代償財産は、**相続税**の課税対象となります。

2. 適切　相続税取得費加算の特例は、相続の開始があった日の翌日から、相続税の申告期限の翌日以後3年を経過する日までに譲渡した場合に適用できます。

3. 適切　本特例は、贈与年の1月1日時点で**18歳以上**であり、贈与を受ける年の合計所得金額が2,000万円以下（床面積40m^{2}以上50m^{2}未満の場合は1,000万円以下）である受贈者が適用を受けられます。

4. **不適切**　贈与税の配偶者控除の適用を受けることができる場合、**基礎控除額110万円とは別に最高2,000万円を控除**することができます。

25　☑☑☑　重要度 B　[2023年5月]

贈与税の申告と納付に関する次の記述のうち、最も適切なものはどれか。

1. 贈与税の納付は、贈与税の申告書の提出期限までに贈与者が行わなければならない。
2. 贈与税の申告書の提出期間は、原則として、贈与があった年の翌年2月16日から3月15日までである。
3. 贈与税を延納するためには、納付すべき贈与税額が10万円を超えていなければならない。
4. 贈与税の納付について、金銭による一括納付や延納による納付を困難とする事由がある場合、その納付を困難とする金額を限度として物納が認められる。

財産の評価

26　☑☑☑　重要度 B　[2019年5月]

相続税における宅地の評価に関する次の記述のうち、最も適切なものはどれか。

1. 登記上2筆の土地である宅地の価額は、これを一体として利用している場合であっても、原則として、2画地として別々に評価しなければならない。
2. 宅地の評価方法には、路線価方式と倍率方式とがあり、いずれの方式を採用するかは、納税者が任意に選択することができる。
3. 路線価図において、路線に「200D」と記載されている場合、「200」はその路線に面する標準的な宅地1m^{2}当たりの価額が200千円であることを示し、「D」はその路線に面する宅地の借地権割合が60%であることを示している。
4. 倍率方式とは、宅地の固定資産税評価額に奥行価格補正率等の補正率を乗じて算出した金額によって、宅地の価額を評価する方式である。

3 が適切　テキスト６章　P572

1. 不適切　贈与税の申告および納付は、原則、**受贈者**が行います。
2. 不適切　贈与税の申告期間は、原則として、贈与があった年の翌年**２月１日から３月15日まで**となっています。
3. **適切**　なお、相続税の延納にも納付すべき相続税額が**10万円を超えていること**、という要件があります。
4. 不適切　相続税は金銭による一括納付や延納による納付を困難とする事由がある場合、納付を困難とする金額を限度として物納が認められますが、**贈与税では物納は認められていません。**

3 が適切　テキスト６章　P574-578

1. 不適切　宅地は、登記記録上の１筆ごとではなく、**１利用単位ごと（画地ごと）**に評価します。
2. 不適切　**市街地的形態**を形成する地域にある宅地は**路線価**方式により評価し、**それ以外の地域**にある宅地は**倍率方式**により評価します。**納税者が任意に選択できるわけではありません。**
3. **適切**　路線価図の路線の数値部分は**１m^2当たりの価額（千円単位）**、英字部分は借地権割合（A：90%、B：80%、C：70%、D：60%、E：50%、F：40%、G：30%）を示します。
4. 不適切　倍率方式によって評価する宅地の価額は、**宅地の形状に応じた補正も織り込み済み**となっています。

27　☑☑☑　重要度 C　[2022年5月]

普通住宅地区に所在している下記＜資料＞の宅地の相続税評価額（自用地評価額）として、最も適切なものはどれか。なお、記載のない事項については考慮しないものとする。

＜資料＞

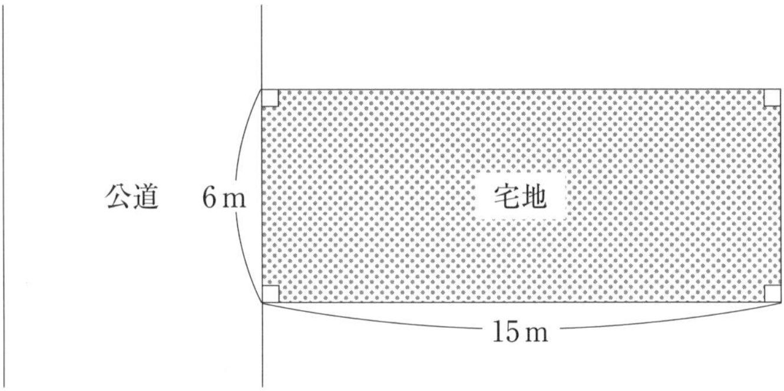

宅地の面積	：90m²		
公道の路線価	：1,000千円		
奥行価格補正率	：奥行距離	14m以上16m未満	1.00
間口狭小補正率	：間口距離	6m以上　8m未満	0.97
奥行長大補正率	：奥行距離／間口距離＝2以上3未満		0.98

1. 85,554千円
2. 87,300千円
3. 88,200千円
4. 90,000千円

1 が適切　　テキスト6章　P576-578

路線価方式による価額は＝**1㎡当たりの価額×面積**により求めます。
1㎡当たりの価額は＝**路線価×各種補正率**によって求めます。
設問の場合、奥行価格補正率1.00、間口狭小補正率0.97、奥行長大補正率0.98であるため、1㎡当たりの価額は1,000千円×1.00×0.97×0.98＝950.6千円となります。
したがって、宅地の相続税評価額は950.6千円×90㎡＝85,554千円となります。

28 ☑☑☑ 重要度 A [2021年1月]

宅地および宅地の上に存する権利に係る相続税における評価に関する次の記述のうち、最も不適切なものはどれか。なお、評価の対象となる宅地は、借地権の取引慣行のある地域にあるものとする。また、宅地の上に存する権利は、定期借地権および一時使用目的の借地権等を除くものとする。

1. Aさんが、借地権の設定に際して通常の権利金を支払って賃借した宅地の上にAさん名義の自宅を建築して居住していた場合において、Aさんの相続が開始したときには、相続税額の計算上、その賃借している宅地の上に存するAさんの権利の価額は、借地権として評価する。
2. Bさんが所有する従前宅地であった土地を、車庫などの施設がない青空駐車場として提供していた場合において、Bさんの相続が開始したときには、相続税額の計算上、その土地の価額は、貸宅地として評価する。
3. Cさんが所有する宅地の上にCさん名義のアパートを建築して賃貸していた場合において、Cさんの相続が開始したときには、相続税額の計算上、そのアパートの敷地の用に供されている宅地の価額は、貸家建付地として評価する。
4. Dさんが、借地権の設定に際して通常の権利金を支払って賃借した宅地の上にDさん名義のアパートを建築して賃貸していた場合において、Dさんの相続が開始したときには、相続税額の計算上、その賃借している宅地の上に存するDさんの権利の価額は、貸家建付借地権として評価する。

2 が不適切　　テキスト6章　P578-580

1. 適切　Aさんの権利は**借地権**（普通借地権の場合＝自用地評価額×借地権割合）として評価します。

2. **不適切**　車庫などの施設がない青空駐車場として提供している土地の価額は、借地権が発生しないため、Bさんが所有する土地は**自用地**として評価します。

3. 適切　土地所有者が貸家を建てて貸し付けているため、土地は**貸家建付地**（自用地評価額×（1－借地権割合×借家権割合×賃貸割合））として評価します。

4. 適切　借地権者が貸家を建てて貸し付けているため、**貸家建付借地権**（自用地評価額×借地権割合×（1－借家権割合×賃貸割合））として評価します。

レック先生のワンポイント

自用地と貸宅地、貸家建付地の定義について整理しておきましょう。

29 ☑☑☑ 重要度 B [2023年1月]

小規模宅地等についての相続税の課税価格の計算の特例（以下「本特例」という）に関する次の記述のうち、最も不適切なものはどれか。なお、記載のない事項については、本特例の適用要件を満たしているものとする。

1. 被相続人の配偶者が、被相続人が居住の用に供していた宅地を相続により取得した場合、相続税の申告期限までにその宅地を売却したとしても、本特例の適用を受けることができる。
2. 相続開始の直前において被相続人と同居していなかった被相続人の配偶者が、被相続人が居住の用に供していた宅地を相続により取得した場合、本特例の適用を受けることはできない。
3. 被相続人の子が相続により取得した宅地が、本特例における特定事業用宅地等に該当する場合、その宅地のうち400㎡までを限度面積として、評価額の80％相当額を減額した金額を、相続税の課税価格に算入すべき価額とすることができる。
4. 相続人以外の親族が、被相続人が居住の用に供していた宅地を遺贈により取得した場合であっても、本特例の適用を受けることができる。

30 ☑☑☑ 重要度 B [2019年9月]

相続税における家屋等の評価に関する次の記述のうち、最も不適切なものはどれか。

1. 借家権は、この権利が権利金等の名称をもって取引される慣行のない地域においては、評価しない。
2. 貸家の価額は、「自用家屋としての評価額×借家権割合×借地権割合×賃貸割合」の算式により計算した金額により評価する。
3. 自用家屋の価額は、「その家屋の固定資産税評価額×1.0」の算式により計算した金額により評価する。
4. 構築物の価額は、原則として、「（再建築価額－建築の時から課税時期までの期間に応ずる償却費の額の合計額または減価の額）×70％」の算式により計算した金額により評価する。

2 が不適切　　テキスト6章　P582-585

1. 適切　なお、**同居親族**が取得した場合は、相続税の**申告期限まで、所有し続け、居住し続ける**ことを条件に適用できます。

2. **不適切**　**配偶者は**相続開始直前に**居住していなくても適用でき、**相続税の**申告期限までに譲渡した場合や居住しなくなった場合でも適用できます。**

3. 適切　なお、本特例を適用する場合は、相続税の**申告が必要**です。

4. 適切　本特例は、相続人に限らず、**親族が取得**することが要件の1つとなっています。

2 が不適切　　テキスト6章　P578-581

1. 適切　普通借地権が「自用地評価額×借地権割合」により評価される点と大きく異なります。

2. **不適切**　貸家の価額は、「**自用家屋としての評価額×（1－借家権割合×賃貸割合）**」により評価します。

3. 適切　自用家屋の価額は、「固定資産税評価額×1.0」により評価します。

4. 適切　なお、建築中の家屋の価額は、その家屋の費用現価の100分の70に相当する金額によって評価します。

この問題で、自用家屋と貸家、借家権の評価について整理しておきましょう。

31　☑☑☑　重要度 B　[2019年5月]

各種金融資産の相続税評価に関する次の記述のうち、最も不適切なものはどれか。

1. 外貨定期預金の価額の円貨換算については、原則として、取引金融機関が公表する課税時期における対顧客直物電信買相場（TTB）またはこれに準ずる相場による。
2. 金融商品取引所に上場されている利付公社債の価額は、次式により計算された金額によって評価する。

$$評価額 = \left(課税時期の最終価格 + \frac{源泉所得税相当額控除}{後の既経過利息の額}\right) \times \frac{券面額}{100円}$$

3. 相続開始時において、保険事故がまだ発生していない生命保険契約に関する権利の価額は、課税時期における既払込保険料相当額により評価する。
4. 金融商品取引所に上場されている不動産投資信託の受益証券の価額は、上場株式に関する評価の定めに準じて評価する。

32　☑☑☑　重要度 B　[2019年1月]

相続税における取引相場のない株式の評価に関する次の記述のうち、最も適切なものはどれか。

1. 配当還元方式による株式の価額は、その株式の1株当たりの年配当金額を5％で還元した元本の金額によって評価する。
2. 会社規模が小会社である会社の株式の原則的評価方式は、純資産価額方式であるが、納税義務者の選択により、類似業種比準方式と純資産価額方式の併用方式で評価することもできる。
3. 類似業種比準価額を計算する場合の類似業種の株価は、課税時期の属する月以前3ヵ月間の各月の類似業種の株価のうち最も低いものとするが、納税義務者の選択により、課税時期の属する月以前3年間の類似業種の平均株価によることもできる。
4. 純資産価額を計算する場合の「評価差額に対する法人税額等に相当する金額」の計算上、法人税等の割合は、40％となっている。

3 が不適切　　テキスト6章　P586-591

1. 適切　なお、TTBは、顧客が外貨を円に換える際に適用されるレートです。
2. 適切　評価額の計算式を言葉で説明すると、死亡時点で換金した場合の時価となります。
3. **不適切**　相続開始時において、保険事故が発生していない生命保険契約に関する権利の価額は、**解約返戻金相当額**によって評価します。
4. 適切　上場株式、ETF、REITは、課税時期の最終価格、課税時期の属する月の毎日の最終価格の平均額、課税時期の属する月の前月の毎日の最終価格の平均額、課税時期の属する月の前々月の毎日の最終価格の平均額のうち、最も**低い**価格で評価します。

2 が適切　　テキスト6章　P586-589

1. 不適切　配当還元方式による株式の価額は、その株式の1株当たりの年配当金額を**10％**で還元した元本の金額によって評価します。
2. **適切**　なお、大会社は「類似業種比準価額または純資産価額」、中会社、小会社は「純資産価額または併用方式」によって評価します。
3. 不適切　類似業種比準価額を計算する場合の類似業種の株価は、**課税時期の属する月、前月、前々月、前年、課税時期以前2年間平均の5つのうち、最も低い株価**とすることができます。
4. 不適切　純資産価額を計算する場合の「評価差額に対する法人税額等に相当する金額」の計算上、法人税等の割合は**37％**となっています。

33 ☑☑☑ 重要度 B [2022年9月]

相続税における取引相場のない株式の評価に関する次の記述のうち、最も適切なものはどれか。

1. 会社規模が小会社である会社の株式の価額は、純資産価額方式によって評価し、類似業種比準方式と純資産価額方式の併用方式によって評価することはできない。
2. 会社規模が中会社である会社の株式の価額は、類似業種比準方式、または純資産価額方式のいずれかによって評価する。
3. 同族株主が取得した土地保有特定会社に該当する会社の株式は、原則として、類似業種比準方式によって評価する。
4. 同族株主のいる会社において、同族株主以外の株主が取得した株式は、その会社規模にかかわらず、原則として、配当還元方式によって評価する。

事業承継対策

34 ☑☑☑ 重要度 B [2019年5月]

相続税の納税資金対策および事業承継対策に関する次の記述のうち、最も不適切なものはどれか。

1. 「非上場株式等についての贈与税の納税猶予及び免除の特例」の適用を受ける場合、相続時精算課税制度の適用を受けることはできない。
2. オーナー経営者への役員退職金の支給は、自社株式の評価額を引き下げる効果が期待できることに加え、相続時における納税資金の確保にもつながる。
3. オーナー経営者の死亡により相続人へ支払う死亡退職金は、死亡後3年以内に支給額が確定した場合、相続税において退職手当金等の非課税限度額の適用を受けることができる。
4. 納付すべき相続税額について、延納によっても金銭で納付することを困難とする事由がある場合には物納が認められているが、物納に充てることができる財産の種類には申請順位があり、第1順位には国債、地方債、不動産、上場株式などが挙げられる。

4 が適切　　テキスト6章　P587-589

1. 不適切　会社規模が**小会社**である会社の株式の価額は、「**純資産価額**方式」または「類似業種比準方式と純資産価額方式の**併用方式**」によって評価します。

2. 不適切　会社規模が**中会社**である会社の株式の価額は、「**純資産価額**方式」または「類似業種比準方式と純資産価額方式の**併用方式**」によって評価します。「類似業種比準方式」または「純資産価額方式」のいずれかによって評価するのは会社規模が大会社である場合です。

3. 不適切　**同族株主が取得**した**土地保有特定会社**や**株式等保有特定会社**に該当する会社の株式は、原則として、**純資産価額**方式によって評価します。

4. **適切**　同族株主のいる会社において、**同族株主以外の株主が取得**した株式は、その会社規模にかかわらず、原則として、**配当還元**方式によって評価します。

1 が不適切　　テキスト6章　P543-544、557、594-596

1. **不適切**　非上場株式等についての贈与税の納税猶予及び免除の特例の適用を受けるときは、**相続時精算課税制度の適用を受けることができます。**

2. 適切　役員退職金の支給は、評価引下げ対策、納税資金対策として効果があります。

3. 適切　なお、被相続人の死亡によって被相続人に支給されるべきであった退職手当金で、被相続人の死亡後3年を超えてから支給が確定したものは、受け取った者の一時所得となります。

4. 適切　物納の第1順位は国債、地方債、不動産、上場株式等、第2順位は非上場株式等です。

35 ☑☑☑ 重要度 B [2018年5月]

取引相場のない株式に係る類似業種比準価額に関する次の記述のうち、最も適切なものはどれか。なお、類似業種比準価額の計算に影響を与える他の要素については、考慮しないものとする。

1. A社は土地を売却する予定であり、売却すると多額の売却損の発生が予想されるため、この土地の売却により類似業種比準価額を引き下げることができると考えている。
2. B社は、類似業種比準価額の計算上、配当、利益および純資産という3つの比準要素のウエイトが「1：3：1」であるため、今後は、配当や純資産の引下げに努めるよりもウエイトの高い利益の引下げ（圧縮）に努めた方が、類似業種比準価額の引下げ効果は大きいと考えている。
3. C社はこれまで無配であったが、今期、創業30年の記念配当を実施する予定であり、この配当を実施すると、比準要素のうちの配当がゼロからプラスになるため、類似業種比準価額が上昇するのではないかと考えている。
4. D社の株式評価上の会社規模は、現在、中会社であるが、類似業種比準価額の計算上の斟酌率は会社規模が大きいほど小さくなるため、会社規模を大会社にさせて類似業種比準価額を引き下げたいと考えている。

1 が適切　　テキスト6章　P587-589、594

1. **適切**　多額の売却損の発生が予想される土地の売却は、利益と純資産が少なくなるため、類似業種比準価額を引き下げる効果があります。

2. 不適切　類似業種比準価額の計算上、配当、利益、純資産という3つの比準要素のウェイトは「**1：1：1**」です。

3. 不適切　記念配当や特別配当は、1株当たりの配当金額に反映されませんので、**記念配当を実施しても類似業種比準価額に影響しません。**

4. 不適切　類似業種比準価額の計算上の斟酌率は大会社は0.7、中会社は0.6、小会社は0.5と、**会社規模が大きいほど大きくなります。**

36 ☑☑☑ 重要度 C [2023年5月]

中小企業における経営の承継の円滑化に関する法律における「遺留分に関する民法の特例」(以下「本特例」という) に関する次の記述のうち、最も不適切なものはどれか。

1. 本特例の適用を受けることによって、後継者が旧代表者から贈与により取得した自社株式の全部または一部について、その価額を、遺留分を算定するための財産の価額に算入しないことができる。
2. 本特例の適用を受けることによって、後継者が旧代表者から贈与により取得した自社株式の全部または一部について、遺留分を算定するための財産の価額に算入すべき価額を、本特例の適用に係る合意をした時点の価額とすることができる。
3. 本特例の適用を受けるためには、経済産業大臣の確認および家庭裁判所の許可を受ける必要がある。
4. 後継者が贈与により取得した自社株式が金融商品取引所に上場されている場合であっても、本特例の適用を受けることができる。

4 が不適切　　テキスト6章　P599

1. 適切　選択肢の制度を「**除外**合意」といいます。

2. 適切　選択肢の制度を「**固定**合意」といいます。

3. 適切　遺留分に関する民法の特例を適用するためには、**後継者および推定相続人全員（遺留分を有する者）**の合意のほか、**経済産業大臣**の確認、**家庭裁判所**の許可が必要となります。

4. **不適切**　遺留分の民法の特例は、**中小企業者**である個人、**非上場の企業**に限り適用できます。

第1問　☑☑☑　重要度 B　[2020年1月]

松尾さんは、相続開始後の手続き等について、FPで税理士でもある大地さんに質問をした。下記の空欄（ア）～（エ）に入る適切な語句を語群の中から選び、その番号のみを解答欄に記入しなさい。なお、同じ語句を何度選んでもよいこととする。

松尾さん：「相続開始後の手続きについて教えてください。相続税の申告と納税はいつまでに行う必要がありますか。」
大地さん：「相続税の申告と納税は、相続の開始があったことを知った日の翌日から（ ア ）以内に行うことになっています。」
松尾さん：「相続の放棄をするときは、どのような手続きをするのですか。」
大地さん：「相続放棄をする場合、相続の開始があったことを知った時から原則として（ イ ）以内に、（ ウ ）にその旨の申述を行います。」
松尾さん：「準確定申告についても教えてください。」
大地さん：「納税者に相続が発生した場合、相続人は、被相続人の所得税の確定申告をして、所得税を納付する必要があります。準確定申告の期限は、相続の開始があったことを知った日の翌日から（ エ ）以内です。」

<語群>

1. 1ヵ月	2. 3ヵ月	3. 4ヵ月	4. 6ヵ月
5. 10ヵ月	6. 8ヵ月	7. 1年	
8. 家庭裁判所	9. 簡易裁判所	10. 地方裁判所	

正解　(ア) 5　(イ) 2　(ウ) 8　(エ) 3

テキスト (ア) 6章　P555、(イ) (ウ) 6章　P534-535、(エ) 4章　P389

ポイント：相続開始後の手続期限・提出先

相続の限定承認・放棄	相続開始があったことを知ったときから**3カ月**（イ）以内に**家庭裁判所**（ウ）で手続きをしなければならない
所得税の準確定申告	相続開始があったことを知った日の翌日から**4カ月**(エ) 以内に被相続人の住所地を管轄する所轄税務署長に申告書を提出する
相続税の期限内申告	相続開始があったことを知った日の翌日から**10カ月**（ア）以内に被相続人の住所地を管轄する所轄税務署長に申告書を提出する

レック先生のワンポイント

相続開始後の手続き期限、手続き場所は穴埋めの定番問題ですので、確実に得点できるように整理しておきましょう。

第2問　☑☑☑　重要度 A　［2022年9月］

下記の＜親族関係図＞の場合において、民法の規定に基づく法定相続分に関する次の記述の空欄（ア）～（ウ）に入る適切な語句または数値を語群の中から選び、解答欄に記入しなさい。なお、同じ語句または数値を何度選んでもよいこととする。

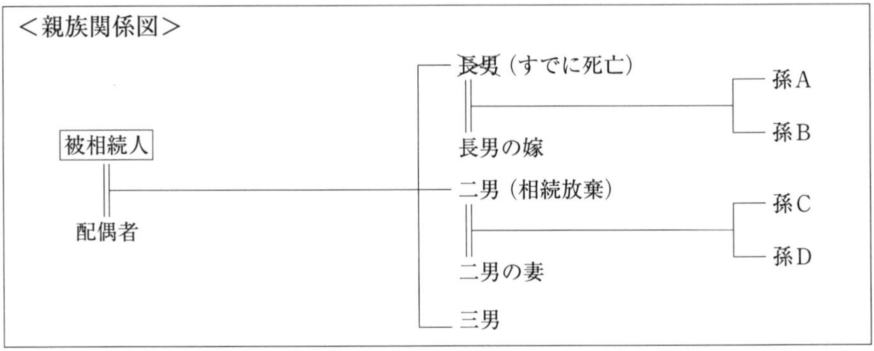

［相続人の法定相続分］

・被相続人の配偶者の法定相続分は（ ア ）。

・被相続人の孫Cおよび孫Dの各法定相続分は（ イ ）。

・被相続人の三男の法定相続分は（ ウ ）。

＜語群＞

なし	1／2	1／3	1／4	1／6
1／8	1／10	2／3	3／4	1／12

正解　**（ア）1／2**　**（イ）なし**　**（ウ）1／4**　テキスト6章　P528、530

設問の場合、配偶者と子が相続人ですので、**配偶者および子の法定相続分はそれぞれ1/2**（ア）です。

子は、長男、二男、三男の3人いますが、**二男は相続を放棄**しており、初めから相続人ではなかったものとみなされます。**相続放棄をした二男の子**（被相続人の孫）**は代襲相続できません**ので、法定相続分はありません（イ）。

以上より、子は2人として計算しますので、2分の1を長男（実際には、A・Bが代襲相続）、三男で二等分しますので、三男の法定相続分は1／2×1／2＝1／4（ウ）となります。

第3問 ☑☑☑ 重要度 A

[2019年5月]

下記<相続関係図>において、民法の規定に基づく法定相続分および遺留分に関する次の記述の空欄（ア）～（ウ）に入る適切な語句または数値を語群の中から選び、解答欄に記入しなさい。なお、同じ語句または数値を何度選んでもよいこととする。

<相続関係図>

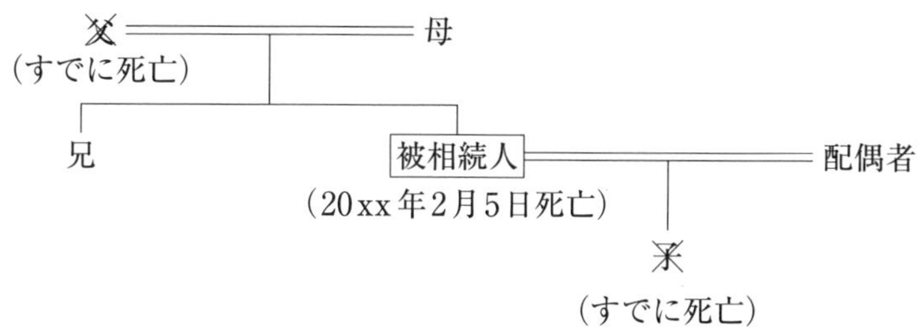

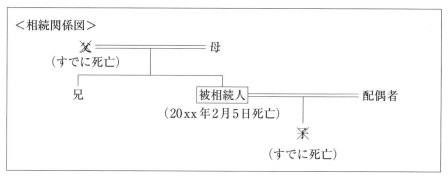

［各人の法定相続分と遺留分］
- 被相続人の配偶者の法定相続分は（ ア ）。
- 被相続人の兄の法定相続分は（ イ ）。
- 被相続人の母の遺留分は（ ウ ）。

<語群>

なし	1／2	1／3	1／4	1／6
1／8	1／9	2／3	3／4	

正解　**（ア）2／3**　**（イ）なし**　**（ウ）1／6**

テキスト6章　（ア）（イ）P530、（ウ）P538

設問の場合、**配偶者と母（直系尊属）が相続人**ですので、配偶者の法定相続分は2／3（ア）、直系尊属の法定相続分は1／3となります。つまり、兄の法定相続分はありません（イ）。
配偶者と直系尊属が相続人である場合、**遺留分は相続財産の1／2**ですので、配偶者の遺留分は2／3×1／2＝1／3、母の遺留分は1／3×1／2＝1／6（ウ）となります。

第4問 ☑☑☑ 重要度 A

[2023年5月]

下記＜親族関係図＞の場合において、民法の規定に基づく法定相続分および遺留分に関する次の記述の空欄（ア）～（ウ）に入る適切な語句または数値を語群の中から選び、その番号のみを解答欄に記入しなさい。なお、同じ番号を何度選んでもよいこととする。

＜親族関係図＞

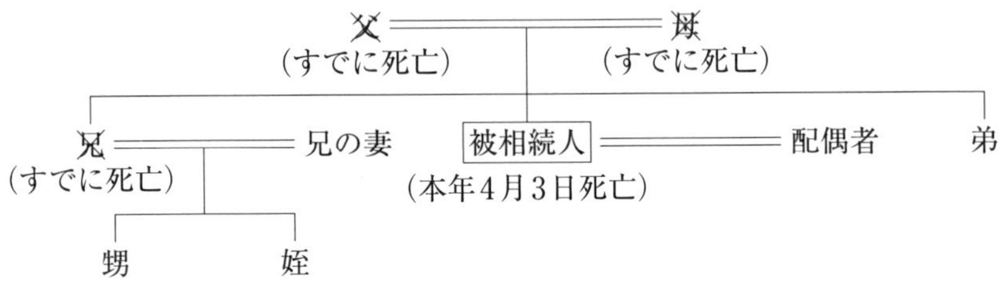

[各人の法定相続分および遺留分]

・被相続人の配偶者の法定相続分は（ ア ）。

・被相続人の甥の法定相続分は（ イ ）。

・被相続人の弟の遺留分は（ ウ ）。

＜語群＞

1. なし	2. 1／2	3. 1／3	4. 1／4	5. 1／6
6. 1／8	7. 1／12	8. 1／16	9. 2／3	10. 3／4

正解 （ア）10 （イ）8 （ウ）1 テキスト6章 （ア）（イ）P528、530、（ウ）P538

設問の場合、**配偶者と弟、甥、姪が相続人**ですので、配偶者の法定相続分は3／4（ア）、兄弟姉妹の法定相続分は1／4となります。兄弟姉妹の法定相続分1／4を兄と弟で等分しますので、各1／8となります。兄が死亡している場合、兄の子である甥と姪が代襲相続しますので、甥と姪の法定相続分は各1／16（イ）となります。

配偶者と兄弟姉妹が相続人である場合、配偶者の遺留分が相続財産の1／2、**兄弟姉妹の遺留分はありません**（ウ）。

第5問 ☑☑☑ 重要度 C [2019年9月]

相続税において相続財産から控除できる債務等に関する次の（ア）～（エ）の記述のうち、適切なものには○、不適切なものには×を解答欄に記入しなさい。

（ア）被相続人に課される未払いの所得税、住民税、固定資産税等は、相続財産から控除することができる。

（イ）葬式などの前後の出費で、通常葬式に欠かせないお通夜などにかかった費用については、葬式費用として相続財産から控除することができる。

（ウ）香典返しのためにかかった費用については、葬式費用として相続財産から控除することができない。

（エ）四十九日の法要のためにかかった費用については、原則として、葬式費用として相続財産から控除することができる。

正解 （ア）○ （イ）○ （ウ）○ （エ）×

テキスト6章 P546

ポイント：債務控除、葬式費用

控除できる	**本葬・通夜費用**（イ）で通常必要なもの 被相続人の借入債務 **確定している未払金（税金**（ア）**、医療費）**
控除できない	**墓地等の未払金** 団信付ローン **香典返戻費用**（ウ） **法要費用**（エ） 遺言執行費用

レック先生のワンポイント

債務控除できるもの、できないものは、比較的整理しやすく、得点しやすい論点です。

第6問　重要度B　[2023年1月]

下記の相続事例（本年８月９日相続開始）における各人の相続税の課税価格の組み合わせとして、正しいものはどれか。なお、記載のない条件については一切考慮しないこととする。

＜課税価格の合計額を算出するための財産等の相続税評価額＞

マンション（建物および建物敷地権）：3,500万円

現預金：1,000万円

死亡保険金：1,500万円

死亡退職金：2,000万円

債務および葬式費用：400万円

＜親族関係図＞

※マンションの評価額は、「小規模宅地等の特例」適用後の金額であり、死亡保険金および死亡退職金は、非課税限度額控除前の金額である。
※マンションは配偶者が相続する。
※現預金は、長男および長女が２分の１ずつ受け取っている。
※死亡保険金は、配偶者、長男、長女がそれぞれ３分の１ずつ受け取っている。
※死亡退職金は、配偶者が受け取っている。
※相続開始前３年以内に被相続人からの贈与により財産を取得した相続人はおらず、相続時精算課税制度を選択した相続人もいない。また相続を放棄した者もいない。
※債務および葬式費用は、すべて被相続人の配偶者が負担している。

1. 配偶者：3,600万円　長男：　500万円　長女：　500万円
2. 配偶者：3,600万円　長男：1,000万円　長女：1,000万円
3. 配偶者：5,100万円　長男：　500万円　長女：　500万円
4. 配偶者：5,100万円　長男：1,000万円　長女：1,000万円

正解 **1** が正しい　　テキスト6章　P541-546

相続税の課税価格は、本来の相続財産＋みなし相続財産－非課税財産－債務・葬式費用＋相続開始前３年以内の贈与財産＋相続時精算課税制度により贈与した財産により求めます。

死亡保険金・死亡退職金
相続税の対象となる死亡保険金、死亡退職金を**相続人**が受け取った場合は、**それぞれ別枠で500万円×法定相続人の数の金額が非課税**となります。なお、設問の場合、法定相続人は配偶者、長男、長女の３人ですので、500万円×３人＝1,500万円が相続税非課税となります。
死亡保険金は相続人３人が500万円ずつ受け取り、1,500万円が非課税ですので、相続税の課税価格に算入される金額はゼロです。
死亡退職金2,000万円は配偶者が受け取り、1,500万円が非課税ですので、相続税の課税価格に算入される金額は500万円です。

	配偶者	長男	長女	合計
マンション	3,500万円	－	－	3,500万円
現預金		500万円	500万円	1,000万円
非課税金額控除後の死亡保険金	0円	0円	0円	1,500万円－ 1,500万円＝0円
非課税金額控除後の死亡退職金	500万円	－	－	2,000万円－ 1,500万円 ＝500万円
債務および葬式費用	▲400万円			▲400万円
相続税の課税価格	3,600万円	500万円	500万円	4,600万円

以上より、1.が正解となります。

レック先生のワンポイント

なお、2027年以降の相続から生前贈与加算の対象が徐々に広がり（３年超）、2031年以降に発生する相続からは相続開始前７年以内が対象となります。

第7問 ☑☑☑ 重要度 A [2021年1月]

五十嵐智子さん（50歳）は、本年11月に夫から居住用不動産（財産評価額3,500万円）の贈与を受けた。智子さんが贈与税の配偶者控除の適用を受けた場合の本年分の贈与税額として、正しいものはどれか。なお、本年においては、このほかに智子さんが受けた贈与はないものとする。また、納付すべき贈与税額が最も少なくなるように計算すること。

＜贈与税の速算表＞

（イ）18歳以上の者が直系尊属から贈与を受けた財産の場合（原則）

基礎控除後の課税価格	税率	控除額
200万円 以下	10%	－
200万円 超　400万円 以下	15%	10万円
400万円 超　600万円 以下	20%	30万円
600万円 超　1,000万円 以下	30%	90万円
1,000万円 超　1,500万円 以下	40%	190万円
1,500万円 超　3,000万円 以下	45%	265万円
3,000万円 超　4,500万円 以下	50%	415万円
4,500万円 超	55%	640万円

（ロ）上記（イ）以外の場合

基礎控除後の課税価格	税率	控除額
200万円 以下	10%	－
200万円 超　300万円 以下	15%	10万円
300万円 超　400万円 以下	20%	25万円
400万円 超　600万円 以下	30%	65万円
600万円 超　1,000万円 以下	40%	125万円
1,000万円 超　1,500万円 以下	45%	175万円
1,500万円 超　3,000万円 以下	50%	250万円
3,000万円 超	55%	400万円

1. 3,660,000円
2. 4,100,000円
3. 4,505,000円
4. 5,000,000円

正解 **3** が正しい　　テキスト6章　P566

贈与税の配偶者控除（**2,000万円**を限度）は**基礎控除110万円とは別に控除**できますので、3,500万円のうち、2,110万円までは贈与税がかからず、課税対象となるのは、3,500万円－2,110万円＝1,390万円となります。
夫婦間の贈与ですので（ロ）の税率表が適用され、贈与税は1,390万円×45％－175万円＝450.5万円となります。

レック先生のワンポイント

贈与税の計算問題は、以下のパターンがあります。

・贈与税の配偶者控除の対象となるケース（2,110万円まで贈与税はかかりません）（一般贈与）
・相続時精算課税制度と暦年贈与（特例贈与）
・相続時精算課税制度と暦年贈与（一般贈与）

いずれのパターンの過去問も解いて慣れておきましょう。

第8問 ☑☑☑ 重要度A [2020年1月]

志田孝一さん（37歳）は、父（68歳）と叔父（65歳）から下記<資料>の贈与を受けた。孝一さんの本年分の贈与税額を計算しなさい。なお、父からの贈与については、前年から相続時精算課税制度の適用を受けている。また、解答に当たっては、解答用紙に記載されている単位に従うこと。

<資料>

[前年中（2023年）の贈与]
・父から贈与を受けた金銭の額：1,000万円（全額、特別控除の対象）
[本年中（2024年）の贈与]
・父から贈与を受けた金銭の額：1,800万円
・叔父から贈与を受けた金銭の額：700万円

※前年中および本年中に上記以外の贈与はないものとする。
※上記の贈与は、住宅取得等資金や結婚・子育てに係る資金の贈与ではない。

<贈与税の速算表>

（イ）18歳以上の者が直系尊属から贈与を受けた財産の場合（原則）

基礎控除後の課税価格		税率	控除額
	200万円 以下	10%	−
200万円 超	400万円 以下	15%	10万円
400万円 超	600万円 以下	20%	30万円
600万円 超	1,000万円 以下	30%	90万円
1,000万円 超	1,500万円 以下	40%	190万円
1,500万円 超	3,000万円 以下	45%	265万円
3,000万円 超	4,500万円 以下	50%	415万円
4,500万円 超		55%	640万円

（ロ）上記（イ）以外の場合

基礎控除後の課税価格		税率	控除額
	200万円 以下	10%	−
200万円 超	300万円 以下	15%	10万円
300万円 超	400万円 以下	20%	25万円
400万円 超	600万円 以下	30%	65万円
600万円 超	1,000万円 以下	40%	125万円
1,000万円 超	1,500万円 以下	45%	175万円
1,500万円 超	3,000万円 以下	50%	250万円
3,000万円 超		55%	400万円

正解 **150**（万円）　　テキスト6章　P561-568

＜相続時精算課税制度による贈与（父からの贈与）＞

本問の場合、相続時精算課税制度では受贈者ごとに年間110万円のほか、累計で2,500万円までは贈与税がかかりませんが、**2,500万円を超える部分は一律20％**の贈与税が課税されます。そして、孝一さんは、前年に1,000万円の贈与を受けているため、残りの特別控除は1,500万円です。

本年分の贈与税は以下のとおり求めます。

贈与税額＝｛(課税価格－年間110万円）－特別控除2,500万円の残額(1,500万円)｝×20％

｛(1,800万円－110万円）－特別控除1,500万円｝×20％＝38万円

＜暦年課税制度による贈与（叔父からの贈与）＞

1年間に贈与を受けた財産の価額が基礎控除額（110万円）以下であれば贈与税はかかりませんが、110万円を超える部分は超過累進税率により課税されます。**叔父は直系尊属ではない**ため、(ロ）の表の税率が適用されます。

したがって、叔父からの贈与に対する贈与税は

（700万円－110万円）×30％－65万円＝112万円となります。

上記より、贈与税は38万円＋112万円＝150万円となります。

第9問　☑☑☑　重要度 C　[2018年9月]

贈与税の配偶者控除（以下「本特例」という）に関する次の記述の空欄（ア）～（エ）に入る語句の組み合わせとして、正しいものはどれか。

・本特例は、婚姻期間が（ ア ）以上ある配偶者からの居住用不動産または居住用不動産を取得するための金銭の贈与が適用対象である。
・本特例の適用を受けると、贈与を受けた財産の価格から、贈与税の基礎控除110万円（ イ ）、最高2,000万円まで控除することができる。
・本特例の適用を受けるためには、贈与を受けた年の（ ウ ）までに、贈与により取得した居住用不動産または贈与を受けた金銭で取得した居住用不動産に、贈与を受けた者が現実に住んでおり、その後も引き続き住む見込みでなければならない。
・本特例の適用を受けた財産の贈与を受けた後、3年以内に贈与者の相続が開始した場合、贈与されたその財産は相続財産に（ エ ）。

1. （ア）20年　（イ）を含めて　（ウ）12月31日　（エ）加算される
2. （ア）25年　（イ）とは別に　（ウ）12月31日　（エ）加算されない
3. （ア）20年　（イ）とは別に　（ウ）翌年3月15日　（エ）加算されない
4. （ア）25年　（イ）を含めて　（ウ）翌年3月15日　（エ）加算される

正解 **3** が正しい　　テキスト6章 (ア)(イ)(ウ)P566、(エ)P543

ポイント：贈与税の配偶者控除

婚姻期間	20年（ア）以上
適用	同じ配偶者間で一生に1回
控除額	基礎控除とは別に（イ）最高2,000万円
入居要件	贈与を受けた年の翌年3月15日（ウ）までに居住し、引き続き住む見込み
生前贈与加算	加算されない（エ）（2,000万円を限度）
贈与税の申告	必要

以上より、3.が正解となります。

レック先生のワンポイント

贈与税の配偶者控除と、直系尊属から住宅取得等資金の贈与を受けた場合の贈与税の非課税制度の違いを整理しておきましょう。

	贈与税の計算における配偶者控除	相続税の計算における配偶者の税額軽減
婚姻期間要件	**20年以上**	**なし**
税金がかからない金額の範囲	課税価格で、**基礎控除110万円とは別に2,000万円**まで	課税価格で、配偶者の法定相続分または**1億6,000万円**のいずれか**多い方**の金額まで
申告の要否	**必要** 贈与を受けた年の**翌年2月1日から3月15日まで**	必要 相続開始があったことを知った日の翌日から10カ月以内

レック先生のワンポイント

婚姻期間20年以上の夫婦における居住用不動産の贈与において、適用できる贈与税の配偶者控除と相続時に適用できる配偶者の税額軽減の特徴を整理しておきましょう。

第10問 ☑☑☑ 重要度 C [2021年9月]

青山さんは、自宅の取得に当たり、ＦＰで税理士でもある谷口さんに「直系尊属から住宅取得等資金の贈与を受けた場合の贈与税の非課税」について質問をした。下記の空欄（ア）～（エ）に入る適切な語句を語群の中から選び、その番号のみを解答欄に記入しなさい。

青山さん：「マンションを購入する契約をしたいので、『直系尊属から住宅取得等資金の贈与を受けた場合の贈与税の非課税』制度を利用して資金援助を受けたいと考えています。」

谷口さん：「非課税の適用を受けるためには、いくつかの要件があります。例えば、取得したマンションの専有部分の床面積が、40㎡（所得要件あり）以上（ ア ）以下であることなどです。」

青山さん：「床面積の要件は満たしているので大丈夫そうですね。あと、資金援助について祖父からの贈与を検討していますが、両親以外の者からの贈与であってもこの制度を適用することはできますか。」

谷口さん：「祖父からの資金援助については、この特例制度の適用を（ イ ）。」

青山さん：「この特例制度の適用を受けたい場合、他に気を付けることはありますか。」

谷口さん：「例えば、贈与税の確定申告の期間は、原則として、贈与を受けた年の翌年（ ウ ）から3月15日までとなります。」

青山さん：「納税額が0円の場合でも、贈与税の確定申告が必要ですか。」

谷口さん：「（ エ ）。」

＜語群＞

1. 240㎡　　2. 280㎡　　3. 330㎡
4. 受けることができます　　5. 受けることはできません
6. 2月1日　　7. 2月16日
8. その場合でも、申告が必要です　　9. その場合には、申告は不要です

正解　（ア）1　（イ）4　（ウ）6　（エ）8

テキスト6章　（ア）（イ）P568-569、（ウ）（エ）P572

贈与者	父母または祖父母（イ）
受贈者	贈与を受ける年の1月1日において**18歳**以上 贈与を受ける年の合計所得金額が**2,000万円**（床面積40㎡以上50㎡未満の場合は**1,000万円**）以下
取得する住宅の床面積要件	床面積**50㎡**（贈与を受ける年の合計所得金額が1,000万円以下の場合は**40㎡**）以上**240㎡**（ア）以下
贈与税の申告	贈与税がかからない場合でも、贈与を受けた年の**2月1日**（ウ）から**3月15日**までに贈与税の申告書が必要（エ）
生前贈与加算	非課税となった部分の金額は、**加算されない**
その他	暦年課税の基礎控除または相続時精算課税の特別控除等と**併用することができる**

レック先生のワンポイント

住宅取得等資金の非課税制度は穴埋め問題が頻出です。しっかり整理しておきましょう。

第11問　☑☑☑　重要度A　[2020年1月]

下記＜資料＞の宅地（貸家建付地）に係る路線価方式による相続税評価額の計算式として、正しいものはどれか。

＜資料＞

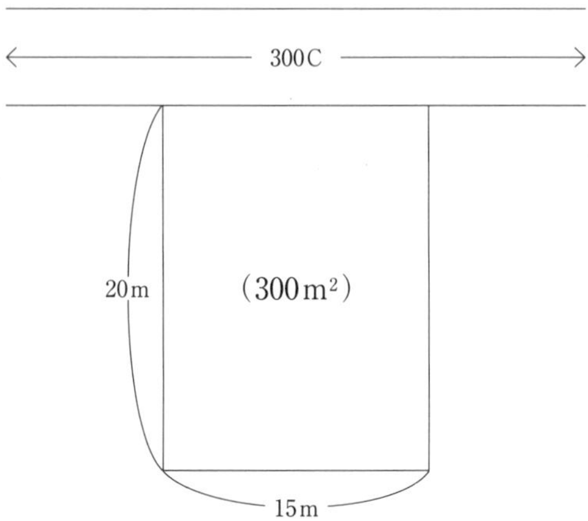

注1：奥行価格補正率　1.00
注2：借地権割合　70％
注3：借家権割合　30％
注4：この宅地には宅地所有者の所有する賃貸マンションが建っており、現在満室（すべて賃貸中）となっている。
注5：その他の記載のない条件は一切考慮しないものとする。

1．300,000円×1.00×300m²
2．300,000円×1.00×300m²×70％
3．300,000円×1.00×300m²×（1－70％）
4．300,000円×1.00×300m²×（1－70％×30％×100％）

正解 **4** が正しい　　テキスト6章　P574-580

1. **自用地**評価額（自宅敷地、店舗敷地、青空駐車場の敷地、使用貸借により貸し付けている宅地）。
2. **普通借地権**の評価額。
3. **貸宅地**の評価額。
4. 貸家建付地の評価額。

宅地の評価額は、「**路線価×奥行価格補正率×面積**」により求めます。
設問の場合、「**300C**」**は1m²当たり30万円**、借地権割合70％を表します。
貸家建付地の評価額は、**自用地評価額×（1－借地権割合×借家権割合×賃貸割合）**により求めますので、設問の場合は、
300,000円×1.00×300m²×（1－70％×30％×100％）により求めます。

レック先生のワンポイント

路線価方式による評価額の計算は、自用地、普通借地権、貸家建付地の3つを中心に出題されています。
貸宅地も含めて、計算式はしっかり整理しておきましょう。

第12問 ☑☑☑ 重要度A

[2021年1月]

相続税における「小規模宅地等の評価減の特例」に関する下表の空欄（ア）～（ウ）に入る正しい数値を語群の中から選び、その数値を解答欄に記入しなさい。なお、同じ数値を何度選んでもよいこととする。

宅地等の区分	適用限度面積	減額割合
特定事業用宅地等	（ ア ）m²	80％
特定居住用宅地等	（ イ ）m²	80％
特定同族会社事業用宅地等	400m²	80％
貸付事業用宅地等	200m²	（ ウ ）％

＜語群＞

50　80　100　200　240　300　330　400

正解　（ア）400　（イ）330　（ウ）50

テキスト6章　P582

ポイント：小規模宅地等の課税価格の計算の特例の減額割合、減額面積

特定事業用宅地等 特定同族会社事業用宅地等	400m²（ ア ）まで80％減
特定居住用宅地等	330m²（ イ ）まで80％減
貸付事業用宅地等	200m²まで50％（ ウ ）減

第1問

[2022年9月　生保]

次の設例に基づいて、下記の各問（《問１》～《問３》）に答えなさい。

《設 例》

会社員のＡさん（57歳）は、妻と子の3人で首都圏にあるM市に住んでいる。本年7月19日に、故郷であるX市内の自宅（実家）で1人暮らしをしていた父Ｃさんが死亡した。父Ｃさんの相続に係る相続人は、Ａさんおよび姉Ｂさん（62歳）の2人である。

父Ｃさんは、生前に遺言書を作成していなかった。Ａさんは、姉Ｂさんと相談して、遺産分割を行う予定であるが、相続税の申告等、わからないことが多い。

また、Ａさんおよび姉Ｂさんは、それぞれが所有する自宅に居住しており、X市に戻る予定はない。築46年の実家の建物は老朽化が激しく、管理にも手間がかかるため、実家（敷地および建物）については、相続手続の終了後、売却したいと思っている。また、賃貸アパート（敷地および建物）については、Ａさんが相続により取得し、貸付事業を承継する予定である。父Ｃさんの相続財産は、以下のとおりである。

＜父Ｃさんの主な相続財産（相続税評価額）＞

①現預金　：　4,000万円
②自宅（実家）
　敷地（350㎡）　：　7,000万円
　建物（1976年築）　：　300万円
③賃貸アパート（全室、賃貸中）
　敷地（300㎡）　：　5,400万円
　建物（6室）　：　2,000万円
④死亡保険金　：　1,000万円（契約者（＝保険料負担者）・被保険者：父Ｃさん、死亡保険金受取人：Ａさん）

※賃貸アパートの敷地は、「小規模宅地等についての相続税の課税価格の計算の特例」適用前の金額である。

※上記以外の条件は考慮せず、各問に従うこと。

問1 ☑☑☑ 重要度 A

父Cさんの相続における相続税の総額を試算した下記の表の空欄①～③に入る最も適切な数値を求めなさい。なお、相続税の課税価格の合計額は1億7,000万円とし、問題の性質上、明らかにできない部分は「□□□」で示してある。

(a) 相続税の課税価格の合計額	1億7,000万円
(b) 遺産に係る基礎控除額	(①) 万円
課税遺産総額 ((a) − (b))	□□□万円
相続税の総額の基となる税額	
Aさん	(②) 万円
姉Bさん	□□□万円
(c) 相続税の総額	(③) 万円

＜資料＞相続税の速算表 (一部抜粋)

法定相続分に応ずる取得金額	税率	控除額
万円超　　　　万円以下		
～　1,000	10%	−
1,000　～　3,000	15%	50万円
3,000　～　5,000	20%	200万円
5,000　～　10,000	30%	700万円
10,000　～　20,000	40%	1,700万円

正解　① **4,200**（万円）　② **1,220**（万円）　③ **2,440**（万円）

テキスト６章　① P548、②③ P530、P550

①相続税の計算における遺産に係る基礎控除額は「**3,000万円＋600万円×法定相続人の数**」により求めます。設問の場合、法定相続人の数は２人ですので、3,000万円＋600万円×２人＝4,200万円となります。

（参考）
課税遺産総額＝１億7,000万円－4,200万円＝１億2,800万円

②③相続税の総額は、課税遺産総額を法定相続人が法定相続分どおりに財産を取得するものとして、課税価格を求め、その課税価格に税率を乗じて税額を求めます。

第１ステップ　**法定相続人の法定相続分**を求めます。
第２ステップ　「**課税遺産総額×法定相続分**」に対して、**相続税率を乗じて**、相続税を求めます。
第３ステップ　全部の金額を合計します。

第１ステップ
Ａさんおよび姉Ｂさんは父の子ですので、法定相続分は各１／２です。

第２ステップ
Ａさん　１億2,800万円×１／２＝6,400万円
相続税額：6,400万円×30％－700万円＝1,220万円
姉Ｂさん　Ａさんと同じ　1,220万円

第３ステップ
相続税の総額　1,220万円×２人＝2,440万円

問2 ☑☑☑ 重要度 A

父Cさんの相続に関する以下の文章の空欄①～③に入る最も適切な数値を解答用紙に記入しなさい。

Ⅰ「父Cさんが本年分の所得税について確定申告書を提出しなければならない場合に該当するとき、相続人は、原則として、相続の開始があったことを知った日の翌日から（ ① ）カ月以内に準確定申告書を提出しなければなりません」

Ⅱ「相続税の申告書の提出期限は、原則として、相続の開始があったことを知った日の翌日から（ ② ）カ月以内です。申告書の提出先は、父Cさんの死亡時の住所地を所轄する税務署長です」

Ⅲ「Aさんが父Cさんの貸付事業を相続税の申告期限までに承継する等の所定の要件を満たせば、賃貸アパートの敷地は、貸付事業用宅地等として『小規模宅地等についての相続税の課税価格の計算の特例』の適用を受けることができます。Aさんが当該敷地（相続税評価額5,400万円）について本特例の適用を受けた場合に減額される金額は、（ ③ ）万円となります」

正解 ① **4**（カ月） ② **10**（カ月） ③ **1,800**（万円）

テキスト①4章 P389、②6章 P555、③6章 P582-583

①②下表参照。

ポイント：相続開始後の手続き

	手続先	手続期限
限定承認・放棄	**家庭裁判所**	相続開始を知ったときから**3カ月**以内
所得税準確定申告	被相続人の納税地の税務署	相続開始を知った日の翌日から**4**（①）**カ月**以内
相続税の申告	被相続人の住所地の税務署	相続開始を知った日の翌日から**10**（②）**カ月**以内

③貸付事業用宅地等は**200㎡**まで**50％**の評価減の対象となります。設問の場合、5,400万円÷300㎡×200㎡×50％＝1,800万円が減額の対象となります。

（参考）Aさんおよび姉Bさんは父Cさんと同居しておらず、それぞれ所有する自宅に居住しているため、父Cさんの自宅の敷地については、評価減の対象となりません。

問3 ☑☑☑ 重要度 B

「被相続人の居住用財産（空き家）に係る譲渡所得の特別控除の特例」（以下、「本特例」という）に関する次の記述①～④について、適切なものには○印を、不適切なものには×印を解答用紙に記入しなさい。

①「仮に、実家の敷地および建物をAさんと姉Bさんが共有名義で取得し、本特例の適用を受けた場合、各人がそれぞれ最高3,000万円の特別控除の適用を受けることができます」

②「Aさんが老朽化した実家の建物を取り壊して更地で譲渡した場合、本特例の適用を受けることができません。本特例の適用を受けることを検討しているのであれば、建物は現況の空き家のままにしておいてください」

③「本特例の適用を受けるためには、相続税の申告期限までに譲渡を行う必要があります」

④「本特例と『相続財産に係る譲渡所得の課税の特例（相続税の取得費加算の特例）』は、重複して適用を受けることができますので、適用を受けるための要件を確認し、適用漏れがないようにしてください」

正解　① ○　② ×　③ ×　④ ×　　テキスト5章　P504-505

①適切　被相続人の居住用財産（空き家）に係る譲渡所得の特別控除は、**1人ごとに最高3,000万円**（取得する相続人が３人以上の場合は2,000万円）を控除できます。なお、譲渡対価１億円の要件は譲渡者ごとではなく、全体で判定します。

②不適切　相続した1981年5月31日以前に建築された家屋を
・**新耐震基準に適合するリフォーム**をして譲渡する
・**家屋を取り壊して譲渡**する
・建物を旧耐震基準のまま譲渡した場合、譲渡の翌年２月15日までに「新耐震基準に適合する」または「全部を取り壊し、除却、滅失した」
場合に対象となります。

③不適切　**相続開始から３年後の年の12月31日まで**、かつ特例措置の適用期限（現行では2027年12月31日）までに譲渡することが要件となっています。

④不適切　被相続人の居住用家屋（**空き家**）に係る譲渡所得の特別控除（3,000万円）と相続税取得費加算の特例は、**選択適用**です。なお、居住用財産（**マイホーム**）の場合は、3,000万円特別控除と相続税取得費加算の特例は**併用できます**。

第2問 [2021年1月　生保]

次の設例に基づいて、下記の各問（《問１》～《問３》）に答えなさい。

《設 例》

Aさんは、本年12月28日に病気により75歳で死亡した。Aさんは、生前に自筆証書遺言を作成し、自筆証書遺言書保管制度により法務局（遺言書保管所）に保管しており、財産は妻Bさん（72歳）、長女Dさん（44歳）、孫Gさん（17歳）および孫Hさん（15歳）に取得させ、疎遠になっていた長男Cさん（47歳）には財産は取得させない内容となっている。Aさんの親族関係図や相続財産は、以下のとおりである。なお、二女Eさんは、Aさんの相続開始前に死亡している。

＜Aさんの親族関係図＞

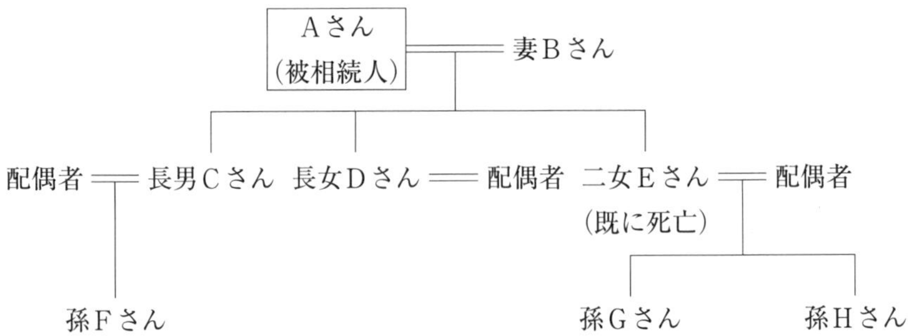

＜Aさんの主な相続財産（相続税評価額）＞

1. 現預金　：　9,500万円
2. 自宅
   ①敷地（440m²）　：　8,000万円（注）
   ②建物　：　600万円
3. 死亡保険金　：　3,500万円（契約者（＝保険料負担者）・被保険者：Aさん、死亡保険金受取人：妻Bさん）

（注）「小規模宅地等についての相続税の課税価格の計算の特例」適用前の金額

※上記以外の条件は考慮せず、各問に従うこと。

問1 ☑☑☑ 重要度 A

Aさんの相続に関する次の記述①～③について、適切なものには○印を、不適切なものには×印を解答用紙に記入しなさい。

①「相続税の申告書の提出期限は、原則として、相続の開始があったことを知った日の翌日から4カ月以内です。申告書の提出先は、Aさんの死亡時の住所地を所轄する税務署長になります」

②「孫Gさんおよび孫HさんはAさんの孫にあたりますが、二女Eさんの代襲相続人ですので、相続税額の2割加算の対象にはなりません」

③「法務局（遺言書保管所）に保管されている自筆証書遺言は相続開始後、相続人が遅滞なく、家庭裁判所に提出して、その検認の請求をしなければなりません」

正解 ① × ② ○ ③ × テキスト6章 ①P555、②P552、③P535-536

①不適切 相続税の申告書の提出期限は、原則として相続の開始があったことを知った日の翌日から**10カ月**以内、提出先は**死亡時の被相続人の住所地を管轄する税務署長**です。なお、所得税の申告書の提出期限は、原則として、相続の開始があったことを知った日の翌日から4カ月以内です。3カ月、4カ月、10カ月の手続き期限は整理しておきましょう。

ポイント：相続開始後の手続き

	手続先	手続期限
限定承認・放棄	家庭裁判所	相続開始を知ったときから3カ月以内
所得税準確定申告	被相続人の納税地の税務署	相続開始を知った日の翌日から4カ月以内
相続税の申告	被相続人の住所地の税務署	相続開始を知った日の翌日から10カ月以内

②適切 配偶者、子（代襲相続人である孫を含む）、父母以外の人が相続または遺贈により財産を取得した場合、2割加算の対象となります。**「代襲相続人である孫」は2割加算対象外、「代襲相続人でない孫」は孫養子も含めて2割加算対象**です。

③不適切 **自筆証書遺言**を**法務局に保管**している場合は、家庭裁判所の検認は**不要**です。**自宅に保管**している自筆証書遺言は、発見後、遅滞なく**家庭裁判所の検認の請求**をしなければなりません。
なお、**公正**証書遺言は、遺言者の死亡後、家庭裁判所の検認は**不要**です。

問2 ☑☑☑ 重要度 **A**

Aさんの相続に関する以下の文章の空欄①～③に入る最も適切な語句または数値を、下記の〈語句群〉のなかから選び、その記号を解答用紙に記入しなさい。

ⅰ）『遺留分』

「遺言により取得する財産がないとされた長男Cさんが遺留分侵害額請求権を行使する場合、長男Cさんの遺留分の額は、遺留分を算定するための財産の価額に（ ① ）を乗じた額となります」

ⅱ）『死亡保険金』

「妻Bさんが受け取る死亡保険金（3,500万円）のうち、相続税の課税価格に算入される金額は（ ② ）万円です」

ⅲ）『小規模宅地等についての相続税の課税価格の計算の特例』

「妻Bさんが自宅の敷地を相続により取得し、特定居住用宅地等として小規模宅地等についての相続税の課税価格の計算の特例の適用を受けた場合、その敷地のうち（ ③ ）m^2までを限度面積として、評価額の80％相当額を減額した金額を、相続税の課税価格に算入すべき価額とすることができます」

〈語句群〉

イ．200　ロ．330　ハ．400　ニ．500　ホ．1,000　ヘ．1,500
ト．6分の1　チ．8分の1　リ．12分の1

正解　① リ　② ホ　③ ロ　テキスト6章　①P530、P538、②P544、③P582

①相続人である配偶者、子（代襲相続人である孫を含む）、直系尊属には遺留分が認められており（兄弟姉妹は対象外）、配偶者と子が遺留分権利者である場合の遺留分は、**相続財産の1／2**となります。
法定相続分は、
妻Bさん1／2、
長男Cさん、長女Dさん各1／6、
孫Gさん、孫Hさん各1／12ですので、
遺留分は、
妻Bさん　1／2×1／2＝1／4
長男Cさん、長女Dさん　1／6×1／2＝1／12（①）
孫Gさん、孫Hさん　1／12×1／2＝1／24
となります。

②契約者（保険料負担者）と被保険者が同一である生命保険契約の死亡保険金は相続税の対象となり、**相続人**が受け取る死亡保険金は、「**500万円×法定相続人の数**」の金額が非課税となります。
設問の場合、法定相続人の数は前問解説のとおり、妻Bさん、長男Cさん、長女Dさん、孫Gさん、孫Hさんの5人ですので、
500万円×5人＝2,500万円が非課税となり、
死亡保険金3,500万円のうち、課税価格に算入される金額は
3,500万円－2,500万円＝1,000万円となります。

③特定**居住用**宅地等に該当する自宅の敷地を配偶者が相続により取得した場合は、**330m²**までの部分について評価額が**80%**減額されます。
ポイント：小規模宅地等についての相続税の課税価格の計算の特例

特定事業用宅地等 特定同族会社事業用宅地等	400m²まで80%減
特定居住用宅地等	330m²まで80%減
貸付事業用宅地等	200m²まで50%減

問3 ☑☑☑ 重要度 A

Aさんの相続における相続税の総額を試算した下記の表の空欄①～④に入る最も適切な数値を求めなさい。なお、相続税の課税価格の合計額は1億5,000万円とし、問題の性質上、明らかにできない部分は「□□□」で示してある。

(a)相続税の課税価格の合計額		1億5,000万円
	(b)遺産に係る基礎控除額	(①)万円
課税遺産総額(a)－(b)		□□□万円
	相続税の総額の基となる税額	
	妻Bさん	□□□万円
	長男Cさん	(②)万円
	長女Dさん	□□□万円
	孫Gさん	(③)万円
	孫Hさん	□□□万円
(c)相続税の総額		(④)万円

<資料>相続税の速算表

法定相続分に応ずる取得金額			税率	控除額
万円超		万円以下		
	～	1,000	10%	－
1,000	～	3,000	15%	50万円
3,000	～	5,000	20%	200万円
5,000	～	10,000	30%	700万円
10,000	～	20,000	40%	1,700万円
20,000	～	30,000	45%	2,700万円
30,000	～	60,000	50%	4,200万円
60,000	～		55%	7,200万円

正解　① **6,000**（万円）　② **175**（万円）　③ **75**（万円）　④ **1,200**（万円）

テキスト６章　P530、P548-550

①相続税の計算における遺産に係る基礎控除額は「**3,000万円＋600万円×法定相続人の数**」により求めます。設問の場合、法定相続人の数は５人ですので、3,000万円＋600万円×５人＝6,000万円となります。

(参考)

課税遺産総額＝１億5,000万円－6,000万円＝9,000万円

②③④相続税の総額は、課税遺産総額を**法定相続人が法定相続分どおり**に財産を取得するものとした金額を求め、その金額に税率を乗じて税額を求めます。

第１ステップ　**法定相続人の法定相続分**を求めます。

第２ステップ　**「課税遺産総額×法定相続分」に対して、相続税率を乗じて、**相続税を求めます。

第３ステップ　全部の金額を合計します。

前問解説のとおり、

第１ステップ

法定相続分は、
妻Bさん１／２、
長男Cさん、長女Dさん各１／６、
孫Gさん、孫Hさん各１／12です。

第２ステップ

妻Bさん　9,000万円×１／２＝4,500万円
　　4,500万円×20％－200万円＝700万円

長男Cさん、長女Dさん　9,000万円×１／６＝1,500万円
　　1,500万円×15％－50万円＝175（②）万円
　　175万円×２人＝350万円

孫Gさん、孫Hさん　9,000万円×１／12＝750万円
　　750万円×10％＝75（③）万円
　　75万円×２人＝150万円

第３ステップ

相続税の総額＝700万円＋350万円＋150万円＝1,200（④）万円

第3問

[2023年1月　生保]

次の設例に基づいて、下記の各問（《問1》～《問3》）に答えなさい。

《設 例》

非上場企業であるＸ株式会社（以下、「Ｘ社」という）の代表取締役社長であったＡさんは、本年12月20日に病気により83歳で死亡した。

Ａさんが保有していたＸ社株式（発行済株式数の全部）は、後継者である長男Ｃさんが相続により取得する予定である。なお、長女Ｄさんは、Ａさんの相続開始前に死亡している。

<Ａさんの親族関係図>

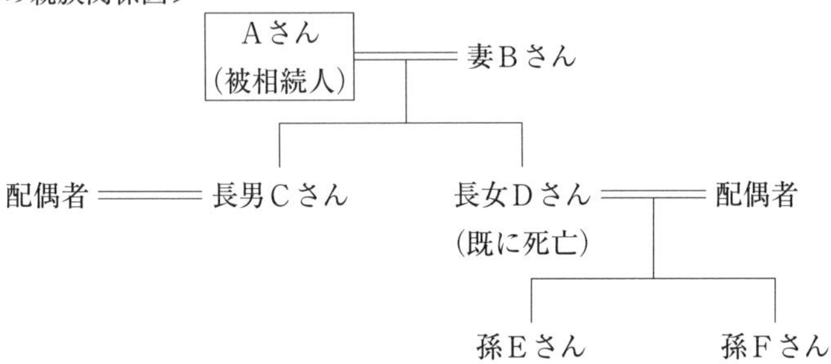

<各人が取得する予定の相続財産（みなし相続財産を含む）>

①妻Ｂさん（79歳）
- 現金および預貯金 ‥‥‥ 1,000万円
- 自宅（敷地330㎡） ‥‥‥ 1,000万円（「小規模宅地等についての相続税の課税価格の計算の特例」適用後の金額）
- 自宅（建物） ‥‥‥‥‥ 1,000万円（固定資産税評価額）
- 死亡保険金 ‥‥‥‥‥‥ 2,000万円（契約者（＝保険料負担者）・被保険者はＡさん、死亡保険金受取人は妻Ｂさん）
- 死亡退職金 ‥‥‥‥‥‥ 5,000万円

②長男Ｃさん（53歳）
- 現金および預貯金 ‥‥‥ 8,000万円
- Ｘ社株式 ‥‥‥‥‥‥‥ 2億円（相続税評価額）

※相続税におけるＸ社株式の評価上の規模区分は「大会社」であり、特定の評価会社には該当しない。

③孫Ｅさん（22歳）
- 現金および預貯金 ‥‥‥ 2,000万円

④孫Ｆさん（20歳）
- 現金および預貯金 ‥‥‥ 2,000万円

※上記以外の条件は考慮せず、各問に従うこと。

問1 ☑☑☑ 重要度 A

相続人は、《設例》の記載のとおり、Aさんの財産を取得した。Aさんの相続に係る相続税の総額を計算した下記の表の空欄①～④に入る最も適切な数値を、解答用紙に記入しなさい。なお、問題の性質上、明らかにできない部分は「□□□」で示してある。

妻Bさんに係る課税価格	（ ① ）万円
長男Cさんに係る課税価格	2億8,000万円
孫Eさんに係る課税価格	2,000万円
孫Fさんに係る課税価格	2,000万円
（a）相続税の課税価格の合計額	□□□万円
（b）遺産に係る基礎控除額	（ ② ）万円
課税遺産総額（（a）－（b））	□□□万円
相続税の総額の基となる税額	
妻Bさん	□□□万円
長男Cさん	（ ③ ）万円
孫Eさん	□□□万円
孫Fさん	□□□万円
（c）相続税の総額	（ ④ ）万円

<資料>相続税の速算表

法定相続分に応ずる取得金額			税率	控除額
万円超		万円以下		
	～	1,000	10％	－
1,000	～	3,000	15％	50万円
3,000	～	5,000	20％	200万円
5,000	～	10,000	30％	700万円
10,000	～	20,000	40％	1,700万円
20,000	～	30,000	45％	2,700万円
30,000	～	60,000	50％	4,200万円
60,000	～		55％	7,200万円

正解 ① **6,000**（万円） ② **5,400**（万円） ③ **1,745**（万円） ④ **7,795**（万円）

テキスト６章　① P541-546、② P548、③ P530、P548-550

①相続税の対象となる死亡保険金、死亡退職金を**相続人**が受け取る場合、それぞれ**別枠**で**500万円×法定相続人の数**が非課税となります。
設問の場合、500万円×４人＝2,000万円が非課税となります。
現金および預貯金1,000万円＋自宅（敷地）1,000万円＋自宅（建物）1,000万円＋死亡保険金（2,000万円－2,000万円）＋死亡退職金（5,000万円－2,000万円）＝6,000万円

（参考）
相続税の課税価格の合計額＝6,000万円＋２億8,000万円＋2,000万円＋2,000万円＝３億8,000万円

②相続税の計算における遺産に係る基礎控除額は「**3,000万円＋600万円×法定相続人の数**」により求めます。設問の場合、法定相続人の数は４人ですので、3,000万円＋600万円×４人＝5,400万円となります。

（参考）
課税遺産総額＝３億8,000万円－5,400万円＝３億2,600万円

③④相続税の総額は、課税遺産総額を**法定相続人が法定相続分どおり**に財産を取得するものとして、課税価格を求め、その課税価格に税率を乗じて税額を求めます。

第１ステップ　**法定相続人の法定相続分**を求めます。
第２ステップ　**「課税遺産総額×法定相続分」**に対して、**相続税率を乗じて**、相続税を求めます。
第３ステップ　全部の金額を合計します。

第1ステップ

法定相続分は、妻Bさん1／2、長男Cさん1／4、孫Eさんおよび孫Fさんは各1／8です。

第2ステップ

妻Bさん　3億2,600万円×1／2＝1億6,300万円
　　　　　1億6,300万円×40％－1,700万円＝4,820万円
長男Cさん 3億2,600万円×1／4＝8,150万円
　　　　　8,150万円×30％－700万円＝1,745（③）万円
孫Eさん、孫Fさん 3億2,600万円×1／8＝4,075万円
　　　　　4,075万円×20％－200万円＝615万円
　　　　　615万円×2人＝1,230万円

第3ステップ

相続税の総額＝4,820万円＋1,745万円＋1,230万円＝7,795（④）万円

問2 ☑☑☑ 重要度 A

Aさんの相続等に関する以下の文章の空欄①〜③に入る最も適切な語句を、下記の〈語句群〉のなかから選び、その記号を解答用紙に記入しなさい。

Ⅰ「Ｘ社株式の相続税評価額は、原則として類似業種比準方式により評価されます。類似業種比準価額は、類似業種の株価ならびに１株当たりの配当金額、（ ① ）および簿価純資産価額を基として計算します」

Ⅱ「『配偶者に対する相続税額の軽減』の適用を受けた場合、妻Ｂさんが相続により取得した財産の金額が、配偶者の法定相続分相当額と１億6,000万円とのいずれか（ ② ）金額までであれば、原則として、妻Ｂさんが納付すべき相続税額は算出されません」

Ⅲ「Ａさんに係る相続税の申告書の提出期限は、原則として、翌年（ ③ ）（休業日の場合は翌営業日）になります。申告書の提出先は、Ａさんの死亡時の住所地を所轄する税務署長です」

〈語句群〉

イ．売上金額	ロ．資本金等の額	ハ．利益金額	ニ．多い
ホ．少ない	ヘ．９月20日	ト．10月20日	チ．11月20日

正解　①ハ　②ニ　③ト　テキスト6章　①P587、②P553、③P555

①類似業種比準価額は、**配当、利益、簿価純資産**の３つの比準要素を使って求めます。

②配偶者の税額軽減では、配偶者が相続または遺贈により取得する財産の課税価格が１億6,000万円までは相続税がかからず、１億6,000万円を超える場合でも、全体の課税価格×配偶者の法定相続分までは相続税がかかりません。

③下表および解説参照。

ポイント：相続開始後の手続き

	手続き先	手続き期限
限定承認・放棄	家庭裁判所	相続開始を知ったときから**3カ月**以内
所得税準確定申告	被相続人の住所地の税務署	相続開始を知った日の翌日から**4カ月**以内
相続税の申告	被相続人の住所地の税務署	相続開始を知った日の翌日から**10カ月**以内

12月20日に相続が開始し、その日に相続の開始があったことを知った場合、相続税の申告書の提出期限は、**10カ月後**である翌年10月20日（③）（休業日の場合は翌営業日）となります。

問3 ☑☑☑ 重要度 B

Aさんの相続等に関する次の記述①～③について、適切なものには○印を、不適切なものには×印を解答用紙に記入しなさい。

①「妻Bさんが相続により取得した自宅の敷地を、相続税の申告期限までに売却した場合、当該敷地は特定居住用宅地等として『小規模宅地等についての相続税の課税価格の計算の特例』の適用を受けることができなくなります」

②「相続税の総額は、各相続人の実際の取得割合によって計算されることから、分割内容により異なる額が算出されます」

③「孫Eさんおよび孫Fさんは Aさんの孫にあたりますが、長女Dさんの代襲相続人ですので、相続税額の２割加算の対象となりません」

正解 ① × ② × ③ ○ テキスト６章 ①P582-584、②P549、③P552

①不適切 被相続人の**配偶者**が被相続人の**自宅の敷地を相続**した場合、**申告期限までに売却しても、居住の用に供していなくても**、特定居住用宅地等として、**330㎡まで80％の減額**の対象となります。

②不適切 相続税の総額は、課税遺産総額を**法定相続人が法定相続分どおり**に取得したものとして計算します。

③適切 代襲相続人である孫は２割加算の対象となりません。なお、**代襲相続人でない孫は、孫養子も含めて２割加算の対象**となります。

第4問

[2021年9月　個人]

次の設例に基づいて、下記の各問（《問1》～《問3》）に答えなさい。

《設 例》

Aさん（75歳）は、妻を10年前に亡くし、現在は長男Bさん（45歳）家族とX市内の自宅で同居している。独身の二男Cさん（40歳）は他県に所在する企業に勤務しており、当地で持家（マンション）に住んでいる。二男Cさんは、X市に戻る意思はない。

Aさんは、自宅および自宅に隣接する賃貸アパート等の財産を同居する長男Bさんに承継してもらいたいと考えているが、自身の相続が起こった際に遺産分割で争いが生じるのではないかと心配している。なお、賃貸アパートは、土地の有効活用と相続対策を考えて、2015年2月に自己資金で建築し、同年3月から全室賃貸中である。

＜Aさんの家族構成（推定相続人）＞

長男Bさん：会社員。妻と子2人がおり、Aさんと同居している。

二男Cさん：会社員。持家（マンション）に住んでいる。

＜Aさんの主な所有財産（相続税評価額）＞

1. 現預金	：	5,000万円
2. 自宅		
①敷地（250m²）	：	6,000万円（注1）
②建物	：	2,500万円
3. 賃貸アパート（全室賃貸中）		
①敷地（250m²）	：	5,000万円（注1）（注2）
②建物（6室）	：	3,000万円
合計	：	2億1,500万円

（注1）「小規模宅地等についての相続税の課税価格の計算の特例」適用前の金額

（注2）貸家建付地としての評価額

※上記以外の条件は考慮せず、各問に従うこと。

問1 ☑☑☑ 重要度 **A**

本年現時点において、Aさんに相続が開始した場合における相続税の総額を試算した下記の表の空欄①～③に入る最も適切な数値を求めなさい。なお、相続税の課税価格の合計額は1億6,000万円とし、問題の性質上、明らかにできない部分は「□□□」で示してある。

（a）相続税の課税価格の合計額	1億6,000万円
（b）遺産に係る基礎控除額	（ ① ）万円
課税遺産総額（（a）－（b））	□□□万円
相続税の総額の基となる税額	
長男Bさん	（ ② ）万円
二男Cさん	□□□万円
（c）相続税の総額	（ ③ ）万円

＜資料＞相続税の速算表（一部抜粋）

法定相続分に応ずる取得金額			税率	控除額
万円超		万円以下		
	～	1,000	10％	－
1,000	～	3,000	15％	50万円
3,000	～	5,000	20％	200万円
5,000	～	10,000	30％	700万円
10,000	～	20,000	40％	1,700万円

正解　① **4,200**（万円）　② **1,070**（万円）　③ **2,140**（万円）

テキスト6章　P530、P548-550

①相続税の計算における遺産に係る基礎控除額は「**3,000万円＋600万円×法定相続人の数**」により求めます。設問の場合、法定相続人の数は長男Bさん、二男Cさんの2人ですので、3,000万円＋600万円×2人＝4,200万円となります。

（参考）

課税遺産総額＝1億6,000円－4,200万円＝1億1,800万円

②③相続税の総額は、課税遺産総額を**法定相続人が法定相続分どおり**に財産を取得するものとした金額を求め、その金額に税率を乗じて税額を求めます。

第1ステップ　法定相続人の**法定相続分**を求めます。
第2ステップ　「**課税遺産総額×法定相続分**」に対して、相続税率を乗じて、相続税を求めます。
第3ステップ　全部の金額を合計します。

第1ステップ
法定相続分は、長男Bさん、二男Cさんは各1／2です。
第2ステップ
長男Bさんの相続税額：1億1,800万円×1／2＝5,900万円
5,900万円×30％－700万円＝1,070（②）万円
二男Cさん　長男と同じ
第3ステップ
相続税の総額＝1,070万円×2人＝2,140（③）万円

問2 ☑☑☑ 重要度 A

Aさんの相続に関する次の記述①～③について、適切なものには○印を、不適切なものには×印を解答用紙に記入しなさい。

①「遺産分割をめぐる争いを防ぐ手段として、遺言書の作成をお勧めします。自筆証書遺言については、その方式が緩和されたことにより、遺言書の全文をパソコンで作成することが可能になりました」

②「公正証書遺言は、証人2人以上の立会いのもと、遺言者が遺言の趣旨を公証人に口授し、公証人がこれを筆記して作成しますが、長男Bさん、その妻子および二男Cさんは証人になることができません」

③「二男Cさんが、Aさんの生前に家庭裁判所に遺留分の放棄をする旨を申し立てることは可能です」

正解 ① × ② ○ ③ ○

テキスト6章 P534-536

①不適切 自筆証書遺言は原則、全文、日付、氏名を自書し、押印して作成しますが、**財産目録はパソコン等での作成も認められます。**

②適切 遺言者の**推定相続人、受遺者、その配偶者や直系血族等は証人となることはできません。**

③適切 なお、相続の放棄は、**相続開始後にのみ手続きできます。**

問3 ☑☑☑ 重要度 A

Aさんの相続等に関する以下の文章の空欄①～④に入る最も適切な語句または数値を、下記の〈語句群〉のなかから選び、その記号を解答用紙に記入しなさい。

Ⅰ「遺言により自宅および賃貸アパートを長男Bさんに相続させた場合、二男Cさんの遺留分を侵害する可能性があります。仮に、遺留分を算定するための財産の価額を2億円とした場合、二男Cさんの遺留分の額は（ ① ）万円となります」

Ⅱ「長男Bさんが自宅の敷地および建物を相続により取得し、自宅の敷地（相続税評価額：6,000万円）のすべてについて『小規模宅地等についての相続税の課税価格の計算の特例』の適用を受けた場合、相続税の課税価格に算入すべき価額を（ ② ）万円とすることができます」

Ⅲ「長男Bさんが賃貸アパートの敷地および建物を相続により取得し、賃貸アパートの敷地（相続税評価額：5,000万円）のすべてについて『小規模宅地等についての相続税の課税価格の計算の特例』の適用を受けた場合、相続税の課税価格に算入すべき価額を（ ③ ）万円とすることができます」

Ⅳ「自宅の敷地と賃貸アパートの敷地について『小規模宅地等についての相続税の課税価格の計算の特例』の適用を受けようとする場合、適用対象面積は調整されます。Aさんの相続においては、（ ④ ）の敷地を優先して『小規模宅地等についての相続税の課税価格の計算の特例』の適用を受けたほうが相続税評価額の軽減幅は大きくなります」

〈数値群〉

イ．1,000	ロ．1,200	ハ．2,000	ニ．2,500	ホ．3,000
ヘ．4,000	ト．4,800	チ．5,000	リ．自宅	ヌ．賃貸アパート

正解 ①チ ②ロ ③ホ ④リ

テキスト6章 ① P530、P538、②③④ P582-585

①法定相続分は、長男Bさん、二男Cさんともに1／2となります。また、**子が相続人である場合の遺留分は相続財産の1／2**となりますので、長男Bさん、二男Cさんの遺留分は各1／4となります。
したがって、二男Cさんの遺留分は2億円×1／4＝5,000万円となります。

②**特定居住用宅地等**に該当する場合は、**330㎡**までの部分について評価額が**80％減額**されます。設問の場合、自宅敷地は250㎡であるため、敷地全体が80％減額となります。設問の場合、6,000万円×0.8＝4,800万円が減額され、相続税の課税価格に算入すべき価額は、6,000万円－4,800万円＝1,200万円となります。

③**貸付事業用宅地等**に該当する場合は、**200㎡**までの部分について評価額が**50％減額**されます。設問の場合、賃貸アパートの敷地は250㎡であるため、敷地全体が50％減額となるわけではありません。設問の場合、5,000万円×（200㎡／250㎡）×0.5＝2,000万円の減額となり、相続税の課税価格に算入すべき価額は5,000万円－2,000万円＝3,000万円となります。

④「特定居住用宅地等・特定事業用等宅地等」と「貸付事業用宅地等」について小規模宅地等の特例の適用を受ける場合、**適用面積について一定の調整**を行います。②、③より、自宅の敷地を優先して適用すると有利です。

(参考)
設問の場合、1㎡当たりの減額効果が大きく、適用面積が広い方を優先適用すると有利です。

1㎡当たりの減額効果：	自宅敷地　6,000万円÷250㎡×0.8＝19.2万円
	賃貸アパートの敷地　5,000万円÷250㎡×0.5＝10万円
減額対象面積：	自宅敷地　250㎡
	賃貸アパートの敷地　200㎡
最大限の減額効果：	自宅敷地部分　19.2万円×250㎡＝4,800万円
	賃貸アパートの敷地　10万円×200㎡＝2,000万円

第5問

[2019年1月　個人]

次の設例に基づいて、下記の各問（《問1》～《問3》）に答えなさい。

《設 例》

Aさんは、妻Bさんとの2人暮らしである。Aさんは、大学卒業後、大手自動車メーカーに就職し、関連会社に転籍してからの期間を含め、43年間勤務した。5年前に退職してからは、年金収入に加えて、上場株式の配当収入もあり、生活は安定している。

昨年、長女Cさんが Dさんと離婚した。長女Cさんは、仕事の都合上、別の都市にある賃貸マンションで子2人と暮らしている。Aさんは、長女Cさんや孫たちの将来の生活や学費等について面倒を見てやりたいと思っており、現金の贈与を検討している。

＜Aさんの親族関係図＞

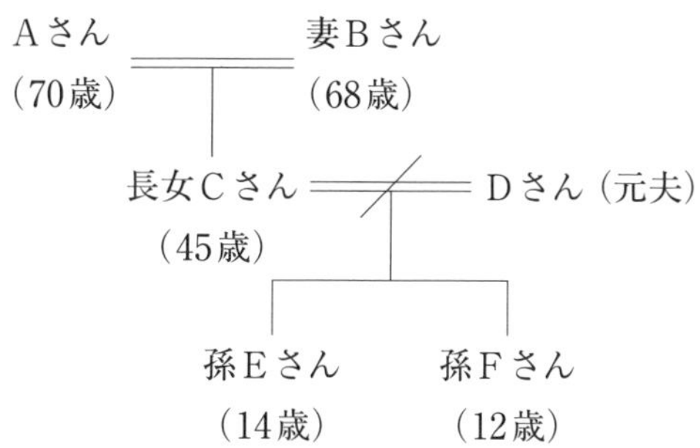

＜Aさんが所有する財産（相続税評価額）＞

①預貯金	：	8,000万円
②上場株式	：	7,000万円
③自宅		
敷地（400m²）	：	6,000万円
建物	：	1,500万円

※自宅の敷地は、「小規模宅地等についての相続税の課税価格の計算の特例」適用前の金額である。

※上記以外の条件は考慮せず、各問に従うこと。

問1 ☑☑☑ 重要度B

生前贈与に関する以下の文章の空欄①～③に入る最も適切な数値を、解答用紙に記入しなさい。

Ⅰ「Aさんが生前贈与を実行するにあたっては、暦年課税制度による贈与、相続時精算課税制度による贈与、教育資金や結婚・子育て資金の非課税制度を活用した贈与などが考えられます。仮に、長女Cさんが暦年課税（各種非課税制度の適用はない）により、本年中にAさんから現金700万円の贈与を受けた場合、贈与税額は（ ① ）万円となります」

Ⅱ「直系尊属から教育資金の一括贈与を受けた場合の贈与税の非課税制度の適用を受けた場合、受贈者1人につき（ ② ）万円までは贈与税が非課税となります。非課税拠出額の限度額は、受贈者ごとに（ ② ）万円となりますが、学習塾などの学校等以外の者に対して直接支払われる金銭については500万円が限度となります」

Ⅲ「直系尊属から教育資金の一括贈与を受けた場合の贈与税の非課税制度の適用後、受贈者であるAさんのお孫さんが（ ③ ）歳に達すると、原則として教育資金管理契約は終了します。そのとき、当該贈与財産から教育資金に充当した金額を控除した残額がある場合、当該残額はその年分の贈与税の課税価格に算入されるため、贈与税の申告義務が発生した場合は、その申告をする必要があります」

＜資料＞贈与税の速算表（一部抜粋）

基礎控除後の課税価格			特例贈与財産		一般贈与財産	
			税率	控除額	税率	控除額
万円超		万円以下				
	～	200	10%	—	10%	—
200	～	300	15%	10万円	15%	10万円
300	～	400	15%	10万円	20%	25万円
400	～	600	20%	30万円	30%	65万円
600	～	1,000	30%	90万円	40%	125万円

正解　① **88**（万円）　② **1,500**（万円）　③ **30**（歳）

テキスト6章　① P564-565、②③ P570

①長女Cさん（45歳）がAさん（父）から贈与を受ける場合は**特例贈与**に該当します。
基礎控除額を差し引いてから、贈与税率を乗じて、控除額を控除します。
（700万円－110万円）×20％－30万円＝88万円
特例贈与（直系尊属から18歳以上の子・孫への贈与）→原則、タテの関係
一般贈与（その他）→ヨコ（夫婦間・兄弟間等）・ナナメ（叔父・叔母等）の関係と理解すると覚えやすいです。

②教育資金の一括贈与の非課税拠出額の限度額は**1,500万円**（うち、学校等以外に支払われる金銭等は**500万円**）、結婚・子育て資金の一括贈与の非課税拠出額の限度額は**1,000万円**（うち、結婚に際して支出する費用は**300万円**が限度）となっています。

③30歳に到達すると原則として教育資金管理契約は終了します。例外として、学校に在学中、教育訓練給付講座を受講中である場合、最長40歳まで非課税扱いは継続されます。

問 2 ☑☑☑ 重要度 **B**

相続時精算課税制度（以下、「本制度」という）に関する次の記述①～③について、適切なものには○印を、不適切なものには×印を解答用紙に記入しなさい。

①「本年中にAさんが長女Cさんに現金を贈与する場合、本制度の活用が考えられます。本制度を選択した場合、受贈者ごとの年間110万円のほか、累計で3,500万円までの贈与について贈与税は課されませんが、その額を超える部分については、一律20％の税率により贈与税が課されます」

②「本制度における受贈者は、贈与をする年の1月1日において18歳以上でなければなりません。したがって、現時点において、Aさんが孫Eさんおよび孫Fさんに現金を贈与する場合、本制度を活用することはできません」

③「Aさんからの贈与について、長女Cさんが本制度を選択した場合、その後に行われるAさんからの贈与について、暦年課税を選択することはできません」

正解 ① × ② ○ ③ ○ テキスト6章 P567-568

①不適切 相続時精算課税制度の特別控除額は累計で**2,500万円**であり、受贈者ごとに年間110万円のほか、2,500万円を超える部分は**一律20％**の税率により贈与税が課税されます。

②適切 年齢要件は、贈与した年の1月1日時点で、**贈与者**は**60歳以上**、**受贈者**は**18歳以上**となります。

③適切 当事者間で一旦、相続時精算課税制度を選択すると、取り消すことはできません。

問3 ☑☑☑ 重要度 A

Aさんの相続等に関する以下の文章の空欄①～③に入る最も適切な数値を、下記の〈数値群〉のイ～ルのなかから選び、その記号を解答用紙に記入しなさい。

Ⅰ「Aさんの相続が本年現時点で開始した場合、Aさんの相続における遺産に係る基礎控除額は（ ① ）万円となります。課税価格の合計額が遺産に係る基礎控除額を上回りますが、小規模宅地等についての相続税の課税価格の計算の特例や配偶者に対する相続税額の軽減の適用を受けることで相続税額を軽減することができます」

Ⅱ「妻Bさんが自宅の敷地および建物を相続した場合、小規模宅地等についての相続税の課税価格の計算の特例の適用を受けることができます。その場合、自宅の敷地（相続税評価額6,000万円）について、課税価格に算入すべき価額を（ ② ）万円とすることができます」

Ⅲ「生命保険に加入していないのであれば、契約者（＝保険料負担者）および被保険者をAさん、死亡保険金受取人を相続人とする終身保険に加入されることをお勧めします。終身保険に加入後、Aさんの相続が開始した場合、相続人が受け取る死亡保険金は（ ③ ）万円を限度として、死亡保険金の非課税金額の規定の適用を受けることができます」

〈数値群〉

イ．990　ロ．1,000　ハ．1,200　ニ．1,500　ホ．2,000　ヘ．2,040
ト．3,000　チ．3,960　リ．4,200　ヌ．4,800　ル．5,400

正解　①リ　②ヘ　③ロ　テキスト6章　①P548、②P582-583、③P544

①相続税の計算における遺産に係る基礎控除額は「**3,000万円＋600万円×法定相続人の数**」により求めます。設問の場合、法定相続人の数は妻Bさん、長女Cさんの2人ですので、3,000万円＋600万円×2人＝4,200万円となります。

②**特定居住用宅地等**に該当する自宅の敷地を**配偶者が相続により取得**した場合は、**330m^2**までの部分について評価額が**80％減額**されます。
設問では、自宅敷地は6,000万円、400m^2ですので、
1m^2当たりの減額は6,000万円÷400m^2×80％＝12万円、
減額される金額は12万円×330m^2＝3,960万円となるため、
課税価格に算入すべき価額は、6,000万円－3,960万円＝2,040万円となります。

レック先生のワンポイント

「減額される金額」を出題するパターンもあれば、「課税価格に算入される金額」を出題するパターンもあります。

③相続税の対象となる生命保険金を**相続人**が受け取る場合は「**500万円×法定相続人の数**」の金額が非課税となります。設問の法定相続人の数は①の解説のとおり2人ですので、500万円×2人＝1,000万円が非課税となります。

「総合問題」はその名の通り、各分野の知識を総合して解く問題です。「ライフプランニングと資金計画」をベースに、連携したそれぞれの知識が試されますから、以下のキーワードをもとに復習して挑みましょう。

頻出問題のキーワード

総合問題Ⅰ

教育資金（奨学金と教育ローン）、住宅資金（繰上げ返済、ペアローン、収入合算）、遺族年金、老後資金準備（つみたてNISA等とiDeCo）、消費税の計算、社会保険料、健康保険の傷病手当金、収入保障保険

総合問題Ⅱ

個人バランスシート、退職所得、老後の年金、事業所得、退職後の公的医療保険、雇用保険の給付、相続税の計算（非課税金額、課税価格、相続税の総額）、相続後の金融資産の計算

特別編

総合問題

実技試験問題＆解答

［日本FP協会］資産設計提案業務

第1問

［2023年9月］

次の設例に基づいて、下記の各問（《問1》～《問6》）に答えなさい。

《設 例》

長岡京介さんは、民間企業に勤務する会社員である。京介さんと妻の秋穂さんは、今後の資産形成や家計の見直しなどについて、FPで税理士でもある五十嵐さんに相談をした。なお、下記のデータはいずれも本年9月1日現在のものである。

［家族構成］

氏名	続柄	生年月日	年齢	備考
長岡　京介	本人	19xx年6月22日	45歳	会社員（正社員）
秋穂	妻	19xx年4月 5日	44歳	会社員（正社員）
翔太	長男	20xx年8月18日	17歳	高校生

［収入金額（前年）］
京介さん：給与収入450万円（手取り額）。給与収入以外の収入はない。
秋穂さん：給与収入400万円（手取り額）。給与収入以外の収入はない。

［金融資産（時価）］
京介さん名義
　銀行預金（普通預金）：50万円
　銀行預金（定期預金）：150万円
　投資信託　　　　　　：50万円
秋穂さん名義
　銀行預金（普通預金）　　：100万円
　個人向け国債（変動10年）：50万円

［住宅ローン］
契約者：京介さん
借入先：LA銀行
借入時期：20xx年12月（居住開始時期：20xx年12月）

借入金額：2,200万円
返済方法：元利均等返済（ボーナス返済なし）
金利：固定金利選択型10年（年3.00％）
返済期間：25年間

［保険］
定期保険A：保険金額3,000万円（リビング・ニーズ特約付き）。保険契約者（保険料負担者）および被保険者は京介さん、保険金受取人は秋穂さんである。保険期間は25年。
火災保険B：保険金額1,400万円。地震保険付帯。保険の目的は自宅建物。保険契約者（保険料負担者）および保険金受取人は京介さんである。

問1 ☑☑☑ 重要度 A

京介さんは、現在居住している自宅の住宅ローンの繰上げ返済を検討しており、FPの五十嵐さんに質問をした。京介さんが住宅ローンを120回返済後に、100万円以内で期間短縮型の繰上げ返済をする場合、この繰上げ返済により短縮される返済期間として、正しいものはどれか。なお、計算に当たっては、下記<資料>を使用し、繰上げ返済額は100万円を超えない範囲での最大額とすること。また、繰上げ返済に伴う手数料等については考慮しないものとする。

<資料：長岡家の住宅ローンの償還予定表の一部>

返済回数（回）	毎月返済額（円）	うち元金（円）	うち利息（円）	残高（円）
120	104,326	66,393	37,933	15,107,049
121	104,326	66,559	37,767	15,040,490
122	104,326	66,725	37,601	14,973,765
123	104,326	66,892	37,434	14,906,873
124	104,326	67,059	37,267	14,839,814
125	104,326	67,227	37,099	14,772,587
126	104,326	67,395	36,931	14,705,192
127	104,326	67,564	36,762	14,637,628
128	104,326	67,732	36,594	14,569,896
129	104,326	67,902	36,424	14,501,994
130	104,326	68,072	36,254	14,433,922
131	104,326	68,242	36,084	14,365,680
132	104,326	68,412	35,914	14,297,268
133	104,326	68,583	35,743	14,228,685
134	104,326	68,755	35,571	14,159,930
135	104,326	68,927	35,399	14,091,003

1. 9ヵ月
2. 1年1ヵ月
3. 1年2ヵ月
4. 1年3ヵ月

正解 **3** が正しい　　テキスト1章　P29

繰上げ返済した金額は、**全額が元本の返済に充当**されます。
120回返済後の残高は「15,107,049円」であり、100万円以内で期間短縮型の繰上げ返済をする場合、
「15,107,049円－1,000,000円＝14,107,049円」よりも少し多い残高の回数を探します。
その結果、134回目の「14,159,930円」が該当しますので、134回－120回＝14回（1年2カ月）、返済期間が短縮されることが分かります。

レック先生のワンポイント

ピンポイントの知識で解ける問題。問題の数値に指をしっかり当てて丁寧に解きましょう！

問 2 ☑☑☑ 重要度 C

京介さんは、住宅ローンの見直しについてFPの五十嵐さんに質問をした。一般的な住宅ローンの見直しに関する五十嵐さんの次の説明のうち、最も不適切なものはどれか。

1. 「より有利な条件の住宅ローンを扱う金融機関に住宅ローンの『借換え』をする場合、抵当権の抹消や設定費用、事務手数料などの諸費用が必要になります。」
2. 「通常の返済とは別にローンの元金部分の一部を返済する『繰上げ返済』をした場合、その元金に対応する利息部分の支払いがなくなり、総返済額を減らす効果があります。」
3. 「現在の住宅ローンの借入先の金融機関において、返済期間を延長することで月々の返済額を減額したり、一定期間、月々の返済額を利息の支払いのみにする『条件変更』ができる場合もあります。」
4. 「固定金利選択型10年で借り入れている場合、現在の固定期間が終了した後は固定金利選択型10年で自動更新され、他の固定金利選択型や変動金利型を選択することはできません。」

正解 **4** が不適切　テキスト1章　P26-32

1. 適切　記述のとおりです。
2. 適切　記述のとおりです。
3. 適切　記述のとおりです。
4. 不適切　固定金利選択型の固定期間終了後は、**異なる固定期間を選択**したり、**変動金利型を選択できる**場合もあります。

問3 ☑☑☑ 重要度 A

京介さんが加入している保険から保険金等が支払われた場合の課税に関する次の（ア）～（エ）の記述について、適切なものには○、不適切なものには×を解答欄に記入しなさい。

（ア）京介さんが死亡した場合に秋穂さんが受け取る定期保険Aの死亡保険金は、相続税の課税対象となる。

（イ）京介さんが余命6ヵ月以内と判断され、定期保険Aから受け取ったリビング・ニーズ特約の生前給付金の京介さんの相続開始時点における残額は、非課税となる。

（ウ）自宅が隣家からの延焼で全焼した場合に京介さんが受け取る火災保険Bの損害保険金は、所得税（一時所得）の課税対象となる。

（エ）自宅が地震による火災で全焼した場合に京介さんが受け取る火災保険Bの地震火災費用保険金は、非課税となる。

正解 （ア）○ （イ）× （ウ）× （エ）○

テキスト2章 （ア）P158、（イ）P161、（ウ）（エ）P190

（ア）適切 **契約者（保険料負担者）と被保険者が同じ**であるため、相続税の課税対象となります。

（イ）不適切 被保険者が受け取るリビング・ニーズ特約の**生前給付金は非課税**ですが、**相続時に残っている金額は相続税の課税対象**となります。

（ウ）不適切 個人契約において契約者（保険料負担者）が受け取る火災保険の保険金、費用保険金は**非課税**となります。

（エ）適切 （ウ）の解説参照。

問4　☑☑☑　重要度 B

京介さんは、病気療養のため本年８月に７日間入院した。京介さんの本年８月の１ヵ月間における保険診療分の医療費（窓口での自己負担分）が21万円であった場合、下記＜資料＞に基づく高額療養費として支給される額として、正しいものはどれか。なお、京介さんは全国健康保険協会管掌健康保険（協会けんぽ）の被保険者であり、標準報酬月額は30万円であるものとする。また、「健康保険限度額適用認定証」の提示はしておらず、世帯合算および多数回該当は考慮しないものとする。

＜資料＞

［本年８月分の高額療養費の算定］

	←― 窓口での自己負担分 ―→	
保険者が負担（療養の給付）	高額療養費	自己負担限度額

←― １ヵ月当たりの総医療費（保険診療分） ―→

［医療費の１ヵ月当たりの自己負担限度額（70歳未満）］

標準報酬月額	自己負担限度額（月額）
① 83万円以上	252,600円＋（総医療費－842,000円）×１％
② 53万円～79万円	167,400円＋（総医療費－558,000円）×１％
③ 28万円～50万円	80,100円＋（総医療費－267,000円）×１％
④ 26万円以下	57,600円
⑤ 市区町村民税非課税者等	35,400円

1.　41,180円
2.　80,100円
3.　84,430円
4.　125,570円

正解 **4** が正しい　　テキスト1章　P40-41

1カ月間の医療費の自己負担額が一定額を超える場合、超える部分が高額療養費として支給されます。

設問の場合、標準報酬月額は30万円ですので、**80,100円＋（総医療費－267,000円）×1％**により計算した額が自己負担限度額となります。45歳の者の医療費の**自己負担割合は3割**であるため、総医療費は、21万円÷0.3＝70万円です。

京介さんの自己負担限度額は、80,100円＋（700,000円－267,000円）×1％＝84,430円、

京介さんに高額療養費として支給される額は、210,000円－84,430円＝125,570円となります。

問5 ☑☑☑ 重要度 A

秋穂さんは、京介さんが死亡した場合の公的年金の遺族給付について、FPの五十嵐さんに質問をした。京介さんが本年９月に45歳で在職中に死亡した場合、京介さんの死亡時点において秋穂さんが受け取ることができる遺族給付に関する次の記述の空欄（ア）〜（ウ）にあてはまる適切な語句を語群の中から選び、その番号のみを解答欄に記入しなさい。なお、京介さんは、大学卒業後の22歳から死亡時まで継続して厚生年金保険に加入しているものとする。また、家族に障害者に該当する者はなく、記載以外の遺族給付の受給要件はすべて満たしているものとする。

「京介さんが本年9月に死亡した場合、秋穂さんには遺族基礎年金と遺族厚生年金が支給されます。秋穂さんに支給される遺族基礎年金の額は、老齢基礎年金の満額に相当する額に翔太さんを対象とする子の加算額を加えた額です。翔太さんが18歳到達年度の末日（3月31日）を経過すると遺族基礎年金は支給されなくなります。
また、遺族厚生年金の額は、原則として京介さんの被保険者期間に基づく老齢厚生年金の報酬比例部分に相当する額の（ ア ）相当額ですが、秋穂さんに支給される遺族厚生年金は短期要件に該当するものであるため、被保険者期間が（ イ ）に満たない場合は（ イ ）として計算されます。
なお、京介さんが死亡したとき秋穂さんは40歳以上であるため、秋穂さんに支給される遺族厚生年金には、遺族基礎年金が支給されなくなった以後、秋穂さんが（ ウ ）に達するまでの間、中高齢寡婦加算額が加算されます。」

<語群>

1. 2分の1	2. 3分の2	3. 4分の3
4. 240月	5. 300月	6. 360月
7. 60歳	8. 65歳	9. 70歳

正解 （ア）3　（イ）5　（ウ）8　テキスト1章　（ア）（イ）P79-80、（ウ）P81

（ア）遺族厚生年金は、死亡時点で計算した報酬比例部分の年金額の**4分の3**となります。

（イ）厚生年金保険の被保険者が死亡した場合で、厚生年金保険の被保険者期間が**300月に満たない場合、300月**とみなして計算されます。

（ウ）中高齢寡婦加算は、夫死亡後、**40歳以降65歳に達するまで**の間、支給されますが、**遺族基礎年金が支給されている間は支給停止**となります。

レック先生のワンポイント

２級試験の多くは、会社員である夫が死亡し、生計を維持されている妻と子がいるケースが出題されますので、この受給パターンはしっかり理解しておきましょう。

問 6 ☑☑☑ 重要度 C

秋穂さんは、今後、正社員からパートタイマーに勤務形態を変更し、京介さんが加入する全国健康保険協会管掌健康保険（協会けんぽ）の被扶養者となることを検討しているため、FPの五十嵐さんに相談をした。協会けんぽの被扶養者に関する次の記述の空欄（ア）〜（ウ）にあてはまる適切な語句を語群の中から選び、その番号のみを解答欄に記入しなさい。なお、問題作成の都合上、一部を「＊＊＊」にしてある。

「被扶養者になるには、主として被保険者により生計を維持していることおよび原則として、日本国内に住所を有していることが必要です。生計維持の基準は、被扶養者となる人が被保険者と同一世帯に属している場合、原則として、被扶養者となる人の年間収入が（ ア ）未満（60歳以上の人または一定の障害者は＜＊＊＊＞未満）で、被保険者の収入の（ イ ）未満であることとされています。被扶養者となる人の年間収入については、過去の収入、現時点の収入または将来の収入の見込みなどから、今後1年間の収入を見込むものとされています。なお、雇用保険の失業給付や公的年金等は、収入に（ ウ ）。」

＜語群＞

1. 103万円	2. 130万円	3. 150万円
4. 3分の1	5. 2分の1	6. 3分の2
7. 含まれます	8. 含まれません	

正解 （ア）2 （イ）5 （ウ）7 テキスト1章 P38

（ア）（イ）
同一世帯に属する場合、原則、年間収入が**130万円**未満（60歳以上または一定の障害者は**180万円未満**）であり、被保険者の収入の**2分の1未満**であることが被扶養者となるための要件となっています（別途、期間限定の措置あり）。

（ウ）収入は課税所得だけでなく、失業給付や遺族年金等の**非課税所得も含まれます。**

第2問 [2019年9月]

次の設例に基づいて、下記の各問（《問1》～《問5》）に答えなさい。

《設 例》

佐野幸一郎さんは、民間企業に勤務する会社員である。幸一郎さんと妻の恵美さんは、今後の資産形成などについて、FPで税理士でもある阿久津さんに相談をした。なお、下記のデータはいずれも本年9月1日現在のものである。

［家族構成］

氏名	続柄	生年月日	年齢	職業等
佐野　幸一郎	本人	19xx年2月 4日	34歳	会社員（正社員）
恵美	妻	19xx年5月22日	33歳	会社員（正社員）
玲奈	長女	20xx年8月 6日	6歳	保育園児

［収入金額（前年）］
幸一郎さん：給与収入480万円。給与収入以外の収入はない。
恵美さん：給与収入420万円。給与収入以外の収入はない。

［自宅］
賃貸マンションに居住しており、家賃は月額10万円（管理費込み）である。
マイホームとして販売価格4,800万円（うち消費税160万円）のマンションを購入する予定である。

［金融資産（時価）］
幸一郎さん名義
銀行預金（普通預金）：350万円
銀行預金（定期預金）：100万円

恵美さん名義
銀行預金（普通預金）：150万円
銀行預金（定期預金）：100万円

［負債］
幸一郎さんと恵美さんに負債はない。

［保険］
収入保障保険A：年金月額15万円。保険契約者（保険料負担者）および被保険者は幸一郎さん、年金受取人は恵美さんである。
医療保険B：入院給付金日額5,000円。契約者（保険料負担者）および被保険者は幸一郎さんである。

問1 ☑☑☑ 重要度 B

幸一郎さんと恵美さんはマンション購入に当たり、夫婦での借入れを検討している。夫婦で住宅ローンを借りる場合の主な組み方について、FPの阿久津さんがまとめた下表における恵美さんの住宅借入金等特別控除（以下「住宅ローン控除」という）の適用についての空欄（ア）～（ウ）にあてはまる語句の組み合わせとして、最も適切なものはどれか。なお、借入方法以外の住宅ローン控除の適用要件はすべて満たしているものとする。

	借入人等		住宅ローン控除	
	幸一郎さん	恵美さん	幸一郎さん	恵美さん
ペアローン	借入人（債務負担者）	借入人（債務負担者）	受けられる	（ア）
収入合算（連帯保証）	借入人（債務負担者）	連帯保証人	受けられる	（イ）
収入合算（連帯債務）	借入人（債務負担者）	連帯債務者	受けられる	（ウ）

1. （ア）受けられない　（イ）受けられない　（ウ）受けられない
2. （ア）受けられる　（イ）受けられない　（ウ）受けられる
3. （ア）受けられない　（イ）受けられる　（ウ）受けられない
4. （ア）受けられる　（イ）受けられる　（ウ）受けられる

正解 **2** が適切 テキスト4章 P385

	借入人等	住宅ローン控除	団体信用生命保険
ペアローン	幸一郎：借入人 恵美：借入人	幸一郎：受けられる 恵美：**受けられる** （ア）	幸一郎：対象 恵美：**対象**
収入合算 （連帯保証）	幸一郎：借入人 恵美：連帯保証人	幸一郎：受けられる 恵美：**受けられない** （イ）	幸一郎：対象 恵美：**対象外**
収入合算 （連帯債務）	幸一郎：借入人 恵美：連帯債務者	幸一郎：受けられる 恵美：**受けられる** （ウ）	幸一郎：対象 恵美：金融機関等による

以上より、2.が正解となります。

レック先生のワンポイント

ペアローン、収入合算（連帯保証）、収入合算（連帯債務）の住宅ローン控除、団体信用生命保険の違いを整理しておきましょう。

問2　　重要度 **B**

FPの阿久津さんは、個人に対する所得税の仕組みについて幸一郎さんから質問を受けた。阿久津さんが下記＜イメージ図＞を使用して行った所得税に関する次の(ア)～(エ) の説明のうち、適切なものには○、不適切なものには×を解答欄に記入しなさい。

＜イメージ図＞

収入または経済的利益 － 必要経費 ＝ 所得金額 － 所得控除 ＝ 課税所得 × 税率 － 税額控除 ＝ 税額

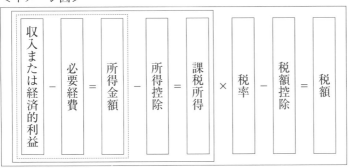

（出所：財務省「所得税の基本的な仕組み」）

（ア）「幸一郎さんが住宅ローンを組んでマンションを購入したことにより受けられる住宅ローン控除（住宅借入金等特別控除）は、税額控除として、一定金額を所得税額から控除することができます。」

（イ）「幸一郎さんが収入保障保険や医療保険の保険料を支払ったことにより受けられる生命保険料控除は、所得控除として、一定金額を所得金額から控除することができます。」

（ウ）「幸一郎さんがふるさと納税をしたことにより受けられる寄附金控除は、税額控除として、一定金額を所得税額から控除することができます。」

（エ）「幸一郎さんが地震保険料を支払ったことにより受けられる地震保険料控除は、所得控除として、一定金額を所得金額から控除することができます。」

正解　(ア)○　(イ)○　(ウ)×　(エ)○

テキスト4章　(ア)P383、(イ)P374、(ウ)P378、(エ)P375

(ア) 適切　下表参照。
(イ) 適切　下表参照。
(ウ) 不適切　下表参照。
(エ) 適切　下表参照。

ポイント：所得控除・税額控除

所得控除	家族構成	基礎控除、配偶者（特別）控除、扶養控除、障害者控除、勤労学生控除、寡婦控除、ひとり親控除
	将来への備え	社会保険料控除、小規模企業共済等掛金控除、生命保険料控除（イ）、地震保険料控除（エ）
	困った場合	雑損控除、医療費控除
	助ける場合	寄附金控除（ウ）
税額控除		配当控除、住宅ローン控除（ア）など

レック先生のワンポイント

ふるさと納税による寄附金控除は、住民税では「税額控除」ですが、所得税では「所得控除」です。

問3 ☑☑☑ 重要度 B

幸一郎さんは、契約中の収入保障保険Aの保障額について、FPの阿久津さんに質問をした。阿久津さんが説明の際に使用した下記<イメージ図>を基に、本年10月1日に幸一郎さんが死亡した場合に支払われる年金総額として、正しいものはどれか。なお、年金は毎月受け取るものとする。

<イメージ図>

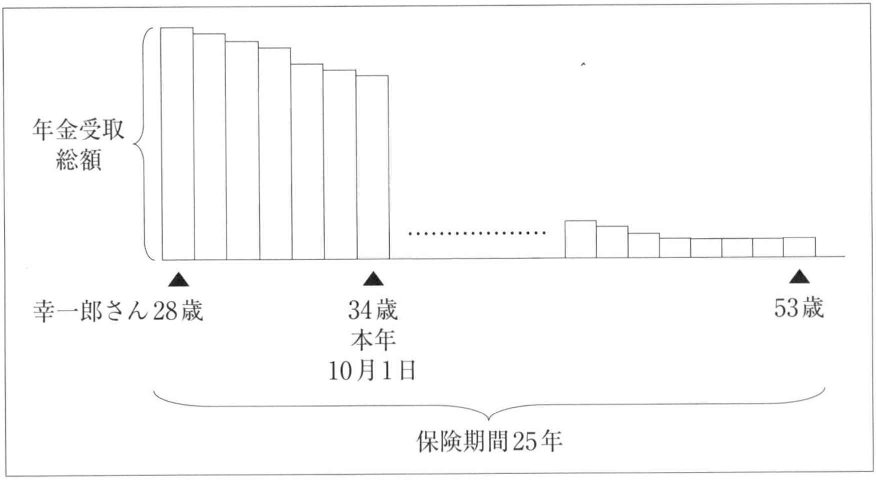

※幸一郎さんは、収入保障保険Aを6年前10月1日に契約している。
※保険期間は25年、保証期間は5年である。

1. 900万円
2. 3,420万円
3. 4,500万円
4. 5,400万円

正解 **2** が正しい　　テキスト2章　P133

設例に「年金月額15万円」とあり、本年10月1日に死亡した場合、残りの保険期間は19年（53歳－34歳）あるため、収入保障保険から、「15万円×12月×19年＝3,420万円」の年金総額が支払われます。

レック先生のワンポイント

設例で保障内容を確認し、イメージ図で残りの保険期間を確認すると解くことができます。

問4　☑☑☑　　重要度 **B**

幸一郎さんは、本年8月に病気（私傷病）療養のため休業したことから、健康保険から支給される傷病手当金についてFPの阿久津さんに相談をした。幸一郎さんの休業に関する状況は下記＜資料＞のとおりである。＜資料＞に基づき、幸一郎さんに支給される傷病手当金に関する次の記述の（ア）～（ウ）に入る適切な語句を語群の中から選び、その番号のみを解答欄に記入しなさい。なお、幸一郎さんは、全国健康保険協会管掌健康保険（協会けんぽ）の被保険者である。また、記載以外の傷病手当金の受給要件はすべて満たしているものとする。

＜資料＞

[幸一郎さんの8月中の勤務状況]

2日	3日	4日	5日	6日	7日	8日	9日	10日
出勤	休業	休業	出勤	休業	休業	休業	休業	休業

▲（3日）休業開始日

[幸一郎さんのデータ]

・傷病手当金の支給開始日以前の継続した12ヵ月間の各月の標準報酬月額を平均した額は、360,000円である。
・上記の休業した日について、1日当たり3,000円の給与が支給された。
・上記の休業した日以外の日については、通常どおり出勤している。
・上記の休業した日については、労務不能と認められている。

[傷病手当金の1日当たりの支給額]

支給開始日以前の継続した12ヵ月間の各月の標準報酬月額の平均額÷30日×2／3

・幸一郎さんへの傷病手当金は、（ ア ）より支給が開始される。
・幸一郎さんへ支給される傷病手当金は、1日当たり（ イ ）である。
・傷病手当金が支給される期間は、支給開始日から通算で（ ウ ）を限度に支給される。

＜語群＞

1. 8月7日	2. 8月8日	3. 8月9日
4. 5,000円	5. 6,000円	6. 8,000円
7. 1年	8. 1年6ヵ月	9. 2年

正解 （ア）3 （イ）4 （ウ）8

テキスト1章 P42

健康保険の被保険者が病気やケガのため、仕事を休み（自宅療養も含む）、勤務先から給与を受けられない場合、**3日連続**した待期期間（土日祝等の休業日も含む）の経過後、4日目から通算**1年6カ月**（ウ）を限度に支給されます。
設問の場合、休業開始後、待期期間が完成する前（8月5日）に出勤しているため、待期期間が完成するのは8月6日から連続3日間休業した8月8日であり、8月9日（ア）から支給されます。
傷病手当金の1日当たりの支給額は
「支給開始日以前の継続した12カ月の各月の標準報酬月額の平均額÷30日×2／3」となりますので、
36万円÷30日×2／3＝8,000円となります。
なお、休業した日について、1日当たり給与3,000円が支給されているため、幸一郎さんへの支給額は8,000円－3,000円＝5,000円（イ）となります。

ポイント：傷病手当金

支給期間	**連続した3日間**の欠勤の後、4日目から通算**1年6カ月**を限度
支給額	支給開始日以前の継続した12カ月の被保険者期間の標準報酬月額の平均額÷30×**2／3** 3分の2よりも少ない報酬が支給されている場合、報酬分を差引き**差額が支給**される

問5 ☑☑☑ 重要度 **A**

幸一郎さんの弟の克樹さんは、自らのスキルアップを図るため本年9月に32歳で会社を自己都合退職し、転職先が決まるまでは雇用保険の基本手当を受給することを考えている。雇用保険の基本手当に関する次の記述の空欄（ア）～（ウ）にあてはまる語句の組み合わせとして、正しいものはどれか。なお、克樹さんは、退職した会社に24歳から勤務し、継続して雇用保険に加入しており、基本手当の受給要件はすべて満たしているものとする。また、克樹さんには、このほかに雇用保険の加入期間はなく、障害者等の就職困難者には該当しないものとし、延長給付については考慮しないものとする。

・克樹さんの場合、基本手当の所定給付日数は（ ア ）である。
・基本手当の受給期間内に、負傷、疾病等により、引き続いて30日以上職業に就くことができない場合は、申出により受給期間を最大（ イ ）まで延長することができる。
・克樹さんの場合、基本手当は、求職の申込み日以後、7日間の待期期間および（ ウ ）の給付制限期間を経て支給が開始される。

＜資料：基本手当の所定給付日数＞

[一般の受給資格者（特定受給資格者・一部の特定理由離職者以外の者）]

離職時の年齢	被保険者として雇用された期間			
全年齢	1年未満	1年以上10年未満	10年以上20年未満	20年以上
	–	90日	120日	150日

[特定受給資格者（倒産・解雇等による離職者）・一部の特定理由離職者]

離職時の年齢	被保険者として雇用された期間				
	1年未満	1年以上5年未満	5年以上10年未満	10年以上20年未満	20年以上
30歳未満	90日	90日	120日	180日	–
30歳以上35歳未満		120日	180日	210日	240日
35歳以上45歳未満		150日		240日	270日
45歳以上60歳未満		180日	240日	270日	330日
60歳以上65歳未満		150日	180日	210日	240日

1. （ア） 90日　（イ）2年間　（ウ）1ヵ月
2. （ア）180日　（イ）2年間　（ウ）2ヵ月
3. （ア）180日　（イ）4年間　（ウ）1ヵ月
4. （ア） 90日　（イ）4年間　（ウ）2ヵ月

正解 **4** が正しい　テキスト1章　P53-54

（ア）所定給付日数は、離職事由で異なります。設問は「自己都合退職」ですので、一般の受給資格者に該当し、24歳から32歳まで（10年未満）働いていたため、所定給付日数は90日となります。
「離職事由」と「被保険者期間」（倒産・解雇の場合は離職時の年齢を含む）を資料で読み取ることで解答できます。

（イ）（ウ）下表参照。

ポイント：自己都合退職の場合の基本手当

手続先	公共職業安定所
受給資格要件	原則として、離職日以前の2年間に被保険者期間が通算して**12カ月**以上あること
待期期間と給付制限期間	7日間の待期期間に加えて、原則**2カ月**（ウ）（**5年以内に3回以上受給の場合は3カ月**）の給付制限期間
失業の認定	**4週間**ごとに失業の認定を受ける
受給期間	原則として、離職日の翌日から**1年間** ただし、妊娠、出産等の理由により引き続き**30日**以上職業につくことができない場合、申出により最長で**4年間**（イ）まで延長される

以上より、4.が正解となります。

レック先生のワンポイント

雇用保険の基本手当も高頻度で穴埋め問題が出題されます。毎回、穴埋め箇所を変えて出題されますので、過去問題を解いて、確実に得点できるよう、整理しておきましょう。

第3問

[2021年5月]

次の設例に基づいて、下記の各問（《問1》～《問6》）に答えなさい。

《設 例》

荒木健司さんは、民間企業に勤務する会社員である。健司さんと妻の梨花さんは、今後の資産形成や家計の見直しなどについて、FPで税理士でもある福岡さんに相談をした。なお、下記のデータはいずれも本年4月1日現在のものである。

［家族構成］

氏名	続柄	生年月日	年齢	職業等
荒木　健司	本人	19XX年10月13日	35歳	会社員（正社員）
梨花	妻	19XX年12月26日	34歳	会社員（派遣社員）
翼	長男	20XX年 7月15日	5歳	保育園児

［収入金額（前年）］
健司さん：給与収入500万円。給与収入以外の収入はない。
梨花さん：給与収入400万円。給与収入以外の収入はない。

［自宅］
賃貸マンションに居住しており、家賃は月額9万円（管理費込み）である。
マイホームとして販売価格4,000万円（うち消費税200万円）のマンションを購入する予定である。

［金融資産（時価）］
健司さん名義
　銀行預金（普通預金）：130万円
　銀行預金（定期預金）：500万円

梨花さん名義
　銀行預金（普通預金）：50万円
　銀行預金（定期預金）：400万円

［負債］
健司さんと梨花さんに負債はない。

［保険］
低解約返戻金型終身保険A：保険金額300万円。保険契約者（保険料負担者）および被保険者は健司さんである。
団体定期保険B（加入検討中）：保険金額2,000万円。保険契約者は健司さんの勤務先、保険料負担者および被保険者は健司さんである。

問1 ☑☑☑ 重要度 **B**

荒木さん夫妻は、本年6月にマンションを購入する予定である。荒木さん夫妻が＜設例＞のマンションを購入する場合の販売価格のうち、土地（敷地の共有持分）の価格を計算しなさい。なお、消費税の税率は10％とし、計算結果については万円未満を四捨五入すること。また、解答に当たっては、解答用紙に記載されている単位に従うこと。

正解 **1,800万円** テキスト5章 P490

事業者からマンションを購入する場合、**消費税が課税されるのは建物部分のみ**であり、土地部分は非課税です。
設問の場合、消費税200万円、消費税率10％であることから、
建物本体の価格は200万円÷0.1＝2,000万円となりますので、
土地（敷地の共有持分）の価格は、4,000万円－（2,000万円＋200万円）＝1,800万円となります。

レック先生のワンポイント

実技試験第9問の最初に高頻度で出題されます。「消費税が課税されるのは建物部分のみ」という知識だけで解くことができます。

問2 ☑☑☑ 重要度 C

健司さんは、勤務先の会社を通じて加入する団体定期保険（任意加入型）について、FPの福岡さんに質問をした。福岡さんが行った団体定期保険（任意加入型）の一般的な説明として、最も不適切なものはどれか。

1. 「一般に、従業員本人とともにその家族も加入できます。」
2. 「保険料の支払いは、一般に給与天引きとなります。」
3. 「申込みに際しては、会社の健康診断書データの提出が必要です。」
4. 「1年ごとに更新を行うため、契約内容の見直しを毎年行うことができます。」

正解 **3** が不適切　テキスト2章　P141

1. 適切　記述のとおりです。
2. 適切　記述のとおりです。
3. **不適切**　**告知は必要**ですが、診査や健康診断書データの提出は不要です。
4. 適切　記述のとおりです。

レック先生のワンポイント

通常の定期保険よりも、募集手数料がかからない分、保険料は割安である点も出題されます。

問3 ☑☑☑ 重要度 B

健司さんと梨花さんはマンション購入に当たり、夫婦での借入れを検討している。夫婦で住宅ローンを借りる場合の主な組み方について、借入希望先の銀行からもらった下記<資料>の空欄（ア）～（ウ）にあてはまる語句の組み合わせとして、最も適切なものはどれか。なお、住宅借入金等特別控除（以下「住宅ローン控除」という）の適用を受けるための要件はすべて満たしているものとする。

<資料>

共働きのご夫婦の住宅ローンの借入方法（単独の場合・収入合算で主債務者を健司さんとする場合・ペアローンの場合の例）

	単独	収入合算（連帯保証）	ペアローン	
契約者（主たる債務者）	健司さん	健司さん	健司さん	梨花さん
連帯保証人	－	梨花さん	梨花さん	健司さん
返済（口座引落し）	健司さん	健司さん	健司さん	（ア）
団体信用生命保険加入者	健司さん	（イ）	健司さん	梨花さん
住宅ローン控除	健司さん	（ウ）	健司さん	梨花さん

※ペアローンに加えて、さらに収入合算をつけることはできません。
※連帯債務、夫婦連生団体信用生命保険のお取り扱いはありません。
※住宅ローン控除の適用条件や控除額など、制度についての詳細は国税庁ホームページなどでご確認ください。

1. （ア）健司さん　（イ）健司さん・梨花さん　（ウ）健司さん・梨花さん
2. （ア）健司さん　（イ）健司さん　（ウ）健司さん・梨花さん
3. （ア）梨花さん　（イ）健司さん・梨花さん　（ウ）健司さん
4. （ア）梨花さん　（イ）健司さん　（ウ）健司さん

正解 **4** が正しい　　テキスト1章　P28、4章　P385

（ア）ペアローンの返済は2人とも負担します。

（イ）収入合算（連帯保証）において、団体信用生命保険に加入するのは主たる債務者のみです。

（ウ）収入合算（連帯保証）において、住宅ローン控除を適用できるのは、主たる債務者のみです。

以上より、正解は4.となります。

ポイント：ペアローンと収入合算（連帯保証）の違い

	借入人等	住宅ローン控除	団体信用生命保険
ペアローン	**2人とも主たる債務者**	**それぞれ**受けられる	**それぞれ加入できる**
収入合算（連帯保証）	**主たる債務者と連帯保証人**	**主たる債務者のみ**受けられる	**主たる債務者のみ加入できる**

レック先生のワンポイント

ペアローン、収入合算（連帯保証）の住宅ローン控除、団体信用生命保険の違いを整理しておきましょう。

問4 ☑☑☑ 重要度 C

健司さんは、生命保険の解約返戻金について、FPの福岡さんに質問をした。福岡さんが生命保険の解約返戻金相当額について説明する際に使用した下記のイメージ図のうち、一般的な低解約返戻金型終身保険の解約返戻金相当額の推移に係る図として、最も適切なものはどれか。

1.

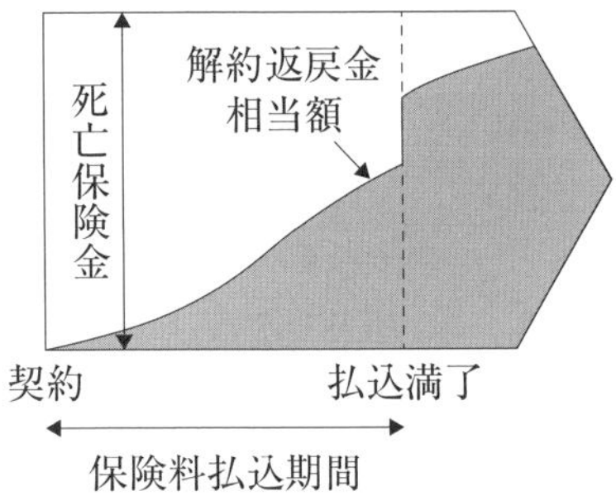

2.

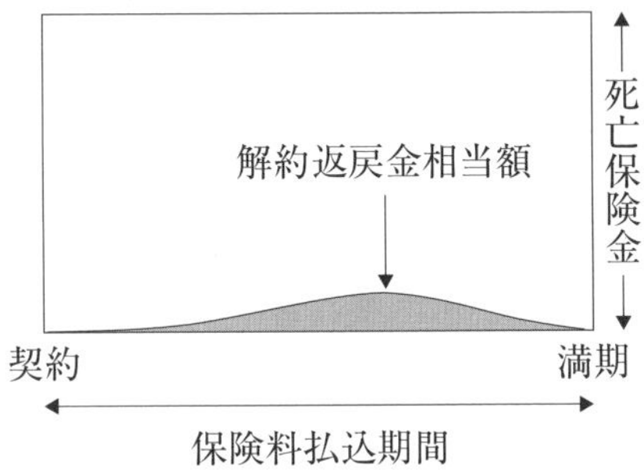

3.

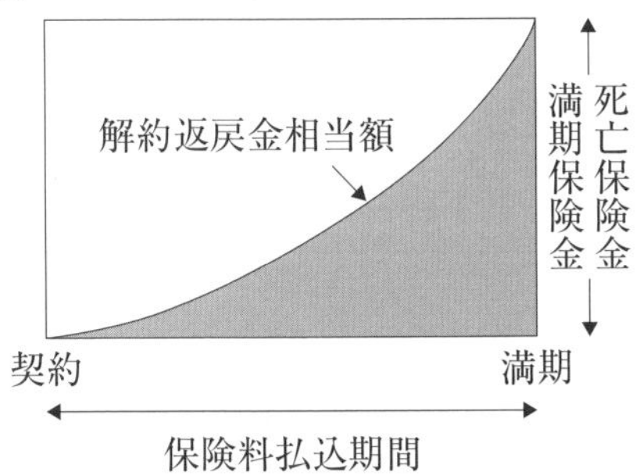

4.

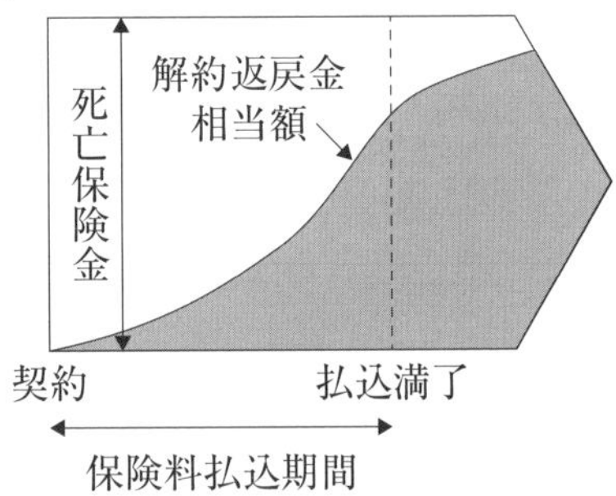

正解 **1** が適切　　テキスト２章　P134-137

1. 低解約返戻型終身保険。保険料払込期間中の解約返戻金を低く抑える分、保険料が安く設定されています。

2. 定期保険。ある程度解約返戻金がある定期保険も、保険期間満了時の解約返戻金はゼロとなります。

3. 養老保険。保険期間満了まで被保険者が生存していると、死亡・高度障害保険金と同額の満期保険金が支払われます。

4. 終身保険。保険期間の経過につれて、解約返戻金は増えていきますが、養老保険とは異なり、死亡・高度障害保険金と同額までは増えないことが一般的です。

レック先生のワンポイント

過去には、養老保険、終身保険、定期保険のほか、個人年金保険が出題されています。

問5 ☑☑☑ 重要度B

梨花さんは、第二子の出産に備えて、育児・介護休業法（育児休業、介護休業等育児又は家族介護を行う労働者の福祉に関する法律）に基づく育児休業等期間中の社会保険料の免除について、FPの福岡さんに質問をした。育児休業等期間中の社会保険料の免除に関する次の説明の空欄（ア）～（ウ）にあてはまる語句の組み合わせとして適切なものはどれか。なお、梨花さんは、現在の会社に就職してから継続して全国健康保険協会管掌健康保険（協会けんぽ）および厚生年金保険の被保険者である。

「育児・介護休業法による満3歳未満の子を養育するための育児休業等期間に係る健康保険・厚生年金保険の保険料は、（ ア ）が育児休業等取得者申出書を日本年金機構（事務センターまたは年金事務所）へ提出することにより、（ イ ）が免除されます。
保険料の免除期間は、育児休業等を開始した日の属する月から、育児休業等が終了する日の翌日が属する月の前月までとなります。なお、この免除期間は、将来、被保険者の年金額を計算する際は、（ ウ ）として扱われます。」

1. （ア）被保険者　（イ）被保険者・事業主の両方の負担分
（ウ）保険料の未納期間
2. （ア）被保険者　（イ）被保険者の負担分　（ウ）保険料を納めた期間
3. （ア）事業主　（イ）被保険者の負担分　（ウ）保険料の未納期間
4. （ア）事業主　（イ）被保険者・事業主の両方の負担分
（ウ）保険料を納めた期間

正解 **4** が適切　　テキスト1章　P38、P60

（ア）（イ）

事業主（ア）が申し出ることにより、**被保険者および事業主の両方**（イ）の健康保険および厚生年金保険の保険料が免除されます。なお、**産前産後休業も同様**です。

（ウ）この免除期間は、**保険料納付済期間**（ウ）として扱われます。産前産後休業も同様です。

以上より、4.が正解となります。

レック先生のワンポイント

出産・育児関係は、他にも、雇用保険の育児休業給付、公的医療保険の出産育児一時金、出産手当金も出題されていますので、整理しておきましょう。

問 6 ☑☑☑ 重要度 A

梨花さんは、健司さんが万一死亡した場合の公的年金の遺族給付について、FPの福岡さんに質問をした。健司さんが仮に、在職中の本年5月に35歳で死亡した場合、健司さんの死亡時点において梨花さんが受け取ることができる遺族給付に関する次の記述の空欄（ア）～（ウ）に入る適切な語句を語群の中から選び、その番号のみを解答欄に記入しなさい。なお、健司さんは、大学を卒業し22歳で現在の会社に就職してから死亡時まで継続して厚生年金保険に加入しているものとする。また、家族に障害者に該当する者はなく、記載以外の遺族給付の受給要件はすべて満たしているものとする。

「健司さんが本年5月に死亡した場合、梨花さんには遺族基礎年金と遺族厚生年金が支給されます。梨花さんに支給される遺族基礎年金の額は、老齢基礎年金の満額に相当する額に翼さんを対象とする子の加算額を加えた額です。また、遺族厚生年金の額は、原則として死亡した者の被保険者期間に基づく老齢厚生年金の報酬比例部分相当額の（ ア ）に相当する額ですが、梨花さんに支給される遺族厚生年金は短期要件に該当するものであるため、健司さんの被保険者期間が（ イ ）に満たない場合は（ イ ）として計算されます。なお、翼さんが（ ウ ）到達年度の末日（3月31日）を経過すると梨花さんの遺族基礎年金は失権しますが、このとき梨花さんは40歳以上であるため、以後の遺族厚生年金に梨花さんが65歳に達するまでの間、中高齢寡婦加算額が加算されます。」

＜語群＞

1. 2分の1	2. 3分の2	3. 4分の3
4. 240月	5. 300月	6. 360月
7. 16歳	8. 18歳	9. 20歳

正解 **（ア）3** **（イ）5** **（ウ）8** テキスト1章 P77-81

（ア）遺族厚生年金は、死亡時点で計算した報酬比例部分の年金額の**4分の3**となります。

（イ）厚生年金保険の被保険者が死亡した場合で、厚生年金保険の被保険者期間が**300月に満たない場合**、**300月**あるものとして計算した額が最低保障されます。

（ウ）設問の場合、**18歳**到達年度末までの未婚の子がいる期間にわたり、遺族基礎年金が支給されます。

レック先生のワンポイント

２級試験の多くは、会社員である夫が死亡し、生計を維持されている妻と子がいるケースが出題されますので、この受給パターンはしっかり理解しておきましょう。

総合問題Ⅱ［日本FP協会］資産設計提案業務

第1問

［2021年1月］

次の設例に基づいて、下記の各問（《問1》～《問4》）に答えなさい。

《設 例》

国内の上場企業に勤務する近藤正之さんは、今後の生活のことなどに関して、FPで税理士でもある羽田さんに相談をした。なお、下記のデータは本年度1月1日現在のものである。

Ⅰ．家族構成（同居家族）

氏名	続柄	生年月日	年齢	備考
近藤　正之	本人	19xx年12月22日	55歳	会社員
景子	妻	19xx年　4月28日	52歳	パート勤務
美樹	長女	20xx年　8月27日	18歳	高校生
和人	長男	20xx年　5月12日	16歳	高校生

Ⅱ．近藤家の親族関係図

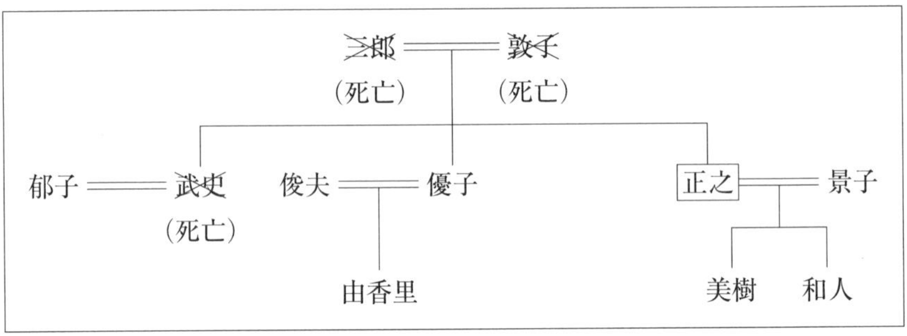

Ⅲ．近藤家（正之さんと景子さん）の財産の状況

［資料1：保有資産（時価）］　（単位：万円）

	正之	景子
金融資産		
預貯金等	1,560	300
株式・投資信託	770	
生命保険（解約返戻金相当額）	［資料3］を参照	［資料3］を参照
不動産		
土地（自宅の敷地権）	770	770
建物（自宅の家屋）	715	715
その他（動産等）	120	100

注1：不動産はマンションであり、正之さんと景子さんの共有である（持分50％ずつ）。

［資料2：負債残高］

住宅ローン：880万円（債務者は正之さん）

自動車ローン：80万円（債務者は正之さん）

［資料3：生命保険］　（単位：万円）

保険種類	保険契約者	被保険者	死亡保険金受取人	保険金額	解約返戻金相当額
定期保険A	正之	正之	景子	300	－
定期保険特約付終身保険B	正之	正之	景子		
（終身保険部分）				400	180
（定期保険部分）				2,000	－
変額個人年金保険C	正之	正之	景子	300	350
終身保険D	正之	景子	正之	200	50

注2：解約返戻金相当額は、現時点（本年度1月1日）で解約した場合の金額である。
注3：変額個人年金保険Cは、据置期間中に被保険者が死亡した場合には、一時払保険料相当額（300万円）と被保険者死亡時における解約返戻金相当額のいずれか大きい金額が死亡保険金として支払われるものである。
注4：すべての契約において、保険契約者が保険料を全額負担している。
注5：契約者配当および契約者貸付については考慮しないこと。

Ⅳ．その他

上記以外の情報については、各設問において特に指示のない限り一切考慮しないこと。

問1 ☑☑☑ 重要度 A

FPの羽田さんは、まず現時点（本年度1月1日）における近藤家（正之さんと景子さん）のバランスシート分析を行うこととした。下表の空欄（ア）に入る数値を計算しなさい。

＜近藤家（正之さんと景子さん）のバランスシート＞　（単位：万円）

[資産]		[負債]	
金融資産		住宅ローン	×××
預貯金等	×××	自動車ローン	×××
株式・投資信託	×××		
生命保険（解約返戻金相当額）	×××	負債合計	×××
不動産			
土地（自宅の敷地権）	×××		
建物（自宅の家屋）	×××	[純資産]	（ア）
その他（動産等）	×××		
資産合計	×××	負債・純資産合計	×××

正解　**5,440（万円）**　テキスト1章　P12-13

純資産は「**資産－負債**」により求めます。

生命保険は**解約返戻金**で計上しますので、設問の場合、180万円＋350万円＋50万円＝580万円となります。

純資産は以下のとおり、5,440万円となります。

＜近藤家（正之さんと景子さん）のバランスシート＞　（単位：万円）

[資産]		[負債]	
金融資産		住宅ローン	880
預貯金等	1,860	自動車ローン	80
株式・投資信託	770	負債合計	960
生命保険（解約返戻金相当額）	580		
不動産			
土地（自宅の敷地権）	1,540	[純資産]	（ア 5,440）
建物（自宅の家屋）	1,430		
その他（動産等）	220		
資産合計	6,400	負債・純資産合計	6,400

問2 ☑☑☑ 重要度 B

下記＜資料＞は、正之さんの兄である武史さんの遺産等の明細である。武史さんの妻である郁子さんが取得した死亡保険金および死亡退職金のうち、相続税の課税価格の合計額に算入される金額として、正しいものはどれか。なお、武史さんの死亡時には、すでに三郎さんおよび敦子さんは死亡していたものとする。また、武史さんの相続に際しては、優子さんと正之さんは相続を放棄している。

＜資料：武史さんの遺産等の明細（相続税評価額）＞

金融資産	4,000万円
不動産	3,000万円
死亡保険金	1,200万円 ※保険契約者（保険料負担者）および被保険者は武史さん、保険金受取人は郁子さんである。
死亡退職金	2,500万円 ※死亡退職金受取人は郁子さんである。

1. 700万円
2. 1,000万円
3. 2,200万円
4. 2,700万円

正解 **2** が正しい　　テキスト2章　P158、6章　P541-544

契約者（保険料負担者）と被保険者が同一である生命保険契約の死亡保険金は相続税の対象となり、**相続人**が受け取る死亡保険金は、**「500万円×法定相続人の数」の金額が非課税**となります。
設問の場合、武史さんが死亡した場合の法定相続人の数は、配偶者郁子さん、兄弟姉妹の優子さん、正之さんの3人ですので、500万円×3人＝1,500万円が非課税となります（相続放棄した者も含めてカウントします）。
死亡保険金は1,200万円（＜1,500万円）ですので、全額が非課税となります。
また、相続人が受け取る死亡退職金も**同額が別枠で非課税**となりますので、2,500万円－1,500万円＝1,000万円が相続税の課税価格に算入されます。
以上より、相続税の課税価格に算入される死亡保険金、死亡退職金は1,000万円となり、2.が正解となります。

ポイント：死亡保険金と死亡退職金の非課税

	要件	ひっかけポイント
死亡保険金	・契約者（保険料負担者）と被保険者が同一である生命保険契約 ・**相続人**が受け取る	・契約形態が左記以外 ・相続**放棄した者**、**相続人以外**が受け取る
死亡退職金	・死亡後3年以内に支給が確定したもの ・**相続人**が受け取る	・死亡後3年を超えてから支給が確定したもの ・相続を**放棄した者**が受け取る

問3 ☑☑☑ 重要度 A

正之さんは、60歳で定年退職し、すぐに再就職しない場合の公的医療保険について、FPの羽田さんに質問をした。退職後の公的医療保険制度に関する次の説明の空欄（ア）～（エ）にあてはまる語句の組み合わせとして、最も適切なものはどれか。なお、現在、正之さんは全国健康保険協会管掌健康保険（協会けんぽ）の被保険者であり、景子さん、美樹さんおよび和人さんはその被扶養者である。また、正之さんは障害者ではない。

「協会けんぽの被保険者が定年などによって会社を退職し、すぐに再就職しない場合は、協会けんぽの任意継続被保険者になるか、住所地の市区町村の国民健康保険に加入して一般被保険者となるかなどの選択肢が考えられます。

協会けんぽの任意継続被保険者になるには、退職日の翌日から（ ア ）以内に、住所地の協会けんぽ都道府県支部において加入手続きをしなければなりません。任意継続被保険者の保険料は、退職前の被保険者資格を喪失した際の標準報酬月額、または協会けんぽの全被保険者の標準報酬月額の平均額に基づく標準報酬月額のいずれか低い額に、都道府県支部ごとに定められた保険料率を乗じて算出し、その（ イ ）を任意継続被保険者本人が負担します。なお、被扶養者の有無やその数は、保険料に影響しません。

一方、国民健康保険の被保険者になるには、原則として退職日の翌日から（ ウ ）以内に、住所地の市区町村において加入手続きを行います。国民健康保険の保険料（保険税）は、市区町村ごとに算出方法が異なりますが、一つの世帯に被保険者が複数いる場合は、（ エ ）が保険料を徴収されます。」

1. （ア）14日　（イ）半額　（ウ）20日　（エ）世帯主
2. （ア）20日　（イ）半額　（ウ）14日　（エ）加入者それぞれ
3. （ア）14日　（イ）全額　（ウ）20日　（エ）加入者それぞれ
4. （ア）20日　（イ）全額　（ウ）14日　（エ）世帯主

正解　**4**　が適切　　　　テキスト1章　P43-44

ポイント：健康保険任意継続被保険者

被保険者期間	継続して**2カ月**以上
手続き	退職日の翌日から**20日**（ア）以内
加入期間	最長**2年**
保険料負担	**全額**（イ）**自己負担**

ポイント：健康保険と国民健康保険

	健康保険	国民健康保険
加入者	被保険者 一定の要件を満たす者は被扶養者	加入者全員が被保険者
保険料	標準報酬月額、標準賞与額に基づいて計算 （被扶養者はかからない） 在職中（**労使折半**）は被保険者の報酬から徴収 任意継続被保険者（**全額**（イ）**自己負担**）は個別納付	均等割、所得割等、市区町村の定める方法に基づいて計算 （収入がない被保険者もかかる） 世帯主（エ）が納付
退職後の手続き	任意継続被保険者となる場合、退職の翌日から**20日**（ア）以内	退職の翌日から**14日**（ウ）以内

以上より、4.が正解となります。

レック先生のワンポイント

退職後の公的医療保険（任意継続被保険者と国民健康保険、後期高齢者医療制度）の違いを整理しておきましょう。

問4 ☑☑☑ 重要度 B

景子さんは、自分や正之さんの老後の健康について不安を感じており、高齢者が加入する医療制度や介護保険制度の仕組みについて、FPの羽田さんに質問をした。後期高齢者医療制度および介護保険制度の概要について説明する際に使用した下表の空欄（ア）～（ウ）に入る適切な語句を語群の中から選び、その番号のみを解答欄に記入しなさい。

	後期高齢者医療制度	介護保険制度
保険者（運営主体）	後期高齢者医療広域連合	（ア）
被保険者	75歳以上の者	第1号被保険者：（イ）以上の者
	一定の障害状態にある旨の認定を受けた（イ）以上75歳未満の者	第2号被保険者：40歳以上（イ）未満の医療保険加入者
保険料の徴収	（ア）が徴収	第1号被保険者：（ア）が徴収
		第2号被保険者：医療保険者が医療保険料と併せて徴収
自己負担割合	被保険者の所得等に応じ医療費の1割または2割あるいは3割	被保険者の所得等に応じサービス利用料の1割または2割あるいは3割
高額負担を軽減する制度	高額療養費：原則として（ウ）の医療費の自己負担額（保険適用分）が一定の上限額を超えるとき ※入院時の食事代等は対象外	高額介護サービス費：原則として（ウ）の介護サービスの利用者負担額（保険適用分）が一定の上限額を超えるとき ※住宅改修費等は対象外
	高額医療・高額介護合算療養費制度： 同一世帯内で、1年間における後期高齢者医療の自己負担額と介護保険の利用者負担額の合算額（保険適用分）が、一定の上限額および支給基準額の合計額を超えるとき ※高額療養費等が支給される場合は、その額を差し引いた額が対象	

<語群>

1. 国民健康保険団体連合会　2. 国　3. 市町村および特別区
4. 60歳　5. 65歳　6. 70歳
7. 1回　8. 1ヵ月　9. 1年間

正解　（ア）3　（イ）5　（ウ）8　　テキスト1章　P46-48

	後期高齢者医療制度	介護保険制度
保険者	**後期高齢者医療広域連合**	**市町村および特別区**（ア）
被保険者	75歳以上の者、一定の障害状態にある旨の認定を受けた**65歳**（イ）以上75歳未満の者	第1号被保険者　**65歳**（イ）以上の者 第2号被保険者　40歳以上**65歳**（イ）未満の医療保険加入者
保険料の徴収	**市町村および特別区**（ア）が徴収 **（被保険者単位）**	第1号被保険者：**市町村および特別区**（ア）が徴収 第2号被保険者：医療保険者が医療保険料と併せて徴収
自己負担割合（原則）	現役並み所得者：医療費の**3割** 上記以外の者：**所得に応じて1割または2割**	65歳以上の一定以上所得者：サービス利用料の2割または3割 上記以外の者：サービス利用料の1割
高額負担を軽減する制度	高額療養費：原則として**1カ月**（同一月）（ウ）の医療費の自己負担額（保険適用分）が一定の上限額を超えるとき ※入院時の食事代等は対象外	高額介護サービス費：原則として**1カ月**（同一月）（ウ）の介護サービスの利用者負担額（保険適用分）が一定の上限額を超えるとき ※住宅改修費等は対象外
	高額医療・高額介護合算制度 同一世帯内で、**1年間**（8月～翌年7月）における後期高齢者医療の自己負担額と介護保険の利用者負担額の合算額（保険適用分）が、一定の上限額および支給基準額の合計額を超えるとき ※高額療養費などが支給される場合は、その額を差し引いた額が対象	

レック先生のワンポイント

後期高齢者医療制度と介護保険制度は、表や文章の穴埋め、○×等で出題されます。

第2問 ［2022年9月］

次の設例に基づいて、下記の各問（《問１》～《問４》）に答えなさい。

《設 例》

物品販売業（松尾商店）を営む自営業者（青色申告者）の松尾孝一さんは、今後の生活や事業などに関して、FPで税理士でもある沼田さんに相談をした。なお、下記のデータは本年9月1日現在のものである。

Ⅰ．家族構成（同居家族）

氏名	続柄	生年月日	年齢	備考
松尾　孝一	本人	19xx年 7月21日	56歳	自営業
祥子	妻	19xx年10月11日	53歳	パートタイマー（注1）
亜美	長女	20xx年 6月21日	22歳	大学生
和人	長男	20xx年12月22日	17歳	高校生

注1：祥子さんは株式会社PW工業に勤務している。

Ⅱ．松尾家の親族関係図

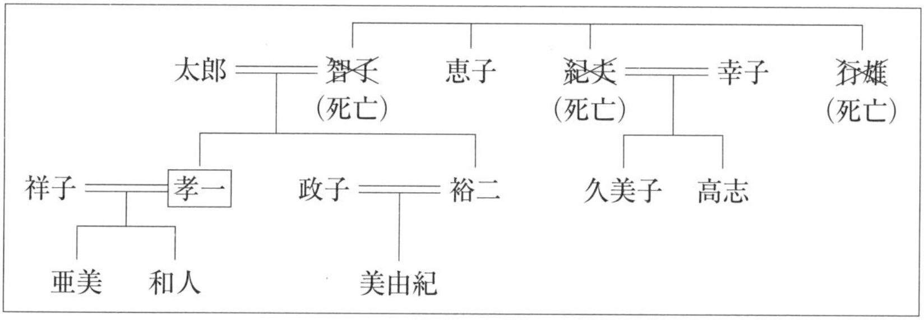

注2：智子さんと紀夫さんは数年前に、行雄さんは本年8月に死亡している。

Ⅲ．松尾家（孝一さんと祥子さん）の財産の状況

［資料1：保有資産（時価）］　（単位：万円）

	孝一	祥子
金融資産		
現金および預貯金	2,850	360
投資信託	220	－
生命保険（解約返戻金相当額）	［資料3］を参照	［資料3］を参照
事業用資産（不動産以外）（注3）		
商品・備品等	420	
不動産		
土地（店舗兼自宅の敷地）	2,300	
建物（店舗兼自宅の家屋）	3,680	
その他（動産等）	200	100

注3：記載以外の事業用資産については考慮しないこと。

［資料2：負債残高］

住宅ローン：380万円（債務者は孝一さん。団体信用生命保険付き）

事業用借入：3,820万円（債務者は孝一さん）

［資料3：生命保険］ （単位：万円）

保険種類	保険契約者	被保険者	死亡保険金受取人	保険金額	解約返戻金相当額
定期保険A	孝一	孝一	祥子	1,000	－
定期保険特約付終身保険B	孝一	孝一	祥子		
（終身保険部分）				200	120
（定期保険部分）				2,000	－
終身保険C	孝一	孝一	祥子	400	280
終身保険D	孝一	祥子	孝一	200	180
終身保険E	祥子	孝一	祥子	300	150

注4：解約返戻金相当額は、現時点（本年9月1日）で解約した場合の金額である。

注5：終身保険Cには、主契約とは別に保険金額400万円の災害割増特約が付保されている。

注6：すべての契約において、保険契約者が保険料を全額負担している。

注7：契約者配当および契約者貸付については考慮しないこと。

Ⅳ．その他

上記以外の情報については、各設問において特に指示のない限り一切考慮しないこと。

問1 ☑☑☑ 重要度 B

孝一さんは、現在加入している生命保険で十分な保障を得られているか不安を持っている。そこで、自分が交通事故等の不慮の事故で死亡したときに支払われる死亡保険金で負債を全額返済した場合、現金および預貯金がいくら残るのかについて、FPの沼田さんに試算してもらうことにした。この試算に関する沼田さんの次の説明の空欄（ア）に入る金額として、正しいものはどれか。なお、保有している投資信託は含めずに計算すること。

「現時点（本年9月1日時点）で孝一さんが交通事故等の不慮の事故で死亡した場合、孝一さんの死亡により支払われる死亡保険金と松尾家（孝一さんと祥子さん）が保有する現金および預貯金の合計額から、返済すべき負債の全額を差し引いた金額は（ ア ）になります。」

1. 3,290万円
2. 3,310万円
3. 3,690万円
4. 3,890万円

正解　**3**　が正しい　　テキスト2章　P129-130

孝一さんが不慮の事故により死亡した場合に支払われる死亡保険金

定期保険A　1,000万円

定期保険特約付終身保険B　2,200万円

終身保険C　400万円＋災害割増特約400万円＝800万円

終身保険E　300万円

孝一さんの死亡により支払われる保険金

＝1,000万円＋2,200万円＋800万円＋300万円＝4,300万円

預貯金等　2,850万円＋360万円＝3,210万円

返済すべき負債　事業用借入　3,820万円

（住宅ローンには団体信用生命保険が付保されているため、考慮しません）

以上より、死亡保険金と現金および預貯金の合計額から、返済すべき負債の全額を差し引いた金額は、

4,300万円＋3,210万円－3,820万円＝3,690万円となります。

問2 ☑☑☑ 重要度 C

孝一さんの父である太郎さんが保有する土地Aおよび土地Bの明細は、下記＜資料＞のとおりである。仮に孝一さんが土地Aおよび土地Bを相続により取得した場合、小規模宅地等に係る相続税の課税価格の計算の特例（小規模宅地等の特例）の適用対象となる面積の上限として、最も適切なものはどれか。なお、太郎さんは、土地Aおよび土地B以外に土地（借地権等を含む）は保有していない。

＜資料＞

土地A
　面積：220m^2
　用途：太郎さんの自宅の敷地（自宅家屋も太郎さんが所有）。なお、同居者はいない。
　取得後の予定：相続税の申告後に売却する予定。
土地B
　面積：300m^2
　用途：賃貸アパートの敷地（アパート（建物）も太郎さんが所有）
　取得後の予定：賃貸アパート経営を継続する予定

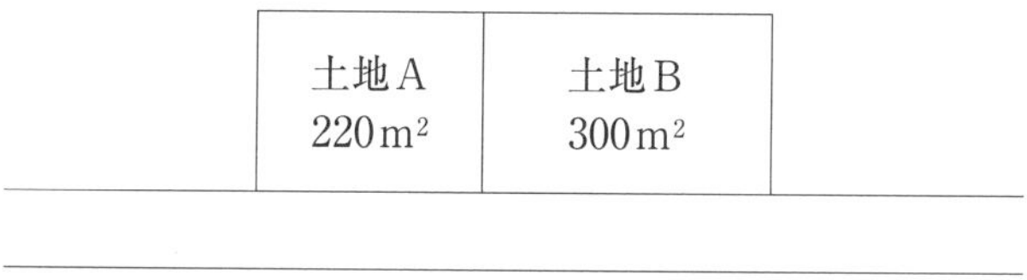

1. ゼロ（適用なし）
2. 200m^2
3. 300m^2
4. 420m^2

正解　**2**　が正しい　　テキスト6章　P582-583

土地A（220m^2）

別居の孝一さんは自宅を保有しているため、特定居住用宅地等としての評価減は適用できません。

土地B（300m^2）

貸付事業用宅地を親族が取得し、**申告期限まで所有し続け、事業を継続**する場合には、貸付事業用宅地等として**200m^2**まで**50％**の減額の対象となります。

以上より、特例の対象となる面積の上限は200m^{2}です。

問3 ☑☑☑ 重要度A

孝一さんは国民年金の第1号被保険者であり、20歳から6年間、国民年金保険料の未納期間がある。このため、今後60歳になるまで国民年金保険料を納付し続けても老齢基礎年金は満額に達しないので、FPの沼田さんに年金額を増やす方法について相談をした。孝一さんの老齢年金に関する次の記述の空欄（ア）～（ウ）にあてはまる数値の組み合わせとして、最も適切なものはどれか。

<沼田さんの説明>

「孝一さんが老齢年金の額を増やすには、まず60歳から（ ア ）歳になるまでの間、国民年金に任意加入し、保険料を納付する方法が考えられます。
また、国民年金保険料に加えて付加保険料を納付すると、付加年金を受給することができます。付加年金の受給額は、（ イ ）円に付加保険料を納付した月数を乗じた額となります。
さらに孝一さんが66歳に達した日以降、老齢年金の支給繰下げの申し出をすると、年金額を増やして受給することができます。支給繰下げを申し出た場合の年金額の増額率は、（ ウ ）％に繰り下げた月数を乗じた率となります。」

1. （ア）65　（イ）200　（ウ）0.7
2. （ア）65　（イ）400　（ウ）0.5
3. （ア）66　（イ）200　（ウ）0.5
4. （ア）66　（イ）400　（ウ）0.7

正解 **1** が正しい　テキスト1章　（ア）P60、（イ）P68、（ウ）P67

（ア）受給資格期間は満たしているものの、満額の老齢基礎年金を受給できない場合、**最長で65歳に達するまで、国民年金に任意加入**することができます。
（イ）月額400円の付加保険料を納付すると、65歳から「**200円**×付加保険料納付月数」の**付加年金を受給**できます。
（ウ）**繰下げ支給は1カ月につき0.7％の増額**、最高84％の増額となります（2022年4月1日以降に70歳に到達する者の場合）。
以上より、1.が正解となります。

問4 ☑☑☑ 重要度 C

祥子さんは今の職場で長く働き続けたいと考えており、雇用保険制度について、FPの沼田さんに質問をした。沼田さんの次の説明について、空欄（ア）～（ウ）に入る適切な語句を語群から選び、その番号のみを解答欄に記入しなさい。

「パートタイマーとして働いている人も、1週間の所定労働時間が（ ア ）以上で、継続して31日以上雇用される見込みがある人は、雇用保険に加入しなければなりません。
雇用保険の加入年齢に上限はなく、（ イ ）未満の人は一般被保険者とされ、（ イ ）以上の人は高年齢被保険者とされます。
被保険者が失業した場合に支給される求職者給付も、離職したときの年齢により内容が異なります。（ イ ）に達する前に離職した一般被保険者には、離職理由や雇用保険の加入期間により原則として90日～330日にわたる基本手当が支給され、（ イ ）以後に離職した高年齢被保険者には基本手当の30日分または50日分の（ ウ ）が一時金で支給されます。」

＜語群＞
1. 8時間　2. 20時間　3. 30時間
4. 60歳　5. 65歳　6. 70歳
7. 高年齢求職者給付金　8. 高年齢雇用継続基本給付金
9. 高年齢再就職給付金

正解 （ア）2 （イ）5 （ウ）7 テキスト1章 P52-54

(ア) なお、**労災保険には所定労働時間の要件はありません。**
(イ) (ウ) 下表参照。

	65歳 (イ) 未満	65歳 (イ) 以上
被保険者	一般被保険者	高年齢被保険者
求職者給付	基本手当 4週間ごとに失業認定	高年齢求職者給付金 (ウ) 一時金

第3問

[2023年9月]

次の設例に基づいて、下記の各問（《問1》～《問4》）に答えなさい。

《設 例》

貿易業を営む自営業者（青色申告者）の関根克典さんは、今後の生活や事業などに関して、FPで税理士でもある氷室さんに相談をした。なお、下記のデータは本年9月1日現在のものである。

Ⅰ．家族構成（同居家族）

氏名	続柄	生年月日	年齢	備考
関根　克典	本人	19xx年7月25日	58歳	自営業
晶子	妻	19xx年1月18日	57歳	自営業（注1）
真帆	長女	20xx年6月22日	19歳	大学生
一郎	父	19xx年2月12日	84歳	無職
恵子	母	19xx年5月 6日	81歳	無職

注1：晶子さんは、青色事業専従者として克典さんの事業に従事している。

Ⅱ．関根家の親族関係図

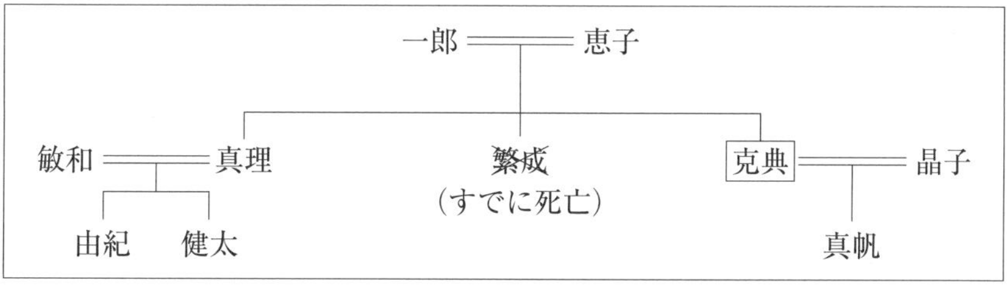

Ⅲ．関根家（克典さんと晶子さん）の財産の状況

［資料1：保有資産（時価）］　　（単位：万円）

	克典	晶子
金融資産		
現金・預貯金	2,950	870
株式・債券等	1,100	200
生命保険（解約返戻金相当額）	［資料3］を参照	［資料3］を参照
不動産		
土地（自宅の敷地）	3,600	
建物（自宅の家屋）	320	
土地（事務所の敷地）	3,400	
建物（事務所の建物）	850	
その他		
事業用資産（不動産以外）	580	
動産等	180	210

[資料2：負債残高]

住宅ローン：300万円（債務者は克典さん。団体信用生命保険付き）

事業用借入：2,250万円（債務者は克典さん）

[資料3：生命保険]　（単位：万円）

保険種類	保険契約者	被保険者	死亡保険金受取人	保険金額	解約返戻金相当額
定期保険A	克典	克典	晶子	1,000	－
定期保険特約付終身保険B	克典	克典	晶子		
（終身保険部分）				200	120
（定期保険部分）				2,000	－
終身保険C	克典	克典	晶子	400	220
終身保険D	克典	晶子	克典	200	180
終身保険E	晶子	晶子	真帆	400	150

注2：解約返戻金相当額は、本年9月1日現在で解約した場合の金額である。
注3：終身保険Cには、主契約とは別に保険金額400万円の災害割増特約が付保されている。
注4：すべての契約において、保険契約者が保険料を全額負担している。
注5：契約者配当および契約者貸付については考慮しないこと。

Ⅳ．その他

上記以外の情報については、各設問において特に指示のない限り一切考慮しないこと。

問1 ☑☑☑ 重要度 A

FPの氷室さんは、まず本年9月1日現在における関根家（克典さんと晶子さん）のバランスシート分析を行うこととした。下表の空欄（ア）にあてはまる数値を計算しなさい。

＜関根家（克典さんと晶子さん）のバランスシート＞ （単位：万円）

［資産］		［負債］	
金融資産		住宅ローン	×××
預貯金等	×××	事業用借入	×××
株式・債券等	×××		
生命保険（解約返戻金相当額）	×××		
不動産			
土地（自宅の敷地）	×××		
建物（自宅の家屋）	×××	負債合計	×××
土地（事務所の敷地）	×××		
建物（事務所の建物）	×××		
その他			
事業用資産（不動産以外）	×××	［純資産］	（ア）
動産等	×××		
資産合計	×××	負債・純資産合計	×××

正解　**12,380（万円）**　　テキスト1章　P12-13

純資産は「**資産－負債**」により求めます。

生命保険は**解約返戻金**で計上しますので、設問の場合、120万円＋220万円＋180万円＋150万円＝670万円となります。

純資産は以下のとおり、12,380万円となります。

<関根家（克典さんと晶子さん）のバランスシート>　（単位：万円）

[資産]		[負債]	
金融資産		住宅ローン	300
現金・預貯金	3,820	事業用借入	2,250
株式・債券等	1,300		
生命保険（解約返戻金相当額）	670		
不動産			
土地（自宅の敷地）	3,600		
建物（自宅の家屋）	320	負債合計	2,550
土地（事務所の敷地）	3,400		
建物（事務所の建物）	850		
その他			
事業用資産（不動産以外）	580	[純資産]	（12,380）
動産等	390		
資産合計	14,930	負債・純資産合計	14,930

問2 ☐☐☐ 重要度 C

下記＜資料＞は、克典さんの本年分の所得税の確定申告書に添付された損益計算書である。＜資料＞の空欄（ア）にあてはまる克典さんの本年分の事業所得の金額の数値として、正しいものはどれか。なお、克典さんは青色申告の承認を受けており、青色申告決算書（貸借対照表を含む）を添付し、国税電子申告・納税システム（e-Tax）を利用して電子申告を行うものとする。

＜資料＞

［損益計算書］

科目			金額（円）
売上（収入）金額（雑収入を含む）		①	40,000,000
売上原価	期首商品棚卸高	②	2,500,000
	仕入金額	③	24,000,000
	小計	④	26,500,000
	期末商品棚卸高	⑤	3,000,000
	差引原価	⑥	23,500,000
差引金額		⑦	＊＊＊
経費	減価償却費	⑱	500,000
	省略		
	雑費	㉛	100,000
	計	㉜	5,000,000
差引金額		㉝	＊＊＊

科目				金額（円）
各種引当金・準備金等	繰戻額等	貸倒引当金	㉞	0
			㉟	
			㊱	
		計	㊲	0
	繰入額等	専従者給与	㊳	1,800,000
		貸倒引当金	㊴	0
			㊵	
			㊶	
		計	㊷	1,800,000
青色申告特別控除前の所得金額			㊸	＊＊＊
青色申告特別控除額			㊹	650,000
所得金額			㊺	（ア）

※問題作成の都合上、一部を「＊＊＊」にしてある。

1. 9,050,000
2. 9,700,000
3. 10,850,000
4. 11,500,000

正解 **1** が正しい　　テキスト4章　P341-342、P396

青色申告者の事業所得は**収入－必要経費－青色申告特別控除**により求めます。必要経費には、⑥売上原価（資料の差引原価）、㉜経費の計、㊳青色事業専従者給与が含まれ、㊹青色申告特別控除を差し引いて求めます。

40,000,000円 －23,500,000円 －5,000,000円 －1,800,000円 －650,000円＝9,050,000円

問3 ☑☑☑ 重要度 B

克典さんは、65歳から老齢基礎年金を受給することができるが、60歳になる２０xx年７月から繰上げ受給することを考えている。克典さんが60歳到達月に老齢基礎年金の支給繰上げの請求をした場合、60歳時に受け取ることができる繰上げ支給の老齢基礎年金（付加年金を含む）の額として、正しいものはどれか。なお、計算に当たっては、下記<資料>に基づくものとし、計算過程および老齢基礎年金の年金額については、円未満を四捨五入するものとする。また、振替加算は考慮しないものとする。

<資料>

［克典さんの国民年金保険料納付済期間］
19xx年4月～20xx年6月（447月）
※これ以外に保険料納付済期間はなく、保険料免除期間もないものとする。

［克典さんが付加保険料を納めた期間］
20xx年7月～20xx年6月（240月）

［その他］
老齢基礎年金の額（満額）：816,000円
克典さんの加入可能年数：40年
繰上げ受給による年金額の減額率：繰上げ請求月から65歳に達する日の属する月の前月までの月数×0.4％

1. 614,004円
2. 625,524円
3. 634,244円
4. 668,160円

正解 **1** が正しい　　テキスト1章　P64-68

老齢基礎年金（新規裁定）は以下の算式で求めます。

$$816,000円\times\frac{保険料納付済期間+保険料免除月数\times免除の種類に応じた割合}{480月}$$

設問の場合、保険料納付済期間は447月、保険料免除期間はないため、
816,000円×447月／480月＝759,900円

付加年金は、**200円×付加保険料納付月数**により求めます。
200円×240月＝48,000円

老齢基礎年金および付加年金は、繰上げの申出の月数に応じて、**減額**されます。
設問の場合、60歳到達月に繰上げ支給の申出を行うため、**0.4％×60カ月＝24％減額**され、76％の支給となります。

老齢基礎年金759,900円×0.76＝577,524円
付加年金　　48,000円×0.76＝36,480円
577,524円＋36,480円＝614,004円

問4 重要度 C

克典さんの父の一郎さんは、在宅で公的介護保険のサービスを利用している。一郎さんが本年８月の１ヵ月間に利用した公的介護保険の在宅サービスの費用が29万円である場合、下記＜資料＞に基づく介護（在宅）サービスの利用者負担額合計として、正しいものはどれか。なお、一郎さんは公的介護保険における要介護３の認定を受けており、介護サービスを受けた場合の自己負担割合は１割であるものとする。また、同月中に＜資料＞以外の公的介護保険の利用はないものとし、記載のない条件については一切考慮しないものとする。

＜資料＞

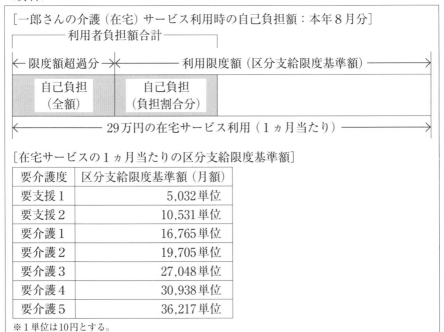

[一郎さんの介護（在宅）サービス利用時の自己負担額：本年８月分]

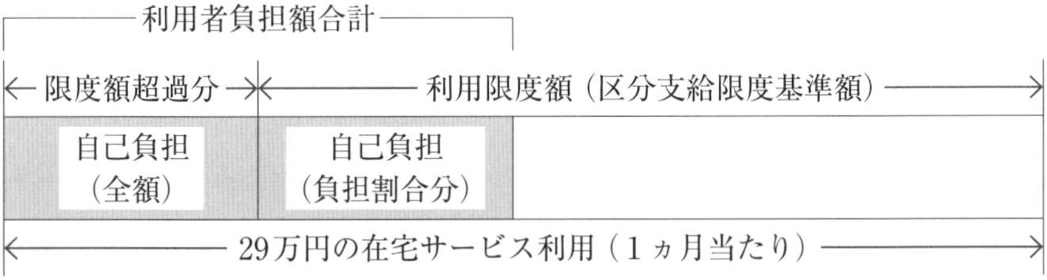

[在宅サービスの1ヵ月当たりの区分支給限度基準額]

要介護度	区分支給限度基準額（月額）
要支援1	5,032単位
要支援2	10,531単位
要介護1	16,765単位
要介護2	19,705単位
要介護3	27,048単位
要介護4	30,938単位
要介護5	36,217単位

※1単位は10円とする。

1. 19,520円
2. 27,048円
3. 29,000円
4. 46,568円

正解 **4** が正しい　　テキスト1章　P47-48

要介護3で自己負担割合1割の場合、介護保険の利用限度額は270,480円です（27,048×10）。
利用限度額270,480円までの部分は**1割負担**であるため、自己負担額は27,048円、**利用限度額を超える部分**である290,000円－270,480円＝19,520円は**全額自己負担**となります。
以上より、介護（在宅）サービス利用者負担額合計は、27,048円＋19,520円＝46,568円となります。

MEMO

MEMO

MEMO

過去問題の掲載（引用）について
過去問題は、概ね実際に出題された試験の問題の通りに掲載していますが、年度表記や法改正などの必要な改訂を行っておりますので、試験実施団体から公開されている試験問題とは記述が異なる場合があります。
一般社団法人金融財政事情研究会　ファイナンシャル・プランニング技能検定
2級FP技能検定実技試験（個人資産相談業務、中小事業主資産相談業務、生保顧客資産相談業務、損保顧客資産相談業務）
平成29年9月許諾番号 1709K000001

FP2級・AFP 合格のトリセツ 速習問題集 2024-25年版

2021年9月15日　第1版　第1刷発行
2024年5月30日　第4版　第1刷発行

編著者●株式会社　東京リーガルマインド
LEC FP試験対策研究会

発行所●株式会社　東京リーガルマインド
〒164-0001　東京都中野区中野4-11-10
アーバンネット中野ビル
LECコールセンター　0570-064-464
受付時間　平日9：30～20：00/土・祝10：00～19：00/日10：00～18：00
※このナビダイヤルは通話料お客様ご負担となります。
書店様専用受注センター　TEL 048-999-7581 / FAX 048-999-7591
受付時間　平日9：00～17：00/土・日・祝休み
www.lec-jp.com/

印刷・製本●情報印刷株式会社

ISBN978-4-8449-9785-6

合格に導く!熱意あふれる講師陣

コンサルティングをはじめ、実務の第一線で活躍中の現役FPが講義を担当。独立系FPほか、社会保険労務士、行政書士など、各科目のスペシャリストによる講義は、試験対策はもちろん、実生活ですぐに活きるFP知識が身につくと評判です。

伊東 伸一
Ito Shinichi

身近なテーマで記憶に残る講義を!

『わかりやすく、かつ、聴くことで覚えることのできる講義』で受講生のみなさんを合格に導くこと、さらには、合格後も役立てていただけるような印象に残る講義を目指しています。

担当科目 ● タックスプランニング ● 相続・事業承継

岩田 美貴
Iwata Miki

ポイントを押さえた講義で理解から合格へ導きます!

20余年のLECでの講義経験から、出題ポイントを的確に押さえ、メリハリの効いた講義を行い、さらにFPとしての実務経験から、"そうなる理由"をていねいに解説いたします。

担当科目 ● 金融資産運用・提案書

山田 幸次郎
Yamada kojiro

分かりやすく、早く覚え、楽しめる講義!

資格の知識を受講生がイメージして覚えられるよう分かりやすく講義を進め、難しい内容もかみくだいて、理解しやすいように説明していきます。

担当科目 ● リスク管理

熱田 宏幸
Atsuta Hiroyuki

やる気のある方、最短合格へ導きます!

専門学校だからこそできる、無駄や暗記を極力排除した講義を提供いたします。もちろん、試験傾向も網羅していますから、毎回講義に出席して頂き、復習をすれば合格することができます。

担当科目 ● タックスプランニング ● 相続・事業承継

芳川 博一
Yoshikawa Hirokazu

基本が大事です!

FPを初めて学ぶ方が、専門用語につまずいてしまわないように、わかりやすい言葉に言い換えたり、図解を多用して楽しく学んでいただける工夫をしています。過去問分析による大事なポイントをお伝えすることで、合格につながる講義を心がけています。

担当科目 ● 不動産

長沢 憲一
Nagasawa Kenichi

徹底分析こそ合格への近道です!

これまでに出題された過去問を徹底的に分析し、本試験に直結した講義を心がけています。勉強するからには一発合格を意識することはもちろんですが、学んだ知識を日常生活のさまざまな場面で生かしてもらえれば幸いです。

担当科目 ● ライフプランニングと資金計画

歌代 将也
Utasiro Masanari

「なぜ」を大切に、実生活でも役立つ講義を!

「ライフプランニングと資金計画」の分野は、人生の三大支出への対処やキャッシュフロー表作成などFPとしての基礎となる部分と社会保険全般が範囲となっており、ボリュームがあります。講義で背景も含めて説明することで、覚えやすくなるよう心がけています。

担当科目 ● ライフプランニングと資金計画

長谷川 浩一
Hasegawa Kouichi

合格に導く「分かってもらう講義」を目指します!

FP資格では生活に直接関係のある内容を学びますが、専門用語も多く出ます。私の講義では、「暗記」ではなく「分かってもらう」ことで、難しい専門用語もしっかり理解でき合格に直結します。実生活にも役立つ有意義な講義を目指します!

担当科目 ● リスク管理

2級FP・AFP公開模擬試験

（全1回・計210分　会場受験／自宅受験）

日本FP協会「資産設計提案業務」・金融財政研究会「個人資産相談業務」に対応

FP最新情報はこちら

本試験と同形式・同レベルの問題で実力をチェック！

- 本試験と同形式・同レベルのオリジナル問題で実施する「公開模擬試験」。試験直前の総仕上げができます。
- 時間配分など本試験をシミュレーションすることにより、本番で実力を発揮しやすくなります。
- 学習到達度や苦手科目・弱点を把握することにより、ラストスパートで実力UPを図れます。
- 個人成績表付き!試験までの学習の指標に活用度大。

使用教材

本試験と同形式・同レベルの問題に、解説が付いています!

- オリジナル問題冊子
- 解答・解説冊子
- 個人成績表（Web）

※学科または実技のみの受験もできます。
※模擬試験の解説講義はありません。

問題冊子　解答・解説冊子

おためしWeb受講制度

FP講座をおためしで受講してみよう!

おためしWeb受講申込はこちら

☑講義の様子

☑講師との相性

☑便利な機能

LECの講義を無料でためせる!

おためしWeb受講制度とは

各種試験対策のさまざまな講座の一部分を、Web講義にて無料で受講していただくことができる、大変おススメの制度です。

FPおためWeb講座 ラインナップ

下記の講座をご用意しています。

- 3級FPスピードマスター講座
- 2級FP・AFP養成講座
- CFP®受験対策講座
- 1級FP学科試験対策講座

講義画面

LEC 全国学校案内

＊講座のお問合せ，受講相談は最寄りのLEC各校へ

LEC本校

北海道・東北

札　幌本校　☎011(210)5002
〒060-0004 北海道札幌市中央区北4条西5-1　アスティ45ビル

仙　台本校　☎022(380)7001
〒980-0022 宮城県仙台市青葉区五橋1-1-10　第二河北ビル

関東

渋谷駅前本校　☎03(3464)5001
〒150-0043 東京都渋谷区道玄坂2-6-17　渋東シネタワー

池　袋本校　☎03(3984)5001
〒171-0022 東京都豊島区南池袋1-25-11　第15野萩ビル

水道橋本校　☎03(3265)5001
〒101-0061 東京都千代田区神田三崎町2-2-15　Daiwa三崎町ビル

新宿エルタワー本校　☎03(5325)6001
〒163-1518 東京都新宿区西新宿1-6-1　新宿エルタワー

早稲田本校　☎03(5155)5501
〒162-0045 東京都新宿区馬場下町62　三朝庵ビル

中　野本校　☎03(5913)6005
〒164-0001 東京都中野区中野4-11-10　アーバンネット中野ビル

立　川本校　☎042(524)5001
〒190-0012 東京都立川市曙町1-14-13　立川MKビル

町　田本校　☎042(709)0581
〒194-0013 東京都町田市原町田4-5-8　MIキューブ町田イースト

横　浜本校　☎045(311)5001
〒220-0004 神奈川県横浜市西区北幸2-4-3　北幸GM21ビル

千　葉本校　☎043(222)5009
〒260-0015 千葉県千葉市中央区富士見2-3-1　塚本大千葉ビル

大　宮本校　☎048(740)5501
〒330-0802 埼玉県さいたま市大宮区宮町1-24　大宮GSビル

東海

名古屋駅前本校　☎052(586)5001
〒450-0002 愛知県名古屋市中村区名駅4-6-23　第三堀内ビル

静　岡本校　☎054(255)5001
〒420-0857 静岡県静岡市葵区御幸町3-21　ペガサート

北陸

富　山本校　☎076(443)5810
〒930-0002 富山県富山市新富町2-4-25　カーニープレイス富山

関西

梅田駅前本校　☎06(6374)5001
〒530-0013 大阪府大阪市北区茶屋町1-27　ABC-MART梅田ビル

難波駅前本校　☎06(6646)6911
〒556−0017 大阪府大阪市浪速区湊町1-4-1
大阪シティエアターミナルビル

京都駅前本校　☎075(353)9531
〒600-8216 京都府京都市下京区東洞院通七条下ル2丁目
東塩小路町680-2　木村食品ビル

四条烏丸本校　☎075(353)2531
〒600-8413　京都府京都市下京区烏丸通仏光寺下ル
大政所町680-1　第八長谷ビル

神　戸本校　☎078(325)0511
〒650-0021 兵庫県神戸市中央区三宮町1-1-2　三宮セントラルビル

中国・四国

岡　山本校　☎086(227)5001
〒700-0901 岡山県岡山市北区本町10-22　本町ビル

広　島本校　☎082(511)7001
〒730-0011 広島県広島市中区基町11-13　合人社広島紙屋町アネクス

山　口本校　☎083(921)8911
〒753-0814 山口県山口市吉敷下東 3-4-7　リアライズⅢ

高　松本校　☎087(851)3411
〒760-0023 香川県高松市寿町2-4-20　高松センタービル

松　山本校　☎089(961)1333
〒790-0003 愛媛県松山市三番町7-13-13　ミツネビルディング

九州・沖縄

福　岡本校　☎092(715)5001
〒810-0001 福岡県福岡市中央区天神4-4-11　天神ショッパーズ
福岡

那　覇本校　☎098(867)5001
〒902-0067 沖縄県那覇市安里2-9-10　丸姫産業第2ビル

EYE関西

EYE 大阪本校　☎06(7222)3655
〒530-0013　大阪府大阪市北区茶屋町1-27　ABC-MART梅田ビル

EYE 京都本校　☎075(353)2531
〒600-8413　京都府京都市下京区烏丸通仏光寺下ル
大政所町680-1　第八長谷ビル

LEC提携校

＊提携校はLECとは別の経営母体が運営をしております。
＊提携校は実施講座およびサービスにおいてLECと異なる部分がございます。

北海道・東北

八戸中央校【提携校】 ☎0178(47)5011
〒031-0035 青森県八戸市寺横町13 第1朋友ビル 新教育センター内

弘前校【提携校】 ☎0172(55)8831
〒036-8093 青森県弘前市城東中央1-5-2
まなびの森 弘前城東予備校内

秋田校【提携校】 ☎018(863)9341
〒010-0964 秋田県秋田市八橋鯲沼町1-60
株式会社アキタシステムマネジメント内

関東

水戸校【提携校】 ☎029(297)6611
〒310-0912 茨城県水戸市見川2-3092-3

所沢校【提携校】 ☎050(6865)6996
〒359-0037 埼玉県所沢市くすのき台3-18-4 所沢K・Sビル
合同会社LPエデュケーション内

東京駅八重洲口校【提携校】 ☎03(3527)9304
〒103-0027 東京都中央区日本橋3-7-7 日本橋アーバンビル
グランデスク内

日本橋校【提携校】 ☎03(6661)1188
〒103-0025 東京都中央区日本橋茅場町2-5-6 日本橋大江戸ビル
株式会社大江戸コンサルタント内

東海

沼津校【提携校】 ☎055(928)4621
〒410-0048 静岡県沼津市新宿町3-15 萩原ビル
M-netパソコンスクール沼津校内

北陸

新潟校【提携校】 ☎025(240)7781
〒950-0901 新潟県新潟市中央区弁天3-2-20 弁天501ビル
株式会社大江戸コンサルタント内

金沢校【提携校】 ☎076(237)3925
〒920-8217 石川県金沢市近岡町845-1 株式会社アイ・アイ・ピー金沢内

福井南校【提携校】 ☎0776(35)8230
〒918-8114 福井県福井市羽水2-701 株式会社ヒューマン・デザイン内

関西

和歌山駅前校【提携校】 ☎073(402)2888
〒640-8342 和歌山県和歌山市友田町2-145
KEG教育センタービル 株式会社KEGキャリア・アカデミー内

中国・四国

松江殿町校【提携校】 ☎0852(31)1661
〒690-0887 島根県松江市殿町517 アルファステイツ殿町
山路イングリッシュスクール内

岩国駅前校【提携校】 ☎0827(23)7424
〒740-0018 山口県岩国市麻里布町1-3-3 岡村ビル 英光学院内

新居浜駅前校【提携校】 ☎0897(32)5356
〒792-0812 愛媛県新居浜市坂井町2-3-8 パルティフジ新居浜駅前店内

九州・沖縄

佐世保駅前校【提携校】 ☎0956(22)8623
〒857-0862 長崎県佐世保市白南風町5-15 智翔館内

日野校【提携校】 ☎0956(48)2239
〒858-0925 長崎県佐世保市椎木町336-1 智翔館日野校内

長崎駅前校【提携校】 ☎095(895)5917
〒850-0057 長崎県長崎市大黒町10-10 KoKoRoビル
minatoコワーキングスペース内

高原校【提携校】 ☎098(989)8009
〒904-2163 沖縄県沖縄市大里2-24-1
有限会社スキップヒューマンワーク内

※上記は2024年4月1日現在のものです。

書籍の訂正情報について

このたびは，弊社発行書籍をご購入いただき，誠にありがとうございます。
万が一誤りの箇所がございましたら，以下の方法にてご確認ください。

1 訂正情報の確認方法

書籍発行後に判明した訂正情報を順次掲載しております。
下記Webサイトよりご確認ください。

www.lec-jp.com/system/correct/

2 ご連絡方法

上記Webサイトに訂正情報の掲載がない場合は，下記Webサイトの入力フォームよりご連絡ください。

lec.jp/system/soudan/web.html

フォームのご入力にあたりましては，「Web教材・サービスのご利用について」の最下部の「ご質問内容」に下記事項をご記載ください。

- 対象書籍名（○○年版，第○版の記載がある書籍は併せてご記載ください）
- ご指摘箇所（具体的にページ数と内容の記載をお願いいたします）

ご連絡期限は，次の改訂版の発行日までとさせていただきます。
また，改訂版を発行しない書籍は，販売終了日までとさせていただきます。

※上記「2ご連絡方法」のフォームをご利用になれない場合は，①書籍名，②発行年月日，③ご指摘箇所，を記載の上，郵送にて下記送付先にご送付ください。確認した上で，内容理解の妨げとなる誤りについては，訂正情報として掲載させていただきます。なお，郵送でご連絡いただいた場合は個別に返信しておりません。

送付先：〒164-0001 東京都中野区中野4-11-10 アーバンネット中野ビル
株式会社東京リーガルマインド 出版部 訂正情報係

- 誤りの箇所のご連絡以外の書籍の内容に関する質問は受け付けておりません。
また，書籍の内容に関する解説，受験指導等は一切行っておりませんので，あらかじめご了承ください。
- お電話でのお問合せは受け付けておりません。

講座・資料のお問合せ・お申込み

LECコールセンター 0570-064-464

受付時間：平日9:30〜20:00/土・祝10:00〜19:00/日10:00〜18:00

※このナビダイヤルの通話料はお客様のご負担となります。
※このナビダイヤルは講座のお申込みや資料のご請求に関するお問合せ専用ですので，書籍の正誤に関するご質問をいただいた場合，上記「2ご連絡方法」のフォームをご案内させていただきます。